譯註
禮記類編大全
7

譯註
禮記類編大全

최석정崔錫鼎 저
정병섭鄭秉燮 역

    본 역서는 조선후기 학자인 최석정(崔錫鼎)의 『예기유편대전(禮記類編大全)』을 번역한 것이다. 최석정은 예학이나 조선사에서 자주 거론되는 인물이므로, 별도로 설명을 덧붙이지는 않겠다. 역자가 이 책을 번역한 것은 최석정의 학문적 업적을 밝히려거나 조선 예학사의 특징을 규명하고자 하는 거창한 의도에 의한 것이 아니다. 또 그럴 만한 그릇도 안 된다. 이 책을 번역하게 된 것은 아주 사소한 이유 때문이다. 모교에 있는 한국유경편찬센터에 잠시 들렀다가 책장에 꽂혀 있는 『예기유편』과 『예기유편대전』을 보게 되었다. 호기심에 책을 뽑아 펼쳐보니 『예기』에 대한 주석서인 것 같은데, 경문(經文) 순서가 내가 알고 있던 것과 전혀 달라서 유심히 살펴보게 되었다. 내용을 읽어나가다 보니 최석정이 자신의 견해에 따라 『예기』 전체 문장을 재배열하였다는 것을 알게 되었다. 그 당시는 때마침이라는 표현이 적합할 정도로 강의가 끝난 방학 중이었고 밀린 일거리도 없어서 약간의 휴식기에 접어들던 참이었다. 휴식이라고 해보았자 한없이 나태해질 것이 뻔하였으므로, 이 책을 펼친 김에 번역을 시작하게 되었다. 이것이 내가 이 책을 번역한 지극히도 사소하고 자잘한 이유이다.

    최석정의 『예기유편(禮記類編)』은 본래 『예기』의 경문(經文)만 수록하고, 간단한 음주(音註) 등을 덧붙인 책이다. 이후 진호(陳澔)의 『집설(集說)』과 최석정의 부주(附註)가 덧붙여져 『예기유편대전(禮記類編大全)』이 편찬되었는데, 역자가 번역한 것은 바로 『예기유편대전』이다. 이 책의 가장 큰 특징은 『예기』 경문의 배열을 재배치했다는 점이다. 권근(權近)의 『예기천견록(禮記淺見錄)』 또한 경문의 배열을 바꾸고 있지만, 하나의 편 안에서만 이루어진 작업이었다. 반면 이 책은 편의 구분에 구애되지 않고 동일한 주제에 따라 경문을 새롭게 배열했다는 점에서, 예학사와 경학사적 측면에서 중요한 자료가 된다. 또 『효경(孝經)』을 『예기』의 부류라고 여겨서, 하나의 편으로 삽입한 것 또한 주목해볼 점이다.

나는 재질도 보잘것없고 성격도 게을러서 학문도 깊지 못하다. 따라서 번역서를 내놓을 때마다 항상 부끄럽고 또 부끄럽다. 이 책에 나온 오역은 모두 역자의 실력이 부족해서이다. 다른 사람에게 도움이 되고자 출판하는 것이 번역서인데, 보잘것없는 재주로 인해 오히려 해를 끼치고 있지 않은가 반성하게 된다. 다만 이 책을 발판으로 더 좋은 번역서가 나왔으면 하는 바람이다. 끝으로 『예기유편대전』을 출판할 수 있도록 허락해주신 학고방의 하운근 사장님께 감사를 전한다.

- 본 책은 역주서(譯註書)로써, 『예기유편대전(禮記類編大全)』을 완역하고, 자세한 주석을 첨부했다.

- 『예기유편대전』은 진호(陳澔)의 『예기집설(禮記集說)』에 대한 주석서로, 『예기』의 경문(經文)과 진호의 『집설』을 수록하고 자신의 견해를 덧붙이고 있다.

- 『예기유편대전』의 가장 큰 특징은 경문 배열을 수정한 것이다. 각 편의 구분에 구애되지 않고, 각 문장들을 주제별로 묶어서 순서를 바꾼 것이 많다. 이러한 점들을 나타내기 위해, 각 편의 첫 부분에는 『예기집설』의 문장순서와 『예기유편대전』의 문장순서를 비교하여 도표로 제시하였고, 각 경문 기록 뒤에는 〈001〉·〈002〉·〈003〉 등으로 표시하여, 이 문장이 『예기집설』에서는 몇 번째 문장에 해당하는지 나타내었다. 또 다른 편에서 가져온 기록인 경우, 숫자 앞에 각각의 편명을 제시하였다.

- 『예기』 경문 해석은 진호의 『집설』에 따랐다. 최석정의 부주(附註)에는 진호의 해석에 대해 이견을 나타낸 것이 많은데, 특별한 경우를 제외하면 주석을 통해 최석정의 경문 해석을 확인할 수 있으므로, 최석정의 주석에 따른 새로운 경문 해석은 별도로 제시하지 않았다.

- 『예기유편대전』은 수권(首卷), 1~40권, 말권(末卷)으로 구성되어 있다. 말권에는 예류혹문(禮類或問)과 부록(附錄)이 수록되어 있다. 그러나 혹문과 부록의 원문이 입력되지 않은 상태여서 번역을 하지 못했다. 따라서 이 책은 수권으로부터 40권까지를 번역한 것이며, 혹문과 부록의 원문이 이후 입력된다면 나중에 보권으로 출판할 계획이다.

6

- 본 역서의 『예기유편대전(禮記類編大全)』 원문과 표점은 한국유경편 찬센터(http://ygc.skku.edu)의 자료를 사용하였다.

- 『예기유편대전』의 주석 대상이 되는 『예기집설』의 저본은 다음과 같다.

『禮記』, 서울 : 保景文化社, 초판 1984 (5판 1995)

- 經文 으로 표시된 것은 『예기』의 경문 기록이다.

- 集說 로 표시된 것은 진호의 『집설』 기록이다.

- 類編 으로 표시된 것은 『예기유편』의 본래 주석이다.

- 附註 로 표시된 것은 『예기유편』을 『예기유편대전』으로 출판하며 덧 붙여진 최석정의 부주이다.

禮記類編大全卷之三十二 『예기유편대전』 32권

禮記類編大全卷之三十三 『예기유편대전』 33권

9

禮記類編大全卷之三十二

『예기유편대전』32권

「잡기하」편 문장 순서 비교		
『예기집설』	『예기유편대전』	
	구분	문장
001	列國弔贈之禮	066
002		雜記上-067
003		雜記上-068
004		雜記上-069
005		雜記上-070
006		雜記上-072
007		雜記上-071
008		雜記上-073
009		少儀-006後
010		少儀-007
011		雜記上-047
012	道有喪	雜記上-001
013		雜記上-002
014		雜記上-003
015		雜記上-004
016		雜記上-005
017		雜記上-061
018	並有喪	喪服小記-045
019		001
020		002
021		003
022		雜記上-027
023		雜記上-039
024	聞喪	005
025		檀弓上-135
026		檀弓下-011
027		檀弓下-012
028		喪服小記-052
029		雜記上-029

「잡기하」편 문장 순서 비교		
『예기집설』	『예기유편대전』	
	구분	문장
030		雜記上-030
031		006
032	因吉而凶	007
033		009
034		008
035		054
036		055
037	因凶而吉	057
038		檀弓上-039
039		050
040		檀弓上-146
041	非喪而凶	檀弓上-104前
042		檀弓下-105
043		曲禮下-024
044	婦人之禮	雜記上-056
045		071
046	童子之禮	061
047	冠	095
048	昏	093
049		094
050	昏變禮	090
051		091
052		087
053	釁廟之禮	088
054		089
055		
056		
057		
058		
059		
060		
061		

「잡기하」편 문장 순서 비교		
『예기집설』	『예기유편대전』	
	구분	문장
062		
063		
064		
065		
066		
067		
068		
069		
070		
071		
072		
073		
074		
075		
076		
077		
078		
079		
080		
081		
082		
083		
084		
085		
086		
087		
088		
089		
090		
091		
092		
093		

「잡기하」편 문장 순서 비교		
『예기집설』	『예기유편대전』	
	구분	문장
094		
095		
096		

◇ 제후국끼리 조증하는 예절[列國弔贈之禮]

【001】

諸侯使人弔, 其次含襚賵臨, 皆同日而畢事者也. 其次如此也. 〈066〉
[本在"諸侯七"下.]

제후가 죽었을 때, 이웃 나라의 제후는 사신을 파견하여 조문을 하고, 그 다음으로 함·수·봉·임을 차례대로 시행하니, 이러한 절차들은 같은 날에 모두 시행하는 것이다. 시행하는 순서는 이 기록과 같다. [본래는 "제후는 7차례 치른다."[1]라고 한 문장 뒤에 수록되어 있었다.]

集說 諸侯薨, 鄰國遣使來先弔, 次含, 次賵, 次臨, 四者之禮, 一日畢行, 詳見上篇.

제후가 죽었을 때, 이웃 나라에서 사신을 보내오면 찾아와서 먼저 조문을 하고, 그 다음으로 함을 하며, 그 다음으로 수(襚)[2]를 하고, 그 다음으로 봉(賵)[3]을 하며, 그 다음으로 임을 하는데, 이러한 네 가지 예법은 같은 날에 모두 시행한다. 자세한 설명은 『예기』「잡기상(雜記上)」편에 나온다.

---

1) 『예기』「잡기하」 065장 : 士三月而葬, 是月也卒哭. 大夫三月而葬, 五月而卒哭. 諸侯五月而葬, 七月而卒哭. 士三虞, 大夫五, 諸侯七.
2) 수(襚)는 부의를 보낸다는 뜻이며, 또한 부의로 보내는 특정 물건을 가리키기도 한다. '수'는 시신과 함께 매장하게 될 의복이나 이불 등을 부의로 보내는 것이다. 『의례』「사상례(士喪禮)」편에는 "君使人襚, 徹帷, 主人如初, 襚者左執領, 右執要, 入升致命."이라는 기록이 있는데, 이에 대한 정현의 주에서는 "襚之言遺也, 衣被曰襚."라고 풀이했다.
3) 봉(賵)은 부의를 보낸다는 뜻이며, 또한 부의로 보내는 특정 물건을 가리키기도 하다. '봉'은 상사(喪事)에 사용될 수레나 말을 부의로 보내는 것이다. 『예기』「문왕세자(文王世子)」편에는 "族之相爲也, 宜弔不弔, 宜免不免, 有司罰之. 至于賵賻承含, 皆有正焉."이라는 기록이 있는데, 이에 대한 진호(陳澔)의 『집설(集說)』에서는 "賵以車馬."라고 풀이했다.

【002】

弔者卽位于門西東面, 其介在其東南北面西上, 西於門. 主孤西面.
相者受命曰: "孤某使某請事." 客曰: "寡君使某, 如何不淑!" 相者入
告. 出曰: "孤某須矣." 弔者入, 主人升堂西面. 弔者升自西階, 東面
致命曰: "寡君聞君之喪, 寡君使某, 如何不淑!" 子拜稽顙, 弔者降反
位. 〈雜記上-067〉 [本在"長終幅"下.]

이웃 제후국에 상이 발생하여 신하를 파견해 조문을 하는 경우, 조문으로
찾아온 사신은 찾아간 제후국의 대문 서쪽으로 나아가 위치하며 동쪽을
바라보고, 함께 따라온 부관들은 그의 동남쪽에 위치하여 북쪽을 바라보는
데, 서열에 따라 서쪽 끝에서부터 위치하니, 문의 서쪽에 위치한다. 조문을
받는 제후국의 세자는 서쪽을 바라본다. 의례를 돕는 자가 세자의 명령을
받아서, "저희 상주이신 아무개께서 아무개인 저를 시켜서 찾아오신 연유
에 대해서 청해 물으라고 하셨습니다."라고 한다. 그러면 조문객으로 찾아
간 사신은 "저희 군주께서 아무개인 저를 시켜 조문을 보내셨으니, 어찌하
여 이처럼 불행한 일이 발생했습니까!"라고 말한다. 의례를 돕는 자가 안으
로 들어가서 이 사실을 아뢴다. 그런 뒤 다시 밖으로 나와서 "저희 상주이
신 아무개께서 기다리고 계십니다."라고 말한다. 그러면 조문객으로 온 사
신은 안으로 들어가고, 상주인 세자는 당에 올라가서 서쪽을 바라본다. 이
때 조문객으로 온 사신은 당에 오르며 서쪽 계단을 이용하고, 올라가서
동쪽을 바라보며 군주의 명령을 전달하니, "저희 군주께서 군주의 상에 대
한 소식을 들으셔서, 저희 군주께서 아무개인 저를 사신으로 보내셔서 조
문을 하니, 어찌하여 이처럼 불행한 일이 발생했습니까!"라고 말한다. 그러
면 세자는 절을 하며 이마를 땅에 닿도록 하고, 조문객으로 온 사신은 다시
밑으로 내려가 대문 밖에 마련된 자신의 자리로 돌아간다. [본래는 "길이는
종폭이다."[4]라고 한 문장 뒤에 수록되어 있었다.]

集說 此言列國遣使弔喪之禮. 弔者, 君所遣來之使也. 介, 副也. 門
西, 主國大門之西也. 西上者, 介非一人, 其長者在西, 近正使也. 西

---

4) 『예기』「잡기상(雜記上)」 066장 : 魯人之贈也, 三玄二纁, 廣尺, 長終幅.

於門, 不敢當門之中也. 主孤西面, 立於阼階之下也. 相者受命, 相禮者受主人之命也. 如何不淑, 慰問之辭, 言何爲而罹此凶禍也. 須, 待也. 凶禮不出迎, 故云須矣. 主人升堂, 由阼階而升也. 降反位, 降階而出復門外之位也. 曲禮云: "升降不由阼階." 謂平常無弔賓時耳.

이 내용은 제후국에서 사신을 파견하여 상사에 조문하는 예법을 뜻한다. '조자(弔者)'는 군주가 파견하여 찾아온 사신을 뜻한다. '개(介)'는 부관을 뜻한다. '문서(門西)'는 찾아간 제후국의 대문 서쪽을 뜻한다. '서상(西上)'이라는 말은 개는 한 사람이 아니며, 그 중 수장에 해당하는 자가 서쪽에 위치하여, 정식 사신과 가까이 위치한다는 뜻이다. "문의 서쪽에 위치한다."는 말은 감히 문의 중앙에 있을 수 없기 때문이다. "조문을 받는 나라의 고가 서쪽을 바라본다."는 말은 동쪽 계단 아래에 서 있다는 뜻이다. '상자수명(相者受命)'은 의례 절차를 돕는 자가 주인의 명령을 받았다는 뜻이다. '여하불숙(如何不淑)'은 위로하며 안부를 묻는 말이니, 어찌하여 이와 같은 불행을 당했느냐는 뜻이다. '수(須)'자는 "기다린다."는 뜻이다. 흉례를 치를 때에는 대문 밖으로 나와서 맞이하지 않는다. 그렇기 때문에 기다린다고 했다. '주인승당(主人升堂)'은 동쪽 계단을 통해 올라간다는 뜻이다. '강반위(降反位)'는 계단으로 내려와서 밖으로 나가 다시 문밖의 자리로 돌아간다는 뜻이다. 『예기』「곡례(曲禮)」편에서는 "오르거나 내려갈 때에는 부친이 사용하던 동쪽 계단을 이용하지 않는다."고 했는데, 평상시 조문하는 빈객이 없는 경우를 뜻할 따름이다.

集説 石梁王氏曰: 此一段頗詳, 可補諸侯喪禮之缺.

석량왕씨가 말하길, 이곳 문단은 자못 상세하게 기술되어 있으니, 제후의 상례 절차 중 누락된 부분을 보충할 수 있다.

[003]

含[去聲]者執璧將命曰: "寡君使某含." 相者入告, 出曰: "孤某須矣."
含者入, 升堂致命, 子拜稽顙. 含者坐委于殯東南, 有葦席, 旣葬蒲
席. 降, 出, 反位. 宰夫朝服卽喪屨, 升自西階, 西面坐取璧, 降自西
階, 以東.〈雜記上-068〉

이웃 제후국에 상이 발생하여, 신하를 파견해 함을 하는 경우, 함옥을[含자는
거성으로 읽는다.] 가져간 자는 함옥을 들고 명령을 전달하며, "저희 군주께서
는 아무개인 저를 사신으로 보내셔서 함옥을 바치게 했습니다."라고 한다.
의례를 돕는 자가 안으로 들어가서 그 사실을 아뢰고, 밖으로 나와서 "저희
상주이신 아무개께서 기다리고 계십니다."라고 말한다. 함옥을 가진 자가
안으로 들어가 당에 올라가서 자기 군주의 명령을 전달하면, 세자는 절을
하며 이마를 땅에 닿도록 한다. 함옥을 가진 자는 빈소의 동남쪽에서 무릎을
꿇고 함옥을 내려놓는데, 이때에는 갈대로 엮은 자리가 깔려 있고, 만약
장례를 치른 뒤라면 부들로 짠 자리가 깔려 있다. 함옥을 내려놓은 뒤 당하
로 내려가서 문밖으로 나가 자신의 자리로 되돌아간다. 재부는 조복을 착용
하지만 상구를 신고, 당에 올라갈 때 서쪽 계단을 통해서 올라가며, 서쪽을
바라보고 무릎을 꿇고서 내려놓은 함옥을 들며, 당하로 내려갈 때 서쪽
계단을 통해서 내려가서, 동쪽으로 이동하여 안에 함옥을 보관한다.

集說 此言列國致含之禮. 含玉之形制如璧. 舊註云, 分寸大小未
聞. 坐委, 跪而致之也. 未葬之前, 設葦席以承之, 旣葬, 則設蒲席承
之. 隣國有遠近, 故有葬後來致含者. 降出反位, 謂含者委璧訖, 降
階而復門外之位也. 上文弔者爲正使, 此含者乃其介耳. 凡初遭喪,
則主人不親受, 使大夫受於殯宮. 此遭喪已久, 故嗣子親受之, 然後
宰夫取而藏之也. 朝服, 吉服也. 執玉不麻, 故著朝服. 以在喪不可
純變吉, 故仍其喪屨. 坐取璧, 亦跪而取之也. 以東, 藏於內也. 疏云:
"宰, 謂上卿. 夫宇衍."

이 내용은 제후국끼리 서로에게 함(含)5)을 하는 예법을 뜻한다. 함옥(含
玉)6)의 형태와 제작 방법은 벽과 같다. 옛 주석에서는 치수와 크기에

대해서는 들어보지 못했다고 했다. '좌위(坐委)'는 무릎을 꿇고 물건을 전한다는 뜻이다. 아직 장례를 치르기 이전이라면 위석(葦席)을 깔아두어서 받치게 하는데, 장례를 치른 뒤라면 포석(蒲席)을 깔아두어서 받치게 한다. 이웃 제후국들 사이에는 거리에 차이가 있었기 때문에 장례를 치른 뒤에 찾아와서 함옥을 바치는 경우가 있었다. "내려와서 밖으로 나가 자리로 되돌아간다."는 말은 함옥을 바치는 자가 무릎을 꿇고 함옥 바치는 일이 끝나면, 계단을 통해 내려와서 다시 문밖의 자리로 되돌아간다는 뜻이다. 앞 문장에서 말한 조문하는 자는 정식 사신을 뜻하므로, 이곳에서 함옥을 바치는 자는 곧 그의 부관이 될 따름이다. 무릇 최초 상을 당하게 되면, 상주는 직접 함옥을 받지 않고, 대부를 시켜서 빈소에서 그것을 받게 한다. 이곳의 내용은 상을 당한 뒤 이미 오랜 시간이 지났기 때문에, 제후의 지위를 계승하는 적장자가 직접 그것을 받고, 그런 뒤에 재부가 그것을 가져가서 보관한다. '조복(朝服)'은 길한 때 착용하는 복장이다. 옥을 든 자는 마로 된 복장을 착용하지 않기 때문에 조복을 착용하는 것이다. 상을 치르는 도중이므로 길한 복장으로 완전히 바꿀 수 없기 때문에, 곧 상을 치를 때 신는 신발을 착용한다. '좌취벽(坐取璧)' 또한 무릎을 꿇고서 물건을 가져간다는 뜻이다. "동쪽으로 간다."는 말은 안에 보관한다는 뜻이다. 소에서는 "'재(宰)'는 상경이다. '부(夫)'자는 연문으로 기록된 글자이다."라고 했다.

---

5) 함(含)은 부의를 보낸다는 뜻이며, 또한 부의로 보내는 특정 물건을 가리키기도 하다. '함'은 시신과 함께 매장하게 될 주옥(珠玉)을 부의로 보내는 것이다. 『예기』 「문왕세자(文王世子)」편에는 "族之相爲也, 宜弔不弔, 宜免不免, 有司罰之. 至于賵賻承含, 皆有正焉."이라는 기록이 있는데, 이에 대한 진호(陳澔)의 『집설(集說)』에서는 "含以珠玉."이라고 풀이했다.

6) 함옥(含玉)은 고대의 상례에서, 죽은 자의 입에 넣는 옥을 뜻한다. 『주례』 「천관 (天官)·대재(大宰)」편에는 "大喪, 贊贈玉·含玉."이라는 기록이 있고, 이에 대한 정현의 주에서는 "含玉, 死者口實. 天子以玉."이라고 풀이했다.

【004】

襚者曰: "寡君使某襚." 相者入告, 出曰: "孤某須矣." 襚者執冕服, 左
執領, 右執要[平聲], 入, 升堂致命曰: "寡君使某襚." 子拜稽顙, 委衣
于殯東. 襚者降, 受爵弁服於門內霤將命, 子拜稽顙如初. 受皮弁服
於中庭, 自西階受朝服, 自堂受玄端將命, 子拜稽顙皆如初. 襚者降,
出, 反位. 宰夫五人擧以東, 降自西階, 其擧亦西面. 〈雜記上-069〉

이웃 제후국에 상이 발생하여, 신하를 파견해 수의(襚衣)를 전달하는 경우,
수의를 전달하는 자는 "저희 군주께서 아무개인 저를 사신으로 보내셔서
수의를 바치게 했습니다."라고 한다. 의례를 돕는 자가 안으로 들어가서
그 사실을 아뢰고, 밖으로 나와서 "저희 상주이신 아무개께서 기다리고 계
십니다."라고 말한다. 수의를 전달하는 자는 면복을 들고 가는데, 좌측 손
으로 옷깃을 잡고 우측 손으로 허리부분을['要'자는 평성으로 읽는다.] 잡으며,
그것을 들고 안으로 들어가 당에 올라가서 명령을 전달하니, "저희 군주께
서 아무개인 저로 하여금 수의를 바치게 했습니다."라고 한다. 그러면 세자
는 절을 하며 이마가 땅에 닿도록 하고, 빈소의 동쪽에 의복을 진열해둔다.
수의를 전달하는 자가 내려가서 문안의 처마에서 작변복을 받아가지고 와
서 의복을 건네며 명령을 전달하면, 세자는 절을 하며 이마를 땅에 닿도록
하니 처음 의복을 받았을 때처럼 한다. 또 수의를 전달하는 자가 마당에서
피변복을 받아가지고 와서 의복을 건네며 명령을 전달하고, 서쪽 계단으로
부터 조복을 받아가지고 와서 의복을 건네며 명령을 전달하며, 당으로부터
현단을 받아가지고 와서 의복을 건네며 명령을 전달하면, 세자는 절을 하
며 이마가 땅에 닿도록 하니, 이 모두에 대해서 의복을 처음 받았을 때처럼
한다. 그런 뒤 수의를 전달하는 자는 내려가서 밖으로 나가 자신의 자리로
되돌아간다. 재부 5명은 각각 한 벌의 의복을 들고 동쪽으로 가니, 서쪽
계단을 통해서 내려가며, 그 의복을 들 때에도 또한 수의를 전달하는 자처
럼 서쪽을 바라보게 된다.

集說 此言列國致襚之禮. 衣服曰襚. 委于殯東, 卽委璧之席上也.
左執領, 則領向南. 此襚者旣致冕服訖, 復降而出, 取爵弁服以進, 至
門之內霤而將命, 子拜如初者, 如受冕服之禮也. 受訖, 襚者又出取

皮弁服及朝服及玄端服, 每服進受之禮皆如初, 但受之之所不同耳.
致五服皆畢, 襚者乃降出反位, 而宰夫五人, 各擧一服以東, 而其擧
之也, 亦如襚者之西面焉.

이것은 제후국들끼리 서로에게 수의를 보내는 예법을 뜻한다. 부의로 의복을 보내는 것을 '수(襚)'라고 부른다. "빈소의 동쪽에 내려둔다."는 말은 벽을 내려놓는 자리 위에 둔다는 뜻이다. "좌측 손으로 옷깃을 잡는다."라고 했다면 옷깃은 남쪽을 향하게 된다. 수의를 전달하는 자가 이미 면복을 전달하고 그 일이 끝나면, 다시 내려와서 밖으로 나가며, 작변복을 가지고 나아가서 문의 안쪽에 있는 처마에 이르러 명령을 전달하고, 자식은 절을 하며 처음 했을 때처럼 하니, 면복을 받았을 때의 예법처럼 하는 것이다. 전달하는 일이 끝나면, 수의를 전달하는 자는 재차 밖으로 나가서 피변복·조복·현단복을 가져와서 매 복장마다 나아가 전달하는 예법을 모두 처음에 했던 것처럼 하는데, 다만 그것을 받는 장소만 다를 뿐이다. 다섯 가지 복장을 전달하는 일이 모두 끝나면, 수의를 전달하는 자는 곧 내려가서 밖으로 나가 자신의 자리로 나아가고, 재부 5명은 각각 한 가지 복장을 들고서 동쪽으로 가는데, 그들이 복장을 들 때에도 또한 수의를 전달하는 자가 서쪽을 바라보았던 것처럼 한다.

【005】

上介賵[芳鳳反], 執圭將命曰: "寡君使某賵." 相者入告, 反命曰: "孤須矣." 陳乘[去聲]黃大路於中庭, 北朝, 執圭將命. 客使自下由路西, 子拜稽顙, 坐委于殯東南隅, 宰擧以東. 〈雜記上-070〉

이웃 제후국에 상이 발생하여, 신하를 파견해 봉을 하는 경우, 상개가 봉을 ['賵'자는 '芳(방)'자와 '鳳(봉)'자의 반절음이다.] 하니, 그는 규를 잡고 명령을 전달하며, "저희 군주께서 아무개인 저를 사신으로 보내셔서 봉을 하도록 했습니다."라고 한다. 의례를 돕는 자가 안으로 들어가서 그 사실을 아뢰고, 다시 밖으로 나와서 명령을 전달하며, "저희 상주께서 기다리고 계십니다."라고 말한다. 마당에 네 필의['乘'자는 거성으로 읽는다.] 황색 말과 수레를 진열하며, 수레의 끌채가 북쪽을 향하도록 하고, 봉을 전달하는 자는 규를 들고 명령을 전달한다. 봉을 전달하는 자의 하위 관리들은 말을 이끌고서 수레의 서쪽에 놓아두고, 세자가 절을 하며 이마가 땅에 닿도록 하며, 빈소의 동남쪽 모퉁이에 놓아두게 하고, 재가 그것들을 끌고서 동쪽으로 간다.

集說 此言列國致賵之禮. 車馬曰賵. 乘黃, 四黃馬也. 大路, 車也. 北輈, 車之輈轅北向也. 客使, 上介所役使之人也. 爲客所使, 故曰客使. 自, 率也. 下, 謂馬也. 由, 在也. 路, 即大路也. 陳車北轅畢, 賵者執圭升堂致命, 而客之從者, 率馬設在車之西也, 車亦此從者設之. 子拜之後, 賵客即跪而置其圭於殯東南隅之席上, 而宰擧之以東而藏於內也. 又按覲禮車在西, 統於賓也. 既夕禮車以西爲上者, 爲死者而設於鬼神之位也. 此賵禮車馬, 爲助主人送葬而設, 統於主人, 故車在東也.

이 내용은 제후국들끼리 서로에게 봉을 보내는 예법을 뜻한다. 부의로 수레와 말을 보내는 것을 '봉(賵)'이라고 부른다. '승황(乘黃)'은 네 필의 황색 말을 뜻한다. '대로(大路)'는 수레를 뜻한다. '북주(北輈)'는 수레의 끌채가 북쪽을 향하도록 한다는 뜻이다. '객사(客使)'는 상개가 부리는 하위 관리들을 뜻한다. 빈객에게 부림을 당하기 때문에 '객사(客使)'라고 부른다. '자(自)'자는 "이끌다."는 뜻이다. '하(下)'자는 말을 뜻한다. '유(由)'자는 "있다."는 뜻이다. '노(路)'자는 대로를 뜻한다. 수레를 진열하며 끌채를 북쪽으로 두는 것이 끝나면 봉을 전달하는 자는 규를 들고 당에 올라가서 명령을 전달하고, 빈객을 따라온 자들은 말을 이끌고 수레의 서쪽에 두니, 수레 또한 이러한 빈객의 종자들이 진열한다. 세자가 절을 한 이후 봉을 전달하는 빈객은 곧 무릎을 꿇고서 빈소의 동남쪽 모퉁이 자리 위에 규를 놓아두고, 재는 그것을 들고 동쪽으로 가서 안쪽에 보관한다. 또 『의례』「근례(覲禮)」편을 살펴보면, 수레가 서쪽에 있으니 빈객에게 종속된다고 했다. 『의례』「기석례(既夕禮)」편에서는 수레는 서쪽 방향을 상등의 자리로 여긴다고 했는데, 죽은 자를 위한 경우 귀신의 자리에 진열하게 된다. 이곳에서 봉의 예법을 시행하며 수레와 말을 전달하는 것은 상주가 장례를 전송하는 것을 돕기 위해 진열한 것이니, 주인에게 종속된다. 그렇기 때문에 수레를 동쪽에 두는 것이다.

集說 陸氏曰: 孤須矣, 從此盡篇末, 皆無某字, 有者非.

육씨가 말하길, '고수의(孤須矣)'라고 했는데, 이곳 구문부터 편의 끝까지 모두 '모(某)'자를 기록하지 않았으니, '모(某)'자를 기록한 판본은 잘못된 기록이다.

【006】

贈者出, 反位于門外.〈雜記上-072〉 [本在"降自西階"下.]

봉을 전달하는 자가 의례 절차를 끝내고 밖으로 나가서, 문밖의 자리로 되돌아가 위치한다. [본래는 "내려갈 때에도 서쪽 계단을 통해서 내려간다."[7]라고 한 구문 뒤에 수록되어 있었다.]

集說 此句當屬於前章上介贈云云宰擧以東之下.

이 구문은 마땅히 앞에서 "상개가 봉(贈)을 한다."고 말하며, "재가 그것을 들고 동쪽으로 간다."라고 한 문장[8] 뒤로 와야 한다.

---

7) 『예기』「잡기상(雜記上)」 071장 : 凡將命, 鄕殯將命, 子拜稽顙, 西面而坐委之. 宰擧璧與圭, 宰夫擧襚, 升自西階, 西面坐取之, <u>降自西階</u>.

8) 『예기』「잡기상(雜記上)」 070장 : <u>上介贈</u>, 執圭將命曰, "寡君使某贈." 相者入告, 反命曰, "孤須矣." 陳乘黃大路於中庭, 北輈, 執圭將命. 客使自下由路西, 子拜稽顙, 坐委於殯東南隅, <u>宰擧以東</u>.

【007】

凡將命, 鄉[去聲]殯將命, 子拜稽顙, 西面而坐委之. 宰擧璧與圭, 宰
夫擧襚, 升自西階, 西面坐取之, 降自西階.〈雜記上-071〉[本在"宰擧以東"
下.]

무릇 상사에서 물건을 전하며 명령을 전달하게 되면, 물건을 가져온 빈객
은 빈소를 향한['鄉'자는 거성으로 읽는다.] 상태에서 명령을 전달하고, 상주는
절을 하며 머리를 땅에 대는데, 그 일이 끝나면 빈객은 서쪽을 바라보고서
무릎을 꿇고 물건을 내려놓는다. 빈객이 바친 물건에 있어서 재는 벽과
규를 들게 되고, 재부는 수의를 들게 되는데, 이들은 모두 서쪽 계단을 통
해 올라와서 서쪽을 바라보고 무릎을 꿇고 물건을 들며, 내려갈 때에도
서쪽 계단을 통해서 내려간다. [본래는 "재가 그것들을 끌고서 동쪽으로 간다."[9]라고
한 문장 뒤에 수록되어 있었다.]

集說 凡將命者, 揔言上文弔含襚贈將命之禮也. 鄉殯者, 立于殯之
西南, 而面東北以向殯也. 將命之時, 子拜稽顙畢, 客卽西向跪而委
其所執之物. 其含璧與圭, 則宰擧之, 襚衣, 則宰夫擧之. 而其擧也,
皆自西階升, 而西面以跪而取之, 乃自西階以降也.

'범장명(凡將命)'이라는 말은 앞에서 말한 조·함·수·봉을 하며 명령
전달하는 예법을 총괄적으로 말한 것이다. '향빈(鄉殯)'은 빈소의 서남쪽
에 서서 동북쪽을 바라보아 빈소를 향한다는 뜻이다. 명령을 전달할 때,
상주는 절을 하며 이마를 땅에 대는데, 그 일이 끝나면 빈객은 서쪽으로
나아가 무릎을 꿇고 가져온 물건을 내려놓는다. 함을 하며 바친 벽이나
규는 재가 들고, 수의의 경우에는 재부가 든다. 그들이 물건을 들어 올릴
때에는 모두 서쪽 계단을 통해 올라가고, 서쪽을 바라보고서 무릎을 꿇고
그 물건을 들며, 곧 서쪽 계단을 통해서 내려간다.

---

9) 『예기』「잡기상(雜記上)」070장: 上介賵, 執圭將命曰, "寡君使某賵." 相者入
告, 反命曰, "孤須矣." 陳乘黃大路於中庭, 北輈, 執圭將命. 客使白下由路西,
子拜稽顙, 坐委於殯東南隅, 宰擧以東.

【008】

上客臨[如字]曰: "寡君有宗廟之事, 不得承事, 使一介老某相[去聲]執
綍[弗]." 相者反命曰: "孤須矣." 臨者入門右, 介者皆從之, 立于其左
東上. 宗人納賓, 升受命于君. 降曰: "孤敢辭吾子之辱. 請吾子之復
位." 客對曰: "寡君命某毋敢視賓客, 敢辭." 宗人反命曰: "孤敢固辭
吾子之辱. 請吾子之復位." 客對曰: "寡君命某毋敢視賓客, 敢固辭."
宗人反命曰: "孤敢固辭吾子之辱. 請吾子之復位." 客對曰: "寡君命
使[去聲]臣某毋敢視賓客, 是以固辭. 固辭不獲命, 敢不敬從." 客立于
門西, 介立于門左東上. 孤降自阼階拜之, 升, 哭, 與客拾[其劫反]踊
三. 客出, 送于門外拜稽顙.〈雜記上-073〉[本在"反位于門外"下.]

상등의 빈객이 곡에 임하며['臨'자는 글자대로 읽는다.] "저희 군주께서는 종묘의
일이 있으셔서 직접 그 일을 받들지 못하셔서, 일개 노신인 아무개인 저를
시켜서 상엿줄을['綍'자의 음은 '弗(불)'이다.] 잡는 일을 돕도록['相'자는 거성으로 읽는
다.] 하셨습니다."라고 말한다. 그러면 의례를 돕는 자가 안으로 들어가서
그 사실을 아뢰고, 다시 밖으로 나와서 명령을 전달하며, "저희 상주께서
기다리고 계십니다."라고 말한다. 조문객은 문으로 들어가서 우측으로 가
고, 조문객을 따라온 개들은 모두 그를 따르게 되어, 그의 좌측에 서 있게
되는데, 서열에 따라 동쪽 끝에서부터 차례대로 정렬한다. 종인은 빈객을
안으로 들이고자 하여, 먼저 당으로 올라가 군주에게 조문객을 안으로 들
이라는 명령을 받는다. 그런 뒤 당하로 내려와서 "저희 상주께서 감히 그대
께서 욕되게 행동하심을 사양하고자 하십니다. 그대께 본래의 빈객 자리로
되돌아가기를 청합니다."라고 말한다. 조문객은 대답을 하며, "저희 군주께
서는 아무개인 저에게 명령하시며 감히 빈객처럼 행동하지 말라고 하셨으
니, 감히 상주의 청을 사양하고자 합니다."라고 말한다. 종인은 안으로 들
어가서 그 사실을 아뢰고, 다시 밖으로 나와서 명령을 전달하며 "상주께서
감히 그대께서 욕되게 행동하심을 재차 사양하고자 하십니다. 그대께 본래
의 빈객 자리로 되돌아가기를 청합니다."라고 말한다. 조문객은 대답을 하
며, "저희 군주께서는 아무개인 저에게 명령하시며 감히 빈객처럼 행동하
지 말라고 하셨으니, 감히 상주의 청을 재차 사양하고자 합니다."라고 말한

다. 종인은 안으로 들어가서 그 사실을 아뢰고, 다시 밖으로 나와서 명령을 전달하며 "상주께서 감히 그대께서 욕되게 행동하심을 진실로 사양하고자 하십니다. 그대께 본래의 빈객 자리로 되돌아가기를 청합니다."라고 말한 다. 조문객은 대답을 하며, "저희 군주께서는 사신['使'자는 거성으로 읽는다.] 아무개인 저에게 명령하시며 감히 빈객처럼 행동하지 말라고 하셔서, 이러 한 이유로 감히 거듭 사양을 하고자 합니다. 거듭 사양을 했음에도 그대 군주께서 명령을 거두지 않으시니, 감히 공경스럽게 따르지 않을 수 있겠 습니까."라고 말한다. 조문객이 문의 서쪽에 서 있게 되면, 조문객을 따라 온 개들은 문의 좌측에 서 있으며 서열에 따라 동쪽 끝에서부터 차례대로 정렬한다. 상주가 동쪽 계단을 통해 내려와서 조문객에게 절을 하고, 다시 올라가서 곡을 한 뒤에 조문객과 번갈아가며['拾'자는 '其(기)'자와 '切(겁)'자의 반절음이다.] 세 차례 용을 한다. 조문객이 밖으로 나가면, 상주는 문밖으로 나가서 그를 전송하며, 절을 하며 이마를 땅에 댄다. [본래는 "문밖의 자리로 되돌아가 위치한다."[10]라고 한 문장 뒤에 수록되어 있었다.]

集說 上客, 卽前章所云弔者, 蓋隣國來弔之正使也. 弔含襚賵皆畢, 自行臨哭之禮, 若聘禮之有私覿然, 蓋私禮爾. 主人入門而右, 客入 門而左, 禮也. 今此客入門之右, 是不敢以賓禮自居也. 宗人, 掌禮 之官. 欲納此弔賓, 先受納賓之命於主國嗣君, 然後降而請於客, 使 之復門左之賓位也. 宗人以客答之辭入告於君, 而反命于客, 如是者 三, 客乃自稱使臣而從其命, 於是立于門西之賓位. 主君自阼階降而 拜之, 主客俱升堂哭而更踊者三, 所謂成踊也. 客出送而拜之, 謝其 勞辱也.

'상객(上客)'은 앞 문장에서 말한 조문하는 자를 뜻하니, 무릇 이웃 나라 에서 찾아와 조문을 온 정규 사신을 가리킨다. 조·함·수·봉의 절차가 모두 끝나서, 사신 스스로 곡에 임하는 예법을 시행한 것으로, 빙례를 하며 개인적으로 찾아뵐 때처럼 하니, 무릇 개인적인 의례일 따름이다.

---

10) 『예기』「잡기상(雜記上)」 072장 : 賵者出, 反位于門外.

주인은 문으로 들어가며 우측으로 가고, 빈객은 문으로 들어가며 좌측으로 가는 것이 정식 예법이다. 현재 이곳에서 말한 빈객은 문으로 들어가며 우측으로 갔으니, 이것은 감히 빈객의 예법으로 스스로 처신하지 않았기 때문이다. '종인(宗人)'은 의례 진행을 담당하는 관리이다. 이러한 조문객을 안으로 들이고자 하여, 먼저 빈객을 들이라는 명령을 조문을 받는 나라의 상주에게서 받고, 그런 뒤에 내려가서 빈객에게 청하여, 그로 하여금 문의 좌측인 빈객의 자리로 돌아가도록 한 것이다. 종인이 빈객의 대답을 가지고 들어가서 군주에게 아뢰고, 다시 돌아와서 빈객에게 군주의 명령을 전달하는데, 이처럼 하길 세 차례 하면, 빈객은 스스로 '사신(使臣)'이라 지칭하고 그 명령에 따르니, 이 시기에 문의 서쪽에 있는 빈객의 자리에 서게 된다. 조문을 받는 나라의 군주는 동쪽 계단을 통해 내려가서 그에게 절을 하고, 상주와 빈객 모두 당에 올라가서 곡을 하며 번갈아 용을 하길 세 차례 하니, 이것을 '성용(成踊)'이라고 부른다. 빈객이 밖으로 나가면 전송을 하며 절을 하니, 그가 수고롭게 찾아온 노고에 대해 감사를 표하는 것이다.

【009】

賵[芳鳳反]馬入廟門. 賻[附]馬與其幣, 大白兵車, 不入廟門.〈少儀-006〉[11] [本在"納甸於有司"下.]

영구를 전송하는 말을 부의로 보내왔다면['賵'자는 '芳(방)'자와 '鳳(봉)'자의 반절음이다.] 묘문(廟門)으로 들일 수 있다. 그러나 상주를 돕기 위해 부의로 보내온['賻'자의 음은 '附(부)'이다.] 말과 폐물 또 대백의 깃발과 전쟁용 수레는 묘문 안으로 들일 수 없다. [본래는 "부여받은 채읍에서 산출된 물건을 유사에게 드렸습니다."라고 한 문장 뒤에 수록되어 있었다.]

---

11) 『예기』「소의(少儀)」006장 : 臣爲君喪, 納貨貝於君, 則曰 "納甸於有司." 賵馬入廟門, 賻馬與其幣, 大白兵車, 不入廟門.

集說 賵馬以送死者, 故可入廟門. 賻馬與幣, 所以助主人喪事之用, 故不入廟門. 大白之旗馬兵車, 雖竝爲送喪之用, 以其本戰伐之具, 故亦不可入於廟門. 此謂國君之喪, 鄰國有以此爲賵者, 亦或本國自有之也.

부의로 보내는 말은 이것을 사용하여 죽은 자를 전송하는 것이기 때문에, 묘문으로 들어갈 수 있다. 상주에게 부의로 보내는 말과 폐물은 상주가 상사를 치를 때 사용되는 것들을 돕기 위한 것이기 때문에, 묘문으로 들이지 않는다. 대백의 깃발과 전쟁용 수레는 모두 영구를 전송할 때 쓰는 것들이지만 그것은 본래 전쟁을 할 때 사용하는 기구들이기 때문에 묘문으로 들일 수 없다. 여기에서 말하는 물건들은 제후의 상이 발생하여, 이웃 나라에서 이러한 물건들을 부의로 보낸 것이거나 또는 본국에서 가지고 있었던 것들을 뜻한다.

【010】

賵者旣致命, 坐委之, 擯者舉之, 主人無親受也. 〈少儀-007〉 [二段少儀]

부를 보내온 심부름꾼이 자기 주인의 말을 전달하면, 곧 무릎을 꿇고서 가져온 물건을 땅에 내려놓는다. 그러면 부관은 그것을 들어서 가져가니, 주인은 직접 받지 않는다. [2개 단락은 「소의」편의 문장이다.]

集說 來賵者旣致其主之命, 卽跪而委置其物於地. 擯者乃擧而取之, 主人不親受, 異於吉事也.

찾아와서 부를 건네는 자가 이미 자기 주인의 명령을 전달하면, 곧 무릎을 꿇고서 가져온 물건을 땅에 내려놓는다. 부관은 곧 그것을 들어 올려서 가져가고, 주인이 직접 받지 않으니, 길한 때의 일과 차이를 두기 위해서이다.

【011】

諸侯相襚以後路與冕服, 先路與褒衣不以襚. 〈雜記上-047〉 [本在"加灰錫也"下.]

제후가 서로에게 물건을 보낼 때에는 후로와 다음 등급의 면복을 사용하며, 선로와 포의는 물건을 보내는 용도로 사용하지 않는다. [본래는 "잿물에 담그는 공정을 가미하면, 석최가 된다."[12]라고 한 문장 뒤에 수록되어 있었다.]

集說 後路, 貳車也. 貳車在後, 故曰後路. 冕服, 上冕之後次冕也. 上公以鷩冕爲次, 侯·伯以毳冕爲次, 子·男以絺冕爲次. 先路, 正路也. 褒衣者, 始命爲諸侯之衣, 及朝覲時天子所加賜之衣也. 相襚不可用己之正車服者, 以彼不用之以爲正也.

'후로(後路)'는 이거를 뜻한다. 이거는 뒤에서 따라오기 때문에 '후로(後路)'라고 부른다. '면복(冕服)'은 면복 중 가장 상등의 복장을 제외한 그다음 등급의 면복을 뜻한다. 상공은 별면을 다음 등급의 면복으로 삼고, 후작·백작은 취면을 다음 등급의 면복으로 삼으며, 자작·남작은 치면을 다음 등급의 면복으로 삼는다. '선로(先路)'는 해당 대상이 타게 되는 본래의 수레를 뜻한다. '포의(褒衣)'는 처음 명령을 받아 제후가 되었을 때 착용했던 옷이나 조근 등의 의례 때 천자가 하사해준 옷을 뜻한다. 서로 물건을 보낼 때 자신이 사용하는 정식 수레와 정식 복장을 이용하지 않는 것은 상대방이 그것들을 자신의 정식 수레와 복장으로 삼을 수 없기 때문이다.

附註 諸侯相襚以後路, 按: 先路褒衣, 是君賜之命服, 故不敢以相襚, 非爲彼不用之以爲正也. 註說似未然.

'제후상수이후로(諸侯相襚以後路)'라 했는데, 살펴보니, 선로와 포의는 군주가 하사한 명(命)의 등급에 따른 의복 부류이다. 그렇기 때문에 감히

---

12) 『예기』「잡기상(雜記上)」 046장 : 朝服十五升, 去其半而緦加灰, 錫也.

이것으로 서로 수(襚)를 하지 않는 것으로, 상대가 그것들을 자신의 정식 수레나 의복으로 삼을 수 없기 때문이 아니다. 따라서 주의 설명은 아마도 잘못된 것 같다.

類編 右列國弔贈之禮.
여기까지는 '열국조증지례(列國弔贈之禮)'에 대한 내용이다.

◇ 여정 중 상이 발생한 경우[道有喪]

【012】

諸侯行而死於館, 則其復如於其國; 如於道, 則升其乘[去聲]車之左
轂, 以其綏[而追反]復.〈雜記上-001〉[本篇首段]

제후가 다른 나라로 여정을 떠났다가 그 나라의 숙소에 머물고 있는 상태
에서 죽었다면, 초혼을 할 때 본국에 있었을 때처럼 한다. 만약 도로에서
죽게 된다면, 제후가 타고 있던 수레의['乘'자는 거성으로 읽는다.] 좌측 바퀴 위
에 올라가서, 깃술을 제거한 깃대 장식을['綏'자는 '而(이)'자와 '追(추)'자의 반절음
이다.] 흔들며 초혼을 한다. [본래는 편의 첫 단락에 수록되어 있었다.]

集說 館, 謂主國有司所授館舍也. 復, 招魂復魄也. 如於其國, 其禮
如在本國也. 道, 路也. 乘車, 其所自乘之車也. 在家則升屋之東榮,
車向南, 則左在東也. 綏, 讀爲緌, 旌旗之旄也, 去其旒而用之耳. 凡
五等諸侯之復, 人數視命數. 今轂上挾, 止容一人.

'관(館)'은 방문을 받은 나라의 유사가 방문을 온 자에게 제공한 숙소이
다. '복(復)'은 혼을 부르고 백을 되돌린다는 뜻이다. '여어기국(如於其
國)'은 그 예법이 본국에 남아있을 경우와 같다는 뜻이다. '도(道)'는 도로
이다. '승거(乘車)'는 그가 직접 탔던 수레를 뜻한다. 집에 있었을 경우라
면 지붕의 동쪽 처마에 올라가서 초혼을 하는데, 수레는 남쪽을 향하니
좌측은 동쪽이 된다. '수(綏)'자는 유(緌)자로 풀이하니, 깃발에 다는 깃
대 장식으로, 깃술을 제거하여 사용할 따름이다. 무릇 다섯 등급에 해당
하는 제후들에 대해 초혼의식을 시행하면, 참여하는 인원의 수는 그가
받은 명의 등급에 견준다. 현재는 수레 바퀴통 위의 좁은 곳에서 하므로
단지 한 사람만 하게 된다.

附註 諸侯以其綏復, 綏, 恐是引車之索在車, 故以綏復. 大夫亦然.

제후는 수(綏)로 초혼을 한다고 했는데, '수(綏)'라는 것은 아마도 수레를

끌 때의 끈으로 수레에 달린 것이다. 그렇기 때문에 수(綏)로 초혼을 하
는 것이다. 대부 또한 이처럼 한다.

【013】

其輻[千見反]有裧[尺占反]緇布裳帷, 素錦以爲屋而行.〈雜記上-002〉

영구의 수레를 덮는 천에는[輻'자는 '千(천)'자와 '見(견)'자의 반절음이다.] 장식을
하니, 천의 네 방면에 첨을[裧'자는 '尺(척)'자와 '占(점)'자의 반절음이다.] 달아 늘어
트리고, 검은색의 천으로 휘장처럼 관을 두르며, 흰색의 비단을 지붕처럼
만들어서 관을 덮고서야 행차를 한다.

> **集說** 輻, 載柩之車上覆飾也. 輻象宮室. 舊說, 輻用染赤色, 以蒨而
> 名. 裧者, 輻之四旁所垂下者. 緇布裳帷者, 輻下棺外, 用緇色之布
> 爲裳帷, 以圍繞棺也. 素錦以爲屋者, 用素錦爲小帳如屋, 以覆棺之
> 上, 設此飾乃行也.

'천(輻)'은 영구를 실은 수레의 덮개를 장식한 것이다. 천은 궁궐을 상징
한다. 옛 학설에서는 천은 적색으로 염색한 천을 사용하는데, 염료로 천
(蒨)이라는 식물을 사용해서 이처럼 명칭을 정했다고 한다. '첨(裧)'이라
는 것은 천의 네 면에 달려서 밑으로 늘어지는 것을 뜻한다. '치포상유(緇
布裳帷)'는 천 밑의 관 곁에는 검은색의 포를 이용해서 장막을 만들어
관을 두르는 것을 뜻한다. '소면이위옥(素錦以爲屋)'이라는 말은 흰색의
비단을 이용해서 작은 장막을 만들어 지붕처럼 해서, 관의 위를 덮는 것
이니, 이러한 장식을 설치한 뒤에 영구가 행차하게 된다.

【014】

至於廟門, 不毁墻, 遂入, 適所殯, 唯輻爲說[脫]於廟門外.〈雜記上-003〉

빈궁의 문에 당도하면, 휘장을 걷지 않고 안으로 들어가서, 빈소가 차려진
곳으로 가는데, 천은 더 이상 필요하지 않으므로, 빈궁의 문 밖에서 벗겨둔
다.['說'자의 음은 '脫(탈)'이다.]

> **集說** 廟門, 殯宮之門也. 不毁墻, 謂不折去裳帷也. 所殯在兩楹間,

脫輴於門外者, 旣入宮室, 則不必象宮之輴也, 故脫之.

'묘문(廟門)'은 빈궁의 문을 뜻한다. '불훼장(不毁牆)'은 장막을 제거하지 않는다는 뜻이다. 빈소를 차리는 곳은 양쪽 기둥 사이가 되며, 문밖에서 천을 벗긴다는 것은 궁실로 이미 들어왔다면, 궁실을 상징하는 천이 불필요하기 때문에 벗기는 것이다.

附註 不毁牆, 牆, 謂廟垣也, 見士喪禮. 又見檀弓"毁宗"註. 此云"不拆裳帷", 恐未然.

'불훼장(不毁牆)'이라 했는데, '장(牆)'은 종묘의 담장을 뜻하니, 『의례』「사상례(士喪禮)」편 및 『예기』「단궁(檀弓)」편의 '훼종(毁宗)'[1]이란 기록의 주에 나온다. 이곳에서 "장막을 제거하지 않는다."라 한 말은 아마도 잘못된 설명인 것 같다.

---

1) 『예기』「단궁상(檀弓上)」 077장 : 及葬, 毁宗躐行, 出于大門, 殷道也. 學者行之.

【015】

大夫士死於道, 則升其乘車之左轂以其綏復. 如於館死, 則其復如
於家. 大夫以布爲輤而行, 至於家而說輤, 載以輲[遄]車, 入自門, 至
於阼階下而說車, 擧自阼階, 升適所殯.〈雜記上-004〉

대부와 사의 경우 여정 중 길에서 죽게 되면, 그가 타고 있던 수레의 좌측
바퀴에 올라가서 수레를 탈 때 잡는 수라는 끈을 이용해 초혼을 한다. 만약
제공받은 숙소에서 죽게 된다면, 그때의 초혼은 그가 자신의 집에서 죽었
을 때처럼 한다. 대부의 경우에는 포를 이용해 천을 만들어서 행차를 하며,
그의 집에 도착하면 천을 제거하고, 시신을 바퀴살이 없는['輲'자의 음은 '遄
(천)'이다.] 수레에 싣고, 문을 통해서 들어가며, 동쪽 계단 밑에 도착하면
시신을 수레에서 꺼내고, 들어 올려서 동쪽 계단을 통해 올라가 빈소가
차려진 곳으로 이동시킨다.

集說 布輤, 以白布爲輤也. 輲, 讀爲輇, 音與船同. 說文: "有輻曰
輪, 無輻曰輇." 有輻者, 別用木以爲輻也. 無輻者, 合大木爲之也. 大
夫初死, 及至家, 皆用輇車載之. 今至家而脫去輤, 則惟尸在輇車上
耳, 故云載以輇車. 凡死於外者, 尸入自門, 升自阼階, 柩則入自闕,
升自西階. 周禮, 殯則於西階之上, 惟死於外者, 殯當兩楹之中, 蓋不
忍遠之也.

'포천(布輤)'은 백색의 포로 천을 만들었다는 뜻이다. '천(輲)'자는 전(輇)
자로 풀이하니, 그 음은 선(船)자와 동일하다. 『설문』에서는 "바퀴살이
있는 바퀴를 '윤(輪)'이라 부르며, 바퀴살이 없는 바퀴를 '전(輇)'이라 부
른다."라고 했다. 바퀴살이 있는 것은 별도로 나무를 이용해서 바퀴살을
만든다. 바퀴살이 없는 것은 큰 나무를 합해서 원형으로 바퀴를 만든다.
대부가 여정 중 이제 막 죽었을 때와 그의 집까지 갈 때에는 모두 바퀴살
이 없는 수레를 이용해서 시신을 싣는다. 현재 집에 도착하여 천을 제거
했다면, 오직 시신만 바퀏살이 없는 수레 위에 놓여 있을 뿐이다. 그렇기
때문에 "바퀴살이 없는 수레를 이용해서 싣는다."고 했다. 무릇 외지에서

죽은 경우, 시신이 들어올 때에는 문을 통해서 들어오며, 당으로 오를 때에는 동쪽 계단을 통해서 오르며, 영구의 경우에는 궐을 통해서 들어오고, 서쪽 계단을 통해서 오른다. 주나라의 예법에 따르면 빈소의 경우에는 서쪽 계단 위에 마련하는데, 오직 외지에서 죽은 자에 대해서만 빈소를 양쪽 기둥 사이에 만드니, 차마 멀리 떨어트려 놓을 수 없기 때문이다.

【016】

士轎葦席以爲屋, 蒲席以爲裳帷. 〈雜記上-005〉

사의 천을 만들 때에는 위석을 덮개를 삼으며, 포석을 휘장으로 삼는다.

集說 士卑, 故質略如此.

사는 신분이 미천하기 때문에 이처럼 질박하고 소략하게 한다.

【017】

爲君使[去聲]而死, 公館復, 私館不復. 公館者, 公宮與公所爲也. 私館者, 自卿·大夫以下之家也. 〈雜記上-061〉 [本在"不襲婦服"下.]

군주를 위해 사신으로[使'자는 거성으로 읽는다.] 다른 나라에 갔는데, 그곳에서 죽게 되면, 그 장소가 공관일 경우에는 초혼을 하지만, 사관일 경우에는 초혼을 하지 않는다. 공관이라는 것은 찾아간 나라의 제후가 궁실에 마련한 숙소와 군주가 궁실 밖에 별도로 마련한 숙소이다. 사관이라는 것은 경이나 대부로부터 그 이하의 계층이 소유한 집이다. [본래는 "남자에게는 부인의 옷을 습하지 않는다."2)라고 한 문장 뒤에 수록되어 있었다.]

集說 說見曾子問.

---

2) 『예기』「잡기상(雜記上)」 060장 : 子羔之襲也, 繭衣裳與稅衣纁袡爲一, 素端一, 皮弁一, 爵弁一, 玄冕一. 曾子曰, "不襲婦服."

설명은 『예기』「증자문(曾子問)」편에 나온다.

【類編】 右道有喪.

여기까지는 '도유상(道有喪)'에 대한 내용이다.

◇ 상이 겹치는 경우[並有喪]

[018]

父母之喪偕[句], 先葬者不虞祔, 待後事. 其葬服斬衰.〈喪服小記-045〉
[小記. 本在"而後卒哭"下.]

부모의 상이 동시에 발생하면[`偕'자에서 구문을 끊는다.] 모친에 대한 장례를
먼저 치르는데, 먼저 치른 자에 대해서는 곧바로 우제와 부제를 지내지
않고, 부친에 대한 우제와 부제를 치른 뒤에야 모친에 대한 우제와 부제를
지낸다. 모친에 대한 장례를 치를 때에도 부친에 대한 상복인 참최복을
그대로 착용한다. [「상복소기」편의 문장이다. 본래는 "지난 뒤에 치른다."[1]라고 한 문장
뒤에 수록되어 있었다.]

集說 父母之喪偕, 卽曾子問並有喪, 言父母同時死也. 葬先輕而後
重. 先葬, 葬母也. 不虞祔, 不爲母設虞祭祔祭也. 蓋葬母之明日, 卽
治父葬, 葬父畢虞祔, 然後爲母虞祔, 故云待後事, 祭則先重而後輕
也. 其葬母亦服斬衰者, 從重也. 以父未葬, 不敢變服也.

부모의 상이 모두 일어났다는 말은 『예기』「증자문(曾子問)」편에서 말
한 "상이 동시에 발생한다."는 경우에 해당하니, 부모가 동시에 돌아가신
경우를 뜻한다. 장례의 경우에는 상대적으로 낮은 자를 먼저 하고 높은
자를 뒤에 한다. 먼저 장례를 치르는 것은 모친에 대한 장례를 치르는
것이다. 우제와 부제를 치르지 않는 것은 모친을 위해서 우제와 부제를
치르지 못한다는 뜻이다. 모친에 대한 장례를 치르고 난 다음 날에는 곧
부친에 대한 장례를 치르게 되고, 부친에 대한 장례가 끝나면 우제와 부
제를 치르고, 그런 뒤에야 모친에 대한 우제와 부제를 치른다. 그렇기
때문에 "뒤의 일을 기다린다."라고 말한 것이니, 제사의 경우에는 높은
자를 먼저 지내고, 상대적으로 낮은 자를 뒤에 지내기 때문이다. 모친에

---

1) 『예기』「상복소기(喪服小記)」 044장 : 報葬者報虞, 三月而後卒哭.

대한 장례를 치를 때에도 참최복을 착용하는 것은 높은 자에 대한 복장에 따르기 때문이다. 부친에 대한 장례를 아직 치르지 않았다면, 감히 상복을 바꿀 수 없기 때문이다.

【019】

有父之喪, 如未沒喪而母死, 其除父之喪也, 服其除服, 卒事, 反喪服.〈001〉 [本在"專道而行"下.]

부친의 상을 치르고 있는데, 그 시기가 소상을 치렀지만 아직 대상을 치르지 않은 시기이다. 그런데 이때 모친이 돌아가시게 되면, 부친에 대해 제상을 할 때에는 제상 때의 복장을 착용하고, 그 일이 끝나면 다시 모친에 대한 상복을 착용한다. [본래는 "길을 전적으로 사용하며 이동하는 것이다."2)라고 한 문장 뒤에 수록되어 있었다.]

集說 沒, 猶終也, 除也. 父喪在小祥後大祥前, 是未沒父喪也. 又遭母喪, 則當除父喪之時, 自服除喪之服, 以行大祥之禮. 此禮事畢, 卽服喪母之服. 若母喪未葬, 而值父之二祥, 則不得服祥服者, 以祥祭爲吉, 未葬爲凶, 不思於凶時行吉禮也.

'몰(沒)'자는 "마치다."는 뜻이며, "제거한다."는 뜻이다. 부친의 상을 치르며 소상을 한 이후로부터 대상을 치르기 이전에 있는 경우가 바로 아직 부친의 상을 끝내지 못한 것이다. 또 모친의 상을 당하게 된다면 부친의 상에 대해서 상복을 제거할 때, 스스로 제상(除喪)3)할 때의 복장을 착용

---

2) 『예기』「잡기상(雜記上)」 076장 : 士喪有與天子同者三: 其終夜燎, 及乘人, 專道而行.

3) 제상(除喪)은 상(喪)을 끝낸다는 뜻이다. 상을 치르는 일정한 기간을 끝내게 되면, 상중에 입고 있었던 상복(喪服)을 벗고, 평소에 입던 길복(吉服)으로 복장을 바꾸게 된다. 따라서 상복을 제거한다는 뜻에서, 상을 끝내는 것을 '제상'이라고 부르는 것이다. 또한 '제상'은 상복의 수위가 변화되는 것을 가리키는 용어로도 사용된다. 상복은 일정한 기간마다 그 수위가 낮아지게 되는데, 그 수위를 덜어낸다는 뜻에

하여, 대상의 의례를 시행한다. 이러한 예법과 그 사안이 끝나게 되면, 모친의 상을 치르며 착용하는 복장을 입는다. 만약 모친의 상에 대해서 아직 장례를 치르지 않았는데, 부친에 대해 소상과 대상을 치러야 할 시기에 해당한다면, 소상이나 대상 때의 복장을 착용할 수 없으니, 그 이유는 소상과 대상의 제사는 길사에 해당하지만, 아직 장례를 치르지 않은 상황은 흉사에 해당하여, 차마 흉한 시기에 길례를 시행할 수 없기 때문이다.

【020】

雖諸父昆弟之喪, 如當父母之喪, 其除諸父昆弟之喪也, 皆服其除喪之服, 卒事, 反喪服.〈002〉

비록 백부나 숙부 및 형제들의 상을 치르고 있더라도, 부모의 상을 당하게 된다면, 백부나 숙부 및 형제들에 대해 상복을 제거하게 되면, 모두 제상 때의 복장을 착용하고, 그 사안이 끝나면 다시 부모에 대한 상복을 착용한다.

集說 諸父昆弟之喪, 自始死至除服, 皆在父母服內, 輕重雖殊, 而除喪之服不廢者, 篤親愛之義也. 若遭君喪, 則不得自除私服, 曾子問言之矣.

백부나 숙부 및 형제들의 상에 있어서, 그 자들이 이제 막 죽었을 때부터 제복(除服)[4]을 할 때까지는 모두 부모에 대해 복상하는 기간에 포함되는데, 경중에 따른 차이가 비록 있더라도, 제상 때의 복장은 폐지할 수 없으

서 이러한 일련의 변화를 '제상'이라고 부르는 것이다.

4) 제복(除服)은 소상(小祥)과 대상(大祥)을 지낼 때 입는 상복(喪服)을 뜻한다. 또는 상복을 벗는다는 뜻이다. 소상과 대상을 치르면서 상복의 수위가 낮아지게 되며, 대상까지 지내게 되면 실제적으로 복상(服喪) 기간이 끝나게 된다. 따라서 '제복'은 상복을 벗는다는 뜻이 되며, 소상과 대상을 지내면서 입게 되는 변화된 상복을 지칭하기도 하는 것이다.

니, 친애의 뜻을 돈독하게 하기 위해서이다. 만약 군주의 상을 당하게 된다면, 본인은 개인적인 상복을 착용할 수 없으므로, 그 상복을 제거할 수 없으니, 『예기』「증자문(曾子問)」편에서 그 내용을 언급했다.

【021】

如三年之喪, 則旣穎[犬迥反], 其練祥皆行.〈003〉

만약 삼년상이 겹치게 된다면, 갈로 만든 질로['穎'자는 '犬(견)'자와 '迥(형)'자의 반절음이다.] 허리에 차고 있던 마로 만든 질을 바꾸게 되면 이전에 발생한 상에 대해서 소상과 대상의 제사를 모두 시행한다.

集說 前喪後喪, 俱是三年之服, 其後喪旣受葛之後, 得爲前喪行練祥之禮也. 旣穎者, 旣虞受服之時, 以葛絰易要之麻絰也. 穎, 草名. 無葛之鄕以穎代.

앞서 발생한 상과 뒤에 발생한 상이 모두 삼년복을 착용해야 하는 상인데, 뒤에 발생한 상에 있어서 이미 갈로 만든 상복을 받은 이후라면, 이전 상에 대해서 연상의 의례를 시행할 수 있다. '기경(旣穎)'이라는 것은 이미 우제를 치르고서 새로운 상복을 받았을 때, 갈로 만든 질로 허리에 차고 있던 마로 만든 질을 바꾼다는 뜻이다. '경(穎)'은 풀이름이다. 갈이 생산되지 않는 지역에서는 경으로 대체하게 된다.

【022】

有三年之練冠, 則以大功之麻易之, 唯杖屨不易.〈雜記上-027〉 [本在"待猶君也"下.]

삼년상을 치르고 있을 때 소상을 치렀는데, 갑작스럽게 대공복에 해당하는 상이 발생한다면, 대공복에 착용하는 마로 만든 질로 소상 때 착용했던 갈로 만든 질을 바꾸지만, 지팡이와 신발만은 바꾸지 않는다. [본래는 "그를

대우할 때에는 정식 군주에 대한 경우처럼 한다."[5]라고 한 문장 뒤에 수록되어 있었다.]

集說 大功之服, 爲殤者凡九條, 其長殤皆九月, 中殤皆七月, 皆降服也. 又有降服者六條, 正服者五條, 正服不降者三條, 義服者二條, 皆九月. 詳見儀禮. 此章言居三年之喪, 至練時首絰已除, 故云有三年之練冠也. 當此時忽遭大功之喪, 若是降服, 則其衰七升, 與降服齊衰葬後之服同, 故以此大功之麻絰, 易去練服之葛絰也. 惟杖屨不易者, 言大功無杖無可改易, 而三年之練, 與大功初喪, 同是繩屨耳.

대공복의 규정에 있어서 요절한 자를 위해 착용하는 경우에는 모두 9가지 조목이 있는데, 장상의 경우에는 모두 9개월 동안 복상하고, 중상의 경우에는 모두 7개월 동안 복상하니, 이 모두는 강복에 해당한다. 또 강복을 하는 경우에는 6가지 조목이 있고, 정복을 하는 경우에는 5가지 조목이 있으며, 정복을 하면서 낮추지 않는 경우에는 3가지 조목이 있고, 의복(義服)[6]을 하는 경우에는 2가지 조목이 있는데, 이 모두에 대해서는 9개월 동안 복상한다. 자세한 설명은 『의례』에 나온다. 이곳 문단은 삼년상을 치르고 있으면서 연제를 지내는 시기가 되면 머리에 쓰고 있던 수질은 이미 제거하게 되므로, "삼년상에서 연관을 쓰고 있다."라고 말한 것이다. 그리고 이러한 시기에 갑작스럽게 대공복에 해당하는 상이 발생하여, 강복을 하는 경우와 같다면, 상복은 7승으로 만들어서, 강복을 하며 자최복을 입고 치르는 상에서 장례를 치른 이후에 착용하는 복장과 동일하게 한다. 그렇기 때문에 대공복의 마로 만든 질로 소상의 복장에 착용했던 갈로 만든 질을 바꾸는 것이다. '유장구불역(惟杖屨不易)'이라는 말은 대공복에는 지팡이가 없어서 복장을 바꾸는 경우가 없으며, 삼년상의 연제 때 착용하는 복장과 대공복의 초상 때 착용하는 복장에 있어서는 동일

---

5) 『예기』「잡기상(雜記上)」026장 : 君薨, 大子號稱子, 待猶君也.

6) 의복(義服)은 본래 친속관계가 성립되지 않아서, 상복(喪服)을 착용해야만 하는 관계가 아닌데도, 도리에 따라 상복을 착용하는 것을 말한다.

하게 승구를 신을 따름이라는 뜻이다.

【023】

大夫有私喪之葛, 則於其兄弟之輕喪, 則弁絰. 〈雜記上-039〉 [本在"亦弁絰"下.]

대부에게 처나 자식의 상이 발생하여, 졸곡을 치른 뒤 갈로 만든 질을 두르고 있는데, 시마복처럼 관계가 소원한 형제의 상을 접하게 된다면, 변질을 착용한다. [본래는 "또한 변질을 착용한다.[7]"라고 한 문장 뒤에 수록되어 있었다.]

集說 私喪, 妻子之喪也. 卒哭以葛代麻. 於此時而遭兄弟之喪, 雖緦麻之輕, 亦用弔服, 弁絰而往, 不以私喪之未臨兄弟也. 大夫降旁親, 於緦麻兄弟無服.

'사상(私喪)'은 처나 자식의 상을 뜻한다. 졸곡을 하여 갈로 만든 질로 마로 만든 질을 대체하는데, 이 시기에 형제의 상을 접하게 되면, 비록 시마복처럼 수위가 가벼운 관계에 있을지라도 또한 조문할 때의 복장을 착용하고, 변질(弁絰)[8]을 두르고서 찾아가니, 자신의 개인적인 상에서 거의 끝에 이른 복장으로 형제의 상에 임할 수 없기 때문이다. 대부는 방계 친족에 대해서 낮추게 되어, 본래 시마복을 착용하는 형제에 대해서는 상복관계가 없어진다.

集說 疏曰: 若已成服則錫衰, 未成服則身素裳而首弁絰也.

소에서 말하길, 만약 이미 성복을 했다면, 석최(錫衰)[9]을 착용하고, 아직 성복을 하지 않았다면 몸에는 흰색의 복장을 착용하고, 머리에는 변질

---

7) 『예기』「잡기상(雜記上)」 038장 : 大夫之哭大夫弁絰. 大夫與殯亦弁絰.
8) 변질(弁絰)은 흰 색으로 된 작변(爵弁)에 환질(環絰)을 두른 것이다.
9) 석최(錫衰)는 가는 베로 만든 옷으로, 일종의 상복(喪服)에 해당한다. 천자의 경우, 삼공(三公)이나 육경(六卿)의 상(喪)에 착용했던 복장이다.

(弁絰)을 착용한다.

類編 右並有喪.
여기까지는 '병유상(並有喪)'에 대한 내용이다.

【024】

有殯聞外喪, 哭之他室. 入奠, 卒奠出, 改服卽位, 如始卽位之禮.
〈005〉 [本在"附於王父也"下.]

부모에 대한 빈소가 차려진 상태인데, 멀리 떨어져 살고 있는 형제의 상 소식을 접하게 되면, 다른 실로 가서 곡을 한다. 다음날 아침에는 부모에 대한 상복을 착용하고 빈소로 들어가서 전제사를 지내며, 전제사가 끝나면 밖으로 나와서, 형제에 대한 상복으로 갈아입은 뒤, 어제 형제를 위해 곡을 했던 장소로 나아가고, 처음 그 자리로 나아갔을 때의 예법처럼 시행한다.
[본래는 "조부에게 부제를 치른다."[1]라고 한 문장 뒤에 수록되어 있었다.]

集說 有殯, 謂父母喪未葬也. 外喪, 兄弟之喪在遠者也. 哭不於殯宮而於他室, 明非哭殯也. 入奠者, 哭之明日之朝, 著己本喪之服, 入奠殯宮, 奠畢而出, 乃脫己本喪服, 著新死者未成服之服, 而卽昨日他室所哭之位. 如始卽位之禮者, 謂今日之卽哭位, 如昨日始聞喪而卽位之禮也.

"빈소가 있다."는 말은 부모의 상에 대해서 아직 장례를 치르지 못한 상황을 뜻한다. '외상(外喪)'[2]은 멀리 떨어져 있는 형제의 상을 뜻한다. 그들에 대한 곡은 빈소에서 할 수 없으므로 다른 실에서 하니, 빈소에서 부모를 위해 곡하는 것이 아님을 나타내기 위해서이다. '입전(入奠)'은 형제를 위해 곡을 한 다음날 아침에 자신이 치르고 있는 본래의 상에 대한 상복을 착용하고, 빈소에 들어가서 전제를 치르며, 전제사가 끝나면 밖으로 나오고, 곧 자신이 본래 착용하고 있던 상복을 벗고, 이제 막 죽은 자에 대해 아직 성복을 하지 않았을 때의 복장을 착용하며, 어제 다른

---

1) 『예기』「잡기하」 004장 : 士父死, 未練祥而孫又死, 猶是附於王父也.
2) 외상(外喪)은 대문(大門) 밖에서 발생한 상(喪)을 뜻한다. 즉 자신과 같은 집에서 살고 있지 않은 친인척에 대한 상(喪)을 뜻한다.

실에서 곡을 했던 자리로 나아간다는 뜻이다. "처음 자리로 나아갔을 때
의 예법처럼 한다."는 말은 오늘 곡하는 자리로 나아갔을 때, 어제 처음
상에 대한 소식을 접하고 자리로 나아가서 곡을 했던 예법처럼 한다는
뜻이다.

【025】

有殯, 聞遠兄弟之喪, 雖緦必往; 非兄弟, 雖鄰不往.〈檀弓上-135〉 [本在
"裼之可也"下.]

집에 빈소가 차려져 있을 때, 멀리 떨어져 살고 있는 형제에 대한 상의
소식을 접하게 된다면, 비록 그 자가 자신과 관계가 멀어서 시마복을 착용
하는 자라 하더라도, 반드시 찾아가서 곡을 해야 한다. 형제가 아니라면,
비록 이웃에 상이 발생했다 하더라도 찾아가지 않는다. [본래는 "석의를 착용해
도 괜찮다."³⁾라고 한 문장 뒤에 수록되어 있었다.]

集說 三年之喪, 在殯不得出弔, 然於兄弟則恩義存焉, 故雖緦服兄
弟之異居而遠者, 亦當往哭其喪. 若非兄弟, 則雖近不往.

삼년상을 치를 때에는 빈소가 집안에 있으므로, 밖으로 나가서 조문을
갈 수 없다. 그러나 형제의 경우라면, 은정과 도의가 둘 간의 관계에 포함
되어 있으므로, 비록 시마복(緦麻服)⁴⁾을 입어야 하는 형제이고, 멀리 떨
어져 사는 자라고 하더라도, 또한 마땅히 찾아가서, 그의 상에 대해서
곡을 해야만 한다. 만약 형제가 아닌 경우라면, 비록 가까운 곳에 사는
자라고 하더라도 찾아가지 않는다.

---

3) 『예기』「단궁상(檀弓上)」 134장 : 鹿裘, 衡長, 袪. 袪, 裼之可也.
4) 시마복(緦麻服)은 상복(喪服) 중 하나로, 오복(五服)에 속한다. 가장 조밀한 삼베
   를 사용해서 만든다. 이 복장을 입게 되는 기간은 상황에 따라서 차이가 있지만,
   일반적으로 3개월이 된다. 친족의 백숙부모(伯叔父母)나 친족의 형제(兄弟)들
   및 혼인하지 않은 친족의 자매(姊妹) 등을 위해서 입는다.

【026】

妻之昆弟爲父後者死, 哭之適室, 子爲主, 袒 · 免[問] · 哭 · 踊. 夫入
門右, 使人立於門外. 告來者, 狎則入哭. 父在, 哭於妻之室; 非爲父
後者, 哭諸異室.〈檀弓下-011〉[本在"不受弔"下.]

처의 형제 중 장인의 후계자가 된 자가 죽었다면 적실에서 곡을 하고, 자신
의 아들을 상주 역할로 삼으며, 단 · 문['免'자의 음은 '問(문)'이다.] · 곡 · 용을
하도록 시킨다. 본인의 경우 문으로 들어서면 오른쪽에 있게 되고, 다른
사람을 시켜서 문밖에 서 있도록 한다. 찾아와서 조문하는 자들에 대해서
는 그 자가 알리게 되는데, 알려온 자가 평소 친하게 지내던 자라면 곧바로
들어와서 곡을 하도록 시킨다. 자신의 부친이 생존해 계신 경우라면, 처의
형제 중 후계자가 된 자를 위해서는 처의 실에서 곡을 한다. 만약 처의
형제 중 후계자가 아닌 자가 죽은 경우라면, 다른 실에 가서 곡을 한다.
[본래는 "조문을 받지 않는다."[5]라고 한 문장 뒤에 수록되어 있었다.]

集說 此聞妻兄弟之喪, 而未往弔時禮也. 父在, 己之父也. 爲父後,
妻之父也. 門外之人以來弔者告, 若是交游習狎之人, 則徑入哭之,
情義然也.

이 내용은 처의 형제에게 발상한 상에 대한 소식을 접했지만 직접 찾아가
서 조문을 하지 못했을 때의 예를 뜻한다. "부친이 생존해 계시다."라고
한 말은 자신의 부친을 가리켜서 한 말이다. "부친의 후계자가 되다."라
고 한 말은 처의 부친을 가리켜서 한 말이다. 문밖의 사람은 조문하기
위해 찾아온 자에 대해 아뢰게 되는데, 만약 평소 교유하며 친하게 지내
던 자라면, 곧바로 들어와서 곡을 하게 시키니, 정감과 도리에 따라서
이처럼 하는 것이다.

集說 疏曰: 女子子適人者, 爲昆弟之爲父後者不降, 以其正故也.
故姊妹之夫, 爲之哭於適室之中庭. 子爲主者, 甥服舅緦, 故命己子

---

5) 『예기』「단궁하(檀弓下)」 010장 : 大夫之喪, 庶子不受弔.

爲主, 受弔拜賓也. 袒免哭踊者, 冠尊, 不居肉袒之上, 必先去冠而加
免; 故凡哭, 哀則踊, 踊必先袒, 袒必先免, 故袒免哭踊也. 夫入門右
者, 謂此子之父, 卽哭妻兄弟者.

소에서 말하길, 딸자식 중 남에게 시집을 간 여자는 자신의 형제들 중
부친의 후계자가 된 자를 위해서, 상의 수위를 낮추지 않고, 본래의 수위
에 따라 치르기 때문이다. 그래서 죽은 자의 자매가 되는 여자의 남편은
죽은 자를 위해서 적실(適室)6)의 중정에서 곡을 한다. "자식을 상주로
삼는다."는 말은 생질은 외삼촌을 위해서 시마복을 착용하기 때문에, 자
신의 아들에게 상주의 역할을 수행하도록 명령을 하고, 조문을 받으며
빈객에게 절을 하도록 시키는 것이다. '단문곡용(袒免哭踊)'이라고 했는
데, 상을 치를 때 쓰는 관은 존귀하므로, 맨머리 위에 착용할 수 가 없고,
반드시 먼저 쓰고 있던 관을 제거하고 문(免)7)을 한다. 그러므로 곡을
하는 모든 경우에, 슬퍼지게 되면 용을 하게 되는데, 용을 할 때에는 반드
시 그보다 앞서서 단(袒)8)을 해야 하고, 단을 할 때에는 반드시 그보다
앞서서 문을 하게 된다. 그래서 단·문·곡·용을 한다고 말한 것이다.
'부입문우(夫入門右)'라는 말은 여기에서 말한 자식의 부친을 가리켜서
한 말이니, 곧 처의 형제를 위해서 곡을 하는 자이다.

---

6) 적실(適室)은 정침(正寢)에 있는 벗실]을 뜻한다. 정침(正寢)은 천자(天子)의 제
   후(諸侯)의 경우에는 노침(路寢)이라고 부르고, 경(卿)·대부(大夫)·사(士)의
   경우에는 '적실' 또는 적침(適寢)이라고 부른다. 『의례』「사상례(士喪禮)」편에는
   "士喪禮, 死于適室, 幠用斂衾."이라는 기록이 있는데, 이에 대한 정현의 주에서
   는 "適室, 正寢之室也."라고 풀이했고, 가공언(賈公彦)의 소(疏)에서는 "若對天
   子諸侯謂之路寢, 卿大夫士謂之適室, 亦謂之適寢, 故下記云'士處適寢', 揔而
   言之, 皆謂之正寢."이라고 풀이했다. 또 『예기』「단궁하(檀弓下)」편에는 "妻之
   昆弟爲父後者死, 哭之適室."이라는 기록이 있는데, 이에 대한 공영달(孔穎達)의
   소(疏)에서는 "適室, 正寢也."라고 풀이했다.
7) 문(免)은 '문(絻)'이라고도 부른다. 문포(免布)나 문복(免服)과 같은 뜻이다.
8) 단(袒)은 상의 중 좌측 어깨 쪽을 드러내는 방법이다. 일반적으로 상중(喪中)에
   남자들이 취하는 복장 방식을 뜻한다. 한편 일반적인 의례절차에서도 단(袒)의
   복장 방식을 취하는 경우가 있다.

【027】

有殯, 聞遠兄弟之喪, 哭于側室; 無側室, 哭于門內之右. 同國則往
哭之.〈檀弓下-012〉[本在"主人日臨"9)下. 三段檀弓.]

집에 빈소가 차려져 있을 때, 멀리 떨어져 살고 있는 형제의 상 소식을
접하게 된다면, 측실에서 곡을 한다. 만약 측실이 없는 경우라면 대문 안에
서도 오른쪽에서 곡을 한다. 그리고 죽은 자가 같은 나라에 살고 있는 경우
라면, 그의 집에 찾아가서 곡을 한다. [본래는 "다른 실에 가서 곡을 한다."10)라고
한 문장 뒤에 수록되어 있었다. 3개 단락은 「단궁」편의 문장이다.]

集說 側室者, 燕寢之旁室也. 門內, 大門之內也. 上篇言有殯聞遠
兄弟之喪, 雖緦必往, 其亦謂同國歟.

'측실(側室)'이라는 것은 연침의 측면에 붙어 있는 실이다. '문내(門內)'
는 대문의 안쪽을 뜻한다. 「단궁상」편에서는 빈소가 차려져 있는 경우,
멀리 떨어져 살고 있는 형제에 대한 상의 소식을 접하게 된다면, 비록
그 자가 자신과 관계가 멀어서 시마복을 착용하는 자라고 하더라도, 반드
시 찾아가서 곡을 한다고 했으니,11) 「단궁상」편에서 말한 내용은 또한
같은 나라에서 살고 있는 경우일 것이다.

集說 方氏曰: 哭于側室, 欲其遠殯宮也. 于門內之右者, 不居主位,
示爲之變也. 同國則往者, 以其不遠也.

방씨가 말하길, 측실에서 곡을 하는 것은 빈소에서 멀리 떨어지고자 했기
때문이다. 문안의 오른쪽에서 한다는 말은 상주의 위치에 머물지 않음으

---

9) 이 문장은 『예기』「단궁하(檀弓下)」008장에 해당한다. 잘못 기록된 것 같다.
10) 『예기』「단궁하」011장 : 妻之昆弟爲父後者死, 哭之適室, 子爲主, 祖·免·
　　哭·踊. 夫入門右, 使人立於門外. 告來者, 狎則入哭. 父在, 哭於妻之室; 非爲
　　父後者, 哭諸異室.
11) 『예기』「단궁상(檀弓上)」135장 : 有殯, 聞遠兄弟之喪, 雖緦必往; 非兄弟, 雖鄰
　　不往.

로써, 변화됨이 있다는 사실을 나타내고자 한 것이다. 같은 나라에 산다
면 찾아간다고 했는데, 그가 멀리 떨어져 사는 것이 아니기 때문이다.

【028】

哭朋友者於門外之右南面.〈喪服小記-052〉[小記. 本在"爲異居"下.]

친구를 위해 곡을 하는 자는 침문 밖 우측에서 남쪽을 바라보며 조문객들
을 대한다. [「상복소기」편의 문장이다. 본래는 "다른 곳에 거주하는 경우로 간주한다."[12]
라고 한 문장 뒤에 수록되어 있었다.]

集說　擅弓曰: "朋友吾哭諸寢門之外." 南向者, 爲主以待弔賓也.

『예기』「단궁(檀弓)」편에서는 "벗에 대해서라면, 나는 침문의 밖에서 곡
을 해야 한다."고 했다. 남쪽을 바라보는 것은 상주가 되어 조문을 온
빈객들을 대하기 때문이다.

【029】

凡異居始聞兄弟之喪, 唯以哭對可也. 其始麻散帶絰.〈雜記上-029〉[本
在"不名神也"下.]

무릇 다른 지역에 거주하고 있는데 처음 형제의 상 소식을 듣게 된다면,
오직 곡을 하며 부고를 알려온 자를 대해야 옳다. 대공복 이상의 관계에
있는 형제를 위해 처음 마로 만든 요질을 착용할 때에는 끝을 매듭짓지
않고 흩트려 놓는다. [본래는 "이름으로 부르지 않은 것은 신령으로 대하기 때문이다."[13]
라고 한 문장 뒤에 수록되어 있었다.]

---

12) 『예기』「상복소기(喪服小記)」 051장 : 繼父不同居也者, 必嘗同居, 皆無主後,
　　同財而祭其祖禰爲同居, 有主後者爲異居.
13) 『예기』「잡기상(雜記上)」 028장 : 有父母之喪尙功衰, 而附兄弟之殤則練冠附,
　　於殤稱"陽童某甫", 不名神也.

集說 兄弟異居而赴至, 唯以哭對其來赴之人, 以哀傷之情重, 不暇他言也. 其帶経之麻始皆散垂, 謂大功以上之兄弟, 至三日而後絞之也. 小功以下不散垂.

형제가 다른 지역에 거주하여 부고를 알려온 경우, 오직 곡만 하며 부고를 알리기 위해 찾아온 자를 응대하니, 애통한 마음이 무거워서 다른 말을 할 겨를이 없기 때문이다. 마로 만든 요질을 찰 때 처음에는 모두 끝을 흩트려 놓으니, 즉 대공복으로부터 그 이상의 관계에 있는 형제에 있어서는 3일이 지난 뒤에야 매듭을 짓는다는 뜻이다. 소공복으로부터 그 이하의 관계에 있는 친족에 대해서는 끝을 흩트려 놓지 않는다.

【030】
未服麻而奔喪, 及主人之未成経也, 疏者與主人皆成之, 親者終其麻帶経之日數.〈雜記上-030〉

다른 지역에 거주하지만 그 거리가 매우 가까워서, 상의 소식을 접하고 아직 마로 된 질을 두르지 않은 상태에서 곧바로 분상을 하는 경우, 상가에 도착한 시기가 주인이 아직 소렴을 하지 않아서 질을 두르지 않은 시기라면, 관계가 소원한 자는 주인과 함께 성복을 하고, 관계가 친밀한 자는 본인이 마로 된 요질을 차고 그 끝을 흩트려 늘어뜨리는 기간을 채우고서야 성복을 한다.

集說 若聞訃未及服麻而卽奔喪者, 以道路既近, 聞死卽來, 此時主人未行小斂, 故未成経. 小功以下謂之疏. 疏者值主人成服之節, 則與主人皆成之. 大功以上謂之親, 親者奔喪而至之時, 雖值主人成服, 己必自終竟其散麻帶経之日數, 而後成服也.

만약 부고를 듣고서 아직 마로 된 질을 차기 이전에 곧바로 분상을 한 자라면, 거리가 가까워서 그가 죽었다는 소식을 접하고 곧바로 찾아온 것인데, 이 시기에 상주가 아직 소렴을 시행하지 않았기 때문에, 아직 질을 두르고 있지 않은 것이다. 소공복으로부터 그 이하의 관계에 있는 친족을 '소(疏)'라고 부른 것이니, 관계가 소원한 자는 상주가 성복을 하는 절차에 따르므로, 주인과 함께 모두 질을 두르게 된다. 대공복으로부터 그 이상의 관계에 있는 친족을 '친(親)'이라고 부른 것이니, 관계가 친밀한 자는 분상을 하여 상가에 도착했을 때, 비록 주인이 성복하는 시기에 따라야 하지만, 본인은 반드시 마로 된 요질을 차고 그 끝을 흩트려 늘어트려 놓는 기간을 채운 뒤에야 성복을 한다.

附註 與主人皆成之, 皆, 與偕同. 說文: "皆, 俱詞."
'여주인개성지(與主人皆成之)'라 했는데, '개(皆)'자는 해(偕)자와 같다. 『설문』에서는 "개(皆)는 함께 말한다는 뜻이다."라 했다.

類編 右聞喪.
여기까지는 '문상(聞喪)'에 대한 내용이다.

◇ 인길이흉(因吉而凶)

【031】

大夫士將與[去聲]祭於公, 旣視濯而父母死, 則猶是與祭也. 次於異宮, 旣祭, 釋服出公門外, 哭而歸, 其他如奔喪之禮. 如未視濯, 則使人告, 告者反而后哭. 〈006〉 [本在"如始卽位之禮"下.]

대부와 사가 군주의 제사에 참여하게['與'자는 거성으로 읽는다.] 되어, 제사에 사용되는 기물들의 세척상태를 감독하고 살펴보았는데, 부모가 돌아가셨다면, 그대로 남아서 군주의 제사에 참여한다. 그러나 이러한 경우에는 다른 장소에 머물게 되고, 제사가 끝나면 그 복장을 벗고서 공문(公門)¹⁾ 밖으로 나가고, 그곳에서 곡을 한 뒤 자신의 집으로 되돌아가는데, 다른 사안들은 부모에 대해 분상을 할 때의 예법처럼 한다. 만약 아직 기물들의 세척상태를 감독하지 않은 상황이라면, 다른 사람을 시켜서 자신의 부모가 돌아가신 사정을 아뢰게 하고, 아뢰러 갔던 자가 되돌아온 이후에 자신의 부모에 대해서 곡을 한다. [본래는 "처음 그 자리로 나아갔을 때의 예법처럼 시행한다."²⁾라고 한 문장 뒤에 수록되어 있었다.]

集說 視濯, 監視器用之滌濯也. 猶是與祭者, 猶是在吉禮之中, 不得不與祭, 但居次於異宮耳, 以吉凶不可同處也. 如未視濯而父母死, 則使人告於君, 俟告者反而后哭父母也.

'시탁(視濯)'은 제사에 사용되는 기물들의 세척상태를 확인하고 감독한다는 뜻이다. '유시여제(猶是與祭)'라는 말은 길제를 치르는 도중과 같다는 뜻으로, 제사에 참여하지 않을 수 없지만, 다른 장소에 머물 따름이니, 길례와 흉례에서는 거처하는 곳을 동일하게 할 수 없기 때문이다. 만약 아직 세척상태를 확인하지 않았는데 부모가 돌아가신 경우라면, 다른 사

---

1) 공문(公門)은 군주가 사는 궁(宮)의 대문(大門)을 뜻한다. '공(公)'자는 군주를 뜻하는 글자이다.
2) 『예기』「잡기하」005장 : 有殯聞外喪, 哭之他室. 入奠, 卒奠出, 改服卽位, 如始卽位之禮.

람을 시켜 그 사실을 군주에게 아뢰고, 아뢰러 갔던 자가 되돌아오기를
기다린 이후 부모에 대해 곡을 한다.

【032】

**如諸父昆弟姑姉妹之喪, 則既宿則與祭, 卒事出公門, 釋服而后歸.
其他如奔喪之禮. 如同宮, 則次于異宮.** 〈007〉

만약 백부나 숙부 및 형제와 고모, 자매 등의 상이 발생했는데, 그 시기가
이미 숙계를 한 상황이라면, 군주의 제사에 참여하며, 제사가 끝난 뒤 공문
밖으로 나와서, 제복을 벗은 후 되돌아간다. 다른 사안은 분상의 예법처럼
따른다. 만약 죽은 자가 자신과 같은 집에 살고 있는 자라면, 다른 숙소에
머물게 된다.

集說 既宿謂祭前三日. 將致祭之時, 既受宿戒, 必與公家之祭, 以
期以下之喪服輕故也. 如同宮則次於異宮者, 謂此死者是已同宮之
人, 則既宿之後, 出次異宮, 亦以吉凶不可同處也.

'기숙(既宿)'은 제사 3일전을 뜻한다. 장차 제사를 치르려고 할 때 이미
숙계(宿戒)[3]를 받았다면, 반드시 군주의 제사에 참여하니, 기년복으로부
터 그 이하의 상복은 수위가 낮기 때문이다. "만약 같은 집에 살고 있는
자의 상이 발생했다면, 다른 숙소에 머문다."고 했는데, 이때 죽은 자가
자신과 같은 집에 살고 있는 사람이라면, 이미 숙계를 한 뒤라도 밖으로
나와서 다른 숙소에 머물게 된다는 뜻이니, 이 또한 길례와 흉례를 같은
장소에서 치를 수 없기 때문이다.

集說 鄭氏曰: 古者昆弟異居同財, 有東宮, 有西宮, 有南宮, 有北宮.

정현이 말하길, 고대에 형제들은 다른 건물에 살며 재산을 함께 공유하였

---

3) 숙계(宿戒)는 제사에 참여하기 전 재계를 하는 것을 뜻한다. 고대에는 제사를
   시행할 때, 1차적으로 10일 전에 재계를 하고, 2차적으로 3일 전에 재계를 하는데,
   2차적으로 실시하는 재계를 '숙계'라고 부른다.

으니, 집에는 동궁(東宮)이 있었고, 서궁(西宮)이 있었으며, 남궁(南宮)이 있었고, 북궁(北宮)이 있었다.

【033】

父母之喪, 將祭而昆弟死, 旣殯而祭. 如同宮, 則雖臣妾葬而後祭.
〈009〉[本在"必有前驅"下.]

부모의 상을 치르며 소상이나 대상의 제사를 지내려고 하는데, 다른 집에 사는 형제가 죽었다면, 그에 대해 빈소를 마련한 뒤에 제사를 지낸다. 만약 같은 집에 살고 있는 자라면, 비록 신첩처럼 미천한 자일지라도 그에 대한 장례를 마친 뒤에 제사를 지낸다. [본래는 "반드시 시동의 수레 앞에서 행인들이 길을 피해주도록 알리는 사람이 따라가게 된다."⁴⁾라고 한 문장 뒤에 수록되어 있었다.]

集說 將祭, 將行小祥或大祥之祭也. 適有兄弟之喪, 則待殯訖乃祭. 然此死者乃是異宮之兄弟耳, 若是同宮, 則雖臣妾之卑賤, 亦必待葬後乃祭, 以吉凶不可相干也. 故喪服傳云: "有死於宮中者, 則爲之三月不擧祭."

'장제(將祭)'는 장차 소상이나 대상의 제사를 지내려고 한다는 뜻이다. 때마침 형제의 상이 발생한다면, 빈소를 마련하는 일이 끝나기를 기다린 뒤에 제사를 지낸다. 그러나 여기에서 죽었다고 말하는 자는 다른 집에 거주하는 형제일 따름이니, 만약 같은 집에 살고 있는 자라면, 비록 신첩처럼 미천한 자일지라도 반드시 장례를 끝낼 때까지 기다린 뒤에 제사를 지내니, 길례와 흉례는 서로 간여할 수 없기 때문이다. 그렇기 때문에 『의례』「상복(喪服)」편의 전문에서는 "집안에 죽은 자가 발생한 경우라면 그를 위해 3개월 동안 제사를 시행하지 않는다."⁵⁾라고 말한 것이다.

---

4) 『예기』「잡기하」 008장 : 曾子問曰: "卿・大夫將爲尸於公, 受宿矣, 而有齊衰內喪, 則如之何?" 孔子曰: "出舍乎公宮以待事, 禮也." 孔子曰: "尸弁冕而出, 卿・大夫・士皆下之. 尸必式, <u>必有前驅.</u>"

【034】

曾子問曰: "卿·大夫將爲尸於公, 受宿矣, 而有齊衰內喪, 則如之何?" 孔子曰: "出舍乎公宮以待事, 禮也." 孔子曰: "尸弁冕而出, 卿·大夫·士皆下之. 尸必式, 必有前驅."〈008〉[重出, 當爲衍文. 或曰: "當刪'曾子問曰'·'如之何'·'孔子曰'字." 本在"次于異宮"下.]

증자가 "경과 대부가 장차 제후가 지내는 제사에서 시동의 임무를 맡게 되어, 군주의 명령을 받아 집안에 머물며 재계를 하고 있는데, 갑작스럽게 자최복을 입어야 하는 내상이 발생하게 된다면, 어떻게 해야 합니까?"라고 물었다. 그러자 공자는 "집을 나와서 공관에 머물며, 군주의 제사가 다 끝나기를 기다렸다가 그 이후에 집으로 돌아가서 상을 치르는 것이 올바른 예법이다."라고 대답했다. 공자는 증자에게 계속하여 알려주기를 "시동으로 선택된 자가 변관이나 면관 같은 예모를 쓰고 길을 나서게 되었는데, 경·대부·사가 만약 시동을 보게 된다면, 모두 수레에서 내려 예의를 표한다. 시동은 자신의 수레에 있는 가로대를 잡고서 답례를 표한다. 그리고 이처럼 시동이 된 자가 길을 나설 때에는 반드시 시동의 수레 앞에서 행인들이 길을 피해주도록 알리는 사람이 따라가게 된다."라고 했다. [중복 출현하므로 연문으로 여겨야 한다. 혹자는 "증자문왈(曾子問曰)이라는 글자와 여지하(如之何)라는 글자와 공자왈(孔子曰)이라는 글자를 삭제해야 한다."고 말한다. 본래는 "다른 숙소에 머물게 된다."[6]라고 한 문장 뒤에 수록되어 있었다.]

集說 說見曾子問篇.

설명은 『예기』「증자문(曾子問)」편에 보인다.

類編 右因吉而凶.

여기까지는 '인길이흉(因吉而凶)'에 대한 내용이다.

---

5) 『의례』「상복(喪服)」: 然則何以服緦也? <u>有死於宮中者, 則爲之三月不擧祭</u>, 因是以服緦也.

6) 『예기』「잡기하」007장: 如諸父昆弟姑姊妹之喪, 則旣宿則與祭, 卒事出公門, 釋服而后歸. 其他如奔喪之禮. 如同宮, 則<u>次于異宮</u>.

◇ 인흉이길(因凶而吉)

【035】

以喪冠[去聲]者, 雖三年之喪可也. 旣冠於此入哭踊, 三[去聲]者三, 乃出.〈054〉[本在"同名則諱"下.]

상으로 인해 관을 쓰게['冠'자는 거성으로 읽는다.] 된 경우에는 비록 그 상이 삼년상이라도 가능하다. 상중에 머무는 임시숙소에서 관을 쓰고 그 일이 끝나면 빈소로 들어가서 곡과 용을 하는데, 용을 하며 세 번씩['三'자는 거성으로 읽는다.] 세 차례 반복하면 곧 밖으로 나와 임시숙소로 간다. [본래는 "이름이 같은 경우라면, 다른 장소라 하더라도 피휘를 한다."[1]라고 한 문장 뒤에 수록되어 있었다.]

集說 當冠而遭五服之喪, 則因成喪服而遂加冠. 此禮無分服之輕重, 故曰雖三年之喪可也. 旣冠於居喪之次, 乃入哭踊. 凡踊三踊爲一節, 三者三, 言如此者三次也. 乃出, 出就次所也. 詳見曾子問.

관례를 치러야 하는데 오복에 해당하는 상을 당한 경우라면, 상복을 갖춰 입는 것에 따라서 결국 관까지도 쓴다. 이러한 예법에는 상복의 수위에 따른 구분이 없다. 그렇기 때문에 "비록 삼년상이라도 가능하다."라고 말한 것이다. 상중에 머무는 임시숙소에서 관을 쓰고, 그 일이 끝나면 들어가서 곡과 용을 한다. 무릇 용을 할 때에는 세 차례 발을 구르는 것을 한 마디로 삼으니, '삼자삼(三者三)'이라는 말은 이와 같이 하길 세 차례 반복한다는 뜻이다. '내출(乃出)'은 밖으로 나와서 상중에 머무는 숙소로 나아간다는 뜻이다. 자세한 설명은 『예기』「증자문(曾子問)」편에 나온다.

【036】

大功之末可以冠子, 可以嫁子. 父小功之末, 可以冠子, 可以嫁子, 可

---

1) 『예기』「잡기하」 053장 : 母之諱宮中諱, 妻之諱不擧諸其側, 與從祖昆弟同名則諱.

取[去聲]婦. 己雖小功旣卒哭, 可以冠取妻, 下殤之小功則不可.〈055〉

본인이 대공복의 상을 치르고 있는데 상복을 제거하려고 하는 때라면, 자식에게 관례를 치러줄 수 있고 자식을 시집보낼 수 있다. 부친이 소공복의 상을 치르고 있는데 상복을 제거하려고 하는 때라면, 자식에게 관례를 치러줄 수 있고 자식을 시집보낼 수 있으며 며느리를 들일[取'자는 거성으로 읽는다.] 수 있다. 본인이 비록 소공복의 상을 치르고 있더라도 이미 졸곡을 했다면, 관례를 치르거나 아내를 들일 수 있지만, 하상을 당한 자에 대한 소공복의 상을 치르고 있다면 해서는 안 된다.

集說 末, 服之將除也. 舊說, 以末爲卒哭後. 然大功卒哭後, 尙有六月, 恐不可言末. 小功旣言末, 又言卒哭, 則末非卒哭明矣. 下言父小功之末, 則上文大功之末, 是據己身而言. 舊說, 父及己身俱在大功之末, 或小功之末, 恐亦未然. 下殤之小功, 自期服而降, 以本服重, 故不可冠娶也.

'말(末)'자는 상복을 장차 제거하려는 때를 뜻한다. 옛 학설에서는 '말(末)'자를 졸곡 이후라고 여겼다. 그러나 대공복의 상에서 졸곡을 치른 뒤라면 여전히 6개월의 복상기간이 남게 되므로, 아마도 이것을 '말(末)'이라고 부를 수 없을 것 같다. 또 소공복의 상에 대해서 이미 '말(末)'이라고 말했는데, 그 뒤에서는 재차 '졸곡(卒哭)'이라고 말했으니, '말(末)'자는 졸곡이 아님이 분명하다. 아래문장에서 "부친이 소공복을 착용하는 상의 말미에 있다."라 말했으니, 앞 문장에서 "대공복을 착용하는 상의 말미에 있다."라 한 말은 자신을 기준으로 한 말이다. 옛 학설에서는 부친과 자신이 모두 대공복의 상에서 말미에 있거나 소공복의 상에서 말미에 있는 것으로 여겼는데, 아마도 이 또한 그렇지 않을 것이다. 하상을 당한 자의 소공복은 본래 기년복에서 강복을 한 경우인데, 본래의 복장은 수위가 높기 때문에, 관례를 치르거나 아내를 들일 수 없다.

附註 父小功之末可以冠子, 所謂父, 卽冠者之父也. 冠者, 若是此父之孫, 則文理不然. 蓋上云"大功", 卽冠者之父, 與此文複, 恐是記者各異也. 下云"己雖小功", 以冠取者之身也.

'부소공지말가이관자(父小功之末可以冠子)'라 했는데, 이른바 '부(父)'는 관례를 치르는 자의 부친에 해당한다. 관례를 치르는 자가 만약 여기에서 말하는 부친의 손자라고 한다면, 문리상 그렇게 될 수 없다. 앞에서 '대공(大功)'이라 말한 것은 관례를 치르는 자의 부친에 해당하니, 이 문장과 겹치게 되는데, 아마도 『예기』를 기록한 자가 각각 달랐기 때문일 것이다. 아래문장에서 '기수소공(己雖小功)'이라 한 것은 관례를 치르고 아내를 들이는 본인에 해당한다.

【037】

父有服, 宮中子不與[去聲]於樂. 母有服, 聲聞[去聲]焉, 不擧樂. 妻有
服, 擧樂於其側. 大功將至, 辟[婢亦反]琴瑟. 小功至, 不絶樂.〈057〉[本
在"其衰侈袂"下.]

부친이 상복을 착용하고 있다면, 부친과 같은 건물에 거주하는 자식은 밖
에서라도 음악을 연주하는 일에 참여하지['與'자는 거성으로 읽는다.] 않고 음악
도 듣지 않는다. 모친이 상복을 착용하고 있다면, 소리가 들리는['聞'자는 거
성으로 읽는다.] 곳에서는 음악을 연주하지 않는다. 처가 상복을 착용하고 있
다면, 그녀의 주변에서는 음악을 연주하지 않는다. 대공복을 착용하고 있
는 자가 자신의 집으로 찾아오게 된다면, 금슬 등의 악기를 보이지 않도록
치워둔다.['辟'자는 '婢(비)'자와 '亦(역)'자의 반절음이다.] 소공복을 착용하고 있는
자가 찾아올 때에는 음악을 멈추지 않는다. [본래는 "그 복장에 있어서 소매의
크기를 크게 만든다."[1]라고 한 문장 뒤에 수록되어 있었다.]

集說 宮中子, 與父同宮之子也. 命士以上乃異宮. 不與於樂, 謂在
外見樂, 不觀不聽也. 若異宮則否. 此亦謂服之輕者, 如重服, 則子
亦有服, 可與樂乎? 聲之所聞, 又加近矣. 其側則尤近者也. 輕重之
節如此. 大功將至, 謂有大功喪服者將來也. 爲之屛退琴瑟, 亦助之
哀戚之意. 小功者輕, 故不爲之止樂.

'궁중자(宮中子)'는 부친과 같은 건물에 살고 있는 자식을 뜻한다. 명사
로부터 그 이상의 계층은 부친과 자식이 다른 건물에 거주한다. '불여어
악(不與於樂)'은 밖에 있을 때 음악 연주하는 것을 보게 되면, 그것을
살펴보지 않고 듣지도 않는다는 뜻이다. 만약 다른 건물에 거주하는 경우
라면 그처럼 하지 않는다. 이 내용은 또한 상복 중 수위가 낮은 것을
착용했을 때를 뜻하는데, 만약 수위가 높은 상복을 착용했다면, 자식 또
한 상복을 착용하게 되는데, 어떻게 음악 연주하는 일에 참여할 수 있겠
는가? 소리가 들리는 곳은 또한 보다 가까운 장소이다. 그녀의 곁이라면

---

1) 『예기』「잡기하」 056장 : 凡弁絰其衰侈袂.

더욱 가까운 곳이 된다. 경중에 따른 규범적 차이가 이와 같다. '대공장지(大功將至)'는 대공복을 착용한 자가 찾아오게 된다는 뜻이다. 그를 위해서는 금슬 등의 악기를 가리고 물리니, 이 또한 그의 애통하고 슬퍼하는 마음을 돕고자 하는 뜻이다. 소공복은 수위가 낮기 때문에, 그를 위해 음악을 멈추지 않는다.

附註 父有服, 子不與於樂, "有服"云者, 恐指重服, 非輕服也. 若是輕服, 則下云"小功至不絶樂", 言小功服輕, 可以聽樂. 己之小功, 猶可聽樂, 則父有功緦之服, 子不聽樂, 不以過乎? 註云"如重服, 則子亦有服", 亦未思也. 如祖父母喪旣練, 己雖除服, 父尙持衰, 外祖之喪, 過五月之後, 己雖無服, 母尙持哀, 何可言子皆有服乎? 宮中子不與樂, 一云: "父有服, 則同宮之內, 雖聲不聞之地, 子不與於聲樂." "宮中"自"樂"句. 母有服, 則聲聞之處不擧樂, 母有私服, 而子已除服之後, 聲不聞則可以與樂矣. 父有服而子先除, 則異宮可以聽樂. 惟祖父母之期, 則子雖除服, 縞冠玄武, 不可與樂也.

부친이 상복을 착용하고 있다면, 자식은 음악을 연주하는 일에 참여하지 않는다고 했는데, '유복(有服)'이라 말한 것은 아마도 수위가 높은 상복을 가리키는 것 같으니, 수위가 낮은 상복이 아니다. 만약 수위가 낮은 상복에 해당한다면, 아래에서 "소공복을 착용한 자가 찾아올 때에는 음악을 멈추지 않는다."라 했는데, 이것은 소공복의 수위가 낮아서 음악을 들을 수 있다는 뜻이 된다. 본인이 소공복을 착용하고 있을 때에도 오히려 음악을 들을 수 있다면, 부친이 소공복이나 시마복의 상복을 착용하고 있을 때 자식이 음악을 들을 수 없다는 것은 너무 지나친 것이 아니겠는가? 주에서 "만약 수위가 높은 상복이라면, 자식 또한 상복을 착용하게 된다."라 했는데, 이 또한 깊이 생각해보지 않은 설명이다. 예를 들어 조부모의 상에서 소상을 끝내게 되면 본인은 비록 상복을 제거하게 되지만 부친은 여전히 상복을 착용하고 있고, 외조의 상에서는 5개월이 지난 후에 본인은 비록 상복을 착용하지 않지만, 모친은 여전히 상을 치르게 되는데, 어떻게 자식이 모두 상복을 착용하고 있다고 말할 수 있겠는가? '궁중자 불여악(宮中子不與樂)'에 대해 한편에서는 "부친이 상복을 착용하고 있다면, 같은 건물 안에서 비록 소리가 들리지 않는 곳이라 할지라도 자식은 음악을 듣는 일에 참여하지 않는다."라 말한다. 즉 '궁중(宮中)'으로부터 '악(樂)'까지가 구문이 된다. 모친이 상복을 착용하고 있다면, 소리가 들리는 곳에서는 음악을 연주하지 않지만, 모친이 개인적인 상복을 착용하고 있고 자식이 이미 상복을 제거한 이후에는 소리가 들리지 않는다면, 음악 연주하는 일에 참여할 수 있다. 또 부친이 상복을 착용하고 있지만 자식이 먼저 제거했다면, 다른 건물에서는 음악을 들을 수 있다. 다만 조부모에 대한 기년상에서 자식이 비록 상복을 제거했지만, 호관과 현무를 착용하여 음악을 연주하는 일에 참여할 수 있다.

【038】

大功廢業. 或曰: "大功誦可也."〈檀弓上-039〉 [檀弓. 本在"浴於爨室"下.]

대공복을 입고 치르는 상에서는 몸으로 하는 과업을 익히지 않는다. 혹자는 "대공복을 입고 치르는 상에서는 입으로 하는 과업은 익혀도 괜찮다."고 말하기도 한다. [「단궁」편의 문장이다. 본래는 "부엌에서 목욕시켰다."[1]라고 한 문장 뒤에 수록되어 있었다.]

集說 業者, 身所習, 如學舞·學射·學琴瑟之類. 廢之者, 恐其忘哀也. 誦者, 口所習, 稍暫爲之亦可. 然稱"或曰", 亦未定之辭也.

'업(業)'이라는 것은 몸으로 익히는 것들이니, 예를 들어 춤을 익히고, 활쏘기를 익히며, 금슬을 익히는 부류가 여기에 해당한다. "폐지한다."는 것은 아마도 애달픈 마음을 잊게 될까를 염려했기 때문이다. '송(誦)'이라는 것은 입으로 익히는 것들이니, 잠시 입으로 익힐 수 있는 것들을 해도 무방한 것이다. 그런데 '혹왈(或曰)'이라고 말한 이유는 또한 확정할 수 없을 때 쓰는 말이기 때문이다.

附註 大功廢業, 朱子曰: "業者, 鍾虡之版. 廢業云者, 廢習樂也." 又曰: "司業, 亦以司樂爲義." 然則樂正司業, 註義幷宜互攷.

'대공폐업(大功廢業)'에 대해 주자는 "업(業)이라는 것은 종을 매다는 틀의 상판을 뜻한다. 따라서 '폐업(廢業)'이라 말한 것은 음악 익히는 일을 그친다는 뜻이다."라 했고, 또 "사업(司業)이라는 말은 또한 음악을 담당한다는 뜻으로 풀이한다."라 했다. 그렇다면 '악정사업(樂正司業)'[2]에

---

1) 『예기』「단궁상(檀弓上)」 038장 : 曾子之喪, 浴於爨室.
2) 『예기』「문왕세자(文王世子)」 022장 : 行一物, 而三善皆得者, 唯世子而已. 其齒於學之謂也. 故世子齒於學, 國人觀之曰: "將君我, 而與我齒讓, 何也?" 曰: "有父在, 則禮然." 然而衆知父子之道矣. 其二曰: "將君我, 而與我齒讓, 何也?" 曰: "有君在, 則禮然." 然而衆著於君臣之義也. 其三曰: "將君我, 而與我齒讓, 何也?" 曰: "長長也." 然而衆知長幼之節矣. 故父在, 斯爲子, 君在, 斯謂之臣,

대한 주의 뜻도 아울러 상호 살펴보아야 한다.

居子與臣之節, 所以尊君親親也. 故學之爲父子焉, 學之爲君臣焉, 學之爲長幼
焉. 父子·君臣·長幼之道得而國治. 語曰:"樂正司業, 父師司成, 一有元良,
萬國以貞." 世子之謂也.

【039】

三年之喪, 祥而從政. 期之喪, 卒哭而從政. 九月之喪, 旣葬而從政. 小功緦之喪, 旣殯而從政.〈050〉[本在“涕泣而見人”下.]

삼년상을 치르는 경우에는 대상을 끝내고서 부역에 참여한다. 기년상을 치르는 경우에는 졸곡을 하고서 부역에 참여한다. 대공복의 상을 치르는 경우에는 장례를 끝내고서 부역에 참여한다. 소공복과 시마복의 상에서는 빈소를 차린 뒤에 부역에 참여한다. [본래는 “눈물을 흘리며 남을 만나본다.”[1]라고 한 문장 뒤에 수록되어 있었다.]

集說 從政, 謂庶人供力役之征也. 王制云: “齊衰大功, 三月不從政.” 庶人依士禮, 卒哭與葬同三月也.

‘종정(從政)’은 서인들이 부역의 임무에 따른다는 뜻이다. 『예기』「왕제(王制)」편에서는 “자최복과 대공복을 입고 치르는 상에서는 3개월 동안 부역에 종사하지 않게 한다.”고 했다. 서인들은 사 계층의 예법에 따르게 되어, 졸곡과 장례는 모두 3개월째에 시행한다.

附註 祥而從政, 謂父母之喪, 祥而後始仕也. 期大功旣葬從政, 緦小功旣殯從政, 如今服制出仕之例. 註曰: “庶人從力役之征”, 恐誤. 且以爲大夫期年之後君使之, 庶人三年不從力役, 似無此理.

‘상이종정(祥而從政)’은 부모의 상을 치를 때 대상을 치른 이후에야 비로소 벼슬에 나아간다는 뜻이다. 기년복과 대공복의 상에서는 장례를 마치면 정사에 복무하고, 시마복과 소공복의 상에서는 빈소를 차린 이후에 정사에 복무하니 마치 오늘날의 복상제도에서 관직에 나아가는 용례와 같다. 주에서 “서인들이 부역의 임무에 따른다.”라 했는데, 아마도 잘못된 설명인 것 같다. 또 대부는 1년이 지난 이후에 군주가 부리게 되는데,

---

1) 『예기』「잡기하」 049장 : 疏衰之喪旣葬, 人請見之則見, 不請見人. 小功請見人 可也. 大功不以執摯, 唯父母之喪, 不辟涕泣而見人.

서인이 3년 동안 부역에 종사하지 않는다면, 아마도 이러한 이치는 없을
것이다.

類編 右因凶而吉.
여기까지는 '인흉이길(因凶而吉)'에 대한 내용이다.

◇ 비상이흉(非喪而凶)

【040】

國亡大縣邑, 公・卿・大夫・士皆厭[于業反]冠, 哭於大[泰]廟三日[句], 君不擧. 或曰: "君擧而哭於后土." 〈檀弓上-146〉 [本在"哀哉尼父"下.]

제후국에서 큰 읍을 잃게 된다면 그 나라의 공・경・대부・사는 모두 염관을[厭'자는 '于(우)'자와 '業(업)'자의 반절음이다.] 착용하고, 태묘에서['大'자의 음은 '泰(태)'이다.] 3일 동안 곡을 한다.['日'자에서 구문을 끊는다.] 군주는 식사를 할 때 성찬을 차리지 않고 음악도 연주하지 않는다. 혹자는 "군주는 성찬을 들고 음악도 연주하게 되지만, 후토(后土)[1]에게 곡을 한다."고 주장한다. [본래는 "슬프구나! 니보여!"[2]라고 한 문장 뒤에 수록되어 있었다.]

> **集說** 厭冠, 喪冠也. 盛饌而以樂侑食曰擧. 后土, 社也.

'염관(厭冠)'은 상을 치를 때 쓰는 관이다. 성찬을 차려서 음악으로 식사를 권유하는 것을 '거(擧)'라고 부른다. '후토(后土)'는 사를 뜻한다.

> **集說** 應氏曰: 哭於太廟者, 傷祖宗基業之虧損; 哭於后土者, 傷土地封疆之脧削也. 不擧, 自貶損也. 曰君擧者, 非也.

응씨가 말하길, 태묘에서 곡을 하는 것은 조상들이 터를 닦은 과업에 손상이 된 것을 상심하기 때문이며, 후토에게 곡을 하는 것은 봉토로 받은 토지가 줄어든 것에 대해 상심하기 때문이다. 식사를 할 때 성찬을 차리지 않고 음악도 연주하지 않는 것은 제 스스로 줄이고 낮추기 때문이다. 따라서 군주가 성찬도 차리고 음악도 연주한다고 한 말은 잘못된 주장이다.

---

1) 후토(后土)는 토지신을 뜻한다. 『주례』「춘관(春官)・대종백(大宗伯)」편에는 "土大封, 則先告后土."라는 기록이 있고, 이에 대한 정현의 주에서는 "后土, 土神也."라고 풀이했다.

2) 『예기』「단궁상(檀弓上)」 145장 : 魯哀公誄孔丘曰: "天不遺耆老, 莫相予位焉. 嗚呼哀哉! 尼父!"

附註 國亡大縣邑, 唐本“亡”字句.　鄕本·諺解“國亡”下依此懸讀. 按: “國亡大縣邑”云者, 言亡失縣邑, 五字當爲一句. 註則不誤, 而句絶誤.

‘국망대현읍(國亡大縣邑)’에 대해 『당본』에서는 ‘망(亡)’자에서 구문을 끊었다. 『향본』과 『언해』에서는 ‘국망(國亡)’ 뒤에서 이에 따라 토를 달아 읽었다. 살펴보니, ‘국망대현읍(國亡大縣邑)’이라 말한 것은 현읍을 잃었다는 말이니, 다섯 글자를 하나의 구문으로 보아야 한다. 주는 잘못되지 않았는데, 구문을 끊은 것이 잘못되었다.

【041】

軍有憂, 則素服哭於庫門之外. 〈檀弓下-104〉 1) [本在"不稱在"下.]

군대가 패전하게 된다면, 군주는 소복을 착용하고서, 종묘와 가까운 곳인 고문 밖에서 곡을 한다. [본래는 "재(在)자를 언급하지 않았다."2)라고 한 문장 뒤에 수록되어 있었다.]

集說 方氏曰: 戰勝而還謂之愷, 則敗謂之憂, 宜矣. 素服哭, 以喪禮處之也. 必於庫門之外者, 以近廟也. 師出, 受命于祖; 無功, 則於祖命辱矣.

방씨가 말하길, 전쟁에서 승리하고 되돌아오는 것을 '개(愷)'라고 부르니, 패배했을 때 '우(憂)'라고 부르는 것은 마땅한 일이다. 소복을 착용하고 곡을 하는 이유는 상례에 따라 대처하기 때문이다. 반드시 고문 밖에서 실시하는 이유는 종묘와 가까운 위치이기 때문이다. 군대가 출동할 때에 는 조묘에서 명령을 받들어 가게 되며, 공적을 세움이 없다면 조상이 내 려준 명령에 대해서 욕보인 꼴이 된다.

【042】

有焚其先人之室, 則三日哭. 故曰: "新宮火, 亦三日哭." 〈檀弓下-105〉 [並檀弓.]

만약 종묘에 화재가 발상하게 되면 3일 동안 곡을 한다. 그렇기 때문에 『춘추』에서도 "신궁에 화재가 발생했기 때문에 또한 3일 동안 곡을 했다." 라고 말한 것이다. [모두 「단궁」편의 문장이다.]

集說 先人之室, 宗廟也. 魯成公三年, 焚宣公之廟. 神主初入, 故曰

---

1) 『예기』「단궁하(檀弓下)」104장 : <u>軍有憂, 則素服哭於庫門之外</u>, 赴車不載橐韔.
2) 『예기』「단궁하(檀弓下)」103장 : 二名不偏諱, 夫子之母名徵在, 言在不稱徵, 言徵<u>不稱在</u>.

新宮. 春秋書"二月甲子新宮災, 三日哭", 註云"書其得禮". 此言"故曰"者, 謂春秋文也.

'선인지실(先人之室)'이라는 말은 종묘를 뜻한다. 노나라 성공 3년에 선공의 묘에 화재가 발생했다.[3] 신주가 처음으로 들어갔기 때문에 그 묘를 '신궁(新宮)'이라고 부른 것이다. 『춘추』에서는 "2월 갑자일에 신궁에 화재가 발생하여, 3일 동안 곡을 했다."라고 했고, 이 문장에 대한 주에서는 "예법에 합당하게 따랐음을 기록한 것이다."라고 했다. 따라서 이곳 문장에서 '고왈(故曰)'이라고 기록한 것은 『춘추』의 문장을 뜻한다.

【043】

大夫士去國, 踰竟, 爲壇[善]位, 鄕[去聲]國而哭. 素衣·素裳·素冠· 徹緣[去聲]·鞮[低]屨·素簚[莫歷反]·乘髦馬. 不蚤[爪]鬋[翦]·不祭食, 不說[如字]人以無罪, 婦人不當御. 三月而復服.〈曲禮下-024〉[曲禮. 本在 "寓祭器於士"下.]

대부와 사가 나라를 떠나게 될 때 국경을 넘게 되면, 바닥을 청소하여['壇'자의 음은 '善(선)'이다.] 자리를 만들어서, 본국을 향하여['鄕'자는 거성으로 읽는다.] 곡을 한다. 흰색의 상의와 흰색의 하의를 입고, 흰색의 관을 쓰되, 안에 입고 있던 중의의 채색된 가장자리['緣'자는 거성으로 읽는다.]를 떼어내고, 가죽신발['鞮'자의 음은 '低(저)'이다.]을 신으며, 흰색의 덮개['簚'자는 '莫(막)'자와 '歷(력)'자의 반절음이다.]로 수레를 두르고, 갈기를 다듬지 않은 말로 수레를 끌게 한다. 손톱과 발톱을 다듬지 않으며['蚤'자의 음은 '爪(조)'이다.] 수염과 머리카락을 다듬지 않고['鬋'자의 음은 '翦(전)'이다.] 밥을 먹을 때에는 음식을 처음 만든 자에게 제사를 지내지 않으며, 남에게 자신의 무고함을 하소연['說'자는 글자대로 읽는다.] 하지 않고, 부인은 침소에서 시중을 들지 않는다. 3개월이 지나고서야 평상시처럼 의복을 입게 된다. [「곡례」편의 문장이다. 본래는 "동급인 사에게 제기를 맡긴다."[4]라고 한 문장 뒤에 수록되어 있었다.]

---

3) 『춘추』「성공(成公) 3년」: 甲子, 新宮災, 三日哭.

集說 壇位, 除地而爲位也. 鄕國, 向其本國也. 徹緣, 去中衣之采緣
而純素也. 鞮屨, 革屨也. 素簚, 素白狗皮也. 簚, 車覆闌也. 髦馬, 不
翦剔馬之毛鬣以爲飾也. 蚤, 治手足爪也. 鬋, 剔治鬚髮也. 祭食, 食
盛饌則祭先代爲食之人也. 不說人以無罪者, 己雖祭放逐而出, 不自
以無罪解說於人, 過則稱遭也. 御, 侍御寢宿也. 凡此皆爲去父母之
邦, 捐親戚, 去墳墓, 失祿位, 亦一家之變故也, 故以內喪之禮自處.
三月爲一時, 天氣少變, 故必待三月而後復其吉服也.

'선위(壇位)'는 땅을 청소하여 자리를 마련하는 것이다. '향국(鄕國)'은
본국을 향한다는 뜻이다. '철연(徹緣)'은 중의(中衣)[5]에 달려 있는 가장
자리의 채색된 부분을 제거하고 흰색의 가선을 댄다는 뜻이다. '제구(鞮
屨)'는 가죽 신발을 뜻한다. 『주례』의 정현 주에서는 "사방 오랑캐들의
춤을 추는 자가 신는 신발이다."[6]라고 했다. '소멱(素簚)'은 흰색의 개
가죽을 뜻한다. '멱(簚)'자는 수레의 난간을 가리는 덮개를 뜻한다. '모마
(髦馬)'는 말의 갈기를 다듬어서 치장을 하지 않았다는 뜻이다. '조(蚤)'
자는 손톱과 발톱을 다듬는다는 뜻이다. '전(鬋)'자는 수염과 머리카락을
다듬는다는 뜻이다. '제사(祭食)'는 성찬을 먹게 되면 선대에 음식을 만
들었던 자에게 제사를 지낸다는 뜻이다. "남에게 죄가 없다고 하소연하지
않는다."는 말은 본인이 비록 축출되어 본국에서 추방되었더라도, 스스로
죄가 없다고 남에게 해명하지 않는다는 뜻으로, 잘못에 대해서는 이러한

---

4) 『예기』「곡례하(曲禮下)」 023장 : 大夫士去國, 祭器不踰竟. 大夫寓祭器於大夫,
   士寓祭器於士.
5) 중의(中衣)는 조복(朝服)이나 제복(祭服) 등의 예복(禮服) 안에 착용하는 옷이다.
   '중의' 안에는 속옷 등을 착용하고, '중의' 겉에는 예복 등을 착용하므로, 중간이라
   는 뜻에서 '중의'라고 부르는 것이다. 또한 모든 복장에 있어서 속옷과 겉옷 중간에
   입는 옷을 뜻하기도 한다. 『예기』「교특생(郊特牲)」편에는 "繡黼丹朱中衣."라는
   기록이 있고, 이에 대한 공영달(孔穎達)의 소(疏)에서는 "中衣, 謂以素爲冕服之
   裏衣."라고 풀이하였다.
6) 이 문장은 『주례』「춘관종백(春官宗伯)」의 "鞮鞻氏, 下士四人, 府一人, 史一人,
   胥二人, 徒二十人."이라는 기록에 대한 정현의 주이다.

변고를 당했다고 지칭한다. '어(御)'자는 침소에서 시중을 든다는 뜻이다. 무릇 이러한 행동들은 모두 부모가 살아왔던 나라를 떠날 때 행하는 것으로, 친척을 떠나며 선조의 무덤을 떠나고 녹봉과 지위를 잃은 경우는 또한 한 집안에서는 큰 변고에 해당한다. 그렇기 때문에 상사를 당했을 때의 예법대로 처신하는 것이다. 3개월이 지나면 한 계절이 지나게 되니, 하늘의 기운이 조금 변하게 된다. 그렇기 때문에 반드시 3개월이 지나가길 기다린 이후에야 평상시에 입던 길복(吉服)을 다시 입게 된다.

類編 右非喪而凶.
여기까지는 '비상이흉(非喪而凶)'에 대한 내용이다.

◇ 부인의 예절[婦人之禮]

【044】

凡婦人, 從其夫之爵位.〈雜記上-056〉 [本在"虞而埋之"下.]

무릇 부인들의 상사를 치를 때, 그 수위는 남편의 작위에 따른다. [본래는 "우제를 끝내고 매장한다."[1]라고 한 문장 뒤에 수록되어 있었다.]

集說 治婦人喪事, 皆以夫爵位尊卑爲等降, 無異禮也.

부인의 상사를 치를 때에는 모두 남편의 작위 서열에 따라 등급별로 낮추니, 별도의 예가 없다.

【045】

婦人非三年之喪, 不踰封而弔; 如三年之喪, 則君夫人歸. 夫人其歸也, 以諸侯之弔禮. 其待之也, 若待諸侯然. 夫人至, 入自闈門, 升自側階, 君在阼. 其他如奔喪禮然.〈071〉 [本在"下不偪下"下.]

제후의 부인은 친부모에 대한 상이 아니라면, 국경을 넘어가 자신의 형제에 대해서 조문을 하지 않는다. 만약 부모의 상이라면, 제후의 부인은 본국으로 되돌아간다. 부인이 본국으로 돌아갈 때에는 제후가 조문하는 예법에 따른다. 조문을 받는 나라에서도 그녀를 대함에 제후를 대하는 예법에 따른다. 부인이 도착하면, 위문을 통해서 들어가고, 측면의 계단을 통해서 당으로 올라가되, 제후는 당하로 내려와서 그녀를 맞이하지 않고, 동쪽 계단 위에 서 있게 된다. 나머지 예법은 분상의 예법처럼 따른다. [본래는 "아래로 아랫사람을 핍박하지 않는다."[2]라고 한 문장 뒤에 수록되어 있었다.]

---

1) 『예기』「잡기상(雜記上)」 055장 : 重旣虞而埋之.
2) 『예기』「잡기하」 070장 : 晏平仲祀其先人, 豚肩不揜豆, 賢大夫也, 而難爲下也. 君子上不僭上, 下不偪下.

集說 三年之喪, 父母之喪也. 女嫁者爲父母期, 此以本親言也. 踰封, 越疆也. 言國君夫人奔父母之喪, 用諸侯弔禮, 主國待之, 亦用待諸侯之禮. 闈門, 非正門, 宮中往來之門也. 側階, 非正阻, 東房之房階也. 此皆異於女賓. 主國君在阼階上, 不降迎也. 奔喪禮, 謂哭踊髽庶之類.

'삼년지상(三年之喪)'은 부모의 상을 뜻한다. 여자가 시집을 가게 되면 자신의 부모를 위해서 기년상을 치르는데, '삼년지상(三年之喪)'이란 말은 본래의 친족 관계에 따라 말한 것이다. '유봉(踰封)'은 국경을 넘어간다는 뜻이다. 즉 제후의 부인이 부모의 상에 분상을 하게 되면 제후가 조문하는 예법을 사용하고, 상을 당한 나라에서 그녀를 대할 때에도 제후를 대하는 예법을 사용한다는 뜻이다. '위문(闈門)'3)은 정문이 아니니, 건물 안에서 왕래할 때 사용하는 문이다. '측계(側階)'는 정식 계단이 아니니, 동쪽 방에 있는 방의 계단이다. 이러한 내용들은 모두 여자 빈객의 경우와 차이를 보인다. 상을 당한 나라의 군주는 동쪽 계단 위에 있고, 내려가서 그녀를 맞이하지 않는다. '분상례(奔喪禮)'는 곡과 용 및 머리는 트는 방식인 좌와 마를 이용해 질을 만드는 부류를 뜻한다.

類編 右婦人之禮.

여기까지는 '부인지례(婦人之禮)'에 대한 내용이다.

---

3) 위문(闈門)은 궁실(宮室)이나 종묘(宗廟)의 측면에 있는 작은 문을 뜻한다.

◇ 아이의 예절[童子之禮]

【046】

童子哭不偯, 不踊, 不杖, 不菲[扶味反], 不廬. 〈061〉 [本在"自因也"下.]

어린아이는 곡을 할 때 격식에 맞춰 울지 않고, 용을 하지 않으며, 지팡이를 짚지 않고, 짚신을['菲'자는 '扶(부)'자와 '味(미)'자의 반절음이다.] 신지 않으며, 상중의 임시숙소에 머물지 않는다. [본래는 '자인야(自因也)'[1]라고 한 문장 뒤에 수록되어 있었다.]

集說 偯, 委曲之聲也. 菲, 草屨也. 廬, 倚廬也. 童子爲父後者則杖.

'의(偯)'자는 격식에 맞춰 우는 소리를 뜻한다. '비(菲)'는 풀로 엮은 신발이다. '여(廬)'는 의려이다. 어린아이 중 부친의 후계자가 된 자는 지팡이를 짚는다.

類編 右童子之禮.

여기까지는 '동자지례(童子之禮)'에 대한 내용이다.

---

1) 『예기』「잡기하」 060장 : 國禁哭則止, 朝夕之奠, 卽位自因也.

◇ 관(冠)

【047】

女雖未許嫁, 年二十而笄, 禮之, 婦人執其禮. 燕則鬈[拳]首.〈095〉[本
在"各就其寢"下.]

여자의 경우 아직 혼인이 허락되지 않았더라도, 나이가 20세가 되면 계례
를 치르고, 그녀를 예우하게 되는데, 계례의 의례는 부인이 맡아서 치른다.
아직 혼인이 약속되지 않았는데 계례를 치른 경우, 집에서 한가롭게 거처
할 때라면, 비녀를 빼고 머리를 묶을['鬈'자의 음은 '拳(권)'이다.] 수 있다. [본래는
"각각에 대해서 그들의 침소로 찾아가 뵙는다."[1]라고 한 문장 뒤에 수록되어 있었다.]

> **集說** 疏曰: 十五許嫁而笄, 若未許嫁, 至二十而笄, 以成人禮言之.
> 婦人執其禮者, 十五許嫁而笄, 則主婦及女賓爲笄禮, 主婦爲之著
> 笄, 女賓以醴禮之. 未許嫁而笄者, 則婦人禮之, 無主婦女賓, 不備儀
> 也. 燕則鬈首者, 謂旣笄之後, 尋常在家燕居, 則去其笄而分髮爲鬢
> 紒也. 此爲未許嫁, 故雖已笄, 猶爲少者處之.

소에서 말하길, 딸이 15세 때 혼인이 약속되면 계례를 치러주고, 만약
혼인이 약속되지 않았는데 20세가 된다면 계례를 치러서, 성인이 따라야
하는 예법을 말해준다. "부인이 그 예법을 주관한다."는 말은 딸이 15세
때 혼인이 약속되어 계례를 치르게 되면, 주부 및 여자 빈객들이 계례를
시행한다는 뜻으로, 주부는 그녀에게 비녀를 꼽아주고, 여자 빈객은 단술
을 통해 그녀를 예우하게 된다. 아직 혼인이 약속되지 않았지만 나이가
차서 계례를 시행하게 된다면, 부인이 그 의례를 담당하며, 주부 및 여자
빈객이 없으니, 예법대로 모두 갖출 수 없기 때문이다. '연즉권수(燕則鬈
首)'라는 말은 이미 계례를 치른 뒤, 평상시 집에서 한가롭게 거처할 때라

---

1) 『예기』「잡기하」094장: 婦見舅姑, 兄弟姑姊妹皆立于堂下, 西面北上, 是見已.
見諸父各就其寢.

면, 비녀를 제거하여 머리카락을 갈라서 묶는다는 뜻이다. 이것은 아직 혼인이 약속되지 않은 경우이다. 그렇기 때문에 비록 이미 계례를 치렀다 하더라도 여전히 아이 때처럼 처신하는 것이다.

類編 右冠. [以下附.]

여기까지는 '관(冠)'에 대한 내용이다. [이하의 내용은 덧붙인 기록이다.]

◇ 혼(昏)

【048】

納幣一束, 束五兩[如字], 兩五尋.⟨093⟩ **[本在"以傷五子"下.]**

납폐를 할 때에는 1속의 비단을 사용하니, 1속은 5냥이[兩'자는 글자대로 읽는다.] 되고, 1냥은 5심이 된다. [본래는 "그대를 탈라게 하다."[1]라고 한 문장 뒤에 수록되어 있었다.]

集說 此謂昏禮納徵也. 一束, 十卷也. 八尺爲尋, 每五尋爲匹. 從兩端卷至中, 則五匹爲五箇兩卷矣, 故曰束五兩.

이 내용은 혼례의 납징(納徵)[2]에 해당한다. 1속은 10권이다. 8척이 1심이 되며, 매 5심마다 1필이 된다. 양쪽 끝단부터 접어서 가운데 이르게 되면 5필이 되니, 5번 접은 한 쌍의 권이 된다. 그렇기 때문에 "1속은 5냥이다."라 말한 것이다.

集說 鄭氏曰: 四十尺謂之匹, 猶匹偶之匹, 言古人每匹作兩箇卷子.

정현이 말하길, 40척의 길이를 1필로 부르는데, 배필이라고 할 때의 '필(匹)'자와 같으니, 고대인은 매 필마다 양쪽을 접어 한 쌍의 묶음을 만들었다는 뜻이다.

【049】

婦見舅姑, 兄弟姑娣妹皆立于堂下, 西面北上, 是見已. 見諸父各就其寢.⟨094⟩

---

1) 『예기』「잡기하」092장 : 孔子曰, "吾食於少施氏而飽, 少施氏食我以禮. 吾祭, 作而辭曰, '疏食不足祭也.' 吾飱, 作而辭曰, '疏食也, 不敢<u>以傷吾子</u>.'"
2) 납징(納徵)은 납폐(納幣)라고도 부른다. 혼인과 관련된 육례(六禮) 중 하나이다. 혼인 약속을 증명하기 위해, 여자 집안에 폐백을 보내는 일을 뜻한다.

시집을 온 며느리가 시부모를 알현할 때, 남편의 형제·고모·자매들은 모두 당하에 서 있게 되는데, 모두 서쪽을 바라보며 서열에 따라 북쪽 끝에서부터 정렬한다. 며느리가 들어오게 되면 그들을 지나치게 되므로 이 시기에 그들을 알현할 따름이며, 별도로 찾아뵙지 않는다. 다만 남편의 백부나 숙부 등은 존귀한 자들이므로, 그 다음날 각각에 대해서 그들의 침소로 찾아가 뵙는다.

集說 立于堂下, 則婦之入也. 已過其前, 此卽是見之矣, 不復各特見之也. 諸父旁尊, 故明日各請其寢而見之.

"당하에 서 있다."라 했다면, 부인이 들어왔을 때 이미 그 앞을 지나가게 되니, 이것이 바로 "이 시기에 뵙는다."는 뜻으로, 재차 그들 각각에 대해서 단독으로 찾아뵙지 않는다는 뜻이다. 남편의 백부나 숙부들은 방계의 친족 중 존귀한 자들이기 때문에, 그 다음날 각각 그들의 침소로 찾아가서 뵙는다.

附註 婦見舅姑是見已, 婦拜舅姑, 而諸兄弟姊妹序立於堂下, 不各拜而成相見之禮, 此乃見也. 註云"已過其前", 涉迂.

'부현구고시현이(婦見舅姑是見已)'라 했는데, 며느리가 시부모에게 절을 하고 여러 형제와 자매들은 차례대로 당하에 서 있게 되는데, 각각에 대해 절을 하지 않고 서로 만나보는 예를 완성하게 되니, 이것이 곧 그들을 만나보는 것에 해당한다. 주에서 "이미 그 앞을 지나쳤다."라 한 것은 우활한 설명이다.

類編 右昏.
여기까지는 '혼(昏)'에 대한 내용이다.

◇ 혼례 중 변례[昏變禮]

【050】

諸侯出夫人, 夫人比[畀]至于其國, 以夫人之禮行. 至以夫人入, 使者
將命曰: "寡君不敏, 不能從而事社稷宗廟, 使使臣某敢告於執事."
主人對曰: "寡君固前辭不敎矣, 寡君敢不敬須以俟命." 有司官陳器
皿, 主人有司亦官受之.〈090〉[本在"以豭豚"下.]

제후가 자신의 부인을 내치면, 내쳐진 부인이 자신의 본국에 도착할 때까
지['比'자의 음은 '畀'(비)이다.] 사신이 함께 따라가며 제후의 부인이었을 때의
예법에 따라 행차한다. 그 나라에 도착해서도 제후의 부인이었을 때의 예
법에 따라 들어가고, 사신이 명령을 전달하며, "저희 군주께서 민첩하지
못하여 부인과 함께 종묘와 사직을 섬기지 못했습니다. 그래서 사신인 저
아무개를 시켜서 감히 일을 맡아보는 자에게 이러한 사실을 아룁니다."라
고 말한다. 그러면 부인의 본국에서는 사신이 나와서 "저희 군주께서는 진
실로 이전에 혼인을 할 때에도 제대로 가르치지 못했다고 사양을 하였었는
데, 저희 군주께서 어떻게 감히 불경스럽게 여식을 기다리게 하여 되돌아
오라는 군주의 명을 기다리게 하겠습니까."라고 대답한다. 그러면 부인과
함께 왔던 사신은 실무자를 시켜서 부인이 시집을 올 때 가져왔던 기물들
을 진열하고, 부인의 나라에서도 실무자를 시켜서 또한 그것들을 받아들인
다. [본래는 "수컷 돼지를 사용한다."[1]라고 한 문장 뒤에 수록되어 있었다.]

集說　出夫人, 有罪而出之還本國也. 在道至入, 猶以夫人禮者, 致命
其國, 然後義絶也. 將命者, 謙言寡君不敏, 不能從夫人以事宗廟社
稷, 而不斥言夫人之罪. 答言前辭不敎, 謂納采時, 固嘗以此爲辭矣.

'출부인(出夫人)'은 부인이 죄를 지어 내쫓겨 본국으로 되돌아간다는 뜻
이다. 도로에 있을 때나 그 나라로 들어가게 될 때에는 여전히 제후의
부인에 대한 예법으로 대하니, 그 나라에 명령을 전달한 뒤에야 도의가

---

1) 『예기』「잡기하」 089장 : 凡宗廟之器, 其名者成, 則釁之以豭豚.

끊어지기 때문이다. 명령을 전달하는 자는 겸손하게 나타내어 "저희 군주께서 민첩하지 못하여 부인과 함께 종묘와 사직을 섬기지 못했습니다."라고 말하고, 부인의 죄를 직접적으로 언급하지 않는다. 답변을 하며 "이전에 가르치지 못한 것에 대해서 사양을 했습니다."라고 말하는데, 이것은 납채(納采)[2]를 할 때, 일찍이 제대로 가르치지 못했다는 말로 사양을 했었다는 뜻이다.

集說 疏曰: 有司官陳器皿者, 使者使從己來有司之官, 陳夫人嫁時所齎器皿之屬以還主國也. 主人有司亦官受之者, 主國亦使有司官領受之也. 竝云官者, 明付受悉如法也.

소에서 말하길, '유사관진기명(有司官陳器皿)'이라는 말은 사신이 자신을 따라 온 자들 중 실무를 담당하는 하위 관리를 시켜서, 부인이 시집올 때 가져온 기물들을 진열하여 부인의 본국에 되돌려준다는 뜻이다. '주인유사역관수지(主人有司亦官受之)'라는 말은 부인의 나라에서도 실무를 담당하는 하위 관리를 시켜서 그것을 받게끔 한다는 뜻이다. 이 모두에 대해서 '관(官)'자를 붙여서 말한 것은 주고 받는 일들을 모두 예법대로 한다는 사실을 밝히기 위해서이다.

【051】

妻出, 夫使人致之曰: "某不敏, 不能從而共[供]粢盛, 使某也敢告於侍者." 主人對曰: "某之子不肖, 不敢辟[避]誅, 敢不敬須以俟命." 使者退, 主人拜送之. 如舅在則稱舅, 舅沒則稱兄, 無兄則稱夫. 主人之辭曰: "某之子不肖." 如姑姊妹亦皆稱之.〈091〉

경이나 대부로부터 그 이하의 계층이 아내를 내치면, 남편은 사람을 시켜

---

2) 납채(納采)는 혼인과 관련된 육례(六禮) 중 하나이다. 청원을 하며 여자 집안에 예물을 보내는 일을 뜻한다.

서 그녀를 배웅하며 말을 전달하니, "아무개는 민첩하지 못하여 아내와 함께 제사를 시행하지['共'자의 음은 '供(공)'이다.] 못했습니다. 그래서 아무개를 시켜서 감히 시중을 드는 자에게 이러한 사실을 아룁니다."라고 말한다. 그러면 아내의 집에서는 "아무개의 여식이 불초하니, 감히 책임을 피하지['辟'자의 음은 '避(피)'이다.] 않겠습니다. 어떻게 감히 불경스럽게 여식을 기다리게 하여 돌아오라는 명령을 기다리겠습니까."라고 대답한다. 심부름을 왔던 자가 물러가게 되면, 아내의 집에서는 절을 하며 그를 전송한다. 만약 남편의 부친이 살아계신 경우라면, 말을 전달할 때 부친의 이름으로 하고, 부친이 돌아가신 경우라면, 남편의 형 이름으로 하며, 형도 없는 경우라면, 직접적으로 남편의 이름으로 한다. 아내의 집에서 대답하는 말에서는 "아무개의 여식이 불초합니다."라고 말한다. 고모나 자매의 경우 또한 모두 이처럼 지칭한다.

集說 遣妻必命由尊者, 故稱舅稱兄. 兄, 謂夫之兄也. 此但言夫致之之辭, 未聞舅與兄致之之辭也. 上文已有主人對辭, 下文因姑姉妹故重言, 對言某之姑不肖, 或某之姉不肖, 或某之妹不肖, 故云亦皆稱之也.

아내를 되돌려 보낼 때에는 반드시 존귀한 자로부터 그 명령이 나와야 한다. 그렇기 때문에 부친이나 형을 지칭하게 된다. '형(兄)'은 남편의 형을 뜻한다. 여기에서는 단지 남편이 전달하는 말만을 언급했는데, 부친이나 형이 전달하는 말에 대해서는 들어보지 못했다. 앞 문장에서는 이미 아내의 집에서 대답하는 말을 수록하고 있는데, 그 뒤의 문장에서 고모와 자매의 사안을 수록한 것에 따라서 중복해서 언급한 것이니, 상대적으로 말을 하면, "아무개의 고모가 불초하다."라고 말하거나 "아무개의 누이가 불초하다."라고 말하거나 "아무개의 여동생이 불초하다."라고 말하게 된다. 그렇기 때문에 "또한 모두 이처럼 지칭한다."라 했다.

類編 右昏變禮.

여기까지는 '혼변례(昏變禮)'에 대한 내용이다.

◈ 흔묘의 예절[釁廟之禮]

【052】

成廟則釁之, 其禮祝·宗人·宰夫·雍人, 皆爵弁純[緇]衣. 雍人拭
羊, 宗人祝之, 宰夫北面于碑南東上. 雍人擧羊升屋自中, 中屋南面
封羊, 血流于前乃降. 門夾室皆用雞, 先門而後夾室. 其峀[二]皆於屋
下割雞, 門當門, 夾室中室. 有司皆鄉[去聲]室而立, 門則有司當門北
面. 旣事, 宗人告事畢, 乃皆退. 反命于君曰: "釁某廟事畢." 反命于
寢, 君南鄉于門內朝服, 旣反命乃退. 〈087〉 [本在"下執事也"下.]

종묘를 처음으로 완성하게 되면 피칠을 하게 되는데, 그 예법은 다음과
같다. 축·종인·재부·옹인은 모두 작변과 치의를['純'자의 음은 '緇(치)'이다.]
착용한다. 옹인은 양을 씻고 종인은 축문을 아뢰며, 재부는 희생물을 매어
둔 말뚝의 동쪽 끝에 위치하여 북쪽을 바라본다. 옹인이 양을 들고서 가운
데를 통해 지붕으로 올라가고, 지붕 가운데 위치하여 남쪽을 바라보며 양
을 갈라서 그 피가 앞쪽으로 흐르도록 한 뒤에 내려온다. 묘문과 협실에
대해서 피칠을 할 때에는 모두 닭을 사용하는데, 묘문에 대해서 먼저 시행
하고, 그 이후에 협실에 대해서 시행한다. 피칠을 할 때에는 먼저 희생물의
귀 측면에 있는 털을 뽑아서 신에게 바치는데['峀'자의 음은 '二(이)'이다.] 이 모
두는 지붕 아래에서 하게 되고, 닭을 가를 때 묘문에 피칠을 하게 되면
문의 지붕 가운데에서 하고, 협실에 피칠을 하게 되면 협실 지붕의 가운데
에서 한다. 일을 담당하는 자들은 모두 협실을 바라보고['鄉'자는 거성으로 읽는
다.] 서 있게 되고, 묘문에 대해서 피칠을 하게 되면 일을 담당하는 자들은
묘문 쪽을 향하여 북쪽을 바라보게 된다. 그 일들이 끝나면, 종인은 재부에
게 그 사안이 모두 끝났다고 아뢰고, 곧 모두 물러난다. 재부는 군주에게
가서 보고를 하니, "아무개 묘에 대해 피칠하는 일이 모두 끝났습니다."라
고 말한다. 돌아가서 보고를 할 때에는 군주가 있는 노침에서 하게 되는데,
군주는 문 안쪽에서 남쪽을 바라보며 조복을 착용한 상태에서 보고를 받
고, 보고하는 일이 끝나면 곧 물러난다. [본래는 "하집사를 맡은 뒤부터입니다."[1]라

---

1) 『예기』「잡기하」086장 : 哀公問子羔曰, "子之食奚當?" 對曰, "文公之下執事也."

고, 한 문장 뒤에 수록되어 있었다.]

集說 宗廟初成, 以牲血塗釁之, 尊神明之居也. 爵弁, 士服也. 純衣, 玄衣纁裳也. 拭羊, 拭之使淨潔也. 宗人祝之, 其辭未聞. 碑, 麗牲之碑也, 在廟之中庭. 升屋自中, 謂由屋東西之中而上也. 門, 廟門也. 夾室, 東西廂也. 門與夾室各一雞, 凡三雞也, 亦升屋而割之. 衁者, 末刲羊割雞之時, 先滅耳旁毛以薦神, 耳主聰, 欲神聽之也. 廟, 則在廟之屋下; 門與夾室, 則亦在門與夾室之屋下也. 門, 則當門屋之中; 夾室, 則當夾室屋之中, 故云門當門, 夾室中室也. 有司, 宰夫祝宗人也. 宗人告事畢, 告于宰夫也. 宰夫爲攝主, 反命于寢, 其時君在路寢也.

종묘가 처음 완성되면 희생물을 피를 통해 피칠을 하게 되는데, 신명이 거주하는 장소를 존귀하게 여기기 때문이다. '작변(爵弁)'은 사가 착용하는 복장이다. '치의(純衣)'는 현색의 상의와 분홍색의 하의를 착용하는 것이다. '식양(拭羊)'은 씻어서 청결하게 만든다는 뜻이다. 종인이 축문을 아뢰는데, 아뢰는 말에 대해서는 들어보지 못했다. '비(碑)'는 희생물을 매어두는 말뚝으로, 묘의 마당에 있다. '승옥자중(升屋自中)'이라는 말은 지붕의 가로방향 중 중앙으로 올라간다는 뜻이다. '문(門)'은 묘문을 뜻한다. '협실(夾室)'은 동서쪽에 있는 상(廂)이다. 문과 협실에 대해서는 각각 한 마리의 닭을 이용하니, 모두 3마리의 닭을 사용하고, 여기에 대해서도 지붕에 올라가서 희생물을 가르게 된다. '이(衁)'는 양을 가르거나 닭을 가르기 이전에 먼저 귀 측면에 있는 털을 뽑아서 신에게 바치니, 귀는 밝게 듣는 것을 위주로 하니, 신이 그 소식을 듣게끔 하기 위해서이다. 이(衁)의 경우, 묘에서 하게 되면 묘의 지붕 아래에서 하고, 문과 협실에서 하게 되면 또한 문과 협실의 지붕 아래에서 한다. 피칠의 경우, 문에 대해 하게 되면 문의 지붕 가운데에서 하고, 협실에 대해 하게 되면 협실 지붕의 가운데에서 한다. 그렇기 때문에 "문에 대해서는 문의 지붕

중앙에서 하고, 협실에 대해는 협실 지붕의 가운데에서 한다."라 했다.
'유사(有司)'는 재부·축·종인을 뜻한다. 종인이 그 사안이 끝났음을 아
뢰는 것은 재부에게 아뢴다는 뜻이다. 재부는 주인을 대신해서 일을 담당
하는 자이므로, 침으로 되돌아가서 명령의 시행에 대해 보고 하니, 그
당시 군주는 노침에 있게 된다.

【053】
路寢成, 則考之而不釁. 釁屋者, 交神明之道也. 〈088〉
노침을 완성하면, 연회를 베풀며 낙성식을 하지만, 지붕에 피칠은 하지 않
는다. 지붕에 피칠을 하는 것은 신명과 교감하는 도이기 때문이다.

> **集說** 疏曰: 考之者, 謂盛饌以落之. 庾蔚云: "落, 謂與賓客燕會, 以
> 酒食澆落之, 卽歡樂之義也."
>
> 소에서 말하길, '고지(考之)'는 성찬을 차려서 낙성식을 한다는 뜻이다.
> 유울은 "'낙(落)'은 빈객과 함께 연회를 베풀어, 음주를 하며 건물을 완성
> 한 것에 대해 축하를 하는 것이니, 기쁨과 즐거움을 나누는 뜻에 해당한
> 다."라 했다.

> **附註** 路寢成則考之, 考, 卽考室之考, 成也. 其禮則爲酒食以落之也.
>
> '노침성즉고지(路寢成則考之)'라 했는데, '고(考)'자는 낙성식을 한다고
> 할 때의 고(考)에 해당하니, 완성했다는 뜻이다. 그 예법은 술과 음식을
> 마련해서 뿌리는 것이다.

【054】
凡宗廟之器, 其名者成, 則釁之以豭[加]**豚.** 〈089〉
무릇 종묘에서 사용하는 기물 중 명칭이 있는 것을 완성하면, 수컷['豭'자의

음은 '加(가)'이다.] 돼지를 사용하여 피칠을 한다.

集說 名者, 有名之器, 若尊彝之屬也. 豭豚, 牡豚也.
'명자(名者)'는 명칭이 있는 기물이니, 준이나 이 등의 부류이다. '가돈
(豭豚)'은 수컷 돼지이다.

類編 右釁廟之禮.
여기까지는 '흔묘지례(釁廟之禮)'에 대한 내용이다.

禮記類編大全卷之三十三

『예기유편대전』 33권

◇ 檀弓上第三十六(上) / 「단궁상」 36편(상편)

類編 此篇記喪禮而多論古人行事之迹, 然序次不倫, 合有釐正. 今取其汎論喪禮節目入于雜記, 而以古人言行之實爲此篇, 俾學者於以考其得失而有所遵戒云. 取篇首二字名篇. 朱子曰: "恐是子游門人作."

이 편은 상례에 대해 기록하고 있는데, 대부분 옛 사람들이 일을 시행했던 자취를 논하고 있다. 그런데 순서가 맞지 않아 정리하고 바로잡아야 한다. 이제 상례의 절목에 대해 범범하게 논의한 것들은 『예기』「잡기(雜記)」편으로 삽입했고, 옛 사람들의 언행에 대한 사실들은 이 편에 수록하여, 학자들로 하여금 이를 통해 득실을 고찰하고 준수하고 경계해야 할 바로 삼게 했다. 첫 부분에 나온 두 글자에 따라 편명을 정했다. 주자는 "아마도 자유의 문인들이 기록했을 것이다."라 했다.

類編 本居曲禮之下. 凡十四節.

본래는 『예기』「곡례(曲禮)」편 뒤에 수록되어 있었다. 모두 14개 절이다.

「단궁상」편 문장 순서 비교		
『예기집설』	『예기유편대전』	
	구분	문장
001	上篇-主後	001
002		002
003		071
004		072
005		檀弓下-076
006	上篇-擯相	檀弓下-014
007		雜記下-063
008		105
009	上篇-襲斂	106前
010		041

『예기집설』	『예기유편대전』	
	구분	문장
011		127
012		108
013		檀弓下-090
014		檀弓下-091
015		雜記上-060
016		檀弓下-059
017		038
018		101
019		102
020		082
021		030
022		036
023		005
024		曾子問-031
025		曾子問-032
026		099
027		檀弓下-134
028		103
029		檀弓下-135
030	上篇-喪服	檀弓下-097
031		097
032		034
033		檀弓下-015
034		045
035		084
036		檀弓下-087
037		雜記下-082
038		064
039		100
040		078
041	上篇-喪具	110
042		111
043		雜記上-048後
044		雜記下-031

첫 번째 행 위: 「단궁상」편 문장 순서 비교

「단궁상」편 문장 순서 비교		
『예기집설』	『예기유편대전』	
	구분	문장
045		109
046		090
047		096
048		檀弓下-052
049		檀弓下-053
050		檀弓下-054
051		檀弓下-096
052		091
053		092
054		093
055		060
056		061
057		雜記上-066
058	下篇-謚誄	020
059		021
060		022
061		檀弓下-074
062		檀弓下-075
063		024
064		145
065	下篇-葬	037
066		檀弓下-142
067		035
068		檀弓下-084
069		檀弓下-085
070		檀弓下-086
071		檀弓下-055
072		檀弓下-056
073		116
074		065
075		112
076		113
077		080
078		檀弓下-098

「단궁상」편 문장 순서 비교		
『예기집설』	『예기유편대전』	
	구분	문장
079		004
080		檀弓下-077
081		檀弓下-078
082		檀弓下-082
083		檀弓下-109
084		檀弓下-110
085		054
086		117
087		118
088	下篇-親喪	雜記下-016
089		檀弓下-067
090		051
091		044
092		檀弓下-136
093		098
094		032後
095		023
096		031
097		070
098		073
099	下篇-君喪	檀弓下-068
100		檀弓下-126
101		檀弓下-049
102		檀弓下-050
103		019
104		檀弓下-048
105		114
106	下篇-臣喪	檀弓下-081
107		檀弓下-005
108		檀弓下-083
109		檀弓下-069
110		檀弓下-070
111		檀弓下-071
112		檀弓下-072

「단궁상」편 문장 순서 비교		
『예기집설』	『예기유편대전』	
	구분	문장
113		檀弓下-073
114		
115		
116		
117		
118		
119		
120		
121		
122		
123		
124		
125		
126		
127		
128		
129		
130		
131		
132		
133		
134		
135		
136		
137		
138		
139		
140		
141		
142		
143		
144		
145		
146		

「단궁상」편 문장 순서 비교		
『예기집설』	『예기유편대전』	
	구분	문장
147		
148		
149		
150		
151		

◇ 주후(主後)

【001】

公儀仲子之喪, 檀弓免[問]焉. 仲子舍其孫而立其子, 檀弓曰: "何居 [姬]? 我未之前聞也." 趨而就子服伯子於門右. 〈001〉

공의중자의 상에 대해서, 단궁은 단문을 하고['免'자의 음은 '問(문)'이다.] 조문을 갔다. 그가 이처럼 예법에 어긋나는 행동을 한 이유는 공의중자가 적손을 버려두고 대신 서자를 후계자로 세웠기 때문인데, 단궁은 "이 무슨 까닭 ['居'자의 음은 '姬(희)'이다.]인가? 나는 이처럼 따르는 도리를 들어보지 못했다."라고 했다. 그리고는 곧 종종걸음으로 나아가서 문 오른쪽에 있었던 자복백자에게 다가갔다.

集說 公儀, 氏, 仲子, 字, 魯之同姓也. 檀弓, 魯人之知禮者. 袒免, 本五世之服, 而朋友之死於他邦而無主者, 亦爲之免, 其制以布, 廣一寸, 從項中而前交於額, 又却向後而繞於髻也. 適子死, 立適孫爲後, 禮也. 弓以仲子舍孫而立庶子, 故爲過禮之免以弔而譏之. 何居, 怪之之辭, 猶言何故也. 此時未小斂, 主人未居阼階下, 猶在西階下受其弔, 故弓弔畢而就子服伯子於門右而問之也.

'공의(公儀)'는 씨이고, '중자(仲子)'는 자이니, 노나라 공실과 동성인 자이다. '단궁(檀弓)'은 노나라 사람들 중에서도 예법에 밝은 자이다. '단문(袒免)'[1]은 본래 자신과의 관계가 5세대가 넘은 친족이 죽었을 때, 그를 위해 입는 상복이고, 친구가 다른 나라에 머물러 있다가 죽었을 때, 그의 상을 치를 상주가 없는 경우에도 또한 그를 위해서도 문을 하게 되니, 머리를 묶는 끈은 베로 만들며, 너비는 1촌으로 하고, 목 있는 곳으로부터 묶어서 이마 앞쪽에서 교차를 하며, 또한 뒤쪽으로 틀어서 머리를 두르게 된다.

---

1) 단문(袒免)은 상의의 한쪽을 벗어 좌측 어깨를 드러내고, 관(冠)을 벗고 머리끈으로 머리를 묶는다는 뜻이다. 먼 친척이 죽었을 때, 해당하는 상복(喪服)이 없다면, 이처럼 '단문'을 해서 애도하는 마음을 표현하게 된다.

적자가 죽게 되면, 적손을 후계자로 세우는 것이 예법이다. 단궁은 중자가 적손을 버리고 서자를 세웠기 때문에, 일부로 예법에서 벗어난 복식인 단면을 하고 조문을 가서, 그를 기롱했던 것이다. '하거(何居)'라는 말은 괴이하게 여길 때 쓰는 말이니, "이 무슨 까닭인가?"라고 말하는 것과 같다. 여기에서 말하는 시기는 아직 소렴을 하지 않은 때이므로, 주인이 아직 동쪽 계단 아래에 서 있지 않고, 여전히 서쪽 계단 아래에서 조문을 받게 되는 것이다. 그렇기 때문에 단궁이 조문을 끝내고서, 문의 오른쪽에 있었던 자복백자에게 나아가 그 이유를 물어본 것이다.

[002]

曰: "仲子舍其孫而立其子何也?" 伯子曰: "仲子亦猶行古之道也. 昔者文王舍伯邑考而立武王, 微子舍其孫腞[徒本反]而立衍也. 夫仲子亦猶行古之道也." 子游問諸孔子, 孔子曰: "否! 立孫."〈002〉

단궁이 묻기를, "공의중자가 적손을 버려두고 서자를 후계자로 삼은 것은 무슨 까닭인가?"라고 하였다. 그러자 자복백자는 "공의중자 또한 고대의 도리를 시행하려고 했을 것이다. 옛날에 문왕도 적장자인 백읍고를 폐하고 무왕을 후계자로 삼았었고, 미자도 적손인 돈['腞'자는 '徒(도)'자와 '本(본)'자의 반절음이다.]을 폐하고, 동생인 연을 후계자로 삼았었다. 따라서 공의중자 또한 고대의 도리를 시행하려고 했었던 것이다."라고 대답했다. 자유는 이러한 일화를 전해 듣고, 공자에게 이것이 맞는 말인지를 질문하였는데, 공자는 "아니다! 자복백자의 말은 틀렸다. 단궁의 말처럼 적손을 세우는 것이 올바른 예법이다."라고 했다.

集說 曰, 弓之問也. 猶, 尙也. 亦猶, 擬議未定之辭. 伯邑考, 文王長子. 微子舍孫立衍, 或是殷禮, 文王之立武王, 先儒以爲權, 或亦以爲遵殷制, 皆未可知, 否則以德不以長, 亦如太王傳位季歷之意歟.

'왈(曰)'이라는 것은 단궁의 질문에 해당한다. '유(猶)'자는 '오히려'라는 뜻이다. 따라서 '역유(亦猶)'라는 말은 추측으로 헤아렸으나 확정을 하지 못했을 때 쓰는 말이다. '백읍고(伯邑考)'는 문왕의 장자이다. 미자가 적손을 폐하고, 동생인 연을 세웠던 것에 대해서, 어떤 자들은 은나라 때의 예법이 그러했기 때문일 것이라고 하였고, 문왕이 무왕을 후계자로 삼았던 것에 대해서, 선대 유학자들은 권도를 발휘하여 불가피하게 했던 일이라고 여겼으며, 어떤 자들은 또한 은나라 때의 제도에 따른 것이라고 여겼는데, 이 모든 일에 대해서는 정확한 사실을 알 수 없다. 그러나 만약 이러한 이유가 아니었다면, 후계자를 선발할 때 덕성에 기준으로 뽑고, 나이 서열에만 따르지 않았기 때문일 것이니, 또한 태왕이 계력에게 지위를 전수하려고 했던 뜻과 같을 것이다.

集說 應氏曰: 檀弓默而不復言, 子游疑而復求正, 非夫子明辨以示之, 孰知舍孫立子之爲非乎?

응씨가 말하길, 단궁은 대답을 듣고 묵묵히 있었고, 재차 언급을 하지 않았으므로, 자유는 어느 것이 맞는지 의심이 들어서, 재차 올바른 도리가 무엇인지를 찾고자 했던 것인데, 공자가 명확하게 분별하여, 올바른 도리를 보여주지 않았다면, 그 누가 적손을 폐위하고 서자를 세우는 것이 잘못되었다는 사실을 알 수 있었겠는가?

【003】

司寇惠子之喪, 子游爲[去聲]之麻衰, 牡麻絰. 文子辭曰: "子辱與彌年之弟游, 又辱爲之服, 敢辭." 子游曰: "禮也." 〈071〉 [本在"不敢不至焉"下.]

사구 혜자의 상에 자유는 그를 위해['爲'자는 거성으로 읽는다.] 길복에나 쓰이는 포로 상복을 만들어서 입고, 자최복에나 착용하는 질을 쓰고서 조문을 갔다. 그러자 혜자의 형인 문자는 사양을 하며, "선생께서는 욕되게도 제 동생과 교우를 하셨고, 또한 욕되게도 제 동생을 위해 상복을 착용하셨으니, 감히 선생께서 조문하시는 것을 사양하겠습니다."라고 했다. 그러자 자유는 "이처럼 하는 것이 예입니다."라고 했다. [본래는 "감히 미치지 못함이 없도록

하고자 했습니다."[2]라고 한 문장 뒤에 수록되어 있었다.]

集說 惠子, 衛將軍文子彌牟之弟. 惠子廢適子虎而立庶子, 故子游特爲非禮之服以譏之, 亦檀弓免公儀仲子之意也. 麻衰, 以吉服之布爲衰也. 牡麻絰, 以雄麻爲絰也. 麻衰乃吉服十五升之布, 輕於弔服. 弔服之絰一股而環之, 今用牡麻絞絰, 與齊衰絰同矣. 鄭注云, "重服, 指絰而言也. 文子初言'辱爲之服敢辭'者, 辭其服也."

'혜자(惠子)'는 위나라 장군 문자인 미모의 동생이다. 혜자는 적자인 호를 폐위시키고 서자를 세웠다. 그렇기 때문에 자유가 특별히 비례의 복장을 착용하고 가서 그를 기롱한 것이니, 이것은 또한 단궁이 공의중자의 상에서 문을 했던 것과 같은 뜻이다. '미최(麻衰)'라는 것은 길복을 만들 때 사용하는 포로 상복을 만든 것을 뜻한다. '모마질(牡麻絰)'은 암수 중 수컷에 해당하는 마를 이용해서 질(絰)을 만든 것이다. '마최(麻衰)'는 곧 길복에 사용되는 15승(升)[3]의 포를 이용해서 만든 것이니, 조복보다도 수위가 낮은 복장이다. 조복에 착용하는 질은 1가닥으로 두르게 되는데, 현재는 모마로 질을 꼬았으니, 자최복에 착용하는 질과 같은 것이다. 정현의 주에서는 "'중복(重服)'은 질(絰)을 가리켜서 한 말이다. 문자는 최초 '욕되게도 동생을 위해 복장을 갖추셨으니, 감히 사용합니다.'라고 했는데, 이 말은 그가 착용한 복장에 대해서 사양한 것이다."라고 했다.

---

2) 『예기』「단궁상」070장 : 子夏旣除喪而見, 予之琴, 和之而不和, 彈之而不成聲, 作而曰: "哀未忘也, 先王制禮而弗敢過也." 子張旣除喪而見, 予之琴, 和之而和, 彈之而成聲, 作而曰: "先王制禮, 不敢不至焉."

3) 승(升)은 옷감과 관련된 단위이다. 고대에는 포(布) 80가닥[縷]을 1승(升)으로 여겼다. 『의례』「상복(喪服)」편에서는 "冠六升, 外畢."이라는 기록이 있는데, 이에 대한 정현의 주에서는 "布八十縷爲升."이라고 풀이했다.

【004】

文子退, 反哭. 子游趨而就諸臣之位. 文子又辭曰: "子辱與彌牟之弟游, 又辱爲之服, 又辱臨其喪, 敢辭." 子游曰: "固以請." 文子退, 扶適[的]子南面而立, 曰: "子辱與彌牟之弟游, 又辱爲之服, 又辱臨其喪, 虎也敢不復位!" 子游趨而就客位. 〈072〉

문자가 물러나서 자리로 돌아가 곡을 했다. 그러자 자유는 종종걸음으로 다가가 여러 가신들이 서는 위치로 갔다. 문자는 자유의 행동을 보고 재차 사양하며, "선생님께서는 욕되게도 제 동생과 교우하셨고, 또 욕되게도 제 동생을 위해 복장을 착용하셨으며, 또 욕되게도 상에 찾아주셨으니, 감히 선생님께서 가신의 위치에 서는 것을 사양하겠습니다."라고 했다. 그러자 자유는 "진실로 조문하기를 청합니다."라고 했다. 문자는 자유의 말을 듣고, 자유가 자신의 동생을 기롱하기 위해 찾아왔다는 사실을 깨달았다. 그래서 물러나 적자인['適'자의 음은 '的(적)'이다.] 호를 부축하여 데려오고, 남쪽을 바라보게 하여 서 있게 하고 말하였다. "선생님께서는 욕되게도 제 동생과 교우하셨고, 또 욕되게도 제 동생을 위해 복장을 착용하셨으며, 또 욕되게도 상에 찾아주셨으니, 그의 적자인 호가 감히 그 자리에 다시 서지 않을 수 있겠습니까!"라고 했다. 그러자 자유는 자신의 뜻이 관철되었으므로, 종종걸음으로 이동하여 빈객이 서는 위치로 나아갔다.

集說 次言敢辭者, 辭其立於臣位也. 此時尚未喻子游之意, 及子游言固以請, 則文子覺其譏矣, 於是扶適子正喪主之位焉, 而子游之志達矣. 趨就客位, 禮之正也.

그 다음에 감히 사양한다고 말한 것은 신하가 서는 위치에 자유가 서 있겠다는 것을 사양한 것이다. 이 시기까지는 아직까지도 자유의 본래 뜻을 깨닫지 못한 상태였는데, 자유가 굳이 조문하길 청하게 되자 문자는 자유가 기롱을 하고 있다는 사실을 깨달았다. 그래서 이때 적자를 부축하여 상주의 위치에 서게 하니, 자유의 뜻이 관철된 것이다. 그래서 빈객이 서는 위치로 종종걸음으로 나아간 것이니, 예에 따른 올바른 행동이다.

疏曰: 大夫之賓位在門東近北, 家臣位亦在門東而南近門, 並
皆北向.

소에서 말하길, 대부에게 있어서 빈객의 위치는 문의 동쪽에서 북쪽과
가까운 곳이며, 가신들이 서는 위치 또한 문의 동쪽에 있지만, 보다 남쪽
에 있게 되어 문과 가까운 위치에 있는데, 둘 모두 북쪽을 향해서 서 있게
된다.

【005】

石駘[咅]仲卒, 無適子, 有庶子六人, 卜所以爲後者, 曰: "沐浴佩玉則
兆." 五人者皆沐浴佩玉. 石祁子曰: "孰有執親之喪而沐浴佩玉者
乎?" 不沐浴佩玉. 石祁子兆, 衛人以龜爲有知也. 〈檀弓下-076〉 [本在"貞
惠文子"下.]

위나라 대부 석태중이['駘'자의 음은 '咅(태)'이다.] 죽었는데, 그에게는 적자가
없었고 6명의 서자만 있었다. 그래서 후사가 없으므로 거북점을 치는 자가
후계자를 정하기 위해서, "그대들은 목욕을 하고 옥을 차시오. 그렇게 한
뒤에 내가 점을 치겠소."라고 했다. 5명의 서자들은 모두 목욕을 하고 옥을
찼는데, 석기자만은 "그 누가 부친의 상을 치르는 도중에 목욕을 하고 옥을
찬단 말인가?"라고 했다. 그리고는 홀로 목욕도 하지 않고 옥도 차지 않았
다. 이후 점을 치니, 석기자에 대한 점괘만 길하다고 나왔다. 그러자 위나
라 사람들은 거북점에 영험함이 있다고 여겼다. [본래는 "정혜문자(貞惠文子)라
짓노라."[4)라고 한 문장 뒤에 수록되어 있었다.]

駘仲, 衛大夫. 曰沐浴佩玉則兆, 卜人之言也.

'태중(駘仲)'은 위나라 대부이다. "목욕을 하고 옥을 차면 점을 치겠다고

---

4) 『예기』「단궁하(檀弓下)」 075장 : 君曰: "昔者衛國凶饑, 夫子爲粥與國之餓者,
  是不亦惠乎? 昔者衛國有難, 夫子以其死衛寡人, 不亦貞乎! 夫子聽衛國之政,
  脩其班制, 以與四鄰交. 衛國之社稷不辱, 不亦文乎! 故謂夫子貞惠文子."

말했다."는 말은 거북점을 치는 사람이 한 말이다.

集說 方氏曰: 兆亦有凶, 卜者以求吉爲主, 故經以兆言吉也.

방씨가 말하길, 거북점을 쳐서 나온 조짐에는 또한 흉한 결과도 나오게
되는데, 점을 칠 때에는 길한 조짐을 얻는 것을 위주로 한다. 그렇기 때문
에 경문에서는 조짐이라는 말로 길하다는 뜻을 나타낸 것이다.

類編 右主後. [三章.]

여기까지는 '주후(主後)'에 대한 내용이다. [3개 장이다.]

類編 喪無無主, 故主後爲首.

상에는 상주가 없는 경우가 없기 때문에 주후에 대한 것을 첫 번째로
삼았다.

◇ 빈상(擯相)

【006】

有若之喪, 悼公弔焉, 子游擯由左. 〈檀弓下-014〉 [本在"我弔也與哉"下.]

유약의 상이 발생했는데, 노나라 도공이 조문을 왔다. 그러자 자유가 상례 절차를 도우며, 도공의 왼쪽에 서서 일을 처리했다. [본래는 "내가 조문을 했단 말인가?"[1]라고 한 문장 뒤에 수록되어 있었다.]

集說 悼公, 魯君, 哀公之子. 擯, 贊相禮事也. 立者尊右, 子游由公 之左, 則公在右爲尊矣. 少儀云: "詔辭自右"者, 謂傳君之詔命, 則詔 命爲尊, 故傳者居右. 時相喪禮者亦多由右, 故子游正之也.

'도공(悼公)'은 노나라 군주로, 애공의 아들이다. '빈(擯)'자는 예에 따른 일들을 돕는다는 뜻이다. 서 있을 때에는 오른쪽을 존귀하게 여기는데, 자유가 도공의 좌측에서 도왔다면, 도공은 우측에 있게 되어 존귀한 자리에 위치하게 된다. 『예기』「소의(少儀)」편에서 "군주의 명령을 전달하는 자는 군주의 우측에서 한다."[2]라고 한 말은 곧 군주의 명령을 전달하게 된다면, 군주의 명령을 전달하는 일은 존귀한 일에 해당하기 때문에, 전달하는 자가 오른쪽에 위치한다는 뜻이다. 당시 상례를 돕는 자들은 또한 대부분 오른쪽에서 일을 처리했다. 그렇기 때문에 자유가 왼쪽에서 일을 처리하여 잘못을 바로잡았던 것이다.

【007】

泄柳之母死, 相者由左; 泄柳死, 其徒由右相. 由右相, 泄柳之徒爲

---

1) 『예기』「단궁하(檀弓下)」 013장 : 子張死, 曾子有母之喪, 齊衰而往哭之. 或曰: "齊衰不以弔." 曾子曰: "我弔也與哉?"
2) 『예기』「소의(少儀)」 059장 : 贊幣自左, 詔辭自右.

之也.〈雜記下-063〉 [雜記. 本在"由文矣哉"下.]

설류의 모친이 돌아가셨을 때, 의례의 진행을 돕는 자는 좌측에 위치해서 도왔다. 그런데 설류가 죽었을 때, 그의 무리들은 우측에 위치하여 일을 도왔다. 우측에서 일을 돕는 비례는 설류의 무리들이 처음으로 시행했다. [「잡기」편의 문장이다. 본래는 "예법의 형식을 제대로 지킬 수 있을 것이다."[3]라고 한 문장 뒤에 수록되어 있었다.]

集說 悼公弔有若之喪, 而子游擯由左, 則由右相者非禮也. 此記失禮所自始.

도공이 유약의 상에 조문을 했을 때, 자유는 좌측에서 도왔으니, 우측에서 돕는 것은 비례이다. 이 내용은 실례가 유래한 시초를 기록한 것이다.

【008】

杜橋之母之喪, 宮中無相[去聲], 以爲沽[古]也.〈105〉 [本在"哭者改之"下.]

두교라는 자가 있었는데 그의 모친이 죽었다. 그러나 그는 상을 치르며 빈궁(殯宮) 안에 상례 절차를 도와주는 자를['相'자는 거성으로 읽는다.] 세우지 않았다. 그래서 당시 사람들은 그의 행동을 평가하며 너무 거칠고 소략하다고['沽'자의 음은 '古(고)'이다.] 하였다. [본래는 "그 소리를 들은 자는 곡하던 방법을 고쳤다."[4]라고 한 문장 뒤에 수록되어 있었다.]

集說 疏曰: 沽, 麤略也. 孝子喪親, 悲迷不復自知, 禮節事儀, 皆須人相導, 而杜橋家母死, 宮中不立相待, 故時人謂其於禮爲麤略也.

소에서 말하길, '고(沽)'자는 거칠고 소략하다는 뜻이다. 자식은 부모의 상을 치를 때에는 슬픔에 헤매게 되어 제 스스로 어찌할 바를 모르게

---

3) 『예기』「잡기하(雜記下)」 062장: 孔子曰, "伯母叔母疏衰, 踊不絶地. 姑姊妹之大功, 踊絶於地. 如知此者, 由文矣哉! 由文矣哉!"
4) 『예기』「단궁상」 104장: 子蒲卒, 哭者呼滅. 子皐曰: "若是野哉!" 哭者改之.

되니, 예의 절차들과 그 일들에 대해서는 모두 다른 사람의 인도가 필요로 하게 된다. 그런데 두교의 집에서는 모친이 죽었는데 빈궁 안에서 도와주는 자를 세우지 않았다. 그렇기 때문에 당시 사람들은 그의 행동이 예로 따지자면 너무 거칠고 소략하다고 평가한 것이다.

類編 右擯相. [三章.]
여기까지는 '빈상(擯相)'에 대한 내용이다. [3개 장이다.]

類編 喪事哀遽, 須人相導, 故擯相次之.
상사에서는 애통함이 절박하여 다른 사람이 도와 이끌어야 한다. 그렇기 때문에 빈상에 대한 내용을 그 다음에 수록하였다.

◇ 습렴(襲斂)

【009】

夫子曰: "始死, 羔裘 · 玄冠者, 易之而已."〈106〉[1]

공자는 "어떤 자가 이제 막 죽게 되면, 새끼양의 가죽으로 만든 갓옷과 현관의 복식은 바꿀 따름이다."라고 했다.

集說 疏曰: 養疾者朝服, 羔裘 · 玄冠, 卽朝服也. 始死, 則去朝服, 著深衣. 時有不易者, 又有小斂後羔裘弔者, 記者因引孔子行禮之事言之.

소에서 말하길, 질병에 걸린 자를 봉양할 때에는 조복을 착용하는데, 새끼양의 가죽으로 만든 갓옷과 현관은 곧 조복의 차림에 해당한다. 어떤 자가 이제 막 죽게 되면, 조복을 벗게 되고 심의를 착용한다. 당시에는 이러한 복장을 바꾸지 않았던 자가 있었고, 또한 소렴을 한 이후인데도 새끼양의 가죽으로 만든 갓옷을 착용하고 조문을 하는 자가 있었다. 그래서 『예기』를 기록한 자는 이러한 일이 있었으므로, 공자가 예를 시행했던 사안을 인용하여 올바른 방침을 언급했던 것이다.

【010】

曾子曰: "始死之奠, 其餘閣也與[平聲]**!"〈041〉 [本在"其庶幾乎"下.]**

증자가 말하길, "이제 막 돌아가셨을 때 시신 옆에 차려두는 음식들은 생전에 드시던 찬장 위의 음식들로도 충분하다!['與'자는 평성으로 읽는다.]"라고 했다. [본래는 "가까워졌구나."[2]라고 한 문장 뒤에 수록되어 있었다.]

---

1) 『예기』「단궁상」106장: 夫子曰: "始死, 羔裘 · 玄冠者, 易之而已." 羔裘 · 玄冠, 夫子不以弔.
2) 『예기』「단궁상」040장: 子張病, 召申祥而語之曰: "君子曰終, 小人曰死. 吾今日其庶幾乎!"

集說 始死以脯醢醴酒, 就尸床而奠于尸東, 當死者之肩, 使神有所依也. 閣, 所以庋置飮食, 蓋以生時庋閣上所餘脯醢爲奠也.

이제 막 돌아가셨을 때 포·젓갈·단술로써 시신이 놓여 있는 침상에 나아가서 시신의 동쪽에 차려놓으니, 죽은 자의 어깨 부위에 해당하게 하여, 신령으로 하여금 의지할 곳이 있게 만드는 것이다. '각(閣)'은 시렁을 걸어서 음식을 올려두던 곳으로, 생전에 찬장 위에 남겨 두었던 포와 젓갈로 차려내는 것이다.

[011]

喪不剝奠也與[平聲], 祭肉也與. 〈127〉 [本在"庫門四郊"下.]

상에서는 포나 젓갈 등을 차려내는 음식에 대해서 천으로 덮지 않는다. 그런데 어째서 음식에 대해서 천을 벗겨두지 않는단 말인가?['與'자는 평성으로 읽는다.] 만약 천으로 덮는 경우라면, 그 안에는 반드시 제사 때 사용되는 고기가 있기 때문일 것이다. [본래는 "고문과 사교에 초혼을 한다."[3]라고 한 문장 뒤에 수록되어 있었다.]

集說 剝者, 不巾覆也. 脯醢之奠, 不惡塵埃, 故可無巾覆. 凡覆之者, 必其有祭肉者也.

'박(剝)'자는 천으로 덮지 않는다는 뜻이다. 포나 젓갈 등을 차려둘 때에는 먼지가 내려앉는 것을 꺼리지 않는다. 그렇기 때문에 천으로 덮지 않을 수 있다. 무릇 덮는 경우라면 반드시 그 안에 제사 때 사용되는 고기가 있기 때문일 것이다.

---

3) 『예기』「단궁상」 126장 : 君復於小寢·大寢·小祖·大祖·庫門·四郊.

【012】

司士賁[주]告於子游曰: "請襲於牀." 子游曰: "諾." 縣子聞之曰: "汰哉
叔氏! 專以禮許人."〈108〉 [本在"有非之者哉"下.]

사사를 맡고 있던 분[賁'자의 음은 '奔(분)'이다.]이 자유에게 자문을 구하며, "저
는 침상에서 시신에 대한 습을 하고자 합니다. 괜찮습니까?"라고 했다. 그
러자 자유는 "괜찮다."라고만 대답하였다. 현자가 그 말을 듣고, "너무나
거만하구나 자유여! 마치 자기가 예의 규범인 것처럼 제 마음대로 허락을
해주었구나."라고 비난했다. [본래는 "그를 비난하는 자가 있겠는가?"4)라고 한 문장
뒤에 수록되어 있었다.]

集說 賁, 司士之名也. 禮, 始死, 廢牀而置尸於地, 及復而不生, 則
尸復登牀. 襲者, 斂之以衣也. 沐浴之後, 商祝襲祭服褖衣, 蓋布於
牀上也, 飯舍之後, 遷尸於襲上而衣之, 襲於牀者, 禮也, 後世禮失而
襲於地則褻矣. 司士知禮而請於子游, 子游不稱禮而答之以諾, 所以
起縣子之譏也. 汰, 矜大也. 言凡有證問禮事者, 當據禮答之, 子游
專輒許諾, 則如禮自己出矣, 是自矜大也. 叔氏, 子游字.

'분(賁)'은 사사라는 관직을 맡고 있던 자의 이름이다. 예법에 따르면, 어
떤 자가 이제 막 죽었을 때 침상을 치우고 땅바닥에 시신을 내려놓으며,
초혼을 했는데도 다시 살아나지 않는다면 시신을 다시 침상에 올려두게
된다. '습(襲)'5)이라는 것은 옷으로 시신을 감싼다는 뜻이다. 시신을 목욕
시킨 이후에 상축은 제복과 단의(褖衣)6)로 습을 하게 되니, 무릇 침상

---

4) 『예기』「단궁상」 107장 : 子游問喪具. 夫子曰: "稱家之有亡." 子游曰: "有無惡
乎齊?" 夫子曰: "有, 毋過禮. 苟亡矣, 斂首足形, 還葬, 縣棺而封, 人豈有非之者
哉?"

5) 습(襲)은 시신에 옷을 입히는 의식 절차이다. 한편 시신에 입히는 옷 자체도 '습'이
라고 불렀다.

6) 단의(褖衣)는 흑색의 천으로 상의와 하의를 만들고, 붉은색으로 가장자리에 단을
댄 옷이다. 『의례』「사상례(士喪禮)」편에는 '단의'가 기록되어 있는데, 이에 대한
정현의 주에서는 "黑衣裳赤緣謂之褖."이라고 풀이했다.

위에 그 옷들을 펴두게 되고, 시신의 입에 쌀 등을 채운 이후, 옷을 펼쳐
둔 곳 위로 시신을 옮겨서, 시신의 몸에 옷을 걸치게 되니, 침상에서 습을
하는 것이 올바른 예이다. 그런데 후세 사람들은 실례를 범하여 땅에서
습을 하였으니, 예를 무람되게 한 것이다. 사사는 예를 알고 있어서 자유
에게 청원했던 것인데, 자유는 예의 근거를 일컫지 않고 대답을 하며 허
락한다고만 했으니, 이것이 바로 현자가 기롱을 하게 된 이유이다. '태
(汰)'자는 지나치게 자만한 것을 뜻한다. 즉 예와 관련된 일에 대해서
자문을 구하는 자가 있다면, 마땅히 예의 규정을 제시하며 대답을 해주어
야 하는데, 자유는 자기 마음대로 허락을 했으니, 마치 예의 규정이 자기
로부터 나온 것처럼 한 것으로, 이것이 제 스스로 지나치게 거만하게 행
동한 것이라는 뜻이다. '숙씨(叔氏)'는 자유의 자(字)이다.

【013】

諸侯伐秦, 曹桓[宣]公卒于會. 諸侯請舍[去聲], 使之襲.〈檀弓下-090〉[本
在"中又有禮焉"下.]

제후들이 진나라를 공격하기로 모의했다. 그래서 회맹을 했었는데, 조나라
선공이[桓'자의 음은 '宣(선)'이다.] 회맹의 장소에서 죽었다. 제후들은 함을[舍'
자는 거성으로 읽는다.] 해주기를 청했는데, 그에게 습을 하도록 시켰다. [본래는
'중우유례언(中又有禮焉)7)이라고 한 문장 뒤에 수록되어 있었다.]

集說 曹伯之卒, 魯成公十三年也. 襲, 賤者之事, 諸侯從之, 不知禮也.
조나라 백작이 죽은 것은 노나라 성공 13년에 일어난 사건이다. '습(襲)'
이라는 것은 신분이 미천한 자에게 시행하는 일인데, 제후들이 그 예법에

---

7) 『예기』「단궁하(檀弓下)」 089장 : 工尹商陽與陳棄疾追吳師, 及之. 陳棄疾謂工
尹商陽曰: "王事也, 子手弓而可." 手弓. "子射諸!" 射之, 斃一人, 韔弓. 又及,
謂之, 又斃二人. 每斃一人, 揜其目. 止其御曰: "朝不坐, 燕不與, 殺三人, 亦足
以反命矣." 孔子曰: "殺人之中, 又有禮焉."

따랐으니, 예를 제대로 알지 못했기 때문이다.

【014】

襄公朝于荊, 康王卒, 荊人曰: "必請襲." 魯人曰: "非禮也." 荊人强[上聲]之, 巫先拂柩. 荊人悔之. 〈檀弓下-091〉

노나라 양공은 초(楚)나라에 조회를 갔었다. 그런데 때마침 초나라 강왕이 죽었다. 초나라 사람들은 양공에게, "필히 습을 해주기를 청합니다."라고 했다. 그러자 노나라 사람들은 "이처럼 하는 것은 비례이니, 할 수 없습니다."라고 대답했다. 그러나 초나라 사람들은 강압적으로['强'자는 상성으로 읽는다.] 요구를 하여, 노나라에서는 어쩔 수 없이 그에 따를 수밖에 없었는데, 함께 따라갔던 무(巫)를 시켜서, 우선적으로 빗자루와 복숭아나무를 이용해서 영구를 털어내도록 했다. 이 모습을 본 초나라 사람들은 자신들이 잘못된 예를 강요했다는 것을 뒤늦게 깨닫고 후회했다.

集說 荊, 禹貢州名, 楚立國之本號, 魯僖公元年始稱楚. 魯襄公以二十八年朝楚, 適遭楚子昭之喪, 魯人知襲之非禮而不能違, 於是以君臨臣喪之禮先之, 及其覺之而悔, 已無及矣. 此其適權變之宜, 足以雪恥.

'형(荊)'은 『서』「우공(禹貢)」편에 나오는 주(州)의 이름으로, 초나라가 나라를 세웠을 때의 본래 호칭이며, 노나라 희공 1년이 되어서야 비로소 '초(楚)'라고 지칭하기 시작했다. 노나라 양공 28년에 초나라에 조회를 갔었는데, 때마침 초나라 자작인 소의 상을 접하게 되었다. 그런데 노나라 사람들은 습을 하는 것이 비례가 됨을 알고 있었지만 어길 수가 없었다. 그래서 이때 군주는 신하의 상에 임하는 예법에 따라 우선적으로 대처하였고, 초나라 사람들이 잘못을 깨닫고 뉘우치게 되었지만, 이미 돌이킬 수 없었다. 이것은 권도에 따라 변례(變禮)를 시행한 것이 합당하여, 치욕을 씻기에 충분했음을 나타낸다.

[015]

子羔之襲也, 繭衣裳與稅[象]衣纁袡[而占反]爲一, 素端一, 皮弁一, 爵
弁一, 玄冕一. 曾子曰: "不襲婦服." 〈雜記上-060〉 [雜記. 本在"反而后奠"下.]
공자의 제자 자고가 죽었을 때 그에 대한 습을 했는데, 상의와 하의가 연결
된 솜옷을 입히고, 그 겉옷으로 단의에['稅'자의 음은 '象(단)'이다.] 진홍색의 가
선을['袡'자는 '而(이)'자와 '占(점)'자의 반절음이다.] 댄 옷을 입혀서, 이것을 한 별로
삼았고, 상하의를 모두 흰색으로 만든 소단 한 별을 입혔으니, 이것이 두
번째로 껴입히는 옷이며, 포로 된 상의와 흰색의 옷감으로 만든 하의로
된 피변복 한 별을 입혔으니, 이것이 세 번째로 껴입히는 옷이고, 현색의
상의와 진홍색의 하의로 된 작변복 한 별을 입혔으니, 이것이 네 번째로
껴입히는 옷이며, 현색의 상의와 진홍색의 하의에 보(黼) 무늬를 새기는
현면복 한 별을 입혔으니, 이것이 다섯 번째로 껴입히는 옷이었다. 증자는
그것을 살펴보고, 부인이 입는 진홍색의 가선을 댄 옷이 포함되어서, "남자
에게는 부인의 옷을 습하지 않는다."라고 비판했다. [「잡기」편의 문장이다. 본래
는 "되돌아온 이후에는 전제사를 진설하여 그 사실을 아뢴다."[8]라고 한 문장 뒤에 수록되어
있었다.]

集說 子羔, 孔子弟子高柴也. 襲, 以衣斂尸也. 繭衣裳, 謂衣裳相連
而綿爲之著也. 稅衣, 黑色. 纁, 絳色帛. 袡, 裳下緣也. 繭衣襲故用
裱衣爲表, 合爲一稱, 故云繭衣裳與稅衣纁袡爲一. 素端一, 第二稱
也. 賀氏云: "衣裳竝用素爲之." 皮弁一, 第三稱也. 皮弁之服, 布衣
而素裳. 爵弁一, 第四稱也. 其服玄衣而纁裳. 玄冕一, 第五稱也. 其
服亦玄衣纁裳, 衣無文而裳刺黼, 大夫之上服也. 婦服, 指纁袡而言.
曾子非之, 以其不合於禮也.

'자고(子羔)'는 공자의 제자인 고시이다. '습(襲)'은 옷으로 시신을 감싼다
는 뜻이다. '견의상(繭衣裳)'은 상의와 하의가 서로 연결되어 있는데, 솜

---

8) 『예기』「잡기상(雜記上)」 059장 : 君若載而后弔之, 則主人東面而拜, 門右北面
而踊, 出待反而后奠.

을 그 속에 넣은 것을 뜻한다. '단의(稅衣)'는 흑색으로 된 옷이다. '훈(纁)'은 진홍색의 비단이다. '염(袡)'은 하의 밑단에 댄 가선이다. 솜옷으로 습을 했기 때문에 단의를 겉옷으로 삼고, 둘을 합쳐 1칭(稱)[9]으로 삼은 것이다. 그렇기 때문에 "상의와 하의가 연결된 솜옷과 단의에 진홍색으로 가선을 댄 옷을 한 벌로 삼다."라고 한 것이다. "소단이 한 벌이다."는 말은 두 번째로 껴입히는 옷을 뜻한다. 하씨는 "상의와 하의를 모두 흰색의 옷감으로 만들기 때문이다."라고 했다. "피변이 한 벌이다."는 말은 세 번째로 껴입히는 옷을 뜻한다. 피변복은 포로 상의를 만들고 흰색의 옷감으로 하의를 만든다. "작변이 한 벌이다."는 말은 네 번째로 껴입히는 옷을 뜻한다. 그 복장은 현색의 상의에 진홍색의 하의가 된다. "현면이 한 벌이다."는 말은 다섯 번째로 껴입히는 옷을 뜻한다. 그 복장 또한 현색의 상의와 진홍색의 하의가 되는데, 상의에는 무늬가 없지만 하의에는 보(黼) 무늬를 새기며, 대부가 착용하는 상등의 복장이다. '부복(婦服)'은 진홍색으로 가선을 댄 것을 가리켜서 한 말이다. 증자가 비판을 했던 것은 그것이 예법에 맞지 않았기 때문이다.

【016】

季康子之母死, 陳褻衣. 敬姜曰: "婦人不飾, 不敢見舅姑. 將有四方之賓來, 褻衣何爲陳於斯?" 命徹之. 〈檀弓下-059〉 [本在"禮矣夫"下.]

계강자의 모친이 죽었을 때 모친의 속옷을 펼쳐두었다. 계강자의 종조모인 경강이 그 모습을 보고, "부인들은 치장을 하지 않으면 감히 시부모를 뵙지

---

9) 칭(稱)은 수량을 나타내는 양사(量詞)이다. 즉 짝을 지어 갖추는 일련의 의복을 헤아리는 단위이다. 예를 들어 포(袍)라는 옷에는 반드시 겉에 걸치는 옷이 있어야 하며, 홑옷으로 입어서는 안 되고, 상의에는 반드시 그에 맞는 하의가 있어야 하는데, 이처럼 포(袍)에 겉옷을 갖추고, 상의에 맞게 하의까지 갖추는 것을 1칭(稱)이라고 부른다. 『예기』「상대기(喪大記)」편에는 "袍必有表不禪, 衣必有裳, 謂之一稱."이라는 기록이 있다.

않는 것이다. 그런데 현재 사방에서 빈객들이 찾아오게 될 것인데, 그녀의 속옷을 어찌하여 이곳에 펼쳐두었는가?"라고 말하고는 곧 명령을 하여 속옷을 치우도록 하였다. [본래는 '예의부(禮矣夫)'10)라고 한 문장 뒤에 수록되어 있었다.]

集說　敬姜, 康子之從祖母也.
'경강(敬姜)'은 계강자의 종조모이다.

集說　應氏曰: 敬姜森然法度之語.
응씨가 말하길, 경강은 엄숙한 자태로 법도에 따른 말을 한 것이다.

【017】
曾子之喪, 浴於爨室. 〈038〉 [本在"周公蓋祔"下.]
증자가 죽었을 때, 그의 아들은 증자의 시신을 부엌에서 목욕시켰다. [본래는 "주공 때부터 남편의 무덤에 합장을 하기 시작했다."11)라고 한 문장 뒤에 수록되어 있었다.]

集說　士喪禮"浴於適室", 無浴爨室之文. 舊說, 曾子以曾元辭易簀, 矯之以謙儉, 然反席未安而沒, 未必有言及此. 使果曾子之命, 爲人子者, 亦豈忍從非禮而賤其親乎? 此難以臆說斷之, 當闕之以俟知者.
『의례』「사상례(士喪禮)」편에서는 "적실에서 시신을 목욕시킨다."라고 했고, 부엌에서 목욕을 시킨다는 기록은 없다. 옛 학설에 따르면, 증자는 증원이 대자리를 바꾸도록 한 것에 대해 만류하였기 때문에, 겸손함과

---

10) 『예기』「단궁하(檀弓下)」 058장 : 文伯之喪, 敬姜據其牀而不哭, 曰: "昔者吾有斯子也, 吾以將爲賢人也, 吾未嘗以就公室. 今及其死也, 朋友諸臣未有出涕者, 而内人皆行哭失聲. 斯子也, 必多曠於禮矣夫!"
11) 『예기』「단궁상」 037장 : 舜葬於蒼梧之野, 蓋三妃未之從也. 季武子曰: "周公蓋祔."

검소함으로 아들의 잘못을 바로잡은 것이라고 했는데, 자리로 되돌아와서는 안정된 자세를 취하기도 전에 죽었으므로, 결코 이곳에서 언급한 내용까지 일러주었던 것이 아니다. 증자가 명령한대로 한 것이라고 하더라도, 자식된 자가 어찌 비례에 따라서 자신의 부모를 천시하는 일을 참아낼 수 있겠는가? 이곳의 기록은 억측으로 판단하기 어려우니, 마땅히 그 논의를 생략하여, 후대의 지혜로운 자가 판가름해주기를 기다려야 한다.

【018】

曾子曰: "尸未設飾, 故帷堂, 小斂而徹帷." 仲梁子曰: "夫婦方亂, 故帷堂, 小斂而徹帷."〈101〉 [本在"我死則亦然"下.]

증자가 말하길, "어떤 자가 이제 막 죽었을 때, 시신에게 아직 염이나 습을 하지 않았기 때문에, 당에 휘장을 설치하여, 사람들이 보지 못하도록 하고, 소렴을 끝내고서야 휘장을 치운다."라고 했다. 중량자가 말하길, "부부에게 있어 아직 곡하는 장소가 정해지지 않았기 때문에, 당에 휘장을 설치하는 것이고, 소렴을 끝내고서야 휘장을 치운다."라고 했다. [본래는 "내가 죽거든 네가 또한 그의 말처럼 하거라."[12]라고 한 문장 뒤에 수록되어 있었다.]

集說 始死去死衣, 用斂衾覆之以俟浴. 既復之後, 楔齒綴是畢, 具脯醢之奠, 事雖小定, 然尸猶未襲斂也, 故曰"未設飾." 於是設帷於堂者, 不欲人褻之也, 故小斂畢乃徹帷. 仲梁子謂夫婦方亂者, 以哭位未定也. 二子各言禮意. 鄭云: "斂者動搖尸, 帷堂爲人褻之. 言方亂, 非也. 仲梁子, 魯人."

어떤 자가 이제 막 죽게 되면, 죽은 자가 입고 있었던 옷을 벗기고, 염을 할 때 사용하는 이불로 덮고서, 시신을 목욕시킬 때까지 기다린다. 초혼을 끝낸 이후에는 뿔잔을 이빨 사이에 넣어서 입을 벌리고, 다리가 굳어

---

12) 『예기』「단궁상」 100장 : 后木曰: "喪, 吾聞諸縣子曰: '夫喪, 不可不深長思也. 買棺外內易[異].' 我死則亦然."

지며 휘어지는 것을 방지하기 위해, 고정을 시키는데, 그 일이 다 끝나면 포나 젓갈 등을 갖춰 음식을 차려낸다. 이러한 일까지 치르면, 상사의 진행이 비록 어느 정도 안정된 것이지만, 시신은 여전히 습과 염을 하지 않은 상태이다. 그렇기 때문에 "아직은 치장을 하지 않은 것이다."라고 말한 것이다. 이 시기에 당에는 휘장을 치는데, 그 이유는 사람들로 하여금 꺼려하도록 만들지 않기 위해서이다. 그렇기 때문에 소렴을 끝내게 되면 곧바로 휘장을 치운다. 중량자가 "부부는 그 방위가 혼란스럽다."라고 했는데, 이처럼 말한 이유는 곡하는 자리가 아직 정해지지 않았기 때문이다. 두 사람은 각각 예의 뜻을 언급한 것이다. 정현은 "염을 할 때에는 시신을 움직이게 되니, 당에 휘장을 설치하는 이유는 사람들이 시신의 모습을 보게 되면 꺼려하기 때문이다. '방위가 혼란스럽다.'라고 말한 것은 잘못된 주장이다. 중량자는 노나라 사람이다."라고 했다.

【019】

小斂之奠, 子游曰: "於東方." 曾子曰: "於西方. 斂斯席矣." 小斂之奠在西方, 魯禮之末失也.〈102〉

소렴을 할 때 차려내는 음식에 대해서, 자유는 "동쪽에 진설한다."라고 했고, 증자는 "서쪽에 진설한다. 염을 할 때에는 서쪽에 펴둔 석 위에 진설한다."라고 했다. 소렴을 할 때 음식을 서쪽에 차려내는 것은 노나라 말엽에 생겨난 실례이다.

集說 疏曰: 儀禮小斂之奠, 設於東方, 奠又無席; 魯之衰末, 奠於西方, 而又有席. 曾子見時如此, 將以爲禮, 故云小斂於西方. 斯, 此也. 其斂之時, 於此席上而設奠矣. 故記者正之云, 小斂之奠, 所以在西方, 是魯人行禮末出失其義也.

소에서 말하길, 『의례』의 기록에 따르면 소렴 때 차려내는 음식들은 동쪽에 진설하고, 음식을 차려둔 곳에는 또한 석을 깔아두지 않는다. 노나라 말엽에는 서쪽에 음식을 진설하였고 또 석도 깔아두었다. 증자는 당시에 이와 같이 하는 것을 보고서 이것을 예로 규정하고자 했다. 그렇기 때문에 소렴 때에는 서쪽에 음식을 설치한다고 말한 것이다. '사(斯)'자는 이것이라는 뜻이다. 염을 할 때 이러한 석 위에 음식을 설치한다는 의미이다. 그렇기 때문에 『예기』를 기록한 자는 그 내용을 바로잡으며, 소렴 때 음식을 차려내는 것을 서쪽에 두게 된 것은 노나라 사람들이 예를 시행해 오다가 말엽이 되어서 그 의미를 놓친 것이라고 한 것이다.

集説 　今按: 儀禮 "布席于戶內", 註云 "有司布斂席也", 在小斂之前. 及陳大斂衣奠, 則云 "奠席在饌北, 斂席在其東", 註云 "大斂奠而有席, 彌神之也." 據此, 則小斂奠無席.

지금 살펴보니, 『의례』에서는 "석을 호의 안쪽에 깔아둔다."[13]라 했는데, 이 문장에 대한 정현의 주에서는 "유사는 염을 할 때 쓰는 석을 깔아둔다."라고 했으니, 소렴을 치르기 이전에 해당한다. 대렴(大斂)[14]에 사용될 옷들과 음식들을 진설하는 경우에 대해서는 "음식을 차려낼 때 사용하는 석은 찬이 차려진 곳 북쪽에 펴두고, 염을 할 때 사용하는 석은 그 동쪽에 펴둔다."[15]라 했고, 이 문장에 대한 정현의 주에서는 "대렴을 하며 음식을 차려내고, 또 석까지 설치한 것은 미약하게나마 신으로 대하기 때문이다."라 했다. 이러한 기록에 근거해보면, 소렴을 하며 음식을 차려낼 때에는 석이 없는 것이다.

---

13) 『의례』「사상례(士喪禮)」: 土盥, 二人以並, 東面立于西階下. 布席于戶內, 下莞, 上簟.
14) 대렴(大斂)은 상례(喪禮) 절차 중 하나이다. 소렴(小斂)을 끝낸 뒤, 의복과 이불 등으로 재차 시신을 감싸 관에 안치하는 절차이다.
15) 『의례』「사상례(士喪禮)」: 奠席在饌北, 斂席在其東. 掘肂見衽. 棺入主人不哭.

【020】

叔孫武叔之母死, 旣小斂, 擧者出[句], 戶出戶[句], 袒[句], 且投其冠,
括髮. 子游曰: "知禮." 〈082〉 [本在"故哭踊有節"下.]

숙손무숙의 모친이 돌아가셔서, 소렴을 끝내고, 시신을 들고서 밖으로 나
왔는데['出'자에서 구문을 끊는다.] 시신이 호를 빠져나오자['戶'자에서 구문을 끊는
다.] 숙손무숙은 서둘러 단을 했고['袒'자에서 구문을 끊는다.] 또 그 관을 내던진
다음에 머리카락을 틀어 올렸다. 자유는 그 모습을 보고, "예를 아는구나."
라고 하여, 그를 비난하였다. [본래는 "그렇기 때문에 곡을 하고 용을 함에도 절도가
있는 것이다."16)라고 한 문장 뒤에 수록되어 있었다.]

集説 禮, 始死將斬衰者笄纚, 將齊衰者素冠, 小斂畢而徹帷, 主人
括髮袒于房, 婦人髽于室. 擧者出, 擧尸以出也. 括髮當在小斂之後,
尸出堂之前, 主人爲將奉尸, 故袒而括髮耳. 今武叔待尸出戶, 然後
袒而去冠括髮, 失禮節矣. 故註以子游知禮之言爲嗤之也.

예에 따르면, 이제 막 돌아가셨을 때 장차 참최복을 착용하게 되는 자는
비녀를 꼽고 이로 머리를 싸매게 되며, 자최복을 착용하는 자는 소관(素
冠)17)을 착용하고 되는데, 소렴이 모두 끝나면 휘장을 치우고, 상주는
방에서 머리를 틀고 단을 하며, 부인은 실에서 북상투를 튼다. '거자출(擧
者出)'이라는 말은 시신을 들고서 밖으로 나온다는 뜻이다. 머리를 트는
것은 마땅히 소렴을 한 이후와 시신이 당으로 나오기 이전에 해야 하는
데, 상주가 시신을 받들게 되기 때문에, 단을 하고서 머리를 트는 것일
뿐이다. 그런데 현재 무숙은 시신이 호 밖으로 나오기를 기다렸다가 그
이후에야 단을 하고 관을 벗은 뒤에 머리를 틀었으니, 예의 절차를 잃은
것이다. 그렇기 때문에 정현의 주에서는 자유가 예를 안다고 한 말을 비

---

16) 『예기』「단궁상」 081장 : 弁人有其母死而孺子泣者, 孔子曰: "哀則哀矣, 而難爲
繼也. 夫禮, 爲可傳也, 爲可繼也, 故哭踊有節."

17) 소관(素冠)은 상사(喪事)나 흉사(凶事)의 일을 접했을 때 쓰게 되는 흰색 관(冠)
이다.

웃는 뜻으로 풀이한 것이다.

集說 馮氏曰: 經文作"戶出戶", 上戶字, 乃尸字之訛也. 鄭註云, "尸出戶乃變服", 義甚明. 然註文尸亦訛爲戶, 遂解不通.

풍씨가 말하길, 경문에서는 '호출호(戶出戶)'로 기록되어 있는데, 앞의 '호(戶)'자는 시(尸)자가 잘못 기록된 것이다. 정현의 주에서는 "시신이 호(戶)를 빠져나오자 곧 복식을 바꾼 것이다."라고 했으니, 그 의미가 매우 명확하다. 그러나 주에서는 '시(尸)'자를 또한 호(戶)자로 잘못 기록하고 있어서, 마침내 그 해석이 통용되지 않게 되었다.

附註 按: 擧者出戶, 小斂時, 擧尸之人, 斂畢出戶也. 出戶祖者, 孝子出戶而祖也. 卒斂之後, 祖而括髮, 是合於禮. 當時大夫之家, 治喪如禮者蓋鮮, 故子游言其知禮, 註云"譏之", 文理不然. 且以上戶爲尸字, 作尸出堂看, 小斂於戶內, 大斂於堂, 禮也, 因鄭註誤.

살펴보니, '거자출호(擧者出戶)'는 소렴을 할 때 시신을 든 자가 염이 끝나면 방문 밖으로 나오는 것이다. '출호단(出戶祖)'은 자식이 방문 밖으로 나와서 단을 하는 것이다. 염을 끝낸 이후에는 단을 하고 괄발을 하니 이것이 예법에 부합된다. 당시 대부의 집안에서 상을 치르며 예법대로 하는 자는 아마도 드물었을 것이다. 그렇기 때문에 자유가 예를 안다고 말한 것인데, 주에서 "기롱했다."라 한 것은 문리상 맞지 않는다. 또 앞의 '호(戶)'자를 시(尸)자로 보아서 시동이 당으로 나온다고 보면, 소렴은 방문 안에서 시행하고 대렴은 당에서 시행하니 예에 맞는데, 이러한 잘못은 정현의 주에 나온 오류로 인한 것이다.

【021】

南宮綯[⑩]之妻之姑之喪, 夫子誨之髽, 曰: "爾毋從從[摠]爾! 爾毋扈扈[戶]爾! 蓋榛以爲筓, 長[仗]尺而總八寸."〈030〉 [本在"紿始也"下.]

남궁도['綯'자의 음은 '⑩(도)'이다.]의 아내는 공자의 조카가 되는데, 그녀의 시어머니가 죽자 공자는 그녀에게 좌를 트는 방법에 대해서 가르쳐주며, "너는 좌를 틀 때, 너무 높게['從'자의 음은 '摠(총)'이다.] 틀지 말고, 너무 넓게['扈'자의 음은 '戶(호)'이다.] 틀지도 말아야 한다! 무릇 기년복을 착용할 때에는 개암나무로 만든 비녀를 꼽게 되니, 그 길이['長'자의 음은 '仗(장)'이다.]는 1척으로 만들고, 머리를 묶고 난 뒤 남은 머리를 늘어트릴 때에는 그 길이가 8촌이 되어야 한다."라고 했다. [본래는 '태시야(紿始也)'[1]라고 한 문장 뒤에 수록되어 있었다.]

集說 綯妻, 夫子兄女也. 姑死, 夫子敎之爲髽. 從從, 高也. 扈扈, 廣也. 言爾髽不可大高, 不可大廣, 又敎以筓總之法. 筓卽簪也. 吉筓尺二寸, 喪筓一尺. 斬衰之筓用箭竹, 竹之小者也. 婦爲舅姑皆齊衰不杖, 期當用榛木爲筓也. 束髮謂之總, 以布爲之, 旣束其本末而總之, 餘者垂於髻後, 其長八寸也.

남궁도의 처는 공자 형의 딸을 뜻한다. 그녀의 시어머니가 죽자 공자는 그녀에게 교육을 하여 좌의 머리모양을 하도록 했던 것이다. '총총(從從)'은 높다는 뜻이다. '호호(扈扈)'는 넓다는 뜻이다. 즉 이 말은 너의 좌하는 머리모양을 너무 높게 해서는 안 되고, 너무 넓게 해서도 안 된다고 말한 것이며, 또한 비녀를 꼽고 머리를 묶는 법도를 가르친 것이다. '계(筓)'는 비녀를 뜻한다. 길한 때 꼽게 되는 비녀는 그 길이가 1척 2촌이고, 상을 당했을 때 꼽는 비녀는 그 길이가 1척이다. 참최복에 꼽게 되는 비녀는 전죽을 사용해서 만드니, '전죽(箭竹)'이라는 것은 대나무 중에서도 그 크기가 작은 것을 뜻한다. 부인은 시부모를 위해서 모두 자최복을

---

1) 『예기』「단궁상」 029장 : 魯婦人之髽而弔也, 自敗於臺紿始也.

착용하며 지팡이는 잡지 않으니, 기년상을 치를 때에는 마땅히 개암나무를 이용해서 비녀를 만들어야 한다. 머리카락을 묶는 것을 '총(總)'이라고 부르고, 포를 이용해서 만드는데, 이러한 도구와 방식을 통해서, 이미 머리카락의 처음과 끝을 묶어서 감싸게 되며, 묶을 수 없는 나머지 머리카락들은 상투를 튼 곳 뒤로 내려트리게 되니, 그 길이는 8촌이 된다.

[類編] 右襲斂. [十二章.]

여기까지는 '습렴(襲斂)'에 대한 내용이다. [12개 장이다.]

[類編] 立喪主及護喪, 然后可治喪事, 故襲斂次之.

상주를 세우고 초상의 여러 일들을 주관한 뒤에는 상사의 일을 집행할 수 있다. 그렇기 때문에 습렴에 대한 것을 그 다음에 수록하였다.

◇ 상복(喪服)

【022】

伯魚之母死, 期[碁]而猶哭. 夫子聞之曰: "誰與[平聲]哭者?" 門人曰: "鯉也." 夫子曰: "嘻[希]! 其甚也!" 伯魚聞之, 遂除之. 〈036〉 [本在"丘首仁也"下.]

백어의 친모가 죽었는데, 그 여인은 출모(出母)였다. 1년이 지났는데도['期'자의 음은 '碁(기)'이다.] 백어가 여전히 곡을 했다. 공자가 그 소리를 듣고, "지금 곡을 하는 자는['與'자는 평성으로 읽는다.] 누구인가?"라고 묻자 문인들은 "아드님인 리입니다."라고 대답했다. 그러자 공자는 "아!['嘻'자의 음은 '希(희)'이다.] 너무 지나치구나!"라고 했다. 백어는 그 말을 듣고 곧 곡하는 일을 그만두었다. [본래는 "자신이 살았던 땅을 향하여 머리를 향하게 하고 죽으니, 이것은 인한 것이다."[1]라고 한 문장 뒤에 수록되어 있었다.]

集說 伯魚之母出而死. 父在爲母期而有禪, 出母則無禪. 伯魚乃夫子爲後之子, 則於禮無服, 期可無哭矣. 猶哭, 夫子所以歎其甚.

백어의 모친은 그 집에서 쫓겨난 상태에서 죽었다. 부친이 생존해 계실 때, 죽은 모친을 위해서는 기년상을 치르고 담제를 지내는데, 출모의 경우에는 담제를 치르지 않는다. 백어의 경우에는 곧 공자의 가계를 잇는 아들이 된다. 따라서 예법에 따르면 출모를 위해서는 규정에 따른 상복이 없으며, 1년이 지나게 되면 곡을 하지 않아도 된다. 그런데도 여전히 곡을 했기 때문에, 공자는 그의 지나침에 대해서 한탄을 했던 것이다.

【023】

子上之母死而不喪, 門人問諸子思曰: "昔者子之先君子喪出母乎?"

---

1) 『예기』「단궁상」 035장 : 太公封於營丘, 比及五世, 皆反葬於周. 君子曰: "樂, 樂其所自生. 禮, 不忘其本." 古之人有言曰: "狐死正丘首, 仁也."

曰: "然." 子之不使白也喪之, 何也?" 子思曰: "昔者吾先君子無所失道, 道隆則從而隆, 道汚則從而汚, 伋則安能! 爲伋也妻者, 是爲白也母; 不爲伋也妻者, 是不爲白也母." 故孔氏之不喪出母, 自子思始也. 〈005〉 [本在"命之哭"下.]

자사의 아들 자상의 모친이 죽었는데, 그녀에 대한 상례를 치르지 않아서, 문인들은 의혹이 들어 자사에게 질문하길, "옛날에 선생님의 부친이신 백어께서는 집에서 쫓겨난 모친에 대해서 상을 치르시지 않았습니까?"라고 하자 자사는 "상례를 치르셨다."라고 대답했다. 문인들이 재차 "선생님께서는 아들이신 백으로 하여금 상례를 치르지 않게끔 하셨는데, 이것은 무슨 이유입니까?"라고 질문하자 자사는 "옛날에 나의 부친께서는 도에서 벗어나는 일을 한 적이 없으셨고, 단지 도에 따라 융성하게 해야 하면 그에 따라 융성하게 시행하셨고, 도에 따라 낮춰서 해야 하면 그에 따라 낮춰서 시행하셨으나 내가 어찌 이러한 일을 잘 할 수 있겠는가! 나의 처가 된 자는 내 아들인 백의 모친이 되고, 나의 처가 아닌 자는 백의 모친도 아니다."라고 했다. 그러므로 공씨의 가문에서 출모(出母)[2]를 위해 상을 치르지 않았던 것은 자사로부터 시작된 것이다. [본래는 "곡을 하도록 명령했다.[3]"라고 한 문장 뒤에 수록되어 있었다.]

集說 子上之母, 子思出妻也. 禮爲出母齊衰杖期, 而爲父後者無服, 心喪而已. 伯魚子上皆爲父後, 禮當不服者, 而伯魚乃期而猶哭, 夫子聞之曰"甚", 而後除之, 此賢者過之之事也. 子思不使白喪出母, 正欲用禮耳, 而門人以先君子之事爲問, 則子思難乎言伯魚之過禮也, 故以聖人無所失道爲對, 謂聖人之聽伯魚喪出母者, 以道揆禮而爲之隆殺也. 惟聖人能於道之所當加隆者, 則從而隆之; 於道之所當

---

2) 출모(出母)는 부친에게 버림을 받은 자신의 생모(生母)를 뜻한다. 또한 부친이 죽은 이후 다른 집으로 재차 시집을 간 자신의 생모를 뜻하기도 한다.
3) 『예기』「단궁상」 004장 : 季武子成寢, 杜氏之葬在西階之下, 請合葬焉, 許之. 入宮而不敢哭. 武子曰: "合葬, 非古也, 自周公以來, 未之有改也. 吾許其大而不許其細, 何居?" 命之哭.

降殺者, 則從而殺之. 汚, 猶殺也. 是於先王之禮有所斟酌, 而隨時
隆殺以從於中道也, 我則安能如是哉? 但爲我妻, 則白當爲母服; 今
旣不爲我妻, 則白爲父後而不當服矣. 子思是欲守常禮, 而不欲使如
伯魚之加隆也.

자상의 모친은 자사의 쫓겨난 아내이다. 예법에 따르면 출모가 죽었을
때에는 그녀를 위해서 자최복을 입고 지팡이를 잡고서 기년상(期年喪)[4]
을 치른다고 했으며, 만약 부친의 후계자가 된 자라면, 출모를 위해서는
상복을 입지 않고 심상(心喪)[5]으로만 치를 뿐이라고 했다. 백어(伯魚)와
자상(子上)은 모두 부친의 후계자가 된 자들이므로, 예법에 따르면 마땅
히 상복을 입어서는 안 되는 자들이다. 그런데 백어는 곧 기년상을 치르
고, 오히려 곡까지도 했다. 그래서 공자는 그 소리를 듣고서, "너무 지나
치다."라고 말했고,[6] 그 이후에는 이러한 일들을 시행하지 않았으니, 이
것은 현명한 자가 예법을 너무 지나치게 시행한 일에 해당한다. 자사가
아들인 백(白)으로 하여금 출모를 위해서 상을 치르지 못하게 한 것은
바로 예법에 따르고자 했을 따름인데, 문인들이 자사의 돌아가신 부친
백어의 일을 가지고 질문을 하게 되자, 자사는 백어가 예법을 지나치게
적용한 일에 대해서 말하기가 어려웠다. 그렇기 때문에 성인은 도에서
벗어나는 일이 없다는 것으로 대답을 하게 된 것이니, 이 말은 성인이
백어가 출모에 대해서 상례를 치르는 것을 듣고서, 도에 따라 예법을 바

---

4) 기년상(期年喪)은 1년 동안 치르는 상을 뜻한다. 일반적으로 자최복(齊衰服)을
   입고 치르는 상을 뜻한다. '기년(期年)'은 1년을 뜻하는데, '자최복'은 일반적으로
   1년 동안 입게 되는 상복이기 때문이다.
5) 심상(心喪)은 죽음에 대해 애도함이 상을 치르는 것과 같지만, 실제적으로 상복을
   입지 않는 것을 뜻한다. 주로 스승이 죽었을 때, 제자들이 치르는 상을 가리킨다.
   『예기』「단궁상(檀弓上)」편에서는 "事師無犯無隱, 左右就養無方, 服勤至死, 心
   喪三年."이라는 기록이 있고, 이에 대한 정현의 주에서는 "心喪, 戚容如父而無服
   也."라고 풀이했다.
6) 『예기』「단궁상」036장 : 伯魚之母死, 期而猶哭. 夫子聞之, 曰, "誰與哭者?" 門
   人曰, "鯉也." 夫子曰, "嘻, 其甚也!" 伯魚聞之, 遂除之.

로잡아서, 그것에 따른 예법의 융성하게 함과 낮춤을 정했다는 뜻이다. 오직 성인만이 도에 따라 마땅히 융성하게 해야 할 것에 대해, 그것에 따라 융성하게 할 수 있고, 도에 따라 마땅히 낮춰야 할 것에 대해, 그것에 따라 낮출 수 있는 것이다. '오(汚)'자는 "낮추다."는 뜻이다. 이것은 곧 선왕이 제정한 예법에는 부족하거나 지나친 점들이 포함되어 있으므로, 그 시기에 따라 융성하게 하고 또 낮춰서 하여 중도에 따라야 하는데, 내가 어떻게 이처럼 할 수 있겠는가? 단지 나의 처가 된다는 입장에서 본다면, 백은 마땅히 모친을 위해 상복을 입어야 하지만, 현재 그녀는 이미 나의 처가 아니고, 백은 부친의 후계자가 된 자이므로, 마땅히 상복을 입어서는 안 된다. 자사는 상례를 고수하고자 하였고, 백어처럼 융성하게 예법을 적용하지 않게끔 하고자 했던 것이다.

【024】

子游問曰: "喪[平聲]慈母, 如母禮與?" 孔子曰: "非禮也. 古者, 男子外有傅, 內有慈母, 君命所使敎子也, 何服之有?"〈曾子問-031〉 [本在"蓋貴命也"下.]

자유가 "자모(慈母)[7]에 대한 상을 치를 때['喪'자는 평성으로 읽는다.] 모친에 대한 상을 치를 때처럼 하는 것이 예법입니까?"라고 묻자 공자는 "비례이다. 옛적에 남자에게는 밖으로는 스승이 있었고, 안으로는 자모가 있었으니, 군주가 명령을 내려서, 그들로 하여금 자식을 교육시키도록 했던 것일 뿐인데, 어떤 상복을 입고 상을 치르겠는가?"라고 대답했다. [본래는 "신주의 명령을 귀하게 여기기 때문이다."[8]라고 한 문장 뒤에 수록되어 있었다.]

---

7) 자모(慈母)는 모친을 뜻하기도 하지만, 고대에는 자신을 양육시켜준 서모(庶母)를 뜻하는 용어로 사용하기도 했다.

8) 『예기』「증자문(曾子問)」030장 : 曾子問曰: 古者, 師行, 無遷主, 則何主. 孔子曰: 主命. 問曰: 何謂也. 孔子曰: 天子諸侯將出, 必以幣帛・皮圭, 告于祖禰, 遂奉以出, 載于齊車以行, 每舍, 奠焉, 而后, 就舍, 反必告, 設奠卒, 斂幣玉, 藏諸兩階之間, 乃出, 蓋貴命也.

集說 妾之無子者, 養妾子之無母者, 謂之慈母. 然天子諸侯不爲庶母服, 大夫妾子, 父在爲其母大功, 士之妾子, 父在爲其母期, 是與己母同也. 何服之有, 謂天子·諸侯也, 故下文擧國君之事證之.

첩 중에서 자식이 없는 자가 첩의 아들 중 모친이 없는 자를 양육하는데, 그들을 '자모(慈母)'라고 부른다. 그러나 천자와 제후는 서모(庶母)⁹⁾를 위해서 상복을 입지 않지만, 대부의 첩 자식들은 부친이 생존해 있으면 그의 모친을 위해서 대공복을 입고, 사의 첩 자식들은 부친이 생존해 있으면 그의 모친을 위해서는 기년복으로 상을 치르니, 이것은 자신의 생모에게 행하는 예법과 동일한 것이다. "어떤 복이 있겠는가?"라는 말은 천자와 제후의 경우를 뜻한다. 그렇기 때문에 아래 문장에서 한 나라의 군주에 해당하는 일을 제시하여 이러한 사실을 증명하고 있는 것이다.

附註 喪慈母如母, "是與己母同也"一句, 未暢.

'상자모여모(喪慈母如母)'에 대해 주에서 '시여기모동야(是與己母同也)'라고 한 하나의 구문은 뜻이 통하지 않는다.

---

9) 서모(庶母)는 부친의 첩(妾)들을 뜻한다. 『의례』「사혼례(士昏禮)」편에는 "庶母及門內施鞶, 申之以父母之命."이라는 기록이 있는데, 이에 대한 정현의 주에서는 "庶母, 父之妾也."라고 풀이했다. 한편 '서모'는 부친의 첩들 중에서도 아들을 낳은 여자를 뜻하기도 한다. 『주자전서(朱子全書)』「예이(禮二)」편에는 "庶母, 自謂父妾生子者."라는 기록이 있다.

【025】

"昔者, 魯昭公, 少[去聲]喪[去聲]其母, 有慈母良, 及其死也, 公弗忍也,
欲喪之. 有司以聞曰: '古之禮, 慈母無服, 今也, 君爲[平聲]之服, 是逆
古之禮, 而亂國法也, 若終行之, 則有司將書之, 以遺[平聲]後世, 無
乃不可乎?' 公曰: '古者, 天子練冠以燕居.' 公弗忍也, 遂練冠以喪慈
母, 喪慈母, 自魯昭公始也."〈曾子問-032〉[二段曾子問.]

공자는 계속하여 "옛적에 노나라 소공이 어렸을 적에['少'자는 거성으로 읽는다.]
그의 친모를 여의어서 상을 치렀고['喪'자는 거성으로 읽는다.] 자모 중에 어진
자가 있어서, 그녀가 소공을 양육하였다. 그런데 그녀가 죽게 되자 소공은
차마 그냥 내버려둘 수가 없어서, 그녀에 대한 상을 치르고자 하였다. 유사
가 그 소식을 듣고 소공에게 말하길, '옛 예법에는 자모에 대해서는 상복을
입지 않는다고 하였는데, 지금 군주께서 그녀를 위하여['爲'자는 평성으로 읽는
다.] 상복을 입으신다고 하니, 이것은 옛 예법을 어기는 것이며, 국법을 문란
하게 만드는 경우입니다. 그러한데도 만약 끝내 그 일을 감행하고자 하신
다면, 유사인 제가 장차 그 일을 기록하여 후세에 전할['遺'자는 평성으로 읽는
다.] 것이니, 자모에 대한 상을 치르는 것은 불가한 일이 아니지 않겠습니
까?'라고 하였다. 그러자 소공은 '옛적에 천자도 이러한 경우에 연관을 착
용하고 퇴청하여 자숙하였다.'라고 하였다. 그런 뒤에 소공은 죽은 자모에
대해 차마 그냥 내버려둘 수가 없어서, 마침내 연관을 착용하고 자모에
대한 상을 치렀으니, 자모에 대해 상을 치르는 잘못은 노나라 소공으로부
터 시작된 일이다."라고 했다. [2개 단락은 「증자문」편의 문장이다.]

集說 良, 善也. 古者, 周以前也. 天子・諸侯之庶子爲天子・諸侯
者, 爲其母緦, 春秋有以小君之禮服之者, 以子貴而伸也, 然必適小
君沒. 若適小君在, 則其母厭屈, 故練冠也. 此言練冠以燕居, 謂庶
子之爲王者爲其母耳.

'양(良)'자는 착하다는 뜻이다. '고자(古者)'는 주나라 이전을 뜻한다. 천
자와 제후의 서자들 중에서 천자와 제후의 지위에 오른 자들은 그의 모친
을 위해서 시마복을 착용한다. 『춘추』에 기록된 내용 중에는 소군에 대

한 예법과 관련하여, 친모에 대해 상을 치르는 경우가 기록되어 있는데, 서모의 자식이 존귀한 신분이 되어 그러한 예법을 실행할 수 있었던 것이다. 그러나 반드시 이러한 경우는 때마침 소군이 죽고 없었을 경우에 한정된다. 만약 때마침 소군이 생존해 있는 경우라면, 그의 친모인 서모에 대해서는 예법을 제대로 실행할 수 없다. 그렇기 때문에 연관만을 착용하였던 것이다. 이 문장에서 "연관을 착용하고 연거하였다."는 말은 서자들 중에서 군주가 된 자가 자신의 친모인 서모를 위해서 그렇게 실행했다는 뜻일 뿐이다.

【026】

縣子瑣曰: "吾聞之, 古者不降, 上下各以其親. 滕伯文爲[去聲]孟虎齊衰, 其叔父也; 爲孟皮齊衰, 其叔父也." 〈099〉 [本在"吾何愼哉"下.]

현자쇄가 말하길, "내가 듣기로, 은나라 때에는 상복의 수위를 낮추는 일이 없었으니, 상하 계층이 각자 그들의 친족 관계에 따라 상복을 착용했다. 예를 들어 등나라 백작 문은 자신의 숙부인 맹호를 위해서['爲'자는 거성으로 읽는다.] 상복의 수위를 낮추지 않고 자최복을 착용했으니, 맹호가 숙부였기 때문이다. 또 조카인 맹피를 위해서 상복의 수위를 낮추지 않고 자최복을 착용했으니, 문이 맹피의 숙부였기 때문이다."라고 했다. [본래는 "내가 무엇을 신중히 한단 말이오!"[1]라고 한 문장 뒤에 수록되어 있었다.]

集說 縣子, 名瑣.

현자(縣子)의 이름은 쇄(瑣)이다.

集說 疏曰: 古者, 殷時也. 周禮以貴降賤, 以適降庶, 惟不降正耳.

---

1) 『예기』「단궁상」098장: 子思之母死於衛, 柳若謂子思曰: "子, 聖人之後也. 四方於子乎觀禮, 子蓋愼諸!" 子思曰: "吾何愼哉! 吾聞之, 有其禮, 無其財, 君子弗行也; 有其禮, 有其財, 無其時, 君子弗行也. 吾何愼哉!"

而殷世以上, 雖貴不降賤也. 上下各以其親, 不降之事也. 上, 謂旁親族曾祖從祖及伯叔之班; 下, 謂從子從孫之流, 彼雖賤, 不以己尊降之, 猶各隨本屬之親輕重而服之, 故云上下各以其親. 滕國之伯, 名文. 爲孟虎著齊衰之服者, 虎是文之叔父也; 又爲孟皮著齊衰之服者, 文是皮之叔父也. 言滕伯上爲叔父‧下爲兄弟之子, 皆著齊衰也.

소에서 말하길, '고자(古者)'라는 것은 은나라 때를 뜻한다. 주나라 때의 예법에서는 존귀한 자는 미천한 자에 대해 수위를 낮췄고, 적자는 서자에 대해서 수위를 낮췄으니, 오직 직계 가족에 대해서만 수위를 낮추지 않았을 따름이다. 그런데 은나라 이전에는 비록 존귀한 신분이라 하더라도, 미천한 자에 대해 수위를 낮추지 않았다. 상하 계층이 각각 자신의 친족 관계에 따라 상복의 수위를 따랐으니, 수위를 낮추지 않았던 사안에 해당한다. '상(上)'은 방계 친족인 증조의 형제 및 조부의 형제, 그리고 백부나 숙부 등에 해당하는 자들을 뜻한다. '하(下)'는 형제들의 자식 및 형제들의 손자 부류를 말한다. 그들이 비록 미천한 신분이라 하더라도, 자신의 존귀한 신분으로써 그들에 대한 상복의 수위를 낮추지 않았고, 오히려 각각 본래의 친족 관계에 따른 상복의 수위에 맞춰서 상을 치렀던 것이다. 그렇기 때문에 "상하 계층이 각각 본래의 친족 관계에 따랐다."라고 말한 것이다. 등나라 백작의 이름은 '문(文)'이다. 맹호를 위해서 자최복이라는 상복을 착용한 이유는 맹호가 문의 숙부에 해당하기 때문이다. 또 맹피를 위해서 자최복이라는 상복을 착용한 이유는 문은 맹피의 숙부에 해당하기 때문이다. 즉 등나라 백작은 위로는 숙부의 입장이 되고, 아래로는 형제의 자식이라는 입장이 되는데, 모두 자최복을 착용했다는 뜻이다.

附註 爲孟皮, 其叔父也, 文則上下一也, 註則異焉, 未詳. 虎是文之叔父, 文理是, 文是皮之叔父, 文理不是, 疑有衍誤.

맹피를 위해서이며 그가 숙부이기 때문이라 했는데, 문장의 구조는 앞뒤

가 똑같은데 주에서는 차이를 보이니 그 이유를 잘 모르겠다. 호가 문의
숙부가 되는 것이 문리상 맞고, 문이 피의 숙부가 되는 것은 문리상 맞지
않으니, 아마도 연문이나 잘못된 글자가 있는 것 같다.

【027】

叔仲皮學[效]子柳. 叔仲皮死, 其妻魯人也, 衣[咨]衰而繆[樛]絰. 叔仲
衍以告, 請總[歲]衰而環絰, 曰: "昔者吾喪姑·姊妹亦如斯, 末吾禁
也." 退, 使其妻總衰而環絰.〈檀弓下-134〉[本在"不屬其子焉"下.]

숙중피는 직접 자신의 아들인 자류를 가르쳤는데['學'자의 음은 '效(효)'이다.] 자
류는 예를 제대로 알지 못했다. 숙중피가 죽었을 때 자류의 아내는 비록
노둔한 여자였지만, 시아비를 위해 자최복을 착용하고['衣'자의 음은 '咨(자)'이
다.] 규질을 둘렀으니['繆'자의 음은 '樛(규)'이다.] 이것은 예법에 맞는 행동이었
다. 그러나 자류의 숙부인 숙중연은 자류의 아내가 이러한 복장을 착용한
것을 보고서, 그 복장이 비례가 됨을 자류에게 알리며, 세최를['總'자의 음은
'歲(세)'이다.] 착용하고, 머리에는 환질을 두르도록 권유하며, "예전에 내가
고모와 자매에 대한 상을 치를 때에도 또한 이와 같은 복장을 착용했는데,
이러한 복장에 대해서 지적을 하는 자가 없었으니, 이처럼 착용하는 것이
예법에 맞는 것이다."라고 했다. 그러자 자류는 물러나서, 그의 아내로 하
여금 세최를 착용하고, 환질을 두르도록 시켰다. [본래는 "자신의 아들에 대해서
부탁하지 않았다."[1]라고 한 문장 뒤에 수록되어 있었다.]

集說 繆, 絞也. 謂兩股相交, 五服之絰皆然, 惟弔服之環絰一股.

'규(繆)'자는 "새끼줄을 꼬다."는 뜻이다. 두 가닥을 서로 교차하여 꼰다는
의미이니, 오복에 착용하는 질은 모두 이처럼 만들고, 오직 조복에 착용
하는 환질만 한 가닥으로 만든다.

集說 疏曰: 言叔仲皮教訓其子子柳, 而子柳猶不知禮. 叔仲皮死,
子柳妻雖是魯鈍婦人, 猶知爲舅著齊衰, 而首服繆絰. 衍, 是皮之弟,
子柳之叔, 見當時婦人好尙輕細, 告子柳云, 汝妻何以著非禮之服?
子柳見時皆如此, 亦以爲然, 乃請於衍, 令其妻身著總衰, 首服環絰.

---

1) 『예기』「단궁하(檀弓下)」133장: 所擧於晉國管庫之士七十有餘家, 生不交利,
死不屬其子焉.

衍又答云昔者吾喪姑‧姊妹亦如此, 繐衰環経, 無人相禁止也. 子柳
得衍此言, 退使其妻著繐衰而環経.

소에서 말하길, 숙중피는 자신의 아들인 자류를 가르쳤지만, 자류는 오히
려 예를 잘 알지 못했다는 의미이다. 숙중피가 죽었을 때, 자류의 아내는
비록 노둔한 부인이었지만, 오히려 시아버지를 위해서 자최복을 입어야
하며, 머리에는 규질을 둘러야 한다는 사실을 알았다. '연(衍)'은 숙중피
의 동생이니, 자류에게는 숙부가 되는데, 당시의 부인들이 가볍고 촘촘한
상복 재질을 선호한다는 것을 보고, 자류에게 알려주며, "너의 아내는 어
찌하여 비례에 해당하는 상복을 착용하고 있는가?"라고 말했다. 자류도
당시 부인들이 모두 이처럼 착용한다는 것을 보았기 때문에, 또한 그 말
이 옳다고 여겨서, 곧 연에게 부탁을 하였고, 그의 아내로 하여금 세최를
착용하고 머리에는 환질을 두르게 했다. 연은 또한 대답을 하며, "예전에
내가 고모와 자매에 대한 상을 치를 때에도 복장을 이처럼 하여, 세최와
환질을 착용했는데, 사람들 중에 이러한 복장에 대해서 지적하는 자가
없었다."라고 했다. 자류는 연의 이러한 말을 들었으므로, 물러나서 그의
아내로 하여금 세최와 환질을 착용하게 했다.

附註 叔仲皮學子柳, 此章文義, 終涉疑晦, 註說未當. 以告者, 告尊
長之辭. 學如字, 言學於子柳. 子柳非皮之子. 其妻, 卽皮之妻. 衍,
非皮之弟, 似是子姪. 退使其妻, 乃衍之妻也. 蓋仲皮學於聞人, 其
妻亦習於禮. 而衍也狃於時俗, 請輕之而不許, 則令其妻從俗禮. 如
此則文理爲長. 子柳不家於喪一語, 可見其知禮, 豈從非禮之言乎?
大抵古註多臆斷牽強, 其云某之子‧某之弟, 皆無可據. 或云曰: "昔
者上脫'不可'二字." 其妻魯人也, 註作魯鈍之人, 只是魯國之人. 魯
是周公之國, 其俗習於禮故也. 下文容居亦同. 衣衰如字.

숙중피가 자류를 가르쳤다고 했는데, 이 장의 문장과 뜻은 끝내 의심스럽
고 명백하지 못하니, 주의 주장은 타당하지 않다. '이고(以告)'는 존장자

에게 아뢴다는 말이다. '학(學)'자는 글자대로 풀이하니, 자류에게서 배웠다는 뜻이다. 자류는 피의 아들이 아니다. '기처(其妻)'는 피의 처에 해당한다. 연은 피의 동생이 아니니, 아마도 아들이나 조카에 해당할 것이다. '퇴사기처(退使其妻)'라 했는데, 여기에서 말하는 처는 연의 처에 해당한다. 아마도 중피는 널리 알려진 사람에게서 배웠고, 그의 처 또한 예를 익혔다. 그런데 연은 당시의 풍속에 익숙하여 가볍게 하기를 청했지만 허락을 받지 못하자 그의 처로 하여금 세속의 예법을 따르게 했던 것이다. 이처럼 본다면 문리상 더 뛰어나다. 자류가 상을 통해서 재화를 증식하지 않는다고 한 한 마디의 말[2]을 통해, 그가 예를 잘 알고 있었음을 확인할 수 있는데, 어찌 비례에 해당하는 말을 따랐겠는가? 대체로 고주에는 억측으로 판단하거나 견강부회한 것들이 많으며, 특히 아무개의 자식이나 아무개의 동생이라 설명하는 것들은 모두 근거로 삼을 기록이 없다. 혹자는 "석자(昔者) 앞에 불가(不可)라는 두 글자가 누락되었다."라 말한다. '기처로인야(其妻魯人也)'에 대해 주에서는 노둔한 사람이라고 하였는데, 이것은 단지 노나라 사람이라는 뜻이다. 노나라는 주공의 나라이며, 세속에서도 예를 익혔기 때문이다. 아래문장에 나온 용거(容居)에 대한 기록[3] 또한 이와 같다. '의최(衣衰)'에서의 '의(衣)'자도 글자대로 읽는다.

---

2) 『예기』「단궁상」078장 : 子柳之母死, 子碩請具. 子柳曰: "何以哉?" 子碩曰: "請粥庶弟之母." 子柳曰: "如之何其粥人之母以葬其母也? 不可." 旣葬, 子碩欲以賻布之餘具祭器. 子柳曰: "不可. 吾聞之也, 君子不家於喪. 請班諸兄弟之貧者."

3) 『예기』「단궁하(檀弓下)」113장 : 容居對曰: "容居聞之, 事君不敢忘其君, 亦不敢遺其親. 昔我先君駒王, 西討濟於河, 無所不用斯言也. 容居, 魯人也, 不敢忘其祖."

【028】

縣子曰: "綌[去逆反]衰‧繐[歲]裳, 非古也." 〈103〉 [本在"末失也"下.]

현자가 말하길, "거칠고 간격이 벌어진 갈포로['綌'자는 '去(거)'자와 '逆(역)'자의 반절음이다.] 상복의 상의를 만들고, 가늘고 성긴 베로['繐'자의 음은 '歲(세)'이다.] 상복의 하의를 만드는 것은 고대의 제도가 아니다."라고 했다. [본래는 "말엽에 생겨난 실례이다."[1]라고 한 문장 뒤에 수록되어 있었다.]

集說 方氏曰: 葛之麤而疏者謂之綌, 布之細而疎者謂之繐. 五服一以麻, 各有升數. 若以綌爲衰, 以繐爲裳, 則取其輕凉而已, 非古制也.

방씨가 말하길, 갈포 중 거칠고 간격이 벌어진 것을 '격(綌)'이라 부르고, 포 중 가늘고 사이가 성긴 것을 '세(繐)'라 부른다. 오복은 모두 마로 만들게 되며, 각각의 수위에 따라서 올수에 차이가 있다. 만약 격으로 상복의 상의를 만들고 세로 상복의 하의를 만든다면, 가볍고 시원하게 만든다는 뜻에 따라 상복을 만든 것일 따름이니, 고대의 제도가 아니다.

【029】

成人有其兄死而不爲衰者, 聞子皐將爲成宰, 遂爲衰. 成人曰: "蠶則績而蟹有匡, 范則冠而蟬有緌[而追反], 兄則死而子皐爲之衰." 〈檀弓下 -135〉 [本在"繐衰而環絰"下.]

노나라 읍 중에는 성이라는 곳이 있었는데, 그곳에 사는 어떤 사람은 그의 형이 죽었음에도 상복을 착용하지 않았다. 그러나 얼마 뒤에 자고가 그곳의 읍재로 부임하게 될 것이라는 소식을 듣고는 자고가 문책할 것이 두려워 결국 상복을 입었다. 그러자 성 땅의 사람들은 그를 풍자하며, "누에는 실을 낳고 게는 광주리와 같은 등껍질을 가지고 있으며 벌의 더듬이는 관

---

1) 『예기』 「단궁상」 102장 : 小斂之奠, 子游曰: "於東方." 曾子曰: "於西方, 斂斯席矣." 小斂之奠在西方, 魯禮之末失也.

처럼 생겼고 매미는 갓끈처럼['綾'자는 '而(이)'자와 '追(추)'자의 반절음이다.] 생긴
주둥이를 가지고 있는데, 형이 죽자 자고는 그에게 상복을 입도록 했구나."
라고 했다. [본래는 "세최를 착용하고, 환질을 두르도록 시켰다."[2]라고 한 문장 뒤에 수록
되어 있었다.]

集說 成, 魯邑名. 匡, 背殼似匡也. 范, 蜂也.

'성(成)'은 노나라에 속해 있는 읍의 이름이다. '광(匡)'이라는 말은 게의
등에 두르고 있는 껍질이 마치 광주리와 같다는 뜻이다. '범(范)'자는 벌
을 뜻한다.

集說 朱氏曰: 絲之績者, 必由乎筐之所盛, 然蟹之有匡, 非爲蚕之
績也, 爲背而已; 首之冠者, 必資乎緌之所飾, 然蟬之有緌, 非爲范之
冠也, 爲喙而已; 況死者必爲之服衰, 然成人之服衰, 非爲兄之死也,
爲子皐而已. 蓋以上二句喩下句也.

주씨가 말하길, 실을 뽑을 때에는 반드시 광주리를 통해서 담게 되지만,
게에게 광주리와 같은 등껍질이 있는 것은 누에가 낳는 실을 위해서가
아니며, 등을 이루는 껍질일 뿐이다. 또한 머리에 관을 쓸 때에는 반드시
갓끈을 이용해서 치장을 하게 되지만, 매미의 주둥이가 갓끈처럼 늘어져
있는 것은 벌의 머리에 관처럼 달려 있는 더듬이를 위해서가 아니며, 주
둥이일 뿐이다. 그리고 형이 죽었을 때에는 반드시 그를 위해서 상복을
입어야 하지만, 성 땅의 사람이 상복을 입은 것은 형의 죽음 때문이 아니
며, 자고가 두려워서 착용한 것일 뿐이다. 무릇 앞의 두 구문을 통해서
뒤의 구문을 비유한 것이다.

---

2) 『예기』「단궁하(檀弓下)」 134장 : 叔仲皮學子柳. 叔仲皮死, 其妻魯人也, 衣衰
而繆絰. 叔仲衍以告, 請繐衰而環絰, 曰: "昔者吾喪姑·姊妹亦如斯, 末吾禁
也." 退, 使其妻繐衰而環絰.

【030】

悼公之母死, 哀公爲[去聲]之齊衰. 有若曰: "爲妾齊衰, 禮與[平聲]?" 公
曰: "吾得已乎哉! 魯人以妻我."〈檀弓下-097〉[本在"君何學焉"下.]

도공의 모친은 애공의 첩이었다. 그런데 그녀가 죽게 되자 애공은 그녀를
위해서['爲'자는 거성으로 읽는다.] 자최복을 착용하였다. 유약이 말하길, "첩을
위해서 자최복을 입는 규정이 예법에 있습니까?['與'자는 평성으로 읽는다.]"라
고 했다. 그러자 애공은 "내가 그만 둘 수 있겠는가! 노나라 사람들이 그녀
를 나의 본처라고 부르고 있다."라고 했다. [본래는 "군주께서는 어찌 그것을 배우
고자 하십니까?"라고 한 문장 뒤에 수록되어 있었다.]

集說　以妻我, 以爲我妻也. 此哀公溺情之擧文過之辭.

'이처아(以妻我)'라는 말은 나의 처로 여긴다는 뜻이다. 이곳 문장의 내
용은 애공이 자신의 감정에만 따라서 문식을 과도하게 꾸며 시행한 일을
기록한 것이다.

集說　疏曰: 天子·諸侯絶旁期, 於妾無服; 惟大夫爲貴妾緦.

소에서 말하길, 천자와 제후는 친족에 대해서 방계 친족에 대해서는 기년
복을 입지 않으며, 첩에 대해서는 상복을 입지 않는다. 오직 대부만이
귀첩(貴妾)³⁾을 위해서 시마복을 착용한다.

【031】

公叔木[式樹反]有同母異父之昆弟死, 問於子游. 子游曰: "其大功乎!"
狄儀有同母異父之昆弟死, 問於子夏. 子夏曰: "我未之前聞也. 魯人
則爲之齊衰." 狄儀行齊衰. 今之齊衰, 狄儀之問也.〈097〉[本在"死其親
乎"下.]

---

3) 귀첩(貴妾)은 처(妻)가 시집을 오면서 함께 데려왔던 일가붙이가 되는 여자와 자
식의 첩(妾) 등을 지칭하는 말이다.

공숙수['木'자는 '式(식)'자와 '樹(수)'자의 반절음이다.]에게는 모친이 같지만 부친이
다른 곤제가 있었는데 그 곤제가 죽었다. 그러나 이러한 경우에 어떤 상복
을 착용해야 하는지 알 수 없었기 때문에, 자유에게 그 규정을 물어보았다.
자유는 관련된 규정이 없었으므로, 스스로 판단하여, "대공복을 착용해야
할 것 같다."라고 대답해주었다. 한편 적의에게도 모친이 같지만 부친이
다른 곤제가 있었는데 그 곤제가 죽었다. 적의 또한 어떤 복장을 착용해야
하는지 알 수 없어서, 자하에게 물어보았다. 자하는 "나는 그러한 규정에
대해서 이전에 들어본 적이 없다. 그러나 노나라 사람들은 그를 위해 자최
복을 입고 3개월 동안 상을 치르고 있다."라고 대답해주었다. 그러자 적의
는 그 말대로 자최복을 입고 3개월 동안 상을 치렀다. 오늘날 이러한 경우
에 자최복을 입고 3개월 동안 상을 치르게 된 것은 적의가 질문한 것으로부
터 비롯되었다. [본래는 "부모에 대해 지력이 없는 자로만 대할 수 있었겠는가?"[4]라고
한 문장 뒤에 수록되어 있었다.]

集說 公叔木, 衛公叔文子之子. 同父母之兄弟期, 則此同母而異父
者, 當降而爲大功也. 禮經無文, 故子游以疑辭答之. 魯人齊衰三月
之服, 行之久矣, 故子夏擧以答狄儀. 而記者云, 因狄儀此問, 而今皆
行之也. 此記二子言禮之不同.

'공숙수(公叔木)'는 위나라 공숙문자의 아들이다. 부모가 같은 형제들의
상에서는 기년복을 착용하니, 이러한 경우처럼 모친이 같고 부친이 다른
자에 대해서는 마땅히 등급을 낮춰서 대공복을 착용해야 한다. 예의 경문
에는 관련 기록이 없었기 때문에, 자유는 확정하지 못하는 말로 대답했던
것이다. 노나라 사람들은 이러한 경우의 상을 오래전부터 자최복을 입고
3개월 동안 치르는 복식으로 치러왔다. 그렇기 때문에 자하는 이러한 예
시를 거론해서 적의에게 대답해준 것이다. 『예기』를 기록한 자는 적의가
이러한 질문을 한 것으로부터 연유해서, 오늘날에는 모두들 이러한 규정

---

4) 『예기』「단궁상」 096장 : 仲憲言於曾子曰: "夏后氏用明器, 示民無知也. 殷人用
祭器, 示民有知也. 周人兼用之, 示民疑也." 曾子曰: "其不然乎! 其不然乎! 夫
明器, 鬼器也. 祭器, 人器也. 夫古之人, 胡爲而死其親乎?"

대로 시행한다고 말한 것이니, 이곳 기록에서는 두 사람이 예(禮)에 대해 언급한 내용이 다르다는 점을 기록하고 있는 것이다.

集說 鄭氏曰: 大功是.

정현이 말하길, 대공복을 착용하는 것이 옳다.

附註 公叔木, 木, 式樹反, 此据春秋傳: "公叔戌來奔." 世本: "公叔文子生子朱." 古註: "木當爲朱."

'公叔木'에 대해 '木'자는 '式(식)'자와 '樹(수)'자의 반절음이라고 했는데, 이것은 『춘추전』에서 "공숙술이 망명하였다."⁵⁾라고 한 기록에 근거한 것이다. 『세본』에서는 "공숙문자는 아들 주를 낳았다."라 했고, 고주에서는 "'목(木)'자는 마땅히 주(朱)자가 되어야 한다."라 했다.

【032】

子路有姊之喪, 可以除之矣, 而不除也. 孔子曰: "何不除也?" 子路
曰: "吾寡兄弟而不忍也." 孔子曰: "先王制禮, 行道之人皆弗忍也."
子路聞之, 遂除之.〈034〉[本在"三畏厭溺"下.]

자로에게 누이의 상이 발생했는데, 기간이 끝나서 상복을 벗을 수 있음에
도 자로는 차마 벗지 못하고 있었다. 이 모습을 본 공자는 "너는 어찌하여
상복을 벗지 않는가?"라고 했다. 자로는 "저에게는 형제가 적습니다. 따라
서 누이에 대한 슬픈 마음이 남아 있어서, 차마 벗을 수가 없습니다."라고
했다. 공자가 말하길, "선왕이 예를 제정하셨으니, 도를 시행하는 자들은
모두들 자신의 친족에 대해 상복을 차마 벗지 못하는 마음을 가지고 있지
만, 예법을 어길 수 없기 때문에 다들 벗게 되는 것이다."라고 했다. 자로는
그 말을 듣고서 마침내 상복을 벗었다. [본래는 "세 가지 있다. 첫 번째는 전쟁터에
나아가 겁에 질려 죽은 경우이며, 두 번째는 압사를 당한 경우이고, 세 번째는 익사를 당한
경우이다."[1]라고 한 문장 뒤에 수록되어 있었다.]

集說 行道之人, 皆有不忍於親之心, 然而遂除之者, 以先王之制,
不敢違也.

도를 시행하는 자들은 모두 친족에 대해서 차마 상복을 벗지 못하는 마음
이 있는데도, 결국 상복을 벗게 되는 것은 선왕이 제정한 제도를 감히
위배할 수 없기 때문이다.

附註 行道之人皆不忍也, 古註曰"行道, 謂行仁義", 恐誤, 猶言行路
之人.

'행도지인개불인야(行道之人皆不忍也)'에 대해 고주에서는 "행도(行
道)는 인의를 행한다는 뜻이다."라 했는데, 아마도 잘못된 말인 것 같으
니, 이것은 길을 가는 사람이라 말하는 것과 같다.

---

1) 『예기』「단궁상」 033장 : 死而不弔者三: 畏·厭·溺.

【033】

齊穀[告]王姬之喪, 魯莊公爲之大功. 或曰: "由魯嫁, 故爲之服姊妹之服." 或曰: "外祖母也, 故爲之服."〈檀弓下-015〉 [本在"子游擯由左"下.]

제나라 양공(襄公)의 부인 왕희가 죽었다. 그래서 노나라에 부고를['穀'자의 음은 '告(고)'이다.] 알려왔는데, 노나라 장공은 그녀를 위해서 대공복을 착용했다. 이 일화를 두고, 어떤 자는 "왕희는 노나라의 주선으로 시집을 갔다. 그렇기 때문에 장공이 자신의 자매 중 출가한 여자에 대해 착용하는 상복 규정에 따라 왕희를 위해 대공복을 착용한 것이다."라고 평했는데, 이 말은 예법에 맞는 것이다. 그런데 또 어떤 자는 "왕희는 장공에게 외조모가 되기 때문에, 장공이 왕희를 위해 대공복을 착용한 것이다."라고 평했는데, 이 말은 망령된 말이다. [본래는 "자유가 상례 절차를 도우며, 도공의 왼쪽에 서서 일을 처리했다.[2]라고 한 문장 뒤에 수록되어 있었다.]

集說 穀, 讀爲告. 齊襄公夫人王姬卒, 在魯莊之二年, 赴告於魯, 其初由魯而嫁, 故魯君爲之服出嫁姊妹大功之服, 禮也. 或人既不知此王姬乃莊公舅之妻, 而以爲外祖母, 又不知外祖母服小功, 而以大功爲外祖母之服, 其亦妄矣.

'곡(穀)'자는 "알린다."는 뜻으로 해석한다. 제나라 양공의 부인 왕희가 죽었는데, 그 일은 노나라 장공 2년에 일어났으며, 노나라에 부고를 알려왔다. 그녀는 애초에 노나라의 주선으로 시집을 가게 되었다. 그렇기 때문에 장공은 그녀를 위해서 출가한 자매에 대해 대공복을 입는 규정에 따라 복장을 착용했으니, 예법에 맞는 것이다. 혹자는 왕희가 장공 외삼촌의 처가 된다는 사실을 알지 못하고, 그녀를 외조모라고 여겼다. 또한 외조모에 대해서는 소공복을 착용한다는 사실을 모르고, 대공복을 외조모에 대한 상복으로 여겼으니, 이 또한 망령된 말이다.

集說 鄭氏曰: 春秋周女由魯嫁, 卒則服之如內女, 服姊妹是也. 天

---

2) 『예기』「단궁하(檀弓下)」 014장 : 有若之喪, 悼公弔焉, 子游擯由左.

子爲之無服, 嫁於王者之後乃服之.

정현이 말하길, 『춘추』에서는 주왕실의 여자가 노나라를 통해 시집을 갔을 때, 그녀가 죽게 되면, 노나라에서는 그녀에 대한 상복을 친족의 여인에 대한 상복에 따랐다고 했으니, 자매에 대한 상복을 착용했다는 것이 바로 이러한 경우에 해당한다. 천자 본인은 그녀를 위해서 상복을 착용하지 않지만, 천자의 후손에게 시집을 간 경우에는 그녀를 위해서 상복을 착용한다.

【034】

曾子曰: "小功不稅[他外反], 則是遠兄弟終無服也, 而可乎?"〈045〉 [本在 "杖而後能起"下.]

증자가 말하길, "소공복을 입고 치르는 상에 있어서, 본래는 태['稅'자는 '他(타)'자와 '外(외)'자의 반절음이다.]를 하지 않는데, 만약 먼 지역에 사는 재종형제 등이 부고를 알려오는 경우 태를 하지 않으면, 먼 형제에 대해서는 상복관계가 없어지게 되니, 이처럼 해도 좋겠는가?"라고 했다. [본래는 "지팡이를 잡고서 일어날 수 있었던 것입니다."[3]라고 한 문장 뒤에 수록되어 있었다.]

集說 稅者, 日月已過, 始聞其死, 追而爲之服也. 大功以上然, 小功輕, 故不稅. 曾子據禮而言, 謂若是小功之服不稅, 則再從兄弟之死在遠地者, 聞之恒後時, 則終無服矣, 其可乎?

'태(稅)'라는 것은 시간이 이미 경과하였는데 그제야 비로소 그의 죽음에 대한 소식을 접하게 되어, 그 기간을 미루어서 그를 위해 상복을 착용하는 것을 뜻한다. 대공복 이상의 수위에 해당하는 상복인 경우라면 이처럼 하는데, 소공복의 경우는 그 수위가 낮기 때문에 태를 하지 않는 것이다.

---

3) 『예기』「단궁상」 044장: 曾子謂子思曰: "伋! 吾執親之喪也, 水漿不入於口者七日." 子思曰: "先王之制禮也, 過之者, 俯而就之; 不至焉者, 跂而及之. 故君子之執親之喪也, 水醬不入於口者三日, 杖而後能起."

증자는 예에 따라 언급한 것이니, 곧 소공복을 입고 치르는 상에서 태를 하지 않는다면, 재종형제의 죽음에 있어서 그가 먼 지역에 사는 경우라면, 그의 죽음에 대한 소식을 듣는 것이 항상 복상 기간보다 뒤늦게 도착하니, 끝내 상복관계가 없게 되는데, 그것이 좋겠느냐는 뜻이다.

集說 疏曰: 此據正服小功也. 小記曰, "降而在緦小功者則稅之", 其餘則否.

소에서 말하길, 이곳 문장은 소공복을 정식으로 차려입는 것에 기준을 둔 말이다. 『예기』「상복소기(喪服小記)」편에서는 "상복의 수위를 낮춰서 시마복이나 소공복을 입어야 하는 관계인 경우에는 태를 한다."[4]라고 했으니, 나머지 경우에는 이처럼 하지 않는다.

【035】

從[去聲]母之夫, 舅之妻, 二夫[扶]人相爲[去聲]服, 君子未之言也. 或曰: "同爨緦."〈084〉 [本在"君薨以是擧"下.]

종모[從'자는 거성으로 읽는다.]의 남편과 구의 처, 두 사람[夫'자의 음은 '扶(부)'이다.]의 관계에서 입게 되는 상복에 대한 기록이 없다. 그래서 두 사람이 서로를 위해 상복을 입는 것에 대해서['爲'자는 거성으로 읽는다.] 군자는 언급을 하지 않았다. 어떤 자는 "한솥밥을 먹는 사이라면 서로를 위해 시마복을 입는다."라고 하였다. [본래는 "군주가 죽게 되면 이 사람들을 이용해서 군주의 시신을 들게 한다."[5]라고 한 문장 뒤에 수록되어 있었다.]

集說 從母, 母之姊妹. 舅, 母之兄弟. 從母夫於舅妻無服, 所以禮經不載, 故曰"君子未之言." 時偶有甥至外家, 見此二人相依同居者, 有喪而無文可據, 於是或人爲"同爨緦"之說以處之, 此亦原其情之不可

---

4) 『예기』「상복소기(喪服小記)」 033장 : 降而在緦小功者則稅之.
5) 『예기』「단궁상」 083장 : 扶君, 卜人師扶右, 射人師扶左. <u>君薨以是擧</u>.

已, 而極禮之變焉耳.

'종모(從母)'는 모친의 자매들을 뜻한다. '구(舅)'는 모친의 형제들을 뜻한다. 종모의 남편은 구의 처에 대해서 상복관계가 성립되지 않고, 『예』의 경문에도 관련 기록이 수록되어 있지 않기 때문에, "군자가 말을 하지 않았다."라고 한 것이다. 당시 우연히 어떤 자의 생질이 외가에 가게 되었는데, 두 사람이 서로 의지하며 함께 사는 것을 보았다. 때마침 상이 발생하였는데 근거로 삼을 수 있는 관련 기록이 없었다. 이때 어떤 자는 "한솥밥을 먹은 자는 시마복을 입는다."라는 말하여, 이로써 대처하게 되었는데, 이것은 또한 정감상 그만둘 수 없는 것에 근원한 것이고, 예의 변화를 지극히 발휘한 것일 따름이다.

集說 或問: "從母之夫・舅之妻皆無服, 何也?" 朱子曰: "先王制禮, 父族四, 故由父而上爲族, 曾祖父緦麻, 姑之子・姉妹之子・女子子之子, 皆由父而推之也. 母族三, 母之父・母之母・母之兄弟. 恩止於舅, 故從母之夫・舅之妻, 皆不爲服, 推不去故也. 妻族二, 妻之父・妻之母. 乍看似乎雜亂無紀, 子細看則皆有義存焉."

혹자가 묻기를 "종모의 남편과 구의 처에 대해서는 서로를 위해 모두 상복을 입지 않는다고 하는데, 무슨 뜻입니까?"라고 했다. 주자가 대답하길, "선왕이 예를 제정할 때, 부계 친족은 네 부류로 제정하였다. 그렇기 때문에 부친으로부터 그 위의 친족에 있어서, 증조부의 형제에 대해서는 시마복을 입는데, 고모의 아들, 자매의 아들, 딸의 아들에 대해서는 모두 부친으로부터 미루어가는 관계에 해당한다. 모계 친족은 세 부류로 제정하였으니, 모친의 부친, 모친의 모친, 모친의 형제들이 그들이다. 그 은정은 구에서 끝난다. 그렇기 때문에 종모의 남편과 구의 처에 있어서는 모두 상복을 입지 않으니, 관계를 미루는 것이 이 둘의 관계에는 미치지 않기 때문이다. 처의 친족은 두 부류로 제정하였으니, 처의 부친, 처의 모친이 그들이다. 얼핏 살펴본다면 혼란스럽고 무질서한 것 같지만, 자세히 살펴본다면 이 모두에 대해서는 해당하는 의미가 있다."라고 했다.

附註 二夫人相爲服, 一說: "春秋時, 夫人非一. 兩夫人相爲之服, 禮所不言, 與從母之夫, 舅之妻, 合爲三件也. 夫如字."

'이부인상위복(二夫人相爲服)'에 대해, 일설에는 "춘추시대에는 부인이 한 사람이 아니었다. 따라서 두 부인이 서로를 위해 상복을 입는다는 것을 『예』에서는 언급하지 않았는데, 이것은 종모의 남편과 구의 처에 대한 것과 세 사안이 된다. 따라서 '夫'자는 글자대로 읽는다."라 했다.

戰于郞, 公叔禺[遇]人遇負杖入保者息, 曰: "使之雖病也, 任之雖重
也, 君子不能爲謀也, 士弗能死也, 不可. 我則旣言矣." 與其鄰重[童]
汪踦[紀]往, 皆死焉. 魯人欲勿殤重汪踦, 問於仲尼. 仲尼曰: "能執干
戈以衛社稷, 雖欲勿殤也, 不亦可乎!"〈檀弓下-087〉[本在"噫弗果從."下.]

제나라가 침범을 하여 노나라와 함께 낭 땅에서 전쟁을 하였다. 소공의
아들이었던 공숙우인은['禺'자의 음은 '遇(우)'이다.] 백성들이 피신하여 보성(保
城)으로 들어가는 행렬을 보았는데, 그들은 너무도 지친 나머지 지팡이에
의지하며 길가에서 휴식을 취하기도 하였다. 그러자 공숙우인은 "백성들에
게 지나친 부역을 시켜서 피곤하게 만들고, 또 과중한 세금을 부여하여
부담을 주더라도, 위정자들이 협심을 하여 외적을 막는 방책을 만들게 된
다면, 백성들은 피곤하고 부담스러워 하더라도, 자신의 책무를 다할 수 있
다. 그런데 현재 신하들은 마음을 모아서 방책을 만들어내지도 못하고, 사
들은 목숨을 바쳐 국가를 수호하려고 하지 않으니, 이것은 매우 잘못된
일이다. 나는 이미 나 스스로 이러한 말을 했으니, 실천하지 않으면 안 된
다."라고 했다. 그리고는 곧 그 이웃에 살고 있던 동자['重'자의 음은 '童(동)'이
다.] 왕기['踦'자의 음은 '紀(기)'이다.]와 함께 전쟁터로 달려갔지만 둘 모두 전사
하였다. 노나라 사람들은 동자인 왕기를 가상하게 여겨서, 그에 대한 장례
를 요절한 자에 대한 예법이 아닌, 성인에 대한 예법을 따르고자 하였다.
그래서 이처럼 처리도 되는지를 공자에게 물었는데, 공자는 "창과 방패를
잡고 사직을 수호할 수 있었으니, 비록 요절한 자에 대한 예법을 적용하고
자 하지 않더라도, 또한 어찌 불가능한 일이겠는가!"라고 칭찬하였다. [본래
는 "아! 공수반의 의견을 따르지 않게 되었다."[1]라고 한 문장 뒤에 수록되어 있었다.]

集說 戰于郞, 魯哀公十一年齊伐魯也. 禺人, 昭公子公爲也. 遇魯
人之避齊師而入保城邑者, 疲倦之餘, 負其杖而息于塗, 禺人乃歎之
曰, 徭役之煩, 雖不能堪也; 稅斂之數, 雖過於厚也; 若上之人恊心以

---

1) 『예기』「단궁하(檀弓下)」086장 : "般! 爾以人之母嘗巧, 則豈不得以? 其母以嘗
巧者乎? 則病者乎? 噫!" 弗果從.

禦寇難, 猶可塞責也. 今卿·大夫不能畫謀策, 士不能捐身以死難, 豈人臣事君之道哉? 甚不可也. 我既出此言矣, 可不思踐吾言乎! 於是與其隣之童子汪踦者, 皆往鬪而死於敵. 魯人以踦有成人之行, 欲以成人之喪禮葬之, 而孔子善其權禮之當也.

낭 땅에서 전쟁을 했다는 것은 노나라 애공 11년에 제나라가 노나라를 공격한 일을 가리킨다. '우인(禹人)'은 소공의 아들인 공위를 가리킨다. 노나라 사람들이 제나라 군대를 피해서, 피난처로 만든 보성(保城)으로 들어오는 것을 보았는데, 피로에 지친 나머지 지팡이에 의지하여 길가에서 휴식을 취하고 있었다. 그래서 우인이 곧 탄식을 하며, "부역이 많아서 비록 감당할 수 없거나 또 세금이 많아서 비록 너무 지나치게 되더라도, 위정자가 마음을 모아서 외적을 막아낸다면, 오히려 백성들이 자신의 책무를 다할 수 있게 된다. 그런데 현재 경과 대부들은 협의를 하여 묘책을 세우지도 못하고, 사들은 목숨을 바쳐서 죽음으로써 외적을 막아내지 못하고 있으니, 어찌 신하들이 군주를 섬기는 도리라 할 수 있겠는가? 이것은 매우 잘못된 일이다. 나는 이미 이러한 말을 내뱉었으니, 내 말을 실천해야겠다는 생각을 하지 않을 수 있겠는가!"라고 말한 것이다. 이때 그는 그의 이웃에 사는 동자 왕기라는 자와 함께 전쟁터로 달려 나갔지만 적군과 싸우다가 죽었다. 노나라 사람들은 왕기에게 성인다운 행동이 있었다고 여겨서, 그에 대해 성인에게 적용하는 상례의 규정을 이용하여, 장례를 치르고자 하였고, 예법에 대해 권도를 발휘한 것이 합당하다는 점에 대해 공자가 칭찬한 것이다.

【037】
孔子曰: "管仲遇盜取二人焉, 上[上聲]以爲公臣, 曰: '其所與遊辟[僻]也, 可人也.' 管仲死, 桓公使爲之服. 官於大夫者之爲之服也, 自管仲始也, 有君命焉爾也." 〈雜記下-082〉 [雜記. 本在"相弔之道也"下.]

공자는 "예전에 관중은 도적떼를 만난 적이 있었는데, 그 중 두 사람을 선별하여 군주의 신하로 천거했다.['上'자는 상성으로 읽는다.] 그리고 '이 사람들은 어울렸던 자들이 나쁜 사람들이었기['辟'자의 음은 '僻(벽)'이다.] 때문에 도적이 되었던 것일 뿐이다. 본래는 좋은 사람들이다.'라 했다. 관중이 죽자 환공은 그 두 사람으로 하여금 관중을 위해 상복을 착용하도록 시켰다."라 했다. 대부를 섬기는 자들이 죽은 대부를 위해서 상복을 착용했던 것은 관중으로부터 시작되었으니, 군주의 명령에 따라 그처럼 되었을 뿐이다. [「잡기」편의 문장이다. 본래는 "서로에 대해 조문하는 도이다."[2]라고 한 문장 뒤에 수록되어 있었다.]

集說 管仲遇群盜, 簡取二人而薦進之, 使爲公家之臣, 且曰: 爲其所與交游者是邪僻之人, 故相誘爲盜爾. 此二人本是堪可之人, 可任用也. 其後管仲死, 桓公使此二人爲管仲服. 記者言仕於大夫而爲之服自此始, 以君命不可違也. 蓋於禮違大夫而之諸侯, 不爲大夫反服, 桓公之意, 蓋不忘管仲之擧賢也.

관중은 도적떼를 만났는데, 그 중 두 사람을 선별하여 천거를 했고, 그들을 군주의 신하로 삼았으며, 또 "그가 함께 어울렸던 자들이 사악한 자들이기 때문에, 그들의 꾐에 넘어가서 도적이 되었을 따름이다. 이 두 사람은 본래 적합하고 좋은 사람들이니 등용할 수 있다."고 했다. 그 후 관중이 죽자 환공은 이 두 사람으로 하여금 관중을 위해 상복을 착용하도록 했다. 『예기』를 기록한 자는 대부를 섬기는 자들이 대부를 위해서 상복을 착용한 것은 이로부터 시작되었으며, 군주의 명령을 위배할 수 없었기 때문이라고 한 것이다. 무릇 예법에서는 대부를 떠나 제후에게 간 신하는 되돌아가 대부를 위해 상복을 착용하지 않는다고 했는데, 환공의 의중은 아마도 관중이 현명한 자를 등용시킨 것을 잊을 수 없었기 때문인 것 같다.

---

2) 『예기』「잡기하(雜記下)」 081장 : 廐焚, 孔子拜鄕人爲火來者. 拜之, 士壹, 大夫再, 亦相弔之道也.

宦於大夫爲之服, 主君之服, 齊衰三月. 通解續, 置此章於齊
衰三月.

대부에게서 벼슬하는 자들이 죽은 대부를 위해 상복을 착용한다고 했는
데, 주군에 대한 상복은 자최복으로 3개월 동안 복상한다.『통해속』에서
도 이 장을 '자최삼월(齊衰三月)' 항목에 두었다.

【038】

孔子之喪, 二三子皆絰而出; 群[勻]居則絰, 出則否.〈064〉[本在"陪其後"
下.]

공자의 상이 발생하자 제자들은 모두 질을 둘렀고, 밖으로 나갈 때에도
질을 두른 상태로 나갔다. 반면 제자들이 서로를 위해 상을 치를 때에는[群'
자의 음은 '勻(균)'이다.] 질을 둘렀지만, 밖으로 나갈 때에는 질을 두르지 않았
다. [본래는 "그의 뒤에서 돕는다."1)라고 한 문장 뒤에 수록되어 있었다.]

集說 弔服加麻者, 出則變之; 今出外而不免絰, 所以隆師也. 群者,
諸弟子相爲朋友之服也. 儀禮註云: "朋友雖無親, 有同道之恩, 相爲
服緦之絰帶", 亦弔服也, 故出則免之.

조복에 마로 제작한 질을 두른 경우, 밖으로 나가게 되면 복장을 바꾸게
되는데, 현재는 밖으로 나갔음에도 질을 벗지 않았으니, 스승에 대한 예
를 융성하게 나타내기 위해서이다. '군(群)'이라는 것은 여러 제자들이
서로 벗을 위해 상을 치르는 경우를 뜻한다. 『의례』에 대한 정현의 주에
서는 "벗에 대해서는 비록 친소관계가 성립되지 않지만, 도를 함께 하는
은정이 포함되어 있으니, 벗이 죽었을 때에는 서로를 위해서 시마복에
착용하는 질대(絰帶)를 착용한다."2)라고 했으니, 이 또한 조복을 뜻한다.
그렇기 때문에 밖으로 나가게 되면 질대를 벗는 것이다.

附註 群居則絰出則否, 此言孔門弟子, 初喪絰而出, 其後群居則絰,
出外則否. 註"群是朋友服", 文勢恐不然. 白虎通云: "弟子爲師服, 入
則絰, 出則否."

'군거즉질출즉부(群居則絰出則否)'라 했는데, 이것은 공자 문하의 제자

---

1) 『예기』「단궁상」 063장: 曰: "請問, 居昆弟之仇, 如之何?" 曰: "仕不與共國, 銜
君命而使, 雖遇之不鬪." 曰: "請問, 居從父昆弟之仇, 如之何?" 曰: "不爲魁, 主
人能, 則執兵而陪其後."
2) 이 문장은 『의례』「상복(喪服)」편의 "朋友麻."라는 기록에 대한 정현의 주이다.

들이 공자의 초상 때 질을 하고 출타하고, 그 이후 여럿이 모여 있게 되면 질을 했으며, 밖으로 나갈 때에는 그렇게 하지 않았다는 뜻이다. 주에서는 "군(群)은 여러 벗들이 서로를 위해 상을 치르는 것이다."라 했는데, 문세상 아마도 그렇지 않을 것이다. 『백호통』에서는 "제자는 스승을 위해 상복을 착용하는데, 들어와서는 질을 하지만 나갈 때에는 그렇게 하지 않는다."라 했다.

類編 右喪服. [十六章.]
여기까지는 '상복(喪服)'에 대한 내용이다. [16개 장이다.]

類編 旣殯而后成服, 故喪服次之.
빈소를 마련한 이후에는 성복을 하게 된다. 그렇기 때문에 상복에 대한 내용을 그 다음에 수록하였다.

◇ 상구(喪具)

【039】

后木曰: "喪, 吾聞諸縣子曰: '夫喪, 不可不深長思也. 買棺外內易
[異].' 我死則亦然."〈100〉 [本在"其叔父也"下.]

후목이 자식에게 말하길, "상에 대해서 나는 예전에 현자에게서 들은 내용
이 있다. 현자는 '무릇 상에서는 깊이 생각하지 않을 수가 없다. 관을 살
때에는 내외가 깔끔하게['易'자의 음은 '異(이)'이다.] 만들어진 것을 사야 한다.'
라고 했다. 그러므로 내가 죽거든 네가 또한 그의 말처럼 하거라."라고 했
다. [본래는 "숙부였기 때문이다."[1]라고 한 문장 뒤에 수록되어 있었다.]

集說 后木, 魯孝公子惠伯鞏之後.

'후목(后木)'은 노나라 효공의 아들 혜백공의 후손이다.

集說 馮氏曰: 此條重在"不可不深長思"一句. 買棺之時, 外內皆要
精好, 此是孝子當爲之事, 非是父母豫所屬託, 而曰: "我死則亦然."
記禮者記失言也.

풍씨가 말하길, 이곳 구문의 중요 내용은 "깊이 생각하지 않을 수가 없
다."라는 한 구문에 있다. 관을 살 때 내외가 모두 깔끔하게 되어 있는
것으로 사는 것은 자식으로서 마땅히 해야 할 일이니, 부모가 미리 부탁
할 것은 아니다. 그런데도 "내가 죽거든 또한 그처럼 하여라."라고 했으
니, 이 말을 기록한 것은 『예기』를 기록한 자가 후목의 실언을 기롱하기
위해 기록한 것이다.

---

1) 『예기』「단궁상」 099장: 縣子瑣曰: "吾聞之, 古者不降, 上下各以其親. 滕伯文
爲孟虎齊衰, 其叔父也; 爲孟皮齊衰, 其叔父也."

【040】

子柳之母死, 子碩請具. 子柳曰: "何以哉?" 子碩曰: "請粥[育]庶弟之
母." 子柳曰: "如之何其粥人之母以葬其母也? 不可." 旣葬, 子碩欲
以賵布之餘具祭器. 子柳曰: "不可. 吾聞之也, 君子不家於喪. 請班
諸兄弟之貧者."〈078〉 [本在"學者行之"下.]

자류의 모친이 죽었는데, 자류의 동생인 자석은 장례 때 사용될 기물 및
재화를 갖추고자 청했다. 자류가 말하길, "재화가 없는데, 무엇으로써 그것
들을 갖추겠는가?"라고 했다. 자석은 "서제의 모친을 다른 집에 시집보내
고[粥'자의 음은 '育(육)'이다.] 그녀를 통해 나온 재화로 마련하는 것이 어떻습
니까?"라고 했다. 자류는 "어떻게 남의 모친을 팔아서 내 모친에 대한 장례
를 치르겠는가? 그것은 불가한 일이다."라고 했다. 장례를 끝내고 부의로
들어온 재화가 있었는데, 자석은 그 재화를 팔아서 제기를 갖추고자 하였
다. 그러나 자류는 "그것도 불가한 일이다. 내가 듣기로 군자는 상을 통해
서 재화를 증식하지 않는다고 했다. 그러니 형제들 중 가난한 자들에게
나눠주는 것이 좋을 것 같다."라고 했다. [본래는 "수학했던 자들은 이러한 예를
실천하였다."²⁾라고 한 문장 뒤에 수록되어 있었다.]

集說 子柳, 魯叔仲皮之子, 子碩之兄也. 具, 謂喪事合用之器物也.
何以哉, 言何以爲用乎? 謂無其財也. 鄭云: "粥, 謂嫁之也, 妾賤, 取
之曰買." 布, 錢也. 不家於喪, 惡因死者而爲利也. 班, 猶分也. 不粥
庶弟之母者, 義也; 班兄弟之貧者, 仁也. 夫欲粥庶母以治葬, 則乏於
財可知矣. 而不家於喪之言, 確然不易, 古人之安貧守禮蓋如此.

'자류(子柳)'는 노나라 숙중피의 아들이며, 자석의 형이다. '구(具)'자는
상사에 사용되는 기물들을 뜻한다. '하이재(何以哉)'는 "무엇으로써 사용
하겠는가?"라는 뜻이니, 그에 걸맞은 재화가 없다는 의미이다. 정현은
"'육(粥)'자는 시집을 보낸다는 뜻이니, 첩은 미천한 신분이므로, 첩을 들
이는 것을 '사다'라고 부른다."라고 했다. '포(布)'자는 화폐를 뜻한다. 상

2) 『예기』「단궁상」 077장 : 及葬, 毁宗躐行, 出于大門, 殷道也. 學者行之.

을 통해 가산을 늘리지 않는다는 이유는 죽은 자로 인해 이로움을 축적하는 것을 미워하기 때문이다. '반(班)'자는 "나누다."는 뜻이다. 서제의 모친을 다른 집에 시집보내지 않았던 것은 의(義)에 해당하고, 형제 중 가난한 자들에게 나눠주었던 것은 인(仁)에 해당한다. 무릇 서모를 시집보내서 장례를 치르고자 했다면 재화가 부족했다는 사실을 알 수 있다. 그런데도 상을 통해 가산을 증식하지 않는다고 한 말은 확실히 쉽게 할 수 있는 말이 아니니, 고대인들이 가난함을 편안하게 여기고, 예를 고수함이 이와 같았기 때문이다.

【041】

孟獻子之喪, 司徒旅歸四布. 夫子曰: "可也." ⟨110⟩ [本在"而又實之"下.]

맹헌자의 상에서 그의 가신인 사도는 그 휘하의 하사들을 시켜서, 부의로 들어왔던 재화 중 남은 것들을 부의를 보내준 사방의 여러 사람들에게 되돌려주도록 했다. 그 모습을 본 공자는 "염치를 차릴 줄 아니, 참으로 좋구나."라고 칭찬했다. [본래는 "또 그 속을 모두 채웠다."3)라고 한 문장 뒤에 수록되어 있었다.]

集說 疏曰: 送終旣畢, 賻布有餘, 其家臣司徒承主人之意, 使旅下士歸丕四方賻主人之泉布. 時人皆貪, 而獻子家獨能如此, 故夫子曰, "可也", 善其能廉. 左傳叔孫氏之司馬鬷戾, 是家臣亦有司徒·司馬也.

소에서 말하길, 죽은 자를 전송하는 일이 끝나면, 부의로 들어왔던 재화들 중 남은 것들에 대해서는 가신인 사도가 주인의 뜻을 받들어서, 여러 하사 무리들을 시켜 주인에게 부의를 보냈던 사방의 여러 사람들에게 부의를 되돌려주도록 한다. 당시 사람들은 모두들 탐욕스러웠지만, 맹헌자

---

3) 『예기』「단궁상」 109장 : 宋襄公葬其夫人, 醯醢百甕. 曾子曰: "旣曰明器矣, 而又實之."

의 집에서는 유독 이처럼 할 수 있었다. 그렇기 때문에 공자가 "좋구나."
라고 말한 것이니, 그들이 염치를 차릴 줄 알았던 것을 칭찬한 말이다.
『좌전』에서는 '숙손씨의 사마인 종려'라는 기록이 나오는데,4) 이 말은 곧
가신들 중에는 또한 군주와 마찬가지로 사도나 사마 등의 직책을 가진
자들이 있었음을 뜻한다.

附註 旅歸四布, 四布, 似是四數之布. 司徒, 孟氏之家臣. 四數之布
非重貨. 家臣之賻主君, 禮則然矣, 故夫子稱其可. 旅, 衆也.

'여귀사포(旅歸四布)'라 했는데, '사포(四布)'는 아마도 사수의 포인 것
같다. '사도(司徒)'는 맹씨의 가신이다. 사수의 포는 중요한 재화가 아니
다. 가신이 주군에게 부의를 하는 것은 예법상 그러하다. 그렇기 때문에
공자가 옳다고 칭찬했던 것이다. '여(旅)'자는 무리를 뜻한다.

---

4) 『춘추좌씨전』 「소공(昭公) 25년」: <u>叔孫氏之司馬鬷戾</u>言於其衆曰, "若之何?" 莫
   對.

【042】

讀賵, 曾子曰: "非古也, 是再告也."〈111〉

장례 행렬이 출발하게 될 때 봉에 대해 읽는데, 증자가 그것을 보고 "이처럼 하는 것은 고대의 예법이 아니니, 수레의 동서쪽에서 두 차례 아뢰는 것이 된다."라고 했다.

集說 車馬曰賵, 賵所以助主人之送葬也. 既受則書其人名與其物於方扳, 葬時柩賵行, 主人之史請讀此方板所書之賵, 蓋於柩東當前東西面而讀之. 古者奠之而不讀, 周則既奠而又讀焉, 故曾子以爲再告也.

부의로 수레나 말을 보내는 것을 '봉(賵)'이라고 부르니, 봉이라는 것은 상주가 장례 행렬을 전송하는 것을 돕는 방법이다. 이미 그것을 받았다면 그 사람의 이름과 그가 부의로 보낸 물건을 나무판에 기록하게 되고, 장례를 치를 때 영구가 떠나려고 하면, 상주의 기록 담당관은 이러한 나무판에 기록한 봉에 대해 읽기를 청하게 되니, 아마도 영구의 동서쪽에서 이 기록을 읽었을 것이다. 고대에는 그것을 진열해두었고 읽지 않았는데, 주나라에 이르게 되면, 진열을 하고서 재차 진열해둔 것을 읽었다. 그렇기 때문에 증자는 두 차례 아뢰는 것이 된다고 여긴 것이다.

附註 讀賵, 再告, 按: 士喪禮賻賵之物隨其至, 即以讀於柩旁. 至祖夕書於方, 又讀之, 故云再告. 註以奠而又讀爲解, 恐未然.

봉에 대해 읽기를 재차 고한다고 했는데, 살펴보니, 『의례』「사상례(士喪禮)」에서는 부나 봉으로 온 사물에 대해서는 온 것에 따라서 곧바로 영구의 곁에서 읽게 된다. 또 조전을 치르는 저녁이 되면 나무판에 기록하고 재차 읽는다. 그렇기 때문에 '재고(再告)'라 말한 것이다. 주에서 "진열하고서 재차 읽었다고 풀이했는데, 아마도 그렇지 않을 것이다.

【043】

載粻[張], 有子曰: "非禮也. 喪奠脯醢而已." 〈雜記上-048〉[本在"置于四

隅"下.]

곡식을['粻'자의 음은 '張(장)'이다.] 싣는 것에 대해, 유자는 "비례에 해당한다.

상을 치르며 견전을 치를 때에는 포와 육장을 사용할 따름이다."라고 했다.

[본래는 "네 모퉁이에 둔다."라고 한 문장 뒤에 수록되어 있었다.]

集說 粻, 米粮也, 遣奠之饌無黍稷. 故有子以載粻爲非禮, 牲體則

脯醢之義也.

'장(粻)'자는 곡식을 뜻한다. 견전에 바치는 음식 중에는 서직이 없다.

그렇기 때문에 유자는 곡식을 싣는 것을 비례라고 여겼으니, 희생물의

몸체를 싣게 되면 포와 육장을 사용하는 뜻에 해당한다.

【044】

或問於曾子曰: "夫旣遣[去聲]而包其餘, 猶旣食而裹其餘與[平聲]? 君

子旣食則裹其餘乎?" 曾子曰: "吾子不見大饗乎? 夫大饗旣饗, 卷[上

聲]三牲之俎歸于賓館, 父母而賓客之, 所以爲哀也. 子不見大饗乎?"

〈雜記下-031〉[二段雜記. 本在"設冒也"下.]

어떤 자가 증자에게 질문하며 "무릇 견전을['遣'자는 거성으로 읽는다.] 끝내고서

남은 고기를 포장하여 견거에 싣는 것은 식사를 마치고 남은 음식을 포장

하는 것과 같은 것입니까?['與'자는 평성으로 읽는다.] 군자도 식사를 끝내면 남

은 음식을 포장해서 가지고 갑니까?"라고 했다. 증자는 "그대는 대향(大

饗)2)의 예법을 보지 못했습니까? 무릇 대향을 할 때에도 연회가 끝나면

---

1) 『예기』「잡기상(雜記上)」 048장 : 遣車視牢具, 疏布輤, 四面有章, 置于四隅. 載

粻, 有子曰: "非禮也. 喪奠脯醢而已."

2) 대향(大饗)은 큰 연회를 뜻한다. 본래는 천자가 조회로 찾아온 제후들에게 베풀었

던 성대한 연회를 가리킨다. 『예기』「중니연거(仲尼燕居)」편에는 "大饗有四焉."

이라는 기록이 있고, 이에 대한 정현의 주에서는 "大饗, 謂饗諸侯來朝者也."라고

도마에 올렸던 세 희생물의 고기 중 남은 것을 포장하여「卷'자는 상성으로 읽는다.」빈객이 머무는 숙소로 보내줍니다. 부모는 그 집의 주인인데도 부모가 돌아가시면 자식은 부모를 빈객에 대한 예법으로 대하니, 슬픔을 지극히 나타내기 위해서입니다. 그대는 대향의 예법을 보지 못했습니까?"라고 대답했다. [2개 단락은 「잡기」편의 문장이다. 본래는 "모를 사용한다."3)라고 한 문장 뒤에 수록되어 있었다.]

集說 設遣奠訖, 卽以牲體之餘, 包裹而置之遣車以納于壙中. 或人疑此禮, 謂如君子食於他人家, 食畢而又包其餘以歸, 豈不傷廉乎? 曾子告以大享之禮畢, 卷俎內三牲之肉送歸賓之館中, 猶此意耳. 父母家之主, 今死將葬, 而孝子以賓客之禮待之, 此所以悲哀之至也. 重言以喩之.

견전을 진설하고 그 일이 끝나면, 희생물의 몸체 중 남은 것들은 포장하여 견거에 실어, 무덤에 들이게 된다. 어떤 자가 이러한 예법에 의문이 들었던 것이니, 마치 군자가 다른 집에서 식사를 하고, 식사가 끝나면 또한 남은 음식을 포장해서 가져가는 것과 같은데, 어떻게 염치에 해를 끼치지 않는 것이냐고 물어본 것이다. 증자는 대답을 해주며 대향의 의례가 끝나면 도마에 올렸던 세 희생물의 고기를 포장하여 빈객이 머무는 숙소로 보내주는 것이 바로 이러한 뜻과 같을 뿐이라고 했다. 부모는 그 집안의 주인인데, 현재 그들이 죽어서 장례를 치르려고 하여, 자식이 빈객의 예법으로 그들을 대우하는 것은 비통함과 애통함을 지극히 나타내기 위한 것이다. 이러한 사실을 거듭 말해서 깨우쳐준 것이다.

풀이했다.

3) 『예기』「잡기하(雜記下)」030장 : 冒者何也? 所以掩形也. 自襲以至小斂, 不設冒則形, 是以襲而后設冒也.

【045】

宋襄公葬其夫人, 醯醢百甕. 曾子曰: "旣曰明器矣, 而又實之."〈109〉

[本在"以禮許人"下.]

송나라 양공이 그의 부인에 대한 장례를 치렀는데, 젓갈을 담은 옹기를 100개나 마련하였다. 증자가 이 일을 두고 말하길, "이미 명기라 불렀는데도 그 속을 모두 채웠으니, 비례이다."라고 했다. [본래는 "예의 규범인 것처럼 제 마음대로 허락을 해주었구나.4)라고 한 문장 뒤에 수록되어 있었다.]

集說 夏禮專用明器, 而實其半, 虛其半; 殷人專用祭器, 亦實其半; 周人兼用二器, 則實人器而虛鬼器.

하나라의 예법에 따르면, 장례를 치를 때 함께 부장하는 물건으로는 오로지 명기만을 사용했고, 또한 그 반만을 채웠으며 반은 비워두었다. 은나라 때에는 전적으로 제기만을 사용했지만, 또한 그 반만을 채웠다. 주나라 때에는 두 기물을 모두 사용했으니, 인기에 해당하는 제기는 가득 채웠고, 귀기에 해당하는 명기는 비워두었다.

【046】

孔子曰: "之死而致死之, 不仁而不可爲也; 之死而致生之, 不知[去聲]而不可爲也. 是故竹不成用, 瓦不成味[沫], 木不成斲, 琴瑟張而不平, 竽笙備而不和, 有鍾磬而無簨[筍]簴[巨]. 其曰明器, 神明之也."〈090〉

[本在"北面而弔焉"下.]

공자가 말하길, "죽은 자를 전송할 때 죽은 자를 대하는 예로만 대한다면, 불인한 일이 되므로 시행할 수 없다. 한편 죽은 자를 전송할 때 살아있는 자를 대하는 예로만 대한다면, 지혜롭지['知'자는 거성으로 읽는다.] 못한 일이 되므로 시행할 수 없다. 이러한 까닭으로 대나무로 만든 기물들은 쓸모가

---

4) 『예기』 「단궁상」 108장 : 司士賁告於子游曰: "請襲於牀." 子游曰: "諾." 縣子聞之曰: "汰哉叔氏! 專以禮許人."

없게 만들고, 옹기로 만든 기물들은 매끄럽게 광택을['沫'자의 음은 '沫(매)'이다.] 내지 않는 것이며, 나무로 만든 기물들은 조각을 하지 않는 것이고, 금슬에 대해서는 그 줄을 걸어두기는 하지만 조율을 하지 않아서 연주를 할 수 없게 만들며, 우생에 대해서는 갖추기는 하지만 소리를 제대로 내지 못하는 것으로 준비하여 연주할 수 없게 만들고, 종이나 석경 등도 갖추기는 하지만 그것들을 매다는 틀인 순거['簨'자의 음은 '筍(순)'이다. '簴'자의 음은 '巨(거)'이다.]를 갖추지 않아서 연주를 하지 못하게 만든다. 이러한 기물들을 '명기(明器)'라 부르는 이유는 신명의 도에 따라 죽은 자를 대하기 때문이다."라고 했다. [본래는 "북쪽을 바라보고 조문을 하였다."5)라고 한 문장 뒤에 수록되어 있었다.]

集說 劉氏曰: 之, 往也. 之死, 謂以禮往送於死者也. 往於死者, 而極以死者之禮待之, 是無愛親之心爲不仁, 故不可行也; 往於死者, 而極以生者之禮待之, 是無燭理之明爲不知, 故亦不可行也. 此所以先王爲明器以送死者, 竹器則無滕線而不成其用; 瓦器則麤質而不成其黑光之沫; 木器則樸而不成其雕斲之文; 琴瑟則雖張絃而不平, 不可彈也; 竽笙雖備具而不和, 不可吹也; 雖有鍾磬而無縣桂之簨簴, 不可擊也. 凡此皆不致死, 亦不致生, 而以有知無知之閒待死者, 故備物而不可用也. 備物則不致死, 不可用則亦不致生, 其謂之明器者, 蓋以神明之道待之也.

유씨가 말하길, '지(之)'자는 "보낸다."는 뜻이다. '지사(之死)'는 예에 따라서 죽은 자를 전송한다는 뜻이다. 죽은 자를 전송하면서 죽은 자를 대하는 예로만 지극히 대우한다면, 이것은 친애하는 마음이 없는 것으로 불인이 된다. 그렇기 때문에 시행할 수 없는 것이다. 죽은 자를 전송하면서 살아 있는 자를 대하는 예로만 지극히 대우한다면, 이것은 사리를 고찰하는 지혜가 없는 것으로 지혜롭지 못한 것이 된다. 그렇기 때문에 이 또한

---

5) 『예기』「단궁상」 089장 : 曾子與客立於門側, 其徒趨而出. 曾子曰: "爾將何之." 曰: "吾父死, 將出哭於巷." 曰: "反哭於爾次!" 曾子北面而弔焉.

시행할 수 없는 것이다. 이것은 선왕이 명기를 사용하여 죽은 자를 전송한 이유이니, 죽기의 경우에는 끝에 붙어 있는 끈이 없어서 쓸모가 없고, 와기의 경우에는 거칠고 질박하여 흑색의 광택을 내지 않았으며, 목기의 경우에는 다듬지 않고 조각한 무늬를 새기지 않았고, 금슬의 경우에는 비록 줄을 걸어두었지만 조율을 하지 않아서 연주를 할 수 없으며, 우생은 비록 기구를 갖췄지만 소리가 조화롭지 않아서 불어서 연주할 수 없고, 비록 종과 석경이 있지만 그것들을 매다는 순거가 없으므로 그것들을 두들겨서 연주할 수 없다. 무릇 이러한 것들은 죽은 자를 대하는 예에 대해 지극히 하는 것도 아니고, 또한 산 자를 대하는 예에 대해서도 지극히 하는 것도 아니며, 지혜로움과 지혜롭지 못한 그 중간에서 죽은 자를 대하는 것이다. 그렇기 때문에 기물들을 갖추기만 하고 사용할 수 없도록 하는 것이다. 기물을 갖추게 되면 죽은 자를 대하는 예에 대해 지극히 하는 것이 아니고, 사용할 수 없게 한다면 또한 산 자를 대하는 예에 대해서도 지극히 하는 것이 아닌데, 이러한 기물들을 '명기(明器)'라고 부르는 이유는 아마도 신명에 대한 도에 따라서 죽은 자를 대하기 때문일 것이다.

附註 之死而致生之, 之, 猶於也. 註: "之, 往也, 謂以禮往送於死者." 未安. 瓦不成味, 味, 如字, 亦通. 蓋陶器甖瓿之屬, 以貯脯醢, 不以食道, 故云.

'지사이치생지(之死而致生之)'라 했는데, '지(之)'자는 어(於)자와 같다. 주에서는 "'지(之)'자는 보낸다는 뜻이니, 예에 따라 죽은 자를 전송한다는 의미이다."라 했는데, 타당하지 않다. '와불성미(瓦不成味)'라 했는데, '미(味)'자는 글자대로 읽어도 뜻이 통한다. 도기인 앵이나 무의 부류들로는 포나 육장을 담아두니, 실제로 먹는 음식들을 사용하는 것이 아니기 때문에 이처럼 말한 것이다.

【047】

仲憲言於曾子曰: "夏后氏用明器, 示民無知也. 殷人用祭器, 示民有
知也. 周人兼用之, 示民疑也." 曾子曰: "其不然乎! 其不然乎! 夫明
器, 鬼器也. 祭器, 人器也. 夫古之人, 胡爲而死其親乎?"〈096〉 [本在"哭
諸縣氏"下.]

중헌이 증자에게 말하길, "하후씨 때 죽은 자를 전송하며 명기를 사용했던
이유는 백성들에게 죽은 자에게는 지력이 없다는 사실을 보여주기 위함이
다. 은나라 때 제기를 사용했던 이유는 백성들에게 죽은 자에게는 지력이
있다는 사실을 보여주기 위함이다. 한편 주나라 때에는 이 둘을 모두 사용
했는데, 이처럼 한 이유는 백성들에게 죽은 자에게는 지력이 없는 것 같기
도 하고 있는 것 같기도 하여 의심스럽다는 점을 보여주기 위함이다."라고
했다. 그러자 증자는 "그런 뜻이 아니다! 그런 뜻이 아니다! 무릇 명기라는
것은 귀신들이 사용하는 기물이다. 또 제기라는 것은 사람들이 사용하는
기물이다. 각 왕조에서 사용하는 것이 달랐던 이유는 각 왕조에서 숭상하
는 바에 따랐던 것일 뿐이지, 죽은 자에게 지력이 있는지 또는 없는지 등을
백성들에게 보여주기 위한 것과는 상관이 없다. 만약 그대의 말대로라면,
무릇 고대인들이 어떻게 이처럼 시행하여, 자신의 부모에 대해 지력이 없
는 자로만 대할 수 있었겠는가?"라고 했다. [본래는 "현씨의 집에서 곡을 했다."1)라
고 한 문장 뒤에 수록되어 있었다.]

集說 仲憲, 孔子弟子原憲也. 示民無知者, 使民知死者之無知也.
爲其無知, 故以不堪用之器送之; 爲其有知, 故以祭器之可用者送
之. 疑者, 不以爲有知, 亦不以爲無知也. 然周禮惟大夫以上得兼用
二器, 士惟用鬼器也. 曾子以其言非, 乃曰"其不然乎." 再言之者, 甚
不然之也. 蓋明器·祭器, 固是人鬼之不同, 夏·殷所用不同者, 各
是時王之制, 文質之變耳, 非謂有知·無知也. 若如憲言, 則夏后氏

---

1) 『예기』「단궁상」 095장 : "今之大夫, 交政於中國, 雖欲勿哭, 焉得而弗哭? 且臣
聞之, 哭有二道, 有愛而哭之, 有畏而哭之." 公曰: "然. 然則如之何而可?" 縣子
曰: "請哭諸異姓之廟." 於是與哭諸縣氏.

何爲而忍以無知待其親乎?

'중헌(仲憲)'은 공자의 제자인 원헌이다. "백성들에게 무지함을 보인다."
는 말은 백성들로 하여금 죽은 자에게는 지력이 없다는 사실을 알게끔
한다는 뜻이다. 죽은 자는 지력이 없다고 여겼기 때문에, 실제로 사용할
수 없는 기물들을 이용하여 죽은 자를 전송했다는 뜻이다. 한편 은나라
때에는 죽은 자에게 지력이 있다고 여겼기 때문에, 실제로 사용할 수 있
는 제기를 이용하여 죽은 자를 전송했다는 뜻이다. '의(疑)'라는 말은 완
전히 지력이 있는 것으로 여긴 것도 아니고, 또한 완전히 지력이 없는
것으로 여긴 것도 아니라는 뜻이다. 그런데 주나라의 예법에 따른다면,
오직 대부 이상의 계급에서만 두 가지 기물들을 함께 사용할 수 있었고,
사 계급은 오직 귀기만을 사용했을 따름이다. 증자는 그의 말이 틀렸다고
여기고, 곧 "그렇지 않다."라고 말했는데, 두 차례나 언급한 이유는 매우
그렇지 않다고 여겼기 때문이다. 무릇 명기와 제기는 사람과 귀신이 쓰임
을 달리하는 것인데, 하나라와 은나라에서 사용되었던 기물이 서로 다른
이유는 각각 당시의 제왕이 제정한 제도로, 화려함과 질박함의 차이가
있었기 때문이지, 죽은 자에게 지력이 있거나 없는 것을 뜻하는 것이 아
니다. 만약 중헌의 말대로라면, 하후씨는 어떻게 이처럼 시행하여 지력이
없는 대상으로 여겨서 자신의 부모를 대우하는 일을 차마 할 수 있었겠는
가?

集說 石梁王氏曰: 三代送葬之具質文相異, 故所用不同, 其意不在
於無知·有知及示民疑也. 仲憲之言皆非, 曾子非之, 末獨譏其說夏
后明器, 蓋擧其失之甚者也.

석량왕씨가 말하길, 삼대 때 죽은 자를 전송하며 사용했던 기구들은 질박
함과 화려함이 서로 차이를 보였다. 그렇기 때문에 사용되었던 것이 다른
것이니, 그 의미는 죽은 자에게 지력이 없거나 있다는 생각이나 백성들에
게 의심스런 면을 보여준다는데 있지 않다. 중헌의 말은 모두 잘못되어

서, 증자가 그 말을 비판했던 것인데, 문장의 끝에서 유독 하후씨 때 사용한 명기에 대한 사안을 거론하여, 중헌을 기롱한 것은 무릇 잘못 중에서도 더 잘못된 것을 제시했기 때문이다.

【048】

曾子曰: "晏子可謂知禮也已, 恭敬之有焉." 有若曰: "晏子一狐裘三十年, 遣[去聲]車一乘, 及墓而反." 〈檀弓下-052〉 [本在"改服則不経"下.]

증자가 말하길, "안자는 예를 안다고 평가할 수 있겠소. 그는 공경함을 갖추고 있기 때문이오."라고 했다. 유약이 말하길, "안자는 한 벌의 갓옷을 30년 동안이나 입었고, 견거를[遣'자는 거성으로 읽는다.] 1대만 사용했으며, 묘에 이르러서는 하관을 끝내자 곧바로 되돌아왔다."라고 부인했다. [본래는 '개복칙불질(改服則不経)'2)이라고 한 문장 뒤에 수록되어 있었다.]

集說 晏子, 齊大夫. 曾子稱其知禮, 謂禮以恭敬爲本也. 有若之言則曰, 狐裘貴在輕新, 乃三十年而不易, 是儉於己也; 遣車一乘, 儉其親也; 禮, 窆後有拜賓送賓等禮, 晏子窆訖卽還, 儉於賓也. 此三者, 皆以其儉而失禮者也.

'안자(晏子)'는 제나라 대부이다. 증자는 그가 예를 안다고 평가했는데, 예에서는 공경함을 근본으로 삼는다고 한 것이다. 유약의 말은 곧 다음과 같다. 여우가죽으로 만든 갓옷이 존귀한 이유는 가볍고 새것이기 때문인데, 30년이 지나도록 바꾸지 않았으니, 이것은 본인에 대해서 검소하게 처신한 것이다. 견거를 1대 사용한 것은 그의 부친에 대해서 검소하게 대한 것이다. 예법에 따르면, 하관을 끝낸 뒤에 빈객에게 절을 하고 빈객들을 전송하는 의례 절차들이 있게 되는데, 안자는 하관을 끝낸 뒤 곧바

---

2) 『예기』「단궁하(檀弓下)」 051장 : 衛司徒敬子死, 子夏弔焉, 主人未小斂, 絰而往. 子游弔焉, 主人旣小斂, 子游出絰, 反哭. 子夏曰: "聞之也與?" 曰: "聞諸夫子, 主人未改服, 則不経."

로 되돌아왔으니, 이것은 빈객에게 검소하게 대한 것이다. 이러한 세 가지 행동들은 모두 너무 검소하게 시행하여 실례를 범한 사례이다.

【049】

"國君七个, 遣車七乘; 大夫五个, 遣車五乘. 晏子焉知禮?"〈檀弓下-053〉

계속하여 유약이 증자의 말을 반박하며, "제후는 7덩이의 고기를 포장해서 사용하고, 견거는 7대를 사용하며, 대부는 5덩이의 고기를 포장해서 사용하고, 견거는 5대를 사용한다. 그러므로 어떻게 안자가 예를 안다고 할 수 있는가?"라고 했다.

集說 遣車之數, 天子九乘, 諸侯七乘, 大夫五乘, 天子之士三乘, 諸侯之士無遣車也. 大夫以上皆大牢, 士小牢. 个, 包也. 凡包牲皆取下體, 每一牲取三體, 前脛折取臂臑, 後脛折取骼. 少牢二牲則六體, 分爲三个; 大牢三牲則九體, 大夫九體分爲十五段, 三段爲一包, 凡五包; 諸侯分爲二十一段, 凡七包; 天子分爲二十七段, 凡九包. 每遣車一乘, 則載一包也.

견거의 수에 대해서 말해보자면, 천자는 9대를 사용하고, 제후는 7대를 사용하며, 대부는 5대를 사용하고, 천자에게 소속된 사는 3대를 사용하며, 제후에게 소속된 사는 견거를 사용하지 못한다. 대부 이상의 계급들은 모두 태뢰를 사용하고, 사는 소뢰를 사용한다. '개(个)'자는 포장을 뜻한다. 무릇 희생물을 포장할 때에는 모두 하체의 고기를 가져다가 포장하고, 한 마리의 희생물에서 세 덩이를 포장하게 되니, 앞쪽에서 비(臂)와 노(臑) 부위를 잘라서 취하게 되고, 뒤쪽에서 격(骼)부위를 잘라서 취하게 된다. 소뢰에서는 2마리의 희생물을 사용하게 되므로 6덩이의 고기를 취하고, 이것들을 나눠서 3덩이로 포장하게 된다. 태뢰에서는 3마리의 희생물을 사용하게 되므로 9덩이의 고기를 취하고, 대부의 경우에는 9덩

이의 고기를 나눠서 15개의 단(段)으로 만드는데, 3단을 1개로 포장하게
된다. 따라서 총 5개를 포장하게 된다. 제후의 경우에는 이것을 나눠서
21단으로 만들게 되니, 총 7개를 포장하게 된다. 천자의 경우에는 이것을
나눠서 27단으로 만들게 되니, 총 9개를 포장하게 된다. 그리고 매 견거
1대마다 1개의 포장한 고기를 싣게 된다.

【050】
曾子曰: "國無道, 君子恥盈禮焉. 國奢則示之以儉, 國儉則示之以
禮." 〈檀弓下-054〉
증자는 유약의 말에 반박하며, "나라에 도가 없다면, 군자는 예법을 완전하
게 구비하는 것을 치욕스럽게 생각한다. 따라서 나라의 풍조가 사치스럽다
면, 검소함을 실천하여 올바른 뜻을 보여주는 것이고, 나라의 풍조가 지나
치게 검소하다면, 예법의 규정대로 실천하여 올바른 뜻을 보여주는 것이
다."라고 했다.

集說 曾子主權, 有子主經, 是以二端之論不合.
증자는 권도(權道)에 중점을 두었고, 유자는 본래의 규정에 중점을 두었
기 때문에, 두 논의가 합치되지 않았던 것이다.

【051】
孺子䠜[他昆反]之喪, 哀公欲設撥[半末反], 問於有若. 有若曰: "其可也.
君之三臣猶設之." 顏柳曰: "天子龍輴[春]而槨幬[道], 諸侯輴而設幬,
爲楡[于沈審], 故設撥. 三臣者廢輴而設撥, 竊禮之不中[去聲]者也, 而
君何學[如字]焉?"〈檀弓下-096〉 [本在"無所辱命"下.]
애공에게는 돈이라는['䠜'자는 '他(타)'자와 '昆(곤)'자의 반절음이다.] 어린 아들이
있었는데 그가 죽었다. 애공은 그를 위해서 발을['撥'자는 '半(반)'자와 '末(말)'자

의 반절음이다.] 설치하려고 하여 유약에게 자문을 구했다. 유약은 "괜찮습니다. 군주에게 소속된 세 가문의 신하들도 오히려 발을 설치하고 있습니다."라고 대답해주었다. 그러나 안류는 반대를 하며, "천자의 경우에는 용의 그림이 그려진 춘거를['輴'자의 음은 '春(춘)'이다.] 사용하고, 그 주위에 나무를 쌓아서 곽처럼 만들고, 또 그 위를 가리게['幬'자의 음은 '道(도)'이다.] 됩니다. 제후의 경우에는 춘거는 사용하지만 용의 그림이 없게 되고, 나무를 쌓아서 곽처럼 만들지 않고 그 위를 덮게 되고, 대신 유심을['楡'자의 음은 '于(우)'이다. '沈'자의 음은 '審(심)'이다.] 만들어두기 때문에, 발을 설치하는 것입니다. 그런데 현재 세 가문의 신하들은 춘거를 사용하지 않으면서도 발만을 설치하였으니, 예법 중에서도 합당하지['中'자는 거성으로 읽는다.] 못한 것을 훔쳐서 사용하는 것인데, 군주께서는 어찌 그것을 배우고자['學'자는 글자대로 읽는다.] 하십니까?"라고 했다. [본래는 "명령을 욕되게 함이 없게 됩니다."[3]라고 한 문장 뒤에 수록되어 있었다.]

集說 蕇, 哀公之少子. 舊說以撥爲綍, 未知是否. 三臣, 魯之三家也. 顏柳言天子之殯, 用輴車載柩; 而畫轅爲龍, 槨幬者, 叢木爲槨形而覆幬其上, 前言"加斧于槨上", 是也. 諸侯輴而設幬, 則有輴而無龍, 有幬而無槨也. 楡沈, 以水浸楡白皮之汁以播地, 取其引車不澁滯也. 今三家廢輴不用而猶設撥, 是徒有竊禮之罪, 而非有中用之實者也.

'돈(蕇)'은 애공의 어린 아들이다. 옛 학설에서는 '발(撥)'을 불(綍)이라고 여겼는데, 어느 주장이 옳은지 모르겠다. '삼신(三臣)'은 노나라의 세 가문을 뜻한다. 안류는 천자가 빈소를 마련할 때, 춘거(輴車)[4]를 사용하여 영구를 싣는다고 했고, 끌채에 용의 그림을 그리며, 곽주를 한다고 했는데, '곽주(槨幬)'라는 것은 나무를 쌓아서 곽(槨)의 형태로 만들고, 그 위를 휘장으로 덮는 것을 뜻하니, 앞에서 "도끼 무늬가 들어간 천으로 곽

---

3) 『예기』「단궁하(檀弓下)」095장 : "莊公使人弔之, 對曰: '君之臣不免於罪, 則將肆諸市朝, 而妻妾執. 君之臣免於罪, 則有先人之敝廬在, 君無所辱命.'
4) 춘거(輴車)는 빈소를 설치할 때 영구를 싣는 수레를 뜻한다.

위를 덮는다."5)라고 한 말이 바로 이것을 가리킨다. 제후의 경우에는 춘거를 사용하고 도를 설치한다고 했다면, 춘거는 사용하되 끌채에 용의 무늬가 없는 것이며, 휘장으로 덮지만 나무를 쌓아서 곽처럼 만든 것은 없게 된다. '유심(楡沈)'은 느릅나무의 흰 껍질을 물에 끓여서 그 즙을 땅에 뿌려, 수레를 당길 때 수레가 잘 움직이지 않게 되는 것을 방지 하는 것이다. 현재 삼가에서 춘거의 예법을 폐지하고 사용하지 않았는데, 오히려 수레를 잘 끌 수 있도록 발을 설치하였으니, 이것은 단지 예법을 훔친 죄에 해당하는 것이며, 또 예법을 사용한 것이 실정과 들어맞는 것도 아니다.

集說 方氏曰: 爲輴之重也, 故爲楡沈以滑之; 欲楡沈之散也, 故設撥以發之. 無輴則無所用沈; 無所用沈, 則無所用撥. 三臣旣知輴之可廢, 而不知撥之不必設, 是竊禮之不中者也. 撥雖無所經見, 然以文考之, 爲楡沈故設撥, 則是以手撥楡沈而洒於道也. 先儒以爲紼, 失之矣.

방씨가 말하길, 춘거는 무겁기 때문에 유심을 만들어서 그 바닥을 미끄럽게 만드는 것이며, 유심을 뿌리고자 하였기 때문에 발을 설치하여 흩뿌리는 것이다. 춘거가 없다면 유심을 사용할 곳이 없게 되고, 유심을 사용할 곳이 없다면 발도 사용할 곳이 없게 된다. 세 가문의 신하들은 춘거를 폐지할 수 있다는 사실은 알았지만, 발을 설치할 필요가 없다는 사실은 몰랐으니, 이것은 예 중에서도 적절하지 못한 것을 훔친 것이다. '발(撥)'에 대해서는 비록 경문에 그 설명이 나타나지 않지만, 문맥을 통해 고찰해보면, 유심을 위해서 발을 설치하므로, 이것은 손으로 발을 잡고 유심을 적셔서 도로에 뿌리는 것이 된다. 선대 유학자들은 발(撥)을 불(紼)이라고 여겼는데, 이것은 잘못된 주장이다.

---

5) 『예기』「단궁상」143장: 天子之殯也, 菆塗龍輴以槨, <u>加斧于槨上</u>, 畢塗屋, 天子之禮也.

今按: 方說如此, 亦未知其是否, 闕之可也.

지금 살펴보니, 방씨의 주장이 이와 같지만, 또한 그것이 옳은 주장인지 아닌지는 모르니, 이 내용은 빼버려도 무방하다.

【052】

有子問於曾子曰: "問[聞]喪[去聲]於夫子乎?" 曰: "聞之矣, 喪欲速貧, 死欲速朽." 有子曰: "是非君子之言也." 曾子曰: "參也, 聞諸夫子也." 有子又曰: "是非君子之言也." 曾子曰: "參也與子游聞之." 有子曰: "然. 然則夫子有爲[去聲]言之也." 曾子以斯言告於子游. 子游曰: "甚哉! 有子之言似夫子也. 昔者夫子居於宋, 見桓司馬自爲石槨, 三年而不成. 夫子曰: '若是其靡也! 死不如速朽之愈也!' 死之欲速朽, 爲[去聲]桓司馬言之也." 〈091〉 [本在"明器神明之也"下.]

유자가 증자에게 묻기를, "그대는 관직을 잃었을[喪'자는 거성으로 읽는다.] 때의 예에 대해서 선생님께 따로 들은[問'자는 '문(聞)'자의 뜻이다.] 바가 있는가?"라고 했다. 그러자 증자는 "나는 들은 바가 있네. 지위를 잃게 되면 빨리 가난해지기를 바라고, 죽게 되면 그 육신이 빨리 썩기를 바란다고 하셨네."라고 했다. 유자가 그 말을 듣고서, "그 말은 군자의 말이 아닐 것이네."라고 했다. 증자는 "내가 분명히 선생님께 들었네."라고 했다. 유자는 다시 "그 말은 군자의 말이 아닐 것이네."라고 하여 재차 부인했다. 그러자 증자는 "나는 자유와 함께 선생님께 그 말을 들었네."라고 했다. 유자는 "그런가. 그렇다면 선생님께서는 연유가[爲'자는 거성으로 읽는다.] 있어서 그런 말씀을 하셨을 것이네."라고 했다. 증자는 유자의 말을 자유에게 일러주었다. 자유가 말하길, "그의 말이 참으로 맞구나! 유자의 말은 선생님께서 하신 말씀과 비슷하다. 예전에 선생님께서는 송나라에 머무셨던 적이 있었는데, 그때 환사마가 제 스스로 석곽을 만드는 것을 보셨다. 그런데 3년이 지나도록 석곽을 완성하지 못했다. 그 일을 두고 선생님께서는 '이처럼 사치스럽단 말인가! 이처럼 할 바에야 죽어서 빨리 그 육신이 썩어버리는 것만 못하다.'라고 하셨다. 죽었을 때 빨리 썩기를 바란다는 것은 환사마 때문에[爲'

자는 거성으로 읽는다.] 하신 말씀이다."라고 했다. [본래는 "명기라 부르는 이유는
신명의 도에 따라 죽은 자를 대하기 때문이다."[6]라고 한 문장 뒤에 수록되어 있었다.]

集説 仕而失位曰喪. 桓司馬, 卽桓魋. 靡, 侈也.

벼슬살이를 하다가 그 지위를 잃게 되는 것을 '상(喪)'이라 부른다. '환사
마(桓司馬)'는 환퇴를 가리킨다. '미(靡)'자는 "사치스럽다."는 뜻이다.

【053】

"南宮敬叔反, 必載寶而朝. 夫子曰: '若是其貨也! 喪不如速貧之愈
也.' 喪之欲速貧, 爲敬叔言之也."〈092〉

계속하여 자유가 말하길, "예전에 남궁경숙은 지위를 잃어서 노나라를 떠
났다가 이후에 다시 돌아왔다. 그런데 그가 돌아와서는 기어코 보물을 수
레에 싣고서 조회에 나아갔다. 이처럼 했던 것은 뇌물을 주어서 지위를
회복하고자 했던 것이다. 그래서 선생님께서는 이 일을 두고, '이처럼 재화
를 쓴단 말인가! 이처럼 할 바에야 지위를 잃었을 때 빨리 가난해지는 것만
못하다.'라고 하셨다. 지위를 잃었을 때 빨리 가난해지기를 바란다는 것은
경숙 때문에 하신 말씀이다."라고 했다.

集説 敬叔, 魯大夫, 孟僖子之子, 仲孫閱也. 嘗失位去魯, 後得反,
載寶而朝, 欲行賂以求復位也.

'경숙(敬叔)'은 노나라의 대부로 맹희자의 아들인 중손열이다. 일찍이 지위
를 잃어서 노나라를 떠났다가 이후에 되돌아올 수 있었는데, 보물을 싣고
와서 조회에 나갔으니, 뇌물을 주어서 지위를 회복하고자 했던 것이다.

---

6) 『예기』「단궁상」 090장 : 孔子曰: "之死而致死之, 不仁而不可爲也; 之死而致生
之, 不知而不可爲也. 是故竹不成用, 瓦不成味, 木不成斲, 琴瑟張而不平, 竽
笙備而不和, 有鍾磬而無簨簴. 其曰明器, 神明之也."

【054】

曾子以子游之言告於有子. 有子曰: "然. 吾固曰非夫子之言也." 曾
子曰: "子何以知之?" 有子曰: "夫子制於中都, 四寸之棺, 五寸之椁,
以斯知不欲速朽也. 昔者夫子失魯司寇, 將之荊, 蓋先之以子夏, 又
申之以冉有, 以斯知不欲速貧也."〈093〉

증자는 자유가 했던 말을 유자에게 일러주었다. 그러자 유자가 말하길, "그렇
다. 그래서 내가 진실로 이 말은 선생님이 하신 말씀이 아니라고 한 것이다."
라고 했다. 증자는 "그대는 어떻게 그러한 사실을 알았는가?"라고 물었다.
유자가 대답하길, "선생님께서 중도의 재를 맡으셨을 때, 그곳에서 관곽에
대한 규범을 시행하였는데, 관은 4촌의 두께로 만드셨고, 곽은 5촌의 두께로
만드셨다. 이처럼 관곽을 두껍게 만드신 것을 보고 나는 선생님께서 죽었을
때 그 시신이 빨리 썩기를 바라지 않으셨다는 사실을 알았다. 그리고 예전에
선생님께서 노나라의 사구에서 물러나셨을 때, 초나라로 가고자 하셨는데,
그곳에서 벼슬살이를 하실 수 있는지를 확인하기 위해, 먼저 자하를 보내셔
서 실정을 확인하게 했고, 또 염유를 재차 보내셨다. 이처럼 거듭 확인하기
위해 제자를 보내신 것을 보고, 나는 선생님께서 지위를 잃었을 때 빨리
가난해지기를 바라지 않으셨다는 사실을 알았다."라고 했다.

集說 定公九年, 孔子爲中都宰. 制, 棺椁之法制也. 四寸·五寸, 厚
薄之度. 將適楚, 而先使二子繼往者, 蓋欲觀楚之可仕與否, 而謀其
可處之位歟.

정공 9년에 공자는 중도의 재가 되었다. '제(制)'자는 관곽을 만드는 규범
과 제도를 뜻한다. 4촌으로 하고 5촌으로 했다는 말은 두께를 나타내는
치수이다. 초나라에 가고자 하여 먼저 두 제자를 시켜 연이어 보낸 것은
무릇 초나라에서 벼슬살이를 할 수 있는지 또는 없는지를 확인하여, 머물
만한 지위를 얻고자 했기 때문일 것이다.

【055】

孔子之喪, 公西赤爲志焉. 飾棺墻, 置翣設披[被義反], 周也. 設崇, 殷
也. 綢[叨]練設旐[直小反], 夏也.〈060〉[本在"喪父而無服"下.]

공자의 상에 대해 공서적은 융성하게 치르고자 하였다. 그래서 삼대 때의
장례 제도를 두루 적용하였으니, 관에 홑이불을 덮어서 치장하고, 그 겉에
담장처럼 천을 둘렀으며, 영구를 실은 수레 주변에는 삽을 설치하고 양쪽
에 새끼줄['披'자는 '被(피)'자와 '義(의)'자의 반절음이다.]을 두어, 그것을 당겨서 수
레가 균형을 유지하도록 하였으니, 이것은 주나라 때의 제도에 해당한다.
또한 타고 가는 수레에는 깃발을 세우고 숭아의 장식을 하였으니, 이것은
은나라 때의 제도에 해당한다. 깃발의 장대에 흰색의 비단을 묶어두고['綢'
자의 음은 '叨(도)'이다.] 그 위에 거북이와 뱀을 그린 깃발['旐'자는 '直(직)'자와 '小
(소)'자의 반절음이다.]을 묶어두었으니, 이것은 하나라 때의 제도에 해당한다.
[본래는 "부친의 상을 치르는 것처럼 하되, 상복은 입지 맙시다."[7]라고 한 문장 뒤에 수록되
어 있었다.]

(集說) 公西, 氏, 赤, 名, 字子華, 孔子弟子也.

'공서(公西)'는 씨(氏)이고, '적(赤)'은 이름이며, 자(字)는 자화(子華)이
니, 공자(孔子)의 제자이다.

(集說) 疏曰: 孔子之喪, 公西赤以飾棺榮夫子, 故爲盛禮, 備三王之
制, 以章明志識焉. 於是以素爲褚, 楮外加墻, 車邊置翣, 恐柩車傾
虧, 而以繩左右維持之, 此皆周之制也. 其送葬乘車所建旌旗, 刻繒
爲崇牙之飾, 此則殷制. 又綢盛旌旗之竿以素錦, 於杠畬設長尋之
旋, 此則夏禮也.

소에서 말하길, 공자의 상에서, 공서적은 관을 장식하여 공자를 영예롭게
하고자 했다. 그렇기 때문에 융성한 예를 시행하여, 삼왕의 제도를 갖춰

---

7)『예기』「단궁상」059장 : 孔子之喪, 門人疑所服. 子貢曰: "昔者夫子之喪顔淵,
若喪子而無服. 喪子路亦然. 請喪夫子若<u>喪父而無服</u>."

서 뜻한 바와 지식을 드러낸 것이다. 이때 흰색으로 관을 덮는 홑이불을 만들고, 저 겉에 담장처럼 천을 두르는 것을 더했으며, 영구를 실은 수레 주변에는 삽을 설치하였고, 영구를 실은 수레가 기울어질 것을 염려하여, 새끼줄을 좌우에 두어, 그것을 당겨 균형을 유지하였는데, 이러한 조치들은 모두 주나라 때의 제도에 해당한다. 장례를 전송하며 타는 승거에 정기(旌旗)[8]를 세워두고, 비단으로 새겨서 숭아의 장식을 하는데, 이러한 조치들은 은나라 때의 제도에 해당한다. 깃발의 장대에 흰색의 비단을 묶어두고, 깃대 위에 길이가 1심(尋)[9]에 해당하는 조(旐)[10]를 묶어두었으니, 이러한 조치들은 하나라 때의 제도에 해당한다.

集說 詩, "虡業維樅", 疏云, "懸鐘磬之處, 以采色爲犬牙, 其狀隆然, 謂之崇牙. 練, 素錦也. 緇布廣終幅, 長八尺, 旐之制也."

『시』에서는 "종과 경을 매다는 틀이여."[11]라고 했는데, 이 문장에 대한 소에서는 "종과 경을 매다는 곳으로, 채색을 하여 견아의 무늬를 만드는데, 그 모양이 큰 것을 '숭아(崇牙)'라고 부른다. '연(練)'은 흰색의 비단을 뜻한다. 검은색의 포는 그 너비가 1폭에 이르고, 길이는 8척이니, 조를 만드는 방법과 같다."라고 했다.

---

8) 정기(旌旗)는 깃발들을 범칭하는 말이다.
9) 심(尋)은 자리의 크기가 반상(半常)인 것으로, 8척(尺)이 되는 것을 뜻한다. 『의례』 「공사대부례(公食大夫禮)」편에는 "司宮具几與蒲筵常, 緇布純. 加萑席尋, 玄帛純. 皆卷自末."이라는 기록이 있는데, 이에 대한 정현의 주에서는 "半常曰尋."이라고 풀이했다.
10) 조(旐)는 거북이와 뱀의 무늬를 그린 깃발이다. 『주례』「춘관(春官)·사상(司常)」편에는 "鳥隼爲旟, 龜蛇爲旐."라는 기록이 있다.
11) 『시』「대아(大雅)·영대(靈臺)」: 虡業維樅, 賁鼓維鏞. 於論鼓鍾, 於樂辟廱.

056

子張之喪, 公明儀爲志焉. 褚幕丹質, 蟻結于四隅, 殷士也. 〈061〉

자장의 상에서, 그의 제자 공명의가 장례를 치르며 치장하는 것을 드러내고자 하였다. 저를 휘장처럼 설치하되 붉은색 바탕의 포를 이용해서 만들었고, 네 귀퉁이에는 왕개미가 서로 왕래하는 모습을 그렸는데, 이것은 은나라 때 사 계급에 대한 장례에서 하는 치장 형식이다.

集說 疏曰: 褚者, 覆棺之物, 若大夫以上, 其形似幄, 士則無褚. 公明儀尊其師, 故特爲褚, 不得爲幄, 但似幕形, 故云褚幕, 以丹質之布而爲之也. 又於褚之四角, 畫蚍蜉之形, 交結往來, 故云蟻結于四隅. 此殷禮士葬飾也.

소에서 말하길, '저(褚)'라는 것은 관을 덮는 물건이니, 대부 이상의 계급이라면, 그 모습이 천막과 유사하고, 사의 경우에는 저가 없다. 공명의는 자신의 스승을 존숭하였기 때문에, 특별히 저를 설치하였지만, 천막처럼 설치할 수가 없어서, 단지 휘장의 형태처럼만 설치하였다. 그렇기 때문에 '저막(褚幕)'이라고 말한 것이며, 붉은색 바탕의 포로 그것을 만들었다. 또 저의 네 귀퉁이에는 왕개미의 모습을 그리며, 왕래하는 모습을 나타내었다. 그렇기 때문에 "네 모퉁이에 왕개미가 왕래하는 모습을 그렸다."라고 말한 것이다. 이것은 은나라의 예에서 사 계급을 장례치를 때 치장하는 형식이다.

057

魯人之贈也, 三玄二纁, 廣[去聲]尺, 長[去聲]終幅. 〈雜記上-066〉 [雜記. 本在"鋪席乃斂"下.]

현재 노나라 사람들이 증을 보낼 때에는 3단의 현색 비단과 2단의 분홍색 비단을 사용하는데, 그 너비는[廣'자는 거성으로 읽는다.] 1척이고 길이는[長'자는 거성으로 읽는다.] 1폭으로, 예법에 맞지 않는다. [「잡기」편의 문장이다. 본래는

"자리를 깔고 대렴의 절차를 시행한다."12)라고 한 문장 뒤에 수록되어 있었다.]

集說 贈, 以物送別死者於槨中也. 旣夕禮曰: "贈用制幣玄纁束", 一丈八尺爲制. 今魯人雖用玄與纁, 而短挾如此, 則非禮矣, 故記者譏之. 幅之度二尺二寸.

'증(贈)'은 물건을 보내 외관 안에 넣어 죽은 자를 전송하는 것이다. 『의례』「기석례(旣夕禮)」편에서는 "증으로 제폐인 현색과 분홍색 1속을 사용한다."13)라고 했는데, 1장 8척의 길이로 제작한 것이다. 현재 노나라 사람들은 비록 현색과 분홍색의 비단을 사용하지만, 그 길이와 폭이 이처럼 짧고 좁으니, 비례가 된다. 그렇기 때문에 『예기』를 기록한 자가 기롱을 한 것이다. 1폭의 치수는 2척 2촌이다.

附註 魯人之贈廣長, 皆作去聲, 非. 廣, 上聲, 如字. 長, 平聲, 如字. 長去聲者, 剩餘之義.

노나라 사람들이 증을 보낼 때의 광(廣)과 장(長)자에 대해서 모두 거성으로 읽는 것은 잘못되었다. '광(廣)'자는 상성으로 읽으니 글자대로 읽는다. '장(長)'자는 평성으로 읽으니 글자대로 읽는다. '장(長)'자를 거성으로 읽게 되면 나머지라는 뜻이 된다.

類編 右喪具. [十五章.]

여기까지는 '상구(喪具)'에 대한 내용이다. [15개 장이다.]

類編 旣成服而后治葬, 故喪具次之.

성복을 한 이후에는 장례를 치르기 때문에, 상구에 대한 내용을 그 다음에 수록하였다.

---

12) 『예기』「잡기상(雜記上)」 065장: 公視大斂, 公升, 商祝鋪席乃斂.
13) 『의례』「기석례(旣夕禮)」: 主人哭, 踊無筭, 襲, 贈用制幣玄纁束, 拜稽顙, 踊如初.

禮記類編大全卷之三十四

『예기유편대전』 34권

◇ 檀弓上第三十六(下) / 「단궁상」 36편(하편)

◇ 시뢰(諡誄)

【001】

晉獻公將殺其世子申生, 公子重[平聲]耳謂之曰: "子蓋[盍]言子之志於
公乎?" 世子曰: "不可. 君安驪姬, 是我傷公之心也."〈020〉 [本在"繆幕魯
也"下.]

진나라 헌공은 총애하던 여희의 간언에 속아서, 그의 세자인 신생을 죽이
려고 하였다. 이 사실을 알고 있던 공자 중이는[重'자는 평성으로 읽는다.] 신생
에게, "그대는 어찌하여[蓋'자는 '합(盍)'자의 뜻이다.] 그대의 뜻을 부군께 알리
지 않는 것입니까?"라고 했다. 그러자 신생은 "불가하오. 부군께서는 현재
여희를 총애하고 계시는데, 내가 만약 여의의 참소가 잘못되었다는 사실을
밝히게 된다면 여희는 분명 주살을 당할 것이니, 이것은 곧 내가 부군의
마음을 해치는 꼴이 되오."라고 했다. [본래는 "비단을 이용해서 막을 만든 것은
본래 천자가 따르는 예법이다."[1]라고 한 문장 뒤에 수록되어 있었다.]

集說 此事詳見左傳. 重耳, 申生異母弟, 卽文公也. 蓋, 何不也. 明
其讒則姬必誅, 是使君失所安而傷其心也.

이 사건은 『좌전』에 자세히 나온다. '중이(重耳)'는 신생의 이복형제이
니, 곧 문공(文公)을 가리킨다. '개(蓋)'자는 "어찌 아니하는가?"라는 뜻
이다. 참소에 대해서 밝히게 된다면 여희는 반드시 주살을 당할 것이니,
이것은 곧 군주로 하여금 편안히 여기는 자를 잃게 하여 그 마음을 해치
는 꼴이 된다.

---

1) 『예기』「단궁상」 019장 : 穆公之母卒, 使人問於曾子曰: "如之何?" 對曰: "申也
聞諸申之父曰:'哭泣之哀, 齊·斬之情, 饘粥之食, 自天子達. 布幕, 衛也; 繆幕,
魯也'"

【002】

曰: "然則蓋行乎?" 世子曰: "不可. 君謂我欲弑君也. 天下豈有無父
之國哉! 吾何行如之?"〈021〉

중이가 말하길, "그렇다면, 어찌하여 다른 나라로 떠나가지 않는 것입니
까?"라고 했다. 그러자 신생이 말하길, "불가하오. 부군께서는 내가 군주를
시해하고자 했다고 말씀하시오. 천하에 어찌 어버이가 없는 나라가 있을
수 있단 말인가! 그리고 떠나간다면 내가 어디로 간단 말인가?"라고 했다.

集說 重耳又勸其奔他國, 而申生不從也. 何行如之, 言行將何往也.

중이는 또다시 다른 나라로 도망갈 것을 권유하였지만, 신생이 따르지
않은 것이다. '하행여지(何行如之)'라는 말은 "떠난다면 장차 어디로 간
단 말인가?"라는 뜻이다.

【003】

使人辭於狐突曰: "申生有罪, 不念伯氏之言也, 以至于死. 申生不敢
愛其死. 雖然, 吾君老矣, 子少, 國家多難[去聲], 伯氏不出而圖吾君.
伯氏苟出而圖吾君, 申生受賜而死." 再拜稽首乃卒. 是以爲恭世子
也.〈022〉

신생은 사람을 시켜 스승인 호돌에게 사죄의 뜻을 알리며, "저는 죄를 지었
는데, 이 모두는 선생님의 말씀을 깊이 새기지 않았기 때문에 죽을죄를
얻는 지경에 이르게 된 것입니다. 저는 죽는 것을 애석하게 여기지 않습니
다. 그러나 저희 군주께서는 이미 나이가 많으시고, 군주의 아들은 너무
어리며, 국가에 환란['難'자는 거성으로 읽는다.]이 많은데, 선생님께서는 출사하
여 저희 군주와 함께 국정을 도모하지 않고 계십니다. 선생님께서 진실로
출사하여 저희 군주와 함께 국정을 도모하신다면, 저는 군주의 명령을 기
꺼이 받아들여서 편안히 죽을 수 있겠습니다."라고 하였다. 그리고 곧 재배
를 하며 머리를 땅에 조아리고 죽었다. 이러한 까닭으로 신생은 '공세자(恭
世子)'라는 시호를 얻었다.

集說 狐突, 申生之傳. 辭, 將去而告違, 蓋與之乘訣也. 申生自經而死, 陷父於不義, 不得爲孝, 但得諡恭而已.

'호돌(狐突)'은 신생의 사부이다. '사(辭)'는 장차 떠나가게 되어 떠난다는 사실을 아뢴다는 뜻이니, 그와 영원히 결별하게 되었기 때문이다. 신생은 제 스스로 목을 매고 죽었으니, 자신의 부친을 의롭지 못한 사람으로 만들었다. 그래서 시호에 '효(孝)'자를 얻지 못하고 단지 '공(恭)'자만을 붙이게 되었을 따름이다.

集說 疏曰: 註云, 伯氏, 狐突別氏者. 狐是總氏, 伯仲是兄弟之字, 字伯者謂之伯氏, 字仲者謂之仲氏. 故傳云, "叔氏其忘諸乎?" 又此下文云, "叔氏專以禮許人", 是一人之身, 字則別爲氏也.

소에서 말하길, 정현의 주에서는 '백씨(伯氏)'는 호돌이 가지고 있는 다른 씨명이다. '호(狐)'는 호돌의 가문을 총괄하는 씨명이며, '백(伯)'이나 '중(仲)' 등은 형제 사이에 순번에 따라 붙이는 자이고, 자(字)가 백(伯)인 자를 '백씨(伯氏)'라고 부르며, 자(字)가 중(仲)인 자를 '중씨(仲氏)'라고 부른다. 그렇기 때문에 『좌전』에서는 "숙씨(叔氏)는 잊었는가?"[2]라고 했던 것이고, 이곳 경문의 아래문장에서도 "숙씨(叔氏)는 오로지 예법에 따라서 타인에 대해 허락을 했던 것이다."[3]라고 했던 것이니, 이것은 곧 한 사람에게 있어서 자(字)는 별도로 씨(氏)가 됨을 나타낸다.

[004]

公叔文子卒, 其子戍[戌]請諡於君, 曰: "日月有時, 將葬矣, 請所以易

---

2) 『춘추좌씨전』 「소공(昭公) 15년」 : 王曰, <u>叔氏, 而忘諸乎?</u> 叔父唐叔, 成王之母弟也, 其反無分乎?

3) 『예기』 「단궁상」 108장 : 司士賁告於子游曰, "請襲於牀." 子游曰, "諾." 縣子聞之, 曰, "汰哉<u>叔氏!</u> 專以禮許人."

其名者."〈檀弓下-074〉 [本在"謂之杜擧"下.]

위나라 대부인 공숙문자가 죽었다. 그래서 그의 아들인 서는['戌'자의 음은 '庶(서)'이다.] 군주에게 아비의 시호를 지어달라고 청원하며, "장례를 치르는 데에는 정해진 시기가 있는데, 현재 장례를 치르고자 합니다. 따라서 제 아비의 이름을 대신할 수 있는 시호를 내려주시기를 청원합니다."라고 했다. [본래는 "두거라고 불렀다."[4]라고 한 문장 뒤에 수록되어 있었다.]

集說 文子, 衛大夫, 名拔. 君, 靈公也. 大夫・士三月而葬. 有時, 猶言有數也. 死則諱其名, 故爲之謚, 所以代其名也.

'문자(文子)'는 위나라의 대부로, 이름은 발(拔)이다. '군(君)'은 영공을 가리킨다. 대부와 사는 3개월째에 장례를 치른다. '유시(有時)'는 정해진 기한이 있다는 뜻이다. 그 자가 죽게 되면 그의 이름을 피휘한다. 그렇기 때문에 시호를 지어서 이름 대신 부르게 한다.

【005】

君曰: "昔者衛國凶饑, 夫子爲粥與國之餓者, 是不亦惠乎? 昔者衛國有難[去聲], 夫子以其死衛寡人, 不亦貞乎! 夫子聽衛國之政, 脩其班制, 以與四鄰交. 衛國之社稷不辱, 不亦文乎! 故謂夫子貞惠文子."

〈檀弓下-075〉

위나라 군주는 "예전에 위나라에 기근이 들었던 적이 있었는데, 그대의 부친은 죽을 쑤어서 기아에 굶주리던 자들에게 주었으니, 이러한 행동은 또한 은혜로운 일이라 할 수 있지 않겠는가! 또 예전에 위나라에 난리가[難'자는 거성으로 읽는다.] 발생했을 때, 그대의 부친은 목숨을 걸고 과인을 지켜주었으니, 이것은 또한 충정이라고 할 수 있지 않겠는가! 또한 그대의 부친은

---

4) 『예기』「단궁하(檀弓下)」 073장 : 平公曰: "寡人亦有過焉. 酌而飲寡人!" 杜蕢洗而揚觶. 公謂侍者曰: "如我死, 則必毋廢斯爵也." 至于今, 旣畢獻, 斯揚觶, <u>謂之杜擧</u>.

생전에 위나라의 정사를 돌보며, 신분의 서열에 따른 제도와 각 절차에 맞는 규정들을 정비하여, 사방의 이웃 나라들과 교류를 맺었다. 그 결과 위나라의 사직을 욕되게 하지 않았으니, 이것은 또한 찬란함이라고 할 수 있지 않겠는가! 그러므로 그대의 부친에 대해서는 그 시호를 '정혜문자(貞惠文子)'라고 짓노라."라고 했다.

集説 魯昭公二十年, 盜殺衛侯之兄縶, 時齊豹作亂, 公如死鳥, 此衛國之亂也. 班者, 尊卑之次. 制者, 多寡之節. 因舊典而脩擧之也. 據先後則惠在前, 論小大則貞爲重, 故不曰"惠貞", 而曰"貞惠"也. 此三字爲謚, 而惟稱"文子"者, 鄭云: "文足以兼之."

노나라 소공 20년에 도적이 위나라 후작의 형 집을 죽였고, 당시 제표가 난리를 일으켰는데, 위나라 군주는 사조 땅으로 갔으니, 이것이 위나라에서 일어난 난리이다. '반(班)'이라는 것은 신분에 따른 서열을 뜻한다. '제(制)'라는 것은 절차에 따른 많고 적은 차이를 뜻한다. 옛 전적에 따라 정비하여 시행했던 것이다. 선후의 순서로 따지자면 '혜(惠)'에 해당하는 일이 앞에 놓이지만, 그 공적의 크기로 따지자면 '정(貞)'에 해당하는 일이 더 중대하다. 그렇기 때문에 '혜정(惠貞)'이라고 짓지 않고 '정혜(貞惠)'라고 지은 것이다. '혜(惠)', '정(貞)', '문(文)'이라는 세 글자는 모두 시호가 되는데, 단지 '문자(文子)'라고만 지칭하는 이유에 대해서, 정현은 "문(文)이라고만 해도 나머지 두 사안까지 통괄하기에 충분하기 때문이다."라고 했다.

[006]

魯莊公及宋人戰于乘[去聲]丘, 縣[玄]賁[奔]父御, 卜國爲右. 馬驚敗績, 公隊[墜], 佐車授綏, 公曰: "末之卜[舊如字, 今讀作僕]也." 縣賁父曰: "他日不敗績, 而今敗績, 是無勇也." 遂死之. 圉人浴馬, 有流矢在白肉. 公曰: "非其罪也." 遂誄之. 士之有誄, 自此始也. 〈024〉 [本在"踰月則其善

也"下.]

노나라 장공은 송나라와 승구[乘'자는 거성으로 읽는다.] 땅에서 전쟁을 했는데, 현분보[縣'자의 음은 '玄(현)'이다. '賁'자의 음은 '奔(분)'이다.]는 장공의 수레를 몰았고, 복국은 수레에 함께 타는 호위무사가 되었다. 그런데 도중 말이 놀라서 수레가 넘어지는 일이 발생하여, 결국 장공은 땅에 떨어졌고[隊'자의 음은 '墜(추)'이다.] 뒤따르던 예비 수레에서 새끼줄을 건네주어 장공이 그 수레에 타게 되었다. 그러자 장공은 "못나게도 용기가 없는 마부[卜'자를 옛 주석에서는 글자대로 읽었는데, 이곳에서는 '복(僕)'자로 풀이한다.]로다."라고 했다. 그 말을 들은 현분보는 "다른 날에는 수레가 전도되는 일이 없었는데, 현재 수레가 전도되었으니, 이것은 저에게 용기가 없다는 것을 나타냅니다."라고 했다. 그리고는 곧 수레를 몰아서 전쟁터로 달려 나갔으나 전장에서 죽었다. 이후 말을 관리하던 자가 말을 목욕시켰는데, 빗맞은 화살이 정강이 살에 박혀 있었다. 그 사실을 안 장공은 "수레가 전도된 것은 그의 잘못이 아니었구나."라고 탄식하며, 결국 그에게 뇌를 지어주었다. 사 계급에서 뇌를 짓게 된 것은 이로부터 시작되었다. [본래는 "한 달을 넘기고 나서 노래를 불렀다면 그의 행동은 올바른 행동이 되었을 것이다."[5]라고 한 문장 뒤에 수록되어 있었다.]

集說 乘丘, 魯地. 戰在莊公十年. 縣·卜, 皆氏也. 凡車右以勇力者 爲之. 大崩曰敗績. 公墜車而佐車授之綏以登, 是登佐車也. 佐車, 副車也. 綏, 挽以升車之索也. 末之卜者, 言卜國微末無勇也, 二人 遂赴聞而死. 圉人, 掌馬者. 及浴馬方見流矢中馬股閒之肉, 則知非 二子之罪矣. 生無爵則死無諡, 殷大夫以上爲爵, 士雖周爵, 卑不應 諡. 莊公以義起, 遂誄其赴敵之功以爲諡焉.

'승구(乘邱)'는 노나라 땅이다. 이 전쟁은 장공 11년에 일어났다. '현(縣)' 과 '복(卜)'은 모두 씨에 해당한다. 무릇 거우(車右)는 용맹한 자로 선발한다. 크게 전도되는 것을 '패적(敗績)'이라고 부른다. 장공이 수레에서

---

5) 『예기』 「단궁상」 023장: 魯人有朝祥而莫歌者, 子路笑之. 夫子曰: "由! 爾責於 人, 終無已夫! 三年之喪, 亦已久矣夫!" 子路出, 夫子曰: "又多乎哉! 踰月則其 善也."

떨어져서 뒤따르던 예비 수레에서 장공에게 수를 건네어 올라탔으니, 이
것은 좌거(佐車)6)에 올라탄 것이다. '좌거(佐車)'는 뒤따르는 예비 수레
이다. '수(綏)'는 수레에 탈 때 당겨주어 올라타게 하는 새끼줄이다. '말지
복(末之卜)'이라는 말은 복국(卜國)은 못나서 용기가 없다는 뜻이니, 두
사람은 결국 전쟁터로 달려 나가서 죽었다. '어인(圉人)'은 말을 관리하
는 자이다. 말을 목욕시킬 때 빗나간 화살이 말 정강이 사이의 살에 박혀
있음을 보게 되었으니, 수레가 전도된 것은 두 사람의 죄가 아님을 알게
된 것이다. 생전에 작위가 없다면 죽어서도 시호를 받는 일이 없는데,
은나라 때에는 대부 이상의 신분에 대해서만 작위를 주었고, 사라는 작위
가 비록 주나라 때 생겨난 작위라고 하지만, 신분이 미천하여 시호를 받
지는 못했다. 장공은 의로운 마음이 들어서 결국 전쟁터로 달려가서 적을
대적했던 공적에 맞는 뇌(誄)를 하여, 시호를 지어주었던 것이다.

集說 方氏曰: 誄之爲義, 達善之實而不欲飾者也. 謚則因誄之言而
別之, 有誄則有謚矣.

방씨가 마하길, '뇌(誄)'의 뜻은 선함의 실체를 드러내는 것이고, 수식어
를 붙이고자 하는 것이 아니다. 시호의 경우에는 뇌를 한 말에 따라서
그 사람을 다른 사람들과 구별하도록 짓는 것이니, 뇌가 있다면 시호도
있게 되는 것이다.

附註 末之卜也, 卜, 猶擇也, 如卜日之卜. 古者君出戰, 必卜御者及
戎右. 如左傳卜右, 慶鄭吉, 是已. 此言御者及戎右俱無勇而敗績,
是不能擇也. 歎而責之之詞. 註云"指卜國", 恐誤.

'말지복야(末之卜也)'라 했는데, '복(卜)'자는 택한다는 뜻이니, 날짜에
대해 점친다고 했을 때의 복(卜)자와 같다. 고대에 군주가 출전하게 되면
반드시 수레를 모는 자와 우측에 타는 호위무사에 대해서 점을 쳐서 뽑았

---

6) 좌거(佐車)는 전쟁이나 사냥을 할 때 뒤따르는 보조 수레를 뜻한다.

으니, 『좌전』에서 거우에 대해 점을 쳤는데 경정(慶鄭)이 길하다고 나왔다고 한 것7)이 이러한 경우에 해당한다. 이 문장은 수레를 모는 자와 전쟁용 수레에 타는 호위무사가 모두 용기가 없어 수레가 전복되었다는 것을 뜻하며, 이것은 제대로 선별하지 못해 한탄하며 책임을 묻는 말에 해당한다. 따라서 주에서 "복국을 가리킨다."라 말한 것은 아마도 잘못된 설명인 것 같다.

---

7) 『춘추좌씨전』「희공(僖公) 15년」 : 卜右, 慶鄭吉. 弗使.

【007】

魯哀公誄孔丘曰: "天不遺耆老, 莫相[去聲]予位焉. 嗚呼哀哉! 尼父!"
〈145〉 [本在"有別姓而哭"下.]

노나라 애공이 공자에 대해 뇌를 하며 말하길, "하늘이 이 노인을 세상에
남겨두시지 않아서, 내 지위를 보좌['相'자는 거성으로 읽는다.]하지 못하게 했구
나. 오호라! 슬푸구나! 니보여!"라고 했다. [본래는 "성을 구별하여 곡을 하게 된
다."[1]라고 한 문장 뒤에 수록되어 있었다.]

集說 作諡者, 先列其生之實行, 謂之誄. 大聖之行, 豈容盡列? 但言
天不留此老成, 而無有佐我之位者, 以寓其傷悼之意而已耳. 稱孔丘
者, 君臣之辭, 此與左傳之言不同.

시호를 짓는 경우, 우선적으로 그가 생전에 실천했던 일들을 열거하니,
이것을 '뇌(誄)'라고 부른다. 대성(大聖)의 행동을 어찌 모두 열거할 수
있겠는가? 단지 하늘이 이 노성(老成)을 남겨두지 않아서, 나의 지위를
보좌하지 못하게 했다고 말하여, 상심하고 애도하는 뜻을 드러낸 것일
따름이다. '공구(孔丘)'라고 부른 이유는 군신 사이에서는 신하의 경우
이름을 지칭하기 때문인데, 이곳의 기록과 『좌전』의 기록은 일치하지 않
는다.

集說 鄭氏曰: 尼父, 因其字以爲之諡也.

정현이 말하길, '니보(尼父)'라는 말은 공자의 자(字)에 따라서 그 시호를
지은 것이다.

附註 魯哀公誄孔丘, 夫子書名, 君前臣名之義. 哀哉尼父, 呼其字
而哀之也. 註以字爲諡, 本於鄭註, 因春秋傳而誤.

'노애공뢰공구(魯哀公誄孔丘)'에 있어 공자의 이름을 기록한 것은 군주

---

1) 『예기』「단궁상」 144장 : 唯天子之喪, <u>有別姓而哭</u>.

앞에서 신하는 이름을 댄다는 뜻에 해당한다. '애재니보(哀哉尼父)'는 그의 자를 부르며 슬퍼한다는 뜻이다. 주에서는 자를 시호로 삼았다고 했는데, 이것은 정현의 주에 근본한 것이며, 『춘추전』의 기록으로 인해 잘못 풀이한 것이다.

類編 右諡誄. [四章.]

여기까지는 '시뢰(諡誄)'에 대한 내용이다. [4개 장이다.]

類編 將葬有易名, 故諡誄次之.

장례를 치르려고 할 때에는 이름을 다른 말로 바꿔야 하기 때문에 시뢰에 대한 내용을 그 다음에 수록하였다.

◇ 장(葬)

【008】

舜葬於蒼梧之野, 蓋三妃未之從也. 季武子曰: "周公蓋祔." 〈037〉 [本
在"遂除之"下.]

순임금이 붕어했을 때에는 창오의 들판에서 장례를 치렀는데, 순임금의 세
부인들이 죽었을 때에는 순임금의 장지에서 장례를 치르지 않았다. 계무자
는 "주공 때부터 남편의 무덤에 합장을 하기 시작했다."라고 했다. [본래는
"곧 곡하는 일을 그만두었다."[1]라고 한 문장 뒤에 수록되어 있었다.]

集說 天子以四海爲家, 南巡而崩, 故遂葬蒼梧之野.

천자는 사해 안의 땅을 자신의 통치 영역으로 삼는데, 남쪽으로 순수를
하다가 붕어하였다. 그렇기 때문에 결국 창오의 들판에서 장례를 치르게
된 것이다.

集說 疏云: 舜長妃娥皇·次妃女英·次妃癸比, 皆不從舜之葬, 此
記者言合葬之事, 古人未有, 因引季武子之言, 謂自周公以來, 始祔
葬也. 書"陟方乃死." 蔡氏曰: "史記舜崩於蒼梧之野, 孟子言卒於鳴
條, 未知孰是. 今零陵九嶷有舜冢云."

소에서 말하길, 순임금의 첫째 부인 아황, 둘째 부인 여영, 셋째 부인
계비(癸比)는 모두들 순임금을 뒤따라 순임금의 장지에서 장례를 치르지
않았으니, 이곳의 『예기』 문장을 기록한 자는 고대인들에게는 아직까지
합장하는 일이 없었고, 계무자의 말을 인용한 것에 따르면, 주공으로부터
그 이후로 비로소 합장을 하게 되었다고 말하고 있다. 『서』에서는 "사방
에 대한 순수에 올랐다가 곧 돌아가셨다."[2]라고 했고, 채씨는 "『사기』에

---

1) 『예기』「단궁상」 036장 : 伯魚之母死, 期而猶哭. 夫子聞之曰: "誰與哭者?" 門人
曰: "鯉也." 夫子曰: "嘻! 其甚也!" 伯魚聞之, <u>遂除之.</u>
2) 『서』「우서(虞書)·순전(舜典)」 : 舜生三十徵庸, 三十在位. 五十載, <u>陟方乃死.</u>

서는 순임금이 창오의 들판에서 붕어하였다고 했고,3) 『맹자』에서는 명
조에서 돌아가셨다고 했는데,4) 어느 기록이 옳은지는 잘 모르겠다. 현재
영릉 구역 지역에는 순임금의 무덤이라고 부르는 곳이 있다."라고 했다.

【009】

孔子曰: "衛人之祔也, 離之. 魯人之祔也, 合之. 善夫." 〈檀弓下-142〉

[本在"徙市不亦可乎"下.]

공자가 말하길, "위나라의 예법에 따르면 합장을 할 때, 하나의 곽 속에
두개의 관을 넣게 되지만, 그 사이에 다른 물건을 끼워 넣어서 두 관의
사이를 벌리게 된다. 그러나 노나라에서 합장을 하는 예법에 따른다면, 두
관 사이에 다른 물건을 끼워 넣지 않아서 나란히 붙여 놓으니, 노나라의
예법이 참으로 좋구나."라고 했다. [본래는 "시장을 옮기게 된다면, 또한 옳은 일이
아니겠습니까?"5)라고 한 문장 뒤에 수록되어 있었다.]

(集說) 生旣同室, 死當同穴, 故善魯.

부부는 생전에 이미 같은 방에서 거주하였으므로, 죽게 되면 같은 무덤에
있게 된다. 그렇기 때문에 노나라의 예법을 칭찬한 것이다.

(集說) 疏曰: 祔, 合葬也. 離之, 謂以一物隔二棺之間於槨中也. 魯人
則合竝兩棺置槨中, 無別物隔之.

帝釐下土, 方設居方, 別生分類, 作汩作, 九共, 九篇, 槀飫.

3) 『사기』「오제본기(五帝本紀)」: 舜年二十以孝聞, 年三十堯擧之, 年五十攝行天
子事, 年五十八堯崩, 年六十一代堯踐帝位. 踐帝位三十九年, 南巡狩, 崩於蒼
梧之野.

4) 『맹자』「이루하(離婁下)」: 孟子曰, 舜生於諸馮, 遷於負夏, 卒於鳴條, 東夷之
人也.

5) 『예기』「단궁하(檀弓下)」 141장: "徙市則奚若?" 曰: "天子崩, 巷市七日, 諸侯
薨, 巷市三日. 爲之徙市, 不亦可乎?"

소에서 말하길, '부(祔)'자는 합장을 뜻한다. 떨어트린다는 말은 하나의 곽 안에 두 개의 관을 넣지만, 두 관 사이에 다른 사물을 끼워 넣어서 두 관의 사이를 떨어트린다는 뜻이다. 노나라의 경우에는 합장을 하며 두 관을 곽 안에 넣고, 사이를 벌리는 별도의 물건이 없게 된다.

集說 朱子曰: 古者槨合象材爲之, 故大小隨入所爲. 今用全木, 則無許大木可以爲槨. 故合葬者, 只同穴而各用槨也.

주자가 말하길, 고대에는 곽을 만들 때 여러 목재들을 결합하여 만들었다. 그렇기 때문에 곽의 크기는 사람이 어떻게 만드느냐에 따라 달라진다. 현재는 이음새가 없이 하나의 목재를 파서 만들게 되니, 두 사람의 관이 들어갈 수 있는 크기의 곽을 만들게 되면, 그만한 크기의 나무 자체가 없다. 그렇기 때문에 합장을 할 때, 단지 무덤을 함께 쓰고 각각에 대해서 별도의 곽을 사용하게 된다.

附註 衛人之祔, 按: 離之, 謂雙墳, 合之, 謂合窆. 註云"離者, 以一物隔於兩棺之間", 恐未然. 禮離坐離立, 春秋離盟, 可考.

'위인지부(衛人之祔)'라 했는데, 살펴보니, 떨어트린다는 것은 봉분을 나란히 만든다는 뜻이며, 합한다는 것은 같은 자리에 매장한다는 뜻이다. 주에서 "이(離)자는 하나의 사물을 두 관 사이에 넣어 떨어트린다는 뜻이다."라 했는데, 아마도 그렇지 않을 것이다. 『예』에서 이좌(離坐)와 이립(離立)이라고 한 말과 『춘추전』에서 이맹(離盟)이라고 한 말을 통해서 고찰할 수 있다.

【010】

太公封於營丘, 比[畀]及五世, 皆反葬於周. 君子曰: "樂[岳], 樂[洛]其所
自生. 禮, 不忘其本." 古之人有言曰: "狐死正丘首[去聲], 仁也."〈035〉
[本在"聞之遂除之"下.]

태공은 영구인 제나라에 분봉을 받았지만 주왕실에 머물며 직무를 수행하
였고, 그가 죽었을 때에도 주나라 수도에서 장례를 치렀다. 그래서 그의
자손들은 5세대에 이르기까지['比'자의 음은 '畀(비)'이다.] 모두 주나라 수도로
돌아와서 장례를 치렀다. 군자는 "악['樂'자의 음은 '岳(악)'이다.]이라는 것은 자
신이 출생하게 된 근원에 대해서 즐거워하는['樂'자의 음은 '洛(락)'이다.] 것이
다. 예라는 것은 자신의 근본을 잊지 않는 것이다."라고 말했다. 고대인들
이 했던 말 중에는 "여우는 죽음에 이르러서 자신이 살았던 땅을 향하여
머리를 향하게['首'자는 거성으로 읽는다.] 하고 죽으니, 이것은 인한 것이다."라
는 말이 있다. [본래는 "그 말을 듣고서 마침내 상복을 벗었다."[1]라고 한 문장 뒤에 수록되
어 있었다.]

集說 太公雖封於齊, 而留周爲太師, 故死而遂葬於周. 子孫不敢忘
其本, 故亦自齊而反葬於周, 以從先人之兆, 五世親盡而後止也. 樂
生而敦本, 禮樂之道也. 生而樂於此, 豈可死而倍於此哉! 狐雖微獸,
丘其所窟藏之地, 是亦生而樂於此矣, 故及死而猶正其首以向丘, 不
忘其本也. 倍本忘初, 非仁者之用心, 故以仁目之.

태공은 비록 제나라에 분봉을 받았지만, 주나라 수도에 머물면서 태사의
직책을 수행했다. 그렇기 때문에 그가 죽었을 때에는 결국 주나라 수도에
서 장례를 치렀던 것이다. 그의 자손들은 감히 그 근본을 잊을 수가 없었
기 때문에, 또한 제나라로부터 되돌아와서 주나라 수도에서 장례를 치렀
으니, 선조들의 묘역이 있는 장소에 따른 것인데, 5세대가 지나 친근한

---

1) 『예기』「단궁상」034장 : 子路有姊之喪, 可以除之矣, 而不除也. 孔子曰: "何不
除也?" 子路曰: "吾寡兄弟而不忍也." 孔子曰: "先王制禮, 行道之人皆弗忍也."
子路聞之, 遂除之.

관계가 다한 이후에야 이처럼 하는 방법을 멈췄다. 태어나게 된 근본에
대해 즐거워하는 것은 근본을 돈독히 하는 것이니, 이것이 바로 예악의
도이다. 인간은 태어나게 되면 자신의 근본에 대해서 즐거워하는데, 어찌
죽을 때에 이르러서 이러한 것들을 배반할 수 있겠는가! 여우는 비록 하
찮은 동물이지만, '구(丘)'는 자신이 살던 동굴이 있는 땅이니, 이러한 동
물들 또한 태어나게 되면, 자신의 근본을 즐거워하게 된다. 그렇기 때문
에 죽음에 이르러서도 여전히 그 머리를 바르게 하여 그 언덕 쪽을 향하
는 것은 근본을 잊을 수가 없기 때문이다. 근본을 등지고 시초를 잊는
것은 인한 자의 마음 씀이 아니다. 그렇기 때문에 '인(仁)'으로 지목했던
것이다.

集說 疏曰: 周公封魯, 其子孫不反葬於周者, 以有次子在周, 世守
其采地, 春秋周公, 是也.

소에서 말하길, 주공은 노나라에 분봉을 받았는데, 그의 자손들이 주나라
수도로 되돌아와서 장례를 치르지 않았던 것은 둘째 아들이 주 왕실에
남아 있을 경우, 그는 주나라 수도에 포함된 채지를 받아서, 그곳을 대대
로 지키게 되니, 춘추시대 때 주공이 바로 이러한 경우에 해당한다.

【011】

**季康子之母死, 公輸若方小. 斂, 般[班]請以機封[窆], 將從之. 公肩假
曰: "不可, 夫魯有初."**〈檀弓下-084〉 [本在"卿卒不繹"下.]

계강자의 모친이 죽었는데, 장인(匠人)들의 수장을 맡은 공수약은 나이가
너무 어렸다. 따라서 관(棺)을 곽(槨)에 안치시킬 때, 그 일을 감당하기가
어려울 것 같아서, 공수반은['般'자의 음은 '班(반)'이다.] 자신이 만든 기구를 이
용해서 하관을['封'자의 음은 '窆(폄)'이다.] 하자고 청원했다. 그래서 공수약은
그 말에 따르려고 했다. 그런데 공견가는 반대를 하며, "그렇게 할 수 없다.
노나라에는 예로부터 지켜오던 방법이 있다."라고 했다. [본래는 "경이 죽었을

때 역제도 지내지 않는 것이다."2)라고 한 문장 뒤에 수록되어 있었다.]

集說　公輸, 氏; 若, 名; 爲匠師. 方小, 年尙幼也. 斂, 下棺於槨也. 般, 若之族, 素多技巧, 見若掌斂事而年幼, 欲代之而試用其巧技也. 機窆, 謂以機關轉動之器下棺, 不用碑與綍也. 魯有初, 言魯國自有故事也.

'공수(公輸)'는 씨에 해당하고, '약(若)'은 이름에 해당하는데, 장인(匠人) 들을 다스리는 수장이 되었다. '방소(方小)'는 나이가 여전히 어렸다는 뜻이다. '염(斂)'이라는 말은 관을 곽에 안치한다는 뜻이다. '반(般)'은 약의 족인으로, 평소부터 재주가 많았다. 약이 염하는 일을 담당해야 하는데, 나이가 어린 것을 보고 그를 대신하여 시험 삼아 자신의 재주로 만든기구를 사용하려고 했던 것이다. '기폄(機窆)'이라는 말은 기관이 움직이는 기물을 이용해서 하관을 하고, 비률을 사용하지 않는다는 뜻이다. '노유초(魯有初)'라는 말은 노나라에는 예로부터 지켜오던 일이 있었다는 뜻이다.

【012】
"公室視豊碑, 三家視桓楹."〈檀弓下-085〉

계속하여 공견가가 말하길, "공실에서는 풍비에 견주어서, 그에 합당한 것을 사용하고, 삼가에서는 환영에 견주어서, 그에 합당한 것을 사용한다."라고 했다.

集說　豊碑, 天子之制; 桓楹, 諸侯之制.

'풍비(豊碑)'는 천자가 사용하는 제도에 해당하고, '환영(桓楹)'은 제후가

---

2) 『예기』「단궁하(檀弓下)」 083장 : 仲遂卒于垂, 壬午猶繹, 萬人去籥. 仲尼曰: "非禮也. 卿卒不繹."

사용하는 제도에 해당한다.

集說 疏曰: 凡言視者, 比擬之辭. 豊, 大也. 謂用大木爲碑, 穿鑿去
碑中之木使之空, 於空間著鹿盧兩頭各入碑木, 以綍之一頭係棺緘,
以一頭繞鹿盧, 旣訖, 而人各背碑負綍末頭, 聽鼓聲以漸却行而下之
也. 桓楹, 不似碑, 形如大楹耳. 通而言之亦曰碑. 說文: "桓, 郵亭表
也." 如今之橋旁表柱也. 諸侯二碑, 兩柱爲一碑而施鹿盧, 故鄭云
"四植"也.

소에서 말하길, 무릇 '시(視)'라고 말한 것들은 견준다는 뜻에서 쓴 말이
다. '풍(豊)'자는 "크다."는 뜻이다. 큰 나무를 사용해서 기둥[碑]을 만들
고, 구멍을 뚫어서 기둥 안의 나무들을 제거하여 그 속이 비도록 하며,
빈 공간에는 도르래[鹿盧]를 설치하고, 양쪽 뭉치가 각각 기둥의 나무로
들어가도록 하며, 새끼줄의 한쪽 끝은 관에 연결하고, 다른 끝은 도르래
에 연결한다. 묶는 일이 끝나면, 사람들은 각각 기둥을 등지고, 새끼줄의
끝을 어깨에 짊어지며, 북을 울리는 소리를 듣게 되면, 조금씩 뒤로 물러
나서, 관을 내리게 된다. '환영(桓楹)'이라는 것은 비(碑)와는 다른 것으
로, 그 형태가 큰 기둥처럼 생긴 것일 뿐이다. 그런데 통괄적으로 말하게
되면, 이 또한 '비(碑)'라고도 부른다. 『설문해자』에서는 "'환(桓)'은 문서
를 전달하는 우정(郵亭)이라는 곳의 표목이다."라고 했으니, 오늘날 교량
의 측면에 세워두는 표시 기둥과 같은 것이다. 제후의 경우에는 2개의
비를 사용하여, 양쪽 기둥을 1개의 비로 삼아서, 도르래를 설치한다. 그
렇기 때문에 정현은 "4개의 기둥을 꽂는다."라고 말한 것이다.

【013】
"般! 爾以人之母嘗巧, 則豈不得以? 其母以嘗巧者乎? 則病者乎? 噫!"
弗果從.〈檀弓下-086〉
계속하여 공견가가 말하길, "공수반이여! 너는 남의 모친을 이용해서 자신

의 기교를 시험하려고 하는데, 누가 강제로 그처럼 시켰느냐? 어찌 부득이 해서 이처럼 시행한단 말인가? 어찌 남의 부모를 이용해서 네 기교를 시험 하려고 하느냐? 만약 네 기교를 시험하지 못한다면, 네 마음에 응어리라도 진단 말인가? 아! 안타깝도다."라고 탄식했다. 그러자 과연 공수반의 의견 을 따르지 않게 되었다.

集說 疏曰: 嘗, 試也. 言爾欲以人母嘗試己之巧事, 誰有强逼於爾 而爲此乎? 豈不得休已者哉! 又語之云, 其無以人母嘗試己巧, 則於 爾病者乎? 言不得嘗巧, 豈於爾有所病. 假言畢, 乃更噫而傷嘆, 於 是衆人遂止.

소에서 말하길, '상(嘗)'자는 "시험하다."는 뜻이다. 즉 "네가 남의 모친을 이용해서 자신의 기교를 시험하려고 하는데, 누가 너에게 강요를 해서 이러한 짓을 하는가? 어찌 부득이해서 이처럼 한단 말인가!"라는 뜻이다. 또 말하길, "남의 모친으로 자신의 기교를 시험하지 못한다면, 너에게 안 타까운 마음이 든단 말인가?"라고 했는데, 이 말은 곧 기교를 시험할 수 없는 것이 어떻게 너에게 안타까운 점이 되겠느냐는 의미이다. 공견가는 자신의 말을 끝내고, 재차 탄식을 하며 한탄을 하였으니, 이를 통해 여러 사람들은 그 방법을 따르지 않게 되었다.

集說 一說, "則豈不得以其母以嘗巧者乎"作一句, 言爾以他人母試 巧, 而廢其當用之禮, 則亦豈不得自以己母試巧而不用禮乎? 則於爾 心亦有所病而不安乎? 蓋使之反求諸心, 以己度人, 而知其不可也.

일설에서는 '즉기부득이기모이상교자호(則豈不得以其母以嘗巧者乎)' 라는 것을 하나의 구문을 끊어서 해석을 한다고 하니, 즉 "네가 다른 사람 의 모친을 이용해서 자신의 기교를 시험하고, 마땅히 시행해야 하는 예법 을 폐지하게 된다면, 또한 어찌 네 스스로 자신의 모친을 이용해서 자신 의 기교를 시험하고, 예법을 사용하지 않는 일을 하지 않는가? 그렇다면 네 마음에도 또한 근심스러운 점이 생겨서 불안하지 않겠는가?"라는 뜻이 되는데, 무릇 그로 하여금 자신의 마음에서 돌이켜보고, 자신을 통해 남을 헤아려서 불가함을 알게끔 했던 것이다.

集說 應氏曰: 周衰禮廢, 而諸侯僭天子, 故公室之窆棺視豊碑; 大夫僭諸侯, 故三家之窆棺視桓楹. 其陵替承襲之弊, 有自來矣.

응씨가 말하길, 주나라가 쇠약해지자 예법 또한 폐지되어서, 제후들은 참람되게 천자의 예법을 사용했다. 그렇기 때문에 공실에서 하관을 하며 풍비에 견주어서 해당 기물을 사용했고, 대부들은 참람되게 제후의 예법을 사용했기 때문에 삼가에서 하관을 하며 환영에 견주어서 해당 기물을 사용했던 것이다. 상하 계층이 신분질서를 잃고 서로를 답습했던 폐단은 이로부터 시작된 것이다.

附註 般以人之母嘗巧, 此段文義, 終涉艱晦. 言莫重於送死, 人子固所自盡. 今以非禮之機巧, 試用於窆葬, 則其亦不仁甚矣. 夫敬其親者, 不敢慢於人. 般也欲試巧於人母, 則豈不得試巧於其親乎? 此夫人之所訾也. 如此, 文義似勝. 下母字, 以父母字看, 不作禁止字. 下以字, 衍文, 或曰: "不必衍. 上以字作用字看, 下以字虛." 病, 謂病於巧也.

공수반이 남의 모친을 이용해서 자신의 기교를 시험했다고 했는데, 이 단락의 뜻은 끝내 깨우치기 어렵다. 죽은 자를 전송하는 일보다 중요한 것이 없어서 자식은 스스로 힘을 다하게 된다는 뜻이다. 그런데 현재 예에 맞지 않는 기계와 기교를 장례를 치르는 일에 시험삼아 사용하려고 한다면, 이 또한 불인함이 심한 것이다. 무릇 자신의 부모를 공경하는 자는 감히 남에게 태만하게 굴 수 없다. 공수반이 남의 모친에 대해 자신의 기교를 시험해보려 했다면, 어찌 자신의 부모에 대해서 기교를 시험하지 않을 수 있겠는가? 이것이 남이 그를 헐뜯었던 이유이다. 이와 같이 본다면 문장의 뜻이 더 나아지는 것 같다. 뒤의 모(母)자는 부모를 뜻하

는 모(母)자로 보고, 금지사인 무(毋)자로 보아서는 안 된다. 그리고 뒤
의 이(以)자는 연문인데, 혹자는 "연문으로 볼 필요는 없다. 앞의 이(以)
자를 용(用)자로 보고 뒤의 이(以)자는 허사이다."라 했다. '병(病)'자는
기교를 병통으로 여긴다는 뜻이다.

【014】

國昭子之母死, 問於子張曰: "葬及墓, 男子·婦人安位?" 子張曰: "司
徒敬子之喪, 夫子相, 男子西鄕[去聲], 婦人東鄕." 〈檀弓下-055〉[本在"示之
以禮"下.]

국소자의 모친이 돌아가셨는데 자장이 상례의 절차를 도왔다. 국소자는 자
장에게 "장례를 치를 때 묘까지 당도하게 되면, 남자와 부인들은 어디에
위치해야 합니까?"라고 물었다. 그러자 자장은 "사도경자의 상에서는 공자
께서 그 절차를 돕게 되셨는데, 그때 남자들은 서쪽을 바라보는['鄕'자는 거성
으로 읽는다.] 곳에 위치했고, 부인들은 동쪽을 바라보는 곳에 위치했습니다."
라고 대답했다. [본래는 "예법의 규정대로 실천하여 올바른 뜻을 보여주는 것이다."[1]라고
한 문장 뒤에 수록되어 있었다.]

集說 國昭子, 齊大夫, 葬其母, 以子張相禮, 故問之. 夫子, 孔子也.
主人家男子皆西向, 婦人皆東向, 而男賓在衆主人之南, 女賓在衆婦
之南, 禮也.

'국소자(國昭子)'는 제나라의 대부로, 그의 모친에 대한 장례를 치르게
되었는데, 자장이 상례의 절차를 도왔기 때문에 그에게 물어본 것이다.
'부자(夫子)'는 공자를 뜻한다. 상주의 집안에 속한 남자들은 모두 서쪽
을 바라보며 서고, 부인들은 모두 동쪽을 바라보며 서니, 남자 빈객은
중주인의 남쪽에 위치하는 것이고, 여자 빈객은 중부인의 남쪽에 위치하
는 것이 예법이다.

【015】

曰: "噫! 毋[無]!" 曰: "我喪也. 斯[去聲]沾[覘], 爾專之. 賓爲賓焉, 主爲主
焉." 婦人從男子皆西鄕. 〈檀弓下-056〉

---

1) 『예기』「단궁하(檀弓下)」 054장 : 曾子曰: "國無道, 君子恥盈禮焉. 國奢則示之
以儉, 國儉則示之以禮."

국소자는 자장의 말을 듣고, "아! 그처럼 하는 것을 그만두시오![毋'자의 음은 '無(무)'이다.]"라고 말했다. 그리고 재차 "우리 집안은 명성이 높은 가문인데 현재 장례를 치르고 있으니, 반드시 나라 사람들이 모두[斯'자는 거성으로 읽는다.] 찾아와서 우리가 시행하는 예법을 살펴볼 것이오.[沾'자의 음은 '覘(첨)'이다.] 그러니 반드시 옛 규범에서 바꾸는 점이 있어야만 하오. 따라서 그대가 이 일을 전적으로 맡아서 처리하시오. 다만 빈객들은 빈객들끼리 위치하도록 만들고, 주인들은 주인들끼리 위치하도록 만드시오."라고 했다. 이러한 이유로 국소자 가문의 부인들은 남자 주인들을 뒤따라 서서, 모두 서쪽을 바라보는 곳에 위치하게 되었다.

集說 昭子聞子張之言, 歎息而止之, 言我爲大夫, 齊之顯家, 今行喪禮, 人必盡來覘視, 當有所更改以示人, 豈宜一循舊禮? 爾當專主其事, 使賓自爲賓, 主自爲主, 可也. 於是昭子家婦人, 旣與男子同居主位而西向, 而女賓亦與男賓同居賓位而東向矣. 斯, 盡也. 沾, 讀爲覘. 此記禮之變.

국소자는 자장의 말을 듣고, 탄식을 하며 자장이 말해준 방법대로 서는 것을 그치게 했고, "나는 대부의 신분이며, 제나라에서도 명성이 높은 가문인데, 현재 상례를 시행하고 있으니, 사람들이 반드시 모두들 찾아와서 이러한 것들을 관찰할 것이다. 마땅히 변경시킨 점을 두어서 사람들에게 보여주어야 하는데, 어떻게 옛날의 예법에만 따를 수 있겠는가? 그대는 마땅히 이 일을 주관하여, 빈객들로 하여금 빈객들끼리 위치하도록 하고, 주인들은 주인들끼리 위치하도록 하는 것이 옳다."라고 했다. 이때 국소자 가문의 부인들은 남자들과 함께 주인이 서는 위치에 정렬하여 서쪽을 바라보게 되었고, 여자 빈객들 또한 남자 빈객들과 함께 빈객들이 서는 위치에 정렬하여 동쪽을 바라보게 되었다. '사(斯)'자는 모두라는 뜻이다. '첨(沾)'자는 엿보다는 뜻의 '첨(覘)'자로 해석한다. 이것은 예법이 변화하게 된 점을 기록한 것이다.

附註 斯沾, 一云: "沾當爲沽字之誤也." 言我家喪禮如是疎略也.
若作斯覘, 則毋曰當連讀.

'사첨(斯沾)'에 대해 한편에서는 "'첨(沾)'자는 고(沽)자의 오자에 해당한
다."고 한다. 즉 우리 가문에서 치르는 상례가 이와 같이 소략하다는 뜻이
다. 만약 사첨(斯覘)으로 해석한다면 무왈(毋曰)을 붙여서 풀이해야 한다.

【016】

國子高曰: "葬也者, 藏也. 藏也者, 欲人之弗得見也. 是故衣足以飾身, 棺周於衣, 槨周於棺, 土周於槨, 反壤樹之哉!"〈116〉 [本在"死於我乎殯"下.]

국자고가 말하길, "장례를 치른다고 할 때, '장(葬)'자는 감춘다는 뜻이다. 감춘다는 것은 사람들이 알아보지 못하게끔 하고자 함이다. 이러한 까닭으로 의복을 충분히 갖춰서 시신의 몸을 감싸고, 내관에는 의복들을 채우며, 내관은 또 외관에 넣고, 구덩이 속에 외관을 넣은 후 흙으로 덮게 된다. 그런데 오늘날에는 이러한 뜻과 상반되게 흙을 쌓아 올려서 봉분을 만들고, 나무를 심어서 표식을 한단 말인가! 이것은 잘못된 것이다."라고 했다. [본래는 "죽었을 때에는 내 집에 빈소를 마련하는 것이다."[1]라고 한 문장 뒤에 수록되어 있다.]

集說 國子高, 卽成子高也.

'국자고(國子高)'는 곧 성자고(成子高)를 뜻한다.

集說 疏曰: 子高之意人死可惡, 故備飾以衣衾棺槨, 欲其深邃不使人知, 今方反更封壤爲墳而種樹以標之哉? 國子意在於儉, 非周禮.

소에서 말하길, 자고의 의중은 사람이 죽게 되면 꺼려할 수 있기 때문에, 옷·이불·내관·외관 등을 준비하여 치장품을 갖추고, 깊숙이 파묻어서 사람들이 알아보지 못하게끔 하는 것인데, 현재는 반대로 흙을 쌓아올려 봉분을 만들고 나무를 심어서 표식을 하는가? 국자의 의도는 검소함을 지키는데 있었던 것으로, 주나라의 예법을 뜻하는 것이 아니다.

---

1) 『예기』「단궁상」115장 : 賓客至, 無所館. 夫子曰: "生於我乎館, <u>死於我乎殯</u>."

【017】

易[異]墓, 非古也.〈065〉[本在"経出則否"下.]

묘에 있는 초목을 베어버리는 것은[`易`자의 음은 `異(이)`이다.] 고대의 예법이
아니다. [본래는 "질을 둘렀지만, 밖으로 나갈 때에는 질을 두르지 않았다."²⁾라고 한 문장
뒤에 수록되어 있었다.]

集說 疏曰: 易, 謂變治草木, 不使荒穢. 古者, 殷以前, 墓而不墳,
不易治也.

소에서 말하길, `이(易)`자는 초목을 베어서 잡목이 우거지도록 하지 않는
것이다. `고(古)`라는 것은 은나라 이전을 뜻하며, 당시에는 묘만 만들고
봉분을 쌓지 않았고, 초목을 베어버리지 않았다.

【018】

成子高寢疾, 慶遺[去聲]入, 請曰: "子之病革[亟]矣, 如至乎太病, 則如
之何?"〈112〉[本在"是再告也"下.]

성자고가 질병에 걸렸다. 그래서 경유[`遺`자는 거성으로 읽는다.]는 그가 누워있
는 방으로 들어가서 청원을 하며, "그대의 질병은 위독[`革`자의 음은 `亟(극)`이
다.]한데 만약 그대가 죽게 된다면 어떻게 해야 합니까?"라고 했다. [본래는
"두 차례 아뢰는 것이 된다."³⁾라고 한 문장 뒤에 수록되어 있었다.]

集說 成子高, 齊大夫國伯高父, 諡成也. 遺, 慶封之族. 革, 與亟同,
急也. 大病, 死也, 諱之之辭.

`성자고(成子高)`는 제나라 대부인 국백고보로, 시호는 `성(成)`이다. `유
(遺)`는 경봉의 족인이다. `극(革)`자는 극(亟)자와 같으니, "위급하다."는
뜻이다. `대병(大病)`은 죽음을 뜻하는데, 피휘를 하여 쓴 말이다.

---

2) 『예기』「단궁상」064장 : 孔子之喪, 二三子皆絰而出; 群居則絰, 出則否.
3) 『예기』「단궁상」111장 : 讀賵, 曾子曰: "非古也, 是再告也."

附註 成子高寢疾, 成子高, 是國子高, 成, 謚也. 古註亦然. 註云“國伯高父”, 未詳.

'성자고침질(成子高寢疾)'이라 했는데, '성자고(成子高)'는 국자고(國子高)에 해당하며, '성(成)'자는 시호에 해당한다. 고주 또한 이러하다. 그런데 주에서 '국백고보(國伯高父)'라 한 것은 상세하지 않다.

【019】

子高曰: "吾聞之也, 生有益於人, 死不害於人. 吾縱生無益於人, 吾可以死害於人乎哉! 我死, 則擇不食之地而葬我焉."〈113〉

자고가 말하길, "내가 듣기로, 사람은 생전에 남에게 이로움을 주어야 하고, 죽어서는 남에게 해를 끼치지 말아야 한다고 했소. 나는 비록 생전에 남에게 이로움을 준 일이 없지만, 내 죽음으로 인해 남에게 해를 끼칠 수가 있겠소! 내가 죽거든 경작을 할 수 없는 황폐한 땅을 택해서 나에 대한 장례를 치러주시오."라고 했다.

集說 不食之地, 謂不耕墾之土.

'불식지지(不食之地)'라는 말은 경작을 할 수 없는 황폐한 땅을 뜻한다.

【020】

公叔文子升於瑕丘, 蘧伯玉從[去聲]. 文子曰: "樂哉斯丘也! 死則我欲葬焉." 蘧伯玉曰: "吾子樂之, 則瑗[于願反]請前."〈080〉 [本在"邦邑危則亡之"下.]

공숙문자가 하구에 오름에 거백옥이 그 뒤를 따라['從'자는 거성으로 읽는다.] 함께 올라갔다. 그러자 공숙문자는 "이 언덕은 매우 좋구나! 내가 죽으면 나는 이곳에서 내 장례를 치르고 싶다."라고 했다. 그러자 거백옥은 "그대가 이 땅을 좋아하니, 나는['瑗'자는 '于(우)'자와 '願(원)'자의 반절음이다.] 청컨대 먼저 내려가겠소."라고 했다. [본래는 "그 나라가 위태롭게 된다면 자신 또한 물러나는 것이 마땅하다."[1]라고 한 문장 뒤에 수록되어 있었다.]

集說 二子皆衛大夫, 文子名拔, 伯玉名瑗.

두 사람은 모두 위나라의 대부로, 문자의 이름은 '발(拔)'이고, 백옥의 이

---

1) 『예기』 「단궁상」 079장: 君子曰: "謀人之軍師, 敗則死之; 謀人之邦邑, 危則亡之."

름은 '원(瑗)'이다.

劉氏曰: 伯玉之請前, 蓋始從行於文子之後, 及聞文子之言, 而惡其將欲奪人之地, 自爲身後計, 遂譏之曰, 吾子樂此, 則我請前 行以去子矣. 示不欲與聞其事, 可謂長於風諭者矣.

유씨가 말하길, 백옥이 먼저 내려가길 청원한 이유는 아마도 처음에는 문자의 뒤를 따라 올라갔다가 곧 문자가 하는 말을 듣고서 그가 남의 땅을 탐내며 제 스스로 자신이 죽은 뒤의 계책을 도모하는 것이 싫었기 때문에, 결국 그를 기롱하며, "그대가 이 땅을 좋아한다면, 나는 청컨대 그대보다 먼저 내려가서 그대를 떠나겠네."라고 말한 것이다. 이것은 곧 그와 함께 그 일을 도모하는 것에 참여하고 싶지 않다는 뜻을 나타내는 것이니, 백옥은 완곡한 언사를 통해 풍자하는 것에 뛰어났던 사람이라고 평가할 수 있다.

附註 公叔文子升於瑕丘, 註以爲"欲奪人之田", 未見此意. 按: 文子 之意, 只是平說云, 見丘山環抱之美, 死欲葬之. 伯玉之譏, 蓋以其不 達於死生之理. 而"某請前"云者, 言公欲葬於美地, 則人皆有此意, 吾欲先葬於此, 以風之. 一云: "瑗請前云者, 言文子衛之賢大夫, 於 伯玉爲先輩長者, 故聞其言, 而言夫子欲葬於此地, 則我願葬於其 前, 以爲依歸之地. 猶下從龍逢·比干之語. 記此者, 以見文子之賢, 使伯玉慕而悅之, 至於如此也." 此義亦通, 更詳之.

'공숙문자승어하구(公叔文子升於瑕丘)'라 했고, 주에서는 "남의 땅을 탐냈다."라고 했는데, 이러한 의미는 나타나지 않는다. 살펴보니, 문자의 의중은 단지 일반적인 말로, 언덕과 산의 아름다움을 보고서 죽게 되면 그곳에서 장례를 치르고 싶다고 말한 것이다. 백옥이 기롱했던 이유는 아마도 그가 생사의 이치에 통달하지 못했기 때문일 것이다. 그리고 '모 청전(某請前)'이라 말한 것은 그대가 아름다운 땅에 장례를 치르고자 한다면 사람들이 모두 이러한 뜻을 품게 되므로, 내가 먼저 이곳에서 장례를 치르고 싶다고 하여 이를 통해 풍자한 것이다. 한편에서는 "'원청전(瑗請前)'이라 말한 것은 문자는 위나라의 현명한 대부이고 거백옥에 있어서는 선배에 해당한다. 그렇기 때문에 그의 말을 듣고, 선생께서 이곳에 자신의 장례를 치르고자 한다면, 저는 그 앞에 장례를 치르고자 원한다고 말한 것으로, 죽어서 돌아갈 곳으로 삼은 것이다. 따라서 이것은 지하에서 용방과 비간을 따르겠다고 한 말과 같은 뜻이다. 이것을 기록한 것은 문자가 현명하여 백옥으로 하여금 자신을 사모하고 기뻐하도록 만든 것이 이와 같은 경지에 이르게 되었음을 드러낸 것이다."라 했는데, 이 의미 또한 통하지만, 다시 살펴보아야 한다.

[021]

季子皐葬其妻, 犯人之禾. 申祥以告, 曰: "請庚之". 子皐曰: "孟氏不
以是罪予, 朋友不以是棄予, 以吾爲邑長於斯也. 買道而葬, 後難繼
也." 〈檀弓下-098〉 [本在"魯人以妻我"下.]

공자의 제자인 계자고가 성(成) 땅의 읍재로 있었을 때, 자신의 부인에 대
한 장례를 치렀는데, 잘못하여 남의 경작지를 침범하게 되었다. 신상은 이
러한 실수를 아뢰며, "청컨대 그 부분을 변상해주십시오."라고 했다. 그러
자 자고는 "맹씨는 이 일로 나를 벌주지 못할 것이고, 내 벗들 또한 이
일을 가지고 나를 저버리지 않을 것이니, 나는 이곳의 읍재로 있기 때문이
다. 만약 내가 길을 사서 장례를 치르게 된다면, 이후에는 이처럼 따르기가
어렵게 될 것이다."라고 대답했다. [본래는 "노나라 사람들이 그녀를 나의 본처라고
부르고 있다."1)라고 한 문장 뒤에 수록되어 있었다.]

集說 劉氏曰: 季子皐, 孔子弟子高柴也. 夫子嘗曰"柴也愚." 觀家
語所稱及此經所記"泣血三年"及"成人爲衰"之事觀之, 賢可知矣. 此
葬妻犯禾, 亦爲成宰時事, 有無固不可知. 然曰"孟氏不以是罪予, 朋
友不以是棄予"者, 以犯禾之失小, 而買道之害大也. 何也? 以我爲邑
宰, 尙買道而葬, 則後必爲例, 而難乎爲繼者矣. 此亦愚而過慮之一
端, 然出於誠心, 非文飾之辭也. 鄭註謂其恃寵虐民, 而方氏又加以
不仁不恕之說, 則甚矣, 豈有賢如子皐而有是哉!

유씨가 말하길, '계자고(季子皐)'는 공자의 제자인 고시를 가리킨다. 공
자는 일찍이 "시는 어리석다."2)라고 했는데, 『공자가어』에서 언급한 일
들을 살펴보고, 또 이곳 경문의 기록 속에서 "3년 동안 마치 피를 흘리듯
소리도 내지 않고 눈물을 흘렸다."3)라고 한 것과 "성 땅의 사람들이 그

---

1) 『예기』「단궁하(檀弓下)」 097장: 悼公之母死, 哀公爲之齊衰. 有若曰: "爲妾齊
衰, 禮與?" 公曰: "吾得已乎哉! 魯人以妻我."
2) 『논어』「선진(先進)」: 柴也愚, 參也魯, 師也辟, 由也喭. 子曰, "回也其庶乎, 屢
空. 賜不受命, 而貨殖焉, 億則屢中."
3) 『예기』「단궁상」 051장: 高子皐之執親之喪也, 泣血三年, 未嘗見齒, 君子以爲

때문에 상복을 입었다."⁴⁾라고 했던 일들을 살펴보면, 그가 현명했다는
사실을 알 수 있다. 이곳 문장에서는 그가 처에 대한 장례를 치르며 남의
경작지를 침범했다고 했고, 그 일은 또한 그가 성 땅의 읍재가 되었을
때의 일이니, 이러한 일이 실제로 있었는지 또는 없었는지에 대해서는
진실로 알 수가 없다. 그러나 "맹씨는 이 일로 나를 벌주지 못하고, 벗들
도 이 일로 나를 버리지 못한다."라고 말한 것은 남의 경작지를 침범한
실수는 작지만 길을 샀을 때의 해로움은 크기 때문이다. 어째서인가? 본
인은 읍재의 신분인데도 오히려 길을 사서 장례를 치렀다고 한다면, 이후
에는 반드시 그것을 전거로 삼을 것이므로 계속되기가 어렵다. 이것은
또한 어리석고 지나치게 걱정을 했던 한 측면을 나타내지만, 진실된 마음
에서 도출된 것이지 문식을 꾸미고자 한 말이 아니다. 정현의 주에서는
총애하는 것을 믿고서 백성들에게 잔악하게 굴었다고 평가했고, 방씨 또
한 불인함과 서를 이루지 못했다는 말로 설명했는데, 이것은 너무 지나친
평가이다. 어찌 자고처럼 현명한 자에게 이와 같은 면모가 있었겠는가!

【022】

季武子成寢, 杜氏之葬[才浪反]在西階之下, 請合葬焉, 許之, 入宮而
不敢哭. 武子曰: "合葬, 非古也, 自周公以來, 未之有改也. 吾許其大
而不許其細, 何居[姬]?" 命之哭. 〈004〉 [本在"死心喪三年"下.]

계무자가 자신의 침을 지었는데, 두씨의 무덤['葬'자는 '才(재)'자와 '浪(랑)'자의
반절음이다.]이 침의 서쪽 계단 아래에 놓이게 되었다. 그래서 두씨는 무덤을
합장하길 청원하였고, 계무자가 그 일을 허락했다. 두씨는 궁에 들어섰는
데도 감히 곡을 하지 않았다. 그러자 계무자는 "합장을 하는 것은 고대의
예법이 아니며, 주공으로부터 그 이래로 이것을 고친 자가 아직까지 없었

難.
4) 『예기』「단궁하」135장 : 成人有其兄死而不爲衰者, 聞子皐將爲成宰, 遂爲衰.
成人曰, "蠶則績而蟹有匡, 范則冠而蟬有緌, 兄則死而子皐爲之衰."

다. 그런데도 내가 합장이라는 커다란 사안에 대해 허락을 했는데, 곡을 하는 것처럼 사소한 사안에 대해서 허락하지 않을 리가 있겠소?["居'자의 음은 '姬(희)'이다.]"라고 말하고, 두씨에게 곡을 하도록 명령했다. [본래는 "돌아가셨을 때에는 심상의 방법으로 삼년상을 치른다."5)라고 한 문장 뒤에 수록되어 있었다.]

集說 劉氏曰: 成寢而夷人之墓, 不仁也; 不改葬而又請合焉, 非孝也; 許其合而又命之哭焉, 矯僞以文過也. 且寢者, 所以安其家, 乃處其家於人之冢上, 於女安乎? 墓者, 所以安其先, 乃處其先於人之階下, 其能安乎? 皆不近人情, 非禮明矣.

유씨가 말하길, 침을 지으면서 남의 묘를 평평하게 만들어버리는 것은 인하지 못한 일이다. 그리고 장례를 치른 장소를 바꾸지 않고 재차 합장을 청원하는 것 또한 효가 아니다. 합장에 대해 허락을 하고 또 곡을 하도록 명령하는 것은 거짓과 속임수를 써서 자신의 잘못이 드러나지 않도록 꾸미는 것이다. 또 침(寢)이라는 것은 자신의 집에서도 편안하게 거주하는 건축물인데, 곧 남의 무덤 위에 그 집을 짓게 된다면 그대는 편안하겠는가? 묘(墓)라는 것은 그의 선조를 편안하게 머물도록 하는 곳인데, 곧 남의 계단 아래에 그 선조를 머물게 한다면, 편안하게 머물 수 있겠는가? 이 모두는 인정과 거리가 머니 비례가 됨이 분명하다.

【023】

陳子車死於衛, 其妻與其家大夫謀以殉葬, 定而后陳子亢[剛]至. 以告曰: "夫子疾, 莫養[去聲]於下, 請以殉葬."〈檀弓下-077〉 [本在"爲有知也"下.]

제나라 대부인 진자거가 위나라에서 죽었다. 그의 처는 그 집의 가신과

---

5) 『예기』「단궁상」003장 : 事親有隱而無犯, 左右就養無方, 服勤至死, 致喪三年. 事君有犯而無隱, 左右就養有方, 服勤至死, 方喪三年. 事師無犯無隱, 左右就養無方, 服勤至死, 心喪三年.

함께 의논하여, 진자거가 죽었을 때 그 밑에서 봉양의 도리를 못했으니 순장을 하자고 했다. 그런 이후 순장할 사람을 선택했는데, 그 이후에 진자거의 형제인 진자강이['亢'자의 음은 '剛(강)'이다.] 도착했다. 그래서 순장을 하기로 한 사실을 알리며, "부자께서 위독하셨을 때, 그 밑에서 봉양['養'자는 거성으로 읽는다.]의 도리를 다하지 못했으니, 청컨대 순장을 하려고 합니다." 라고 했다. [본래는 "영험함이 있다고 여겼다."[6]라고 한 문장 뒤에 수록되어 있었다.]

集說 子車, 齊大夫. 子亢, 其兄弟, 卽孔子弟子子禽也. 疾時不在家, 家人不得以致其養, 故云"莫養於下"也. 於是欲殺人以殉葬. 定, 謂已議定所殺之人也.

'자거(子車)'는 제나라의 대부이다. '자강(子亢)'은 그의 형제로, 곧 공자의 제자인 자금을 가리킨다. 병에 걸려 위독했을 때 집에 있지 않았으니, 집안사람들이 그에 대한 봉양의 도리를 다할 수 없었다. 그렇기 때문에 "그 밑에서 봉양을 못했다."라고 말한 것이니, 이때 사람을 죽여서 함께 순장하고자 했던 것이다. '정(定)'자는 이미 의논을 해서 죽여서 순장할 사람을 정했다는 뜻이다.

附註 夫子疾莫養於下, 疾, 言死也. 不欲斥言, 故謂之疾. 莫養於下, 言無以奉養於地下也, 非爲疾時不在家也.

'부자질막양어하(夫子疾莫養於下)'라 했는데, '질(疾)'자는 죽었다는 뜻이다. 직접적으로 가리켜 말하고 싶지 않았기 때문에 질(疾)이라 말한 것이다. '막양어하(莫養於下)'는 지하에서는 봉양할 수 없다는 뜻으로, 병이 위독했을 때 집에 있지 않았다는 뜻이 아니다.

---

6) 『예기』「단궁하(檀弓下)」076장: 石駘仲卒, 無適子, 有庶子六人, 卜所以爲後者, 曰: "沐浴佩玉則兆." 五人者皆沐浴佩玉. 石祁子曰: "孰有執親之喪而沐浴佩玉者乎?" 不沐浴佩玉. 石祁子兆, 衛人以龜爲有知也.

子亢曰: "以殉葬, 非禮也. 雖然, 則彼疾當養者, 孰若妻與宰? 得已,
則吾欲已; 不得已, 則吾欲以二子者之爲之也." 於是弗果用.〈檀弓下
-078〉

진자강이 말하길, "장례를 치를 때 순장을 하는 것은 비례가 됩니다. 비록
그렇다고 하지만 순장을 하고자 한다면, 제 형의 질병에 대해서 마땅히
부양을 해야만 하는 자로 결정해야 하는데, 그 누가 처나 가신보다 적합하
겠습니까? 따라서 그만둘 수 있다면 나는 그만두고 싶지만, 만약 부득이하
게 시행한다면, 나는 이 두 사람을 순장시켜야 한다고 생각합니다."라고
했다. 그래서 이때에는 결국 순장의 방법을 사용하지 않았다.

集說 宰, 卽家大夫也. 二子, 謂妻與宰也. 子亢若但言非禮, 未必能
止之, 今以當養者爲當殉, 則不期其止而自止矣.

'재(宰)'는 곧 대부 집안의 가신을 뜻한다. '이자(二子)'는 처와 가신을
가리킨다. 자강이 만약 비례가 된다고만 말했다면, 반드시 저지를 할 수
있지는 않았을 것인데, 현재 부양에 적합한 자를 순장에 적합한 자로 삼
는다고 했다면, 저지하기를 바라지 않았더라도 제 스스로 그만두게 된다.

【025】

陳乾[干]昔寢疾, 屬[燭]其兄弟而命其子尊己曰: "如我死, 則必大爲我
棺, 使吾二婢子夾我." 陳乾昔死, 其子曰: "以殉葬, 非禮也, 況又同
棺乎!" 弗果殺.〈檀弓下-082〉 [本在"子孫毋變也"下.]

진간석이['乾'자의 음은 '干(간)'이다.] 병으로 누웠다. 그래서 그의 형제들을 불
러 모으고['屬'자의 음은 '燭(촉)'이다.] 그 자리에서 자신의 아들인 존기에게 명
령하길, "만일 내가 죽게 된다면, 반드시 내가 들어갈 관은 크게 만들어서,
내가 총애했던 소첩 2명을 죽여 내 몸의 양쪽 옆에 넣어 순장해라."라고
했다. 진간석이 죽자 그의 아들은 "순장으로 장례를 치르는 것은 비례가
되는데, 하물며 같은 관에 넣을 수가 있겠는가!"라고 했다. 그리고는 결국

부친의 두 소첩을 죽이지 않았다. [본래는 "후손들에게도 이 땅의 주인은 바뀌지 않을 것이다."1)라고 한 문장 뒤에 수록되어 있었다.]

集說 屬, 如周禮: "屬民讀法"之屬, 猶合也, 聚也. 記者善尊己守正, 而不從其父之亂命.

'촉(屬)'자는 『주례』에서 "백성들을 모아서 법령을 읽어준다."2)라고 할 때의 '촉(屬)'자이니, "모으다."라는 뜻이며, "취합한다."는 뜻이다. 『예기』를 기록한 자는 존기가 올바른 법도를 지키고, 그의 부친이 잘못 내린 명령을 따르지 않은 것에 대해 칭찬한 것이다.

【026】

延陵季子適齊, 於其反也, 其長子死, 葬於贏·博之間. 孔子曰: "延陵季子, 吳之習於禮者也." 往而觀其葬焉.〈檀弓下-109〉 [本在"爲無後也" 下.]

연릉계자가 제나라에 간 적이 있었는데, 돌아오는 길에 그의 큰 아들이 죽었다. 그래서 그는 제나라의 영읍과 박읍 사이에서, 큰 아들에 대한 장례를 치렀다. 공자는 그 이야기를 전해 듣고, "연릉계자는 오나라에서 예에 밝은 자로구나."라고 칭찬했다. 그리고는 그 장소로 찾아가서 장례를 치르는 모습을 살펴보았다. [본래는 "후손을 낳을 수 없기 때문이다."3)라고 한 문장 뒤에 수록되어 있었다.]

---

1) 『예기』「단궁하(檀弓下)」081장 : 衛有大史曰柳莊, 寢疾. 公曰: "若疾革, 雖當 祭必告." 公再拜稽首請於尸曰: "有臣柳莊也者, 非寡人之臣, 社稷之臣也. 聞 之死, 請往." 不釋服而往, 遂以襚之, 與之邑裘氏與縣潘氏, 書而納諸棺曰: "世 世萬子孫毋變也."
2) 『주례』「지관(地官)·당정(黨正)」 : 正歲, 屬民讀法而書其德行道藝.
3) 『예기』「단궁하(檀弓下)」108장 : 喪不慮居, 毀不危身. 喪不慮居, 爲無廟也. 毀 不危身, 爲無後也.

吳公子札, 讓國而居延陵, 故曰延陵季子. 嬴·博, 齊二邑名.

오나라 공자 찰은 제후의 지휘를 사양하고 연릉에 머물렀다. 그렇기 때문에, '연릉계자(延陵季子)'라고 불렀던 것이다. 영(嬴)과 박(博)은 제나라에 소속된 두 읍의 이름이다.

[027]

其坎深[去聲]不至於泉, 其斂以時服, 旣葬而封[如字], 廣[去聲]輪揜坎, 其高可隱[於刃反]也. 旣封, 左袒, 右還其封且號[平聲]者三, 曰: "骨肉歸復于土, 命也! 若魂氣則無不之也, 無不之也." 而遂行. 孔子曰: "延陵季子之於禮也, 其合矣乎!"〈檀弓下-110〉

공자가 그곳에 가서 살펴보니, 그 구덩이는 너무 깊지도 또 너무 얕지도 않게 하여, 그 깊이가['深'자는 거성으로 읽는다.] 지하수의 수맥에 이르지 않았고, 염을 할 때에도 당시 계절에 따른 옷을 이용했으며, 하관을 끝내고 봉분을 쌓아올렸는데['封'자는 글자대로 읽는다.] 가로와['廣'자는 거성으로 읽는다.] 세로의 치수가 겨우 구덩이를 가릴 정도였고, 그 높이 또한 간신히 구덩이를 가릴['隱'자는 '於(어)'자와 '刃(인)'자의 반절음이다.] 정도였다. 또 봉분 쌓는 일이 끝나자 연릉계자는 복식을 바꿔서, 좌측 어깨를 드러냈고, 우측으로 봉분을 선회하며, 부르짖기를['號'자는 평성으로 읽는다.] 세 차례 했는데, 부르짖을 때에는 "뼈와 살이 흙으로 되돌아가는 것은 명이로다! 혼기는 가지 못할 곳이 없구나, 가지 못할 곳이 없구나."라고 했다. 그리고는 곧 출발을 했다. 공자는 "연릉계자는 예에 대해서 합당하게 시행하는 것 같구나!"라고 칭찬했다.

不至於泉, 謂得淺深之宜也. 時服, 隨死時之寒暑所衣也. 封, 築土爲墳也. 橫曰廣, 直曰輪. 下則僅足以揜坎, 上則纔至於可隱, 皆儉制也. 左袒, 以示陽之變; 右還, 以示陰之歸. 骨肉之歸土, 陰之降也; 魂氣之无不之, 陽之升也. 陰陽, 氣也; 命者, 氣之所鍾也. 季子以骨肉歸復于土爲命者, 此精氣爲物之有盡; 謂魂氣則無不之者,此遊魂爲變之無方也. 壽夭得於有生之初, 可以言命; 魂氣散於旣死之後, 不可以言命也. 再言無不之也者, 感傷離訣之至情, 而冀其魂之隨己以歸也. 不惟適旅葬之節, 而又且通幽明之故, 宜夫子之善之也. 然爲疑辭而不爲決辭者, 蓋季子乃隨時處中之道, 稱其有無而不盡拘乎禮者也, 故夫子不直曰"季子之於禮也合矣", 而必加"其乎"二字, 使人由辭以得意也. 讀者詳之.

"천에 이르지 않았다."는 뜻은 깊이가 알맞았다는 의미이다. '시복(時服)'은 아들이 죽었을 때의 기후에 따라 착용하던 옷을 이용했다는 뜻이다. '봉(封)'자는 흙을 쌓아올려서 봉분을 만든다는 뜻이다. 가로를 '광(廣)'이라 부르고, 세로를 '윤(輪)'이라 부른다. 밑으로는 겨우 구덩이를 가릴 수 있었고 위로는 겨우 가릴 수 있는 높이까지만 만들었으니, 이 모두는 검소한 예제에 해당한다. '좌측 어깨를 드러냄'은 양이 변화되었음을 나타내기 위해서이며, '우측으로 선회함'은 음으로 회귀함을 나타내기 위해서이다. 뼈와 살이 흙으로 되돌아간 것은 음이 하강한 것이며, 혼기가 가지 못하는 곳이 없게 된 것은 양이 상승한 것이다. 음양은 기운이고, '명(命)'이라는 것은 기운이 모여진 것이다. 계자가 아들의 뼈와 살이 흙으로 되돌아가는 것을 명으로 여긴 이유는 그 정기는 사물이 소진된 것이기 때문이며, 혼기는 가지 못할 곳이 없다고 했는데, 혼기가 유행하는 것은 변화무쌍하여 특별히 정해진 장소가 없기 때문이다. 장수를 하거나 요절을 하는 것은 태어날 때 얻게 되는 수명에 따른 일이니, '명(命)'이라 부를 수 있고, 죽은 이후에는 혼기가 흩어지게 되니, '명(命)'이라 부를 수 없다. 재차 가지 못할 곳이 없다고 말한 것은 자식과 이별하는 것에 대해 상심하고 슬퍼하는 지극한 감정을 드러내어, 그 혼기가 자신을 따라 되돌아오기를 기대했기 때문이다. 이처럼 하는 것은 단지 여정 중에 장례를 치르는 절차에만 적합했던 것이 아니라 또한 유명(幽明)의 이치에도 통달한 것이었기 때문에 공자가 그를 칭찬했던 것은 마땅한 일이다. 그런데 확정적으로 말을 하지 않고, 다소 의문스럽게 표현한 이유는 아마도 계자는 당시의 상황에 따라 합당함으로 처신하는 도리를 따랐으니, 가산의 유무에 맞춰서 예에 따른 절차들을 다한 것이 아니기 때문이다. 그래서 공자는 직접적으로 "계자는 예에 대해서 합당하게 했다."라고 말하지 않고, 기어코 '기호(其乎)'라는 두 글자를 첨가하게 된 것이니, 사람들로 하여금 그 말을 통해서 그 속뜻을 이해하게끔 했던 것이다. 그러므로 학자들은 상세히 살펴야 한다.

集說 石梁王氏曰: 還, 與環同.
석량왕씨가 말하길, '환(還)'자는 돈다는 뜻의 '환(環)'자와 같다.

【028】
孔子在衛, 有送葬者, 而夫子觀之, 曰: "善哉爲喪乎! 足以爲法矣. 小子識[志]之!" 子貢曰: "夫子何善爾也?" 曰: "其往也如慕, 其反也如疑." 子貢曰: "豈若速反而虞乎?" 子曰: "小子識之! 我未之能行也."〈054〉
[本在"小子行之"下.]

공자가 위나라에 있을 때, 영구를 장지로 전송하는 자가 있었다. 공자가 상주의 행동을 관찰하고서 말하길, "상례를 아주 잘 치르는구나! 그의 행동은 법도로 삼기에 충분하다. 제자들아 잘 보고 기억['識'자의 음은 '志(지)'이다.] 해두거라!"라고 했다. 자공이 말하길, "선생님께서는 어떤 점이 좋다고 하신 겁니까?"라고 물었다. 그러자 공자가 대답하길, "그가 장지로 갈 때에는 부모를 사모하듯이 행동하였고, 그가 장지에서 되돌아올 때에는 부모가 정말로 돌아가셨는지 의심하며 천천히 발걸음을 옮긴 것이 바로 잘한 점이다."라고 했다. 자공이 재차 물으며, "어찌 신속히 되돌아와서 우제를 치르는 것만 같겠습니까? 그가 되돌아오는 것이 너무 더딘 것이 아닙니까?"라고 했다. 그러자 공자가 말하길, "제자들아 잘 기억해두거라! 나도 저 사람처럼 효성스럽게는 못했었다."라고 했다. [본래는 "제자들아 내가 일러준 대로 시행하거라!"[4]라고 한 문장 뒤에 수록되어 있었다.]

集說 往如慕, 反如疑, 此孝子不死其親之至情也. 子貢以爲如疑則反遲, 不若速反而行虞祭之禮, 是知其禮之常, 而不察其情之至矣. 夫子申言小子識之, 且曰"我未之能行", 則此豈易言哉?

장지로 갈 때 그리워하는 듯 하고, 장지에서 돌아올 때 의심스러워하는 듯 하니, 이것은 자식이 부모의 죽음을 인정할 수 없는 지극한 감정이다. 자공은 의심스러워하는 듯이 오게 된다면 돌아오는 것이 더디게 되니, 신속히 되돌아와서 우제의 예법을 시행하는 것만 못하다고 여긴 것인데, 이것은 예의 일정한 규범에 대해서만 안 것이고, 지극한 정감에 대해서는 살피지 못한 것이다. 공자는 거듭하여 제자들에게 명심하라고 말하며, 또한 "나도 잘 하지 못했던 것이다."라고 했으니, 이러한 말을 어찌 쉽게 할 수 있겠는가?

【029】

孔子之喪, 有自燕[平聲]來觀者, 舍於子夏氏. 子夏曰: "聖人之葬人與 [平聲]? 人之葬聖人也. 子何觀焉?"〈117〉 [本在"壞樹之哉"下.]

공자의 상을 치르는데, 연나라에서['燕'자는 평성으로 읽는다.] 찾아와 그 모습을 관찰하고자 한 자가 있었다. 그래서 자하의 집에 머물도록 했는데, 자하는 "그대는 성인이 일반인에 대해서 장례를 치르는 것이라고 알고 있었는가? ['與'자는 평성으로 읽는다.] 그것이 아니라 일반인이 성인에 대한 장례를 치르는 것이다. 그러므로 그대는 무엇을 보고 배울 수 있겠는가?"라고 했다. [본래는 "흙을 쌓아 올려서 봉분을 만들고, 나무를 심어서 표식을 한단 말인가!"5)라고 한 문장 뒤에 수록되어 있었다.]

---

4) 『예기』「단궁상」 053장 : 孔子之衛, 遇舊館人之喪, 入而哭之哀, 出, 使子貢說驂而賻之. 子貢曰: "於門人之喪, 未有所說驂, 說驂於舊館, 無乃已重乎?" 夫子曰: "予鄉者入而哭之, 遇於一哀而出涕. 予惡夫涕之無從也, 小子行之!"

5) 『예기』「단궁상」 116장 : 國子高曰: "葬也者, 藏也. 藏也者, 欲人之弗得見也. 是故衣足以飾身, 棺周於衣, 槨周於棺, 土周於槨, 反壞樹之哉!"

延陵季子之葬其子，夫子尙往觀之，今孔子之葬，燕人來觀，亦其宜也. 然子夏之意，以爲聖人葬人，則事皆合禮；人之葬聖人，則未必皆合於禮也. 故語之曰: "子以爲聖人之葬人乎? 乃人之葬聖人也, 又何觀焉? 蓋謙辭也.

연릉의 계자가 그의 아들에 대한 장례를 치르는데, 공자는 일찍이 그곳에 찾아가서 그 모습을 관찰하였다. 현재 공자의 장례를 치르는데, 연나라 사람이 찾아와서 살펴보니, 이 또한 합당한 일이다. 그런데 자하의 생각에는 성인이 일반인에 대해 장례를 치르는 것이라면, 그 사안이 모두 예에 합당하게 되지만, 일반인이 성인에 대한 장례를 치르게 된다면, 반드시 모든 일들이 예에 합당하게 되지 않을 수도 있다. 그렇기 때문에 그 사람에게 말하며, "그대는 성인이 일반인에 대해 장례를 치르는 것이라고 여겼던 것인가? 지금 상황은 일반인이 성인에 대한 장례를 치르는 것인데, 또한 무엇을 관찰하려는 것인가?"라고 한 것이니, 이 말은 겸손하게 사양하는 말에 해당한다.

【030】

"昔者夫子言之曰: '吾見封之若堂者矣, 見若坊[防]者矣, 見若覆[方救反]夏屋者矣, 見若斧者矣. 從若斧者焉.' 馬鬣封之謂也. 今一日而三斬板, 而已封, 尙行夫子之志乎哉!" 〈118〉

계속하여 자하가 말해주길, "나는 예전에 선생님께 들은 이야기가 있는데, 선생님께서는 '나는 봉분을 쌓을 때 마치 당의 터를 만들듯이 네 면을 네모지게 하여 높게 쌓는 것을 본 적이 있다. 그리고 제방['坊'자의 음은 '防(방)'이다.]을 쌓는 것처럼 만드는 것도 보았으니, 남북 방향으로 높고 길게 만드는 방법이다. 또한 하나라 때의 지붕처럼['覆'자는 '方(방)'자와 '救(구)'자의 반절음이다.] 옆면을 넓고 낮게 만드는 것도 보았다. 한편 도끼의 칼날처럼 윗면을 좁게 만드는 것을 보았는데, 이것은 다른 방법들에 비해 검소하고 적은 노력으로도 완성시킬 수 있으니, 나는 이 방법에 따르겠다.'라고 하셨소.

선생님께서 말씀하신 봉분의 형태는 오늘날 세속에서 마렵봉(馬鬣封)이라 부르는 것이오. 이것은 하루 사이에 만들 수 있으니, 판축을 쌓아올리길 세 차례만 하게 되면 봉분이 다 만들어지게 되므로, 아마도 거의 선생님의 뜻대로 시행하는 것이 될 것이오!"라고 했다.

集說 此言封上有此四者之形. 封, 築土爲墳也. 若堂者, 如堂之基, 四方而高也. 坊, 堤也. 若坊者, 上平旁殺而南北長也. 若覆夏屋者, 旁廣而卑也. 若斧者, 止狹如刃, 較之上三者, 皆用功力多而難成, 此則儉而易就, 故俗謂之馬鬣封, 馬鬐鬣之上, 其肉薄, 封形似之也. 今一日者, 謂今封築孔子之墳不假多時, 一日之間三次斬板, 卽封畢而已止矣. 其法側板於坎之兩旁, 而用繩以約板, 乃內土於內而築之, 土與板平, 則斬斷約板之繩, 而升此板於所築土之上, 又實土於其中而築之, 如此者三, 而墳成矣, 故云三斬板而已封也. 尙, 庶幾也. 乎哉, 疑辭, 亦謙不敢質言也.

이곳 문장에서는 봉분을 쌓음에 네 가지 유형이 있었음을 말하고 있다. '봉(封)'자는 흙을 쌓아올려서 봉분을 만든다는 뜻이다. '약당(若堂)'이라는 말은 당의 터처럼 만들어서, 네 면을 네모지고 높게 만든다는 뜻이다. '방(坊)'자는 제방을 뜻한다. '약방(若坊)'이라는 말은 윗면은 평평하게 하고 옆면은 깎아지게 하여 남북으로 길게 만든다는 뜻이다. '약부하옥(若覆夏屋)'이라는 말은 옆면은 넓고 낮게 만든다는 뜻이다. '약부(若斧)'라는 말은 윗면을 협소하게 하여 마치 칼날처럼 만들게 되는데, 앞서 언급한 세 가지 유형과 비교해보면, 세 가지 유형은 모두 공력이 많이 들어가게 되고 만들기도 어렵지만, 이 방법은 검소하며 만들기도 쉽다. 그렇기 때문에 세속에서는 이러한 방식을 '말갈기처럼 만든 봉분'이라고 부르니, 말갈기의 살은 얇아서, 봉분의 형태가 그와 유사한 점이 있기 때문이다. '금일일(今一日)'이라는 것은 현재 공자의 봉분을 쌓음에 많은 시간이 소요되지 않고, 하루 사이에 세 차례 판축을 붙였다 떼어내게 되면, 봉분을 쌓는 일이 끝나서 멈추게 된다는 뜻이다. 그 방법은 구덩이 양쪽 측면에 판축을 붙이고, 새끼줄을 이용해서 결속을 시키면, 곧 그 안에 흙을 채워서 쌓고, 흙과 판축이 수평을 이루게 되면, 판축을 묶고 있던 새끼줄을 끊어버리고, 다시 흙을 쌓아올린 그 위에 이 판축을 붙이고, 다시 그 안에 흙을 채워서 쌓게 되는데, 이처럼 세 차례를 하게 되면 봉분이 완성된다. 그렇기 때문에 세 차례 판축을 떼어내고서 봉분 쌓는 일을 끝낸다고 말한 것이다. '상(尙)'자는 거의라는 뜻이다. '호재(乎哉)'는 확신하지 못할 때 쓰는 말이니, 또한 겸손하게 표현하여 감히 직접적으로 언급하지 않았던 것이다.

類編 右葬. [十六章.]
여기까지는 '장(葬)'에 대한 내용이다. [16개 장이다.]

類編 喪禮終於葬, 故葬次之.
상례는 장례에서 마치기 때문에, 장례에 대한 내용을 그 다음에 수록하였다.

◇ 친상(親喪)

【031】

孔子曰: "少連·大連善居喪, 三日不怠, 三月不解[懈], 期悲哀, 三年憂, 東夷之子也." 〈雜記下-016〉 [雜記. 本在"不可奪喪也"下.]

공자가 말하길, "소련과 대련은 상을 잘 치렀으니, 3일 동안은 나태해지지 않았고, 3개월 동안은 게을러지지['解'자의 음은 '懈(해)'이다.] 않았으며, 1년 동안은 비통하고 애통한 마음이 나타났고, 3년 동안은 근심하여 초췌해졌으니, 역시 동이의 자손이라 할만하다."라고 했다. [「잡기」편의 문장이다. 본래는 "다른 일로 하여금 상을 치르지 못하도록 할 수 없다."[1]라고 한 문장 뒤에 수록되어 있었다.]

集說 少連, 見論語. 三日, 親始死時也. 不怠, 謂哀痛之切, 雖不食而能自力以致其禮也. 三月, 親喪在殯時也. 解, 與懈同, 倦也. 或讀如本字, 謂寢不脫絰帶也. 憂, 謂憂戚憔悴.

'소련(少連)'에 대해서는 『논어』에 나온다.[2] 삼일은 부모가 이제 막 돌아가셨을 때를 뜻한다. "태만하지 않았다."는 말은 애통한 마음이 간절하여, 비록 음식을 먹지 않았더라도 스스로 힘을 다해 예법대로 치를 수 있다는 뜻이다. 삼개월은 부모의 시신이 빈소에 있는 때를 뜻한다. '해(解)'자는 해(懈)자와 같으니, "게으르다."는 뜻이다. 혹은 글자 그대로 읽어서 침소에서 질과 대를 벗지 않는 뜻이라고도 한다. '우(憂)'는 근심하여 초췌해진다는 뜻이다.

---

1) 『예기』「잡기하(雜記下)」015장 : 君子不奪人之喪, 亦不可奪喪也.
2) 『논어』「미자(微子)」 : 逸民, 伯夷·叔齊·虞仲·夷逸·朱張·柳下惠·少連. 子曰, "不降其志, 不辱其身, 伯夷·叔齊與!" 謂柳下惠少連, 降志辱身矣, 言中倫, 行中慮, 其斯而已矣. 謂虞仲夷逸, 隱居放言, 身中淸, 廢中權. 我則異於是, 無可無不可.

[032]

顔丁善居喪. 始死, 皇皇焉如有求而弗得; 及殯, 望望焉如有從而弗
及; 旣葬, 慨焉如不及其反而息.〈檀弓下-067〉 [本在"有無名乎"下.]

노나라에는 안정이라는 사람이 있었는데, 그는 부모의 상을 아주 잘 치렀
다. 그의 부모가 막 돌아가셨을 때, 그는 몹시 분주하게 돌아다니며 마치
부모를 찾으나 볼 수 없는 것처럼 행동했다. 빈소를 차렸을 때에는 묵묵히
응시하며 마치 부모를 쫓고자 하지만 부모에게 미치지 못하는 것처럼 행동
했다. 또 장례를 끝냈을 때에는 슬픔에 흐느끼고 부모가 다시 되돌아오지
는 않을까라고 생각하며 가다서기를 반복하였으니, 마치 부모가 되돌아옴
을 쫓지 못하는 것처럼 했고, 또 집에 되돌아와서도 부모가 되돌아오기를
기다리고 있는 것처럼 했다. [본래는 "명성이 없을 수 있겠습니까?"3)라고 한 문장 뒤에
수록되어 있었다.]

集說 顔丁, 魯人. 皇皇, 猶栖栖也. 望望, 往而不顧之貌. 慨, 感悵
之意. 始死, 形可見也; 旣殯, 柩可見也; 葬則無所見矣. 如有從而弗
及, 似有可及之處. 葬後則不復如有所從矣, 故但言"如不及其反."
又云"而息"者, 息, 猶待也, 不忍失忘其親, 猶且行且止, 以待其親之
反也. 蓋葬者往而不反, 然孝子於迎精而反之時, 猶如有所疑也.

'안정(顔丁)'은 노나라 사람이다. '황황(皇皇)'은 "몹시 분주하다."라는 뜻
이다. '망망(望望)'은 길을 떠나며 뒤돌아보지 않는 모양을 뜻한다. '개
(慨)'자는 슬픔을 느낀다는 뜻이다. 어떤 자가 이제 막 죽게 되면 그 형체
를 볼 수 있고, 빈소를 차리게 되면 시신을 싣고 있는 영구를 볼 수 있다.
그러나 장례를 치르고 나면 부모의 모습을 확인할 수 있는 것이 없다.
"쫓음이 있으나 미치지 못하는 것과 같다."는 말은 마치 도달할 수 있는
곳이 있는 것 같다는 뜻이다. 장례를 치른 뒤라면 다시는 쫓을 수 있는

---

3) 『예기』「단궁하(檀弓下)」 066장: 大宰嚭曰: "古之侵伐者, 不斬祀, 不殺厲, 不
獲二毛. 今斯師也, 殺厲與? 其不謂之殺厲之師與?" 曰: "反爾地, 歸爾子, 則謂
之何?" 曰: "君王討敝邑之罪, 又矜而赦之, 師與有無名乎?"

것이 있는 것처럼 할 수 없다. 그렇기 때문에 단지 "그 되돌아옴에 미치지 못한 것처럼 했다."라고 말한 것이다. 또 '이식(而息)'이라고 했는데, '식(息)'자는 "기다린다."는 뜻이니, 차마 그 부모를 완전히 잊어버릴 수가 없으니, 여전히 길을 가다가도 멈추는 것을 반복하며, 자신의 부모가 되돌아오기를 기다린다는 뜻이다. 무릇 장례에서는 가기만 하고 되돌아오지는 않는다. 그러나 자식은 부모의 정기를 맞이하여 되돌아올 때, 여전히 되돌아오지는 않을까라는 의문을 품은 것처럼 행동하게 된다.

【033】

高子臯之執親之喪也, 泣血三年, 未嘗見[現]齒, 君子以爲難.〈051〉 [本在"不晝夜居於內"下.]

고자고가 부모의 상을 치름에 3년 동안 마치 피를 흘리듯 소리도 내지 않고 눈물을 흘렸고, 웃을 때에도 일찍이 이빨을 보인['見'자의 음은 '現(현)'이다.] 적이 없었으니, 군자는 고자고의 행동을 보고, 이처럼 하는 것은 사람들이 따를 수 없는 것이라고 평가했다. [본래는 "밤낮으로 정침 안에 머물러 있지 않았던 것이다."[4]라고 한 문장 뒤에 수록되어 있었다.]

集說 子臯, 名柴, 孔子弟子.

'자고(子臯)'의 이름은 '시(柴)'이며, 공자의 제자이다.

集說 疏曰: 人涕淚, 必因悲聲而出; 血出則不由聲也. 子臯悲無聲, 其涕亦出, 如血之出, 故云泣血. 人大笑則露齒本, 中笑則露齒, 微笑則不見齒.

소에서 말하길, 사람이 눈물을 흘릴 때에는 반드시 비통한 소리를 내며 눈물을 흘리게 되고, 피가 나오게 되면 소리를 내지 않는다. 자고는 비통

---

4) 『예기』「단궁상」 050장 : 夫晝居於內, 問其疾可也; 夜居於外, 弔之可也. 是故君子非有大故, 不宿於外; 非致齊也, 非疾也, 不晝夜居於內.

했지만 소리를 내지 않으면서 또한 눈물도 흘린 것이니, 마치 피가 나올 때의 모습과 같았다. 그렇기 때문에 "눈물을 흘리되 피를 흘리는 것처럼 했다."라고 말한 것이다. 사람이 크게 웃게 되면 잇몸이 드러나게 되고, 보통으로 웃게 되면 이빨이 드러나게 되며, 작게 웃으면 이빨조차 보이지 않게 된다.

【034】

曾子謂子思曰: "伋! 吾執親之喪也, 水漿不入於口者七日." 子思曰: "先王之制禮也, 過之者, 俯而就之; 不至焉者, 跂[棄]而及之. 故君子之執親之喪也, 水醬不入於口者三日, 杖而後能起." 〈044〉[本在"吉非古也"下.]

증자가 자사에게 일러주며, "급아! 나는 부모의 상을 치르면서, 미음조차 먹지 않은 것을 칠일 동안 했느니라."라고 했다. 그러자 자사가 말하길, "선왕께서 예를 제정했을 때에는 지나친 자에 대해서는 굽히게 해서 나아가게 했고, 미치지 못하는 자에 대해서는 발돋움을[`跂`자의 음은 '棄(기)'이다.] 해서라도 쫓아오게 했습니다. 그렇기 때문에 군자가 부모의 상을 치를 때, 미음을 먹지 않는 기간은 삼일로 하고, 그 이후에는 미음을 먹었기 때문에 지팡이를 잡고서 일어날 수 있었던 것입니다."라고 했다. [본래는 '길비고야(吉非古也)'5)라고 한 문장 뒤에 수록되어 있었다.]

集說 三日, 中制也; 七日, 則幾於滅性矣. 有扶而起者, 有杖而起者, 有面垢而已者.

삼일 동안 하는 것은 예제에 맞는 것이고, 칠일 동안 한다면 거의 생명을 잃는 지경에 이른 것이다. 부축하여 일어나는 자도 있고, 지팡이를 잡고 일어나는 자도 있으며, 얼굴에 얼룩이 생기게만 하는 자도 있다.6)

---

5) 『예기』「단궁상」043장 : 古者冠縮縫, 今也衡縫. 故喪冠之反吉, 非古也.
6) 『예기』「상복사제(喪服四制)」006장 : 杖者何也? 爵也. 三日授子杖, 五日授大

【035】

樂正子春之母死, 五日而不食, 曰: "吾悔之. 自吾母而不得吾情, 吾
惡[烏]乎用吾情." ⟨檀弓下-136⟩ [本在"子皐爲之衰"下.]

증자의 제자 중에 악정자춘이라는 자가 있었는데, 어느 날 그의 모친이
돌아가셨다. 악정자춘은 5일 동안이나 음식을 입에 대지 않았다. 그러나
그것이 잘못된 것임을 깨닫고, "나는 내가 시행했던 일에 대해서 후회한다.
내가 나의 모친에 대해서도 내 진실된 감정을 나타내지 못했으니, 나는
그 무엇에[惡'자의 음은 '烏(오)'이다.] 내 진실된 감정을 나타낼 수 있겠는가?"라
고 자책했다. [본래는 "자고는 그에게 상복을 입도록 했구나.")라고 한 문장 뒤에 수록되
어 있었다.]

集說 子春, 曾子弟子, 矯爲過制之禮, 而不用其實情於母, 則他無
所用其實情矣, 此所以悔也.

'자춘(子春)'은 증자의 제자이며, 모친의 상을 빙자하여 제도를 지나치게
따르는 예법을 시행하고, 자신의 모친에 대해서 진실된 감정을 나타낼
수 없었으니, 다른 일들에 대해서도 진실된 감정을 나타낼 수 없었던 것
이다. 이것이 바로 뉘우치게 된 이유이다.

【036】

子思之母死於衛, 柳若謂子思曰: "子, 聖人之後也. 四方於子乎觀禮,
子蓋愼諸!" 子思曰: "吾何愼哉! 吾聞之, 有其禮, 無其財, 君子弗行
也; 有其禮, 有其財, 無其時, 君子弗行也. 吾何愼哉!" ⟨098⟩ [本在"儀之

夫杖, 七日授士杖. 或曰擔主, 或曰輔病, 婦人童子不杖, 不能病也, 百官備, 百
物具, 不言而事行者, <u>扶而起</u>. 言而后事行者, <u>杖而起</u>. 身自執事而后行者, <u>面
垢而已</u>. 禿者不髽, 傴者不袒, 跛者不踊, 老病不止酒肉. 凡此八者, 以權制者
也.

7) 『예기』「단궁하(檀弓下)」135장 : 成人有其兄死而不爲衰者, 聞子皐將爲成宰,
遂爲衰. 成人曰: "蠶則績而蟹有匡, 范則冠而蟬有緌, 兄則死而<u>子皐爲之衰</u>."

자사의 모친은 부친인 백어가 죽자 위나라로 시집을 갔다. 그런데 그 모친이 죽었다는 소식이 들려왔다. 유약은 자사에게 말하길, "그대는 성인의 후예입니다. 사방의 모든 사람들이 그대를 통해서 예가 어떻게 시행되는지를 확인하려고 하니, 그대는 신중히 처신해야 할 것입니다!"라고 했다. 그러자 자사는 "내가 무엇을 신중히 한단 말이오! 내가 듣기로, 해당하는 예의 규정이 있는데, 그 예를 시행할만한 재화가 없다면, 군자는 예를 시행하지 않는다고 하였고, 또 해당하는 예의 규정이 있고, 그것을 시행할만한 재화도 있지만, 그것을 시행할 적절한 때가 아니라면, 군자는 시행하지 않는다고 했소. 그런데 내가 무엇을 신중히 한단 말이오!"라고 했다. [본래는 "의가 질문한 것으로부터 비롯되었다."[8]라고 한 문장 뒤에 수록되어 있었다.]

集說 柳若, 衛人. 伯魚卒, 其妻嫁於衛. 有其禮, 謂禮所得爲者, 然無財則不可爲禮. 時爲大, 有禮有財, 而時不可爲, 則亦不得爲之也.

'유약(柳若)'은 위나라 사람이다. 자사의 부친인 백어가 죽자 그 처는 위나라에 시집을 갔다. "그 예가 있다."는 말은 예에 따라 할 수 있는 것이 있다는 뜻이지만, 해당하는 재화가 없다면 예를 시행할 수 없다. 예에서는 때가 가장 중대하므로,[9] 해당하는 예의 규정도 있고 재화도 있지만, 때에 따라 할 수 없다면, 또한 예를 시행할 수 없다.

【037】
有子, 蓋旣祥而絲屨·組纓. 〈032〉[10] [本在"十日而成笙歌"下.]

---

8) 『예기』「단궁상」097장 : 公叔木有同母異父之昆弟死, 問於子游. 子游曰: "其大功乎!" 狄儀有同母異父之昆弟死, 問於子夏. 子夏曰: "我未之前聞也. 魯人則爲之齊衰." 狄儀行齊衰. 今之齊衰, 狄儀之問也.

9) 『예기』「예기(禮器)」005장 : 禮, 時爲大, 順次之, 體次之, 宜次之, 稱次之. 堯授舜, 舜授禹, 湯放桀, 武王伐紂, 時也. 詩云, 匪革其猶, 聿追來孝.

10) 『예기』「단궁상」032장 : 孔子旣祥, 五日彈琴而不成聲, 十日而成笙歌. 有子,

유약의 경우에는 대상을 끝내고나서 곧바로 명주의 코 장식이 있는 신발을 신었고, 오채색의 무늬가 들어간 끈이 달린 관을 썼다고 했다. [본래는 "10일이 지난 후에 생황을 연주하고 노래를 불렀다."라고 한 문장 뒤에 수록되어 있었다.]

集說 有子, 孔子弟子有若也. 禮, 旣祥, 白屨無絢, 縞冠素紕, 組之文五采. 今方祥, 卽以絲爲屨之飾, 以組爲冠之纓, 服之吉者也. 此二者, 皆譏其變吉之速. 然蓋者, 疑辭, 恐記者亦是得於傳聞, 故疑其辭也. 引孔子之事者, 以見餘哀未忘也.

'유자(有子)'는 공자의 제자인 유약(有若)이다. 예법에 따르면, 대상을 끝내고 나면 백색의 신발에 신코 장식이 없는 것으로 신으며, 흰 명주 관에 흰색의 가선을 두른다. 그리고 관의 끈 무늬는 오채색으로 만들게 된다. 현재 대상을 막 끝낸 상황인데, 곧바로 명주로 신발의 장식을 하고, 조를 관의 끈으로 삼았으니, 길복에 착용하는 것들이다. 이 두 가지 것들을 지적한 것은 모두 길례로 바꾼 것이 매우 빠르다는 점을 기롱하는 것이다. 그런데 '개(蓋)'라는 글자는 의문이 들 때 쓰는 말이니, 아마도 『예기』를 기록한 자 또한 이 내용이 전승되어 온 것이라 생각했기 때문에, 그 말에 대해서 의문을 표시했던 것이다. 공자의 일화를 인용한 이유는 마음에 남아 있는 애달픈 감정을 아직은 모두 잊을 수 없다는 뜻을 나타내기 위해서이다.

【038】
魯人有朝祥而莫[暮]歌者, 子路笑之. 夫子曰: "由! 爾責於人, 終無已夫! 三年之喪, 亦已久矣夫!" 子路出, 夫子曰: "又多乎哉! 踰月則其善也." 〈023〉 [本在"恭世子也"下.]
예법에 따르면, 삼년상을 치를 때에는 24개월째에 대상(大祥)¹¹⁾을 치르고,

_____

蓋旣祥而絲屨・組纓.

한 달을 더 넘겨서 만 25개월을 넘기게 되면, 탈상을 하게 되어 노래를 불러도 된다. 그런데 노나라 사람 중에 어떤 자는 아침에 대상을 치르고, 그날 저녁에['莫'자의 음은 '暮(모)'이다.] 노래를 불렀다. 그래서 그 모습을 보고 자로가 그를 비웃었다. 그러자 공자는 "자로야! 네가 남에 대해서 책망하는 것이 매우 심하구나! 그 자는 삼년상을 치렀으니 이 또한 매우 긴 기간 동안 예법대로 행동했다고 할 수 있다!"라고 했다. 이후 자로가 밖으로 나가자 공자는 "그가 노래를 부를 수 있는 시기가 많이 남았겠는가! 한 달을 넘기고 나서 노래를 불렀다면 그의 행동은 올바른 행동이 되었을 것이다." 라고 했다. [본래는 "'공세자(恭世子)'라는 시호를 얻었다."[12]라고 한 문장 뒤에 수록되어 있었다.]

朝祥暮歌, 固爲非禮, 特以禮敎衰廢之時, 而此人獨能行三年之喪, 故夫子抑子路之笑. 然終非正禮, 恐學者致疑, 故俟子路出, 乃正言之. 其意若曰, 名爲三年之喪, 實則二十五月, 今已至二十四月矣, 此去可歌之月, 又豈多有日月乎哉! 但更踰月而歌, 則爲善矣. 蓋聖人於此, 雖不責之以備禮, 亦未嘗許之以變禮也.

아침에 대상에 대한 제사를 지내고 저녁에 노래를 부르는 것은 진실로 비례가 되는데, 다만 예악과 교화가 쇠퇴하고 피폐해진 시기에, 그 사람은 홀로 삼년상의 의례를 시행할 수 있었다. 그렇기 때문에 공자가 자로의 비웃음을 억눌렀던 것이다. 그렇지만 이러한 행위는 결국 정식 예법이라 할 수 없고, 학생들이 의혹을 일으키게 될 것을 염려하였기 때문에, 자로가 밖으로 나가는 것을 기다렸다가 올바르게 말을 해준 것이다. 공자가 한 말의 속뜻은 다음과 같다. 부모의 상에 대해서 삼년상이라고 했지만, 실제로는 만 25개월을 치르는 것인데, 현재 이미 24개월을 보낸 것이

---

11) 대상(大祥)은 부모의 상(喪) 및 삼년상 등을 치를 때 그 대상이 죽은 후 만 2년 만에 탈상을 하며 지내는 제사이다.

12) 『예기』「단궁상」022장 : 使人辭於狐突曰: "申生有罪, 不念伯氏之言也, 以至于死. 申生不敢愛其死. 雖然, 吾君老矣, 子少, 國家多難, 伯氏不出而圖吾君. 伯氏苟出而圖吾君, 申生受賜而死." 再拜稽首乃卒. 是以爲恭世子也.

니, 노래를 부를 수 있게 되는 달의 차이가 어찌 많은 기간이 남았다고 할 수 있는가! 단지 다시금 참고 한 달만 남겨서 노래를 불렀다면 올바른 행위가 된다. 무릇 공자는 이러한 일에 대해서 비록 정식 예법대로 맞춰야 한다고 책망하지 않았지만, 또한 예법을 변화시키는 것에 대해서는 일찍이 허락하지 않았다.

【039】

孟獻子禫[大感反], 縣[玄]而不樂, 比[畀]御而不入. 夫子曰: "獻子加於人一等矣."〈031〉 [本在"尺而總八寸"下.]

맹헌자는 부모의 상을 치르면서, 담제사13)['禫'자는 '大(대)'자와 '感(감)'자의 반절음이다.]를 지냄에 악기를 걸어두기만 하고['縣'자의 음은 '玄(현)'이다.] 연주를 하지 않았으며, 상의 기간이 끝나서 그의 부인이 시중을 드는 때가 되었는데도['比'자의 음은 '畀(비)'이다.] 침소로 들어가지 않았다. 공자는 이러한 일들을 보고서, "맹헌자는 남보다 한 등급 더 뛰어나구나."라고 칭찬했다. [본래는 "1척으로 만들고, 머리를 묶고 난 뒤 남은 머리를 늘어트릴 때에는 그 길이가 8촌이 되어야 한다."14)라고 한 문장 뒤에 수록되어 있었다.]

集說 孟獻子, 魯大夫仲孫蔑也. 禫, 祭名. 禫者, 澹澹然平安之意. 大祥後間一月而禫, 故云中月而禫. 禮, 大夫判縣, 縣而不樂者, 但縣之而不作也. 比御而不入者, 雖比次婦人之當御者, 而猶不復寢也. 親喪外除, 故夫子美之.

'맹헌자(孟獻子)'는 노나라 대부 중손멸이다. '담(禫)'은 제사 명칭이다. '담(禫)'이라는 것은 담담하고 평안하다는 뜻이다. 대상을 지낸 이후 1개월을 건너서 담제사를 지낸다. 그렇기 때문에 "1개월이 지나고 나서 담제

---

13) 담제(禫祭)는 상복(喪服)을 벗을 때 지내는 제사이다.
14) 『예기』「단궁상」 030장 : 南宮縚之妻之姑之喪, 夫子誨之髽, 曰: "爾毋從從爾! 爾毋扈扈爾! 蓋榛以爲笄, 長尺而總八寸."

사를 지낸다."15)라고 한 것이다. 예법에 따르면, 대부는 판현(判縣)16)으로 한다고 했는데,17) '현이불악(縣而不樂)'이라는 말은 단지 악기를 걸어 두기만 하고 연주를 하지 않았다는 뜻이다. '비어이불입(比御而不入)'이라는 말은 비록 부인이 마땅히 시중을 들어야 하는 때가 되었는데도, 여전히 평소처럼 침으로 들어가지 않았다는 뜻이다. 부모의 상에서는 상의 기간이 끝나더라도 슬픔이 지속되었기 때문에, 공자가 그를 칭찬했던 것이다.

【040】

子夏旣除喪而見[現], 予[上聲]之琴, 和[去聲]之而不和, 彈之而不成聲, 作而曰: "哀未忘也, 先王制禮而弗敢過也." 子張旣除喪而見, 予之

---

15) 『의례』「사우례(士虞禮)」: 朞而小祥, 曰, "薦此常事." 又朞而大祥, 曰, "薦此祥事." 中月而禫. 是月也吉祭, 猶未配.

16) 판현(判縣)은 악기를 설치할 때 두 쪽 방면에 설치한다는 뜻이다. 매달아두는 악기인 종(鍾)이나 경(磬) 등을 중심으로 언급하였기 때문에 '현(縣)'자를 붙인 것이다. 경(卿)과 대부(大夫)들이 따랐던 형식이다. 참고적으로 천자가 악기를 설치하는 방식은 궁현(宮縣)이라고 하며, 4면에 악기들을 설치하는 것이고, 제후가 악기를 설치하는 방식은 헌현(軒縣)이라고 하며, 3면에 악기들을 설치하는 것이고, 경이나 대부가 악기를 설치하는 방식은 '판현'이라고 하며, 2면에 악기들을 설치하는 것이고, 대부(大夫) 또는 사(士)가 악기를 설치하는 방식을 '특현(特縣)'이라고 부른다. 대부가 경과 마찬가지로 '판현'을 설치한다는 주장에서는 '사' 계급이 '특현을 설치한다고 주장하며, 대부가 '특현'을 설치한다는 주장에서는 '사' 계급은 단지 금슬(琴瑟)만 설치한다고 주장한다. 『주례』「춘관(春官)·소서(小胥)」편에는 "正樂縣之位, 王, 宮縣, 諸侯, 軒縣, 卿大夫, 判縣, 士, 特縣."이라는 기록이 있고, 이에 대한 정현의 주에서는 정사농(鄭司農)의 주장을 인용하여, "宮縣, 四面縣, 軒縣, 去其一面, 判縣, 又去其一面, 特縣, 又去其一面."이라고 풀이했다. 한편 가의(賈誼)의 『신서(新書)』「심미(審微)」편에는 "禮, 天子之樂宮縣, 諸侯之樂軒縣, 大夫特縣, 士有琴瑟."이라는 기록이 있다.

17) 『주례』「춘관(春官)·소서(小胥)」: 正樂縣之位, 王宮縣, 諸侯軒縣, 卿大夫判縣, 士特縣, 辨其聲.

琴, 和之而和, 彈之而成聲, 作而曰: "先王制禮, 不敢不至焉."〈070〉
[本在"夫夫是也"下.]

자하가 상을 끝낸 이후에 공자를 찾아뵈었는데['見'자의 음은 '現(현)'이다.] 공자
는 그에게 금을 타도록 시켰다.['子'자는 상성으로 읽는다.] 자하가 금을 연주하
여 조화를 이루려고['和'자는 거성으로 읽는다.] 했지만 소리가 조화를 이루지
못했고, 금을 연주하는 것도 제대로 된 소리를 내지 못했다. 그러자 자하가
일어나서 말하길, "슬픔을 아직 잊을 수가 없기 때문입니다. 그러나 선왕께
서 예를 제정하셨으므로, 감히 지나치게 시행하지 않고자 했습니다."라고
했다. 자장이 상을 끝낸 이후에 공자를 찾아뵈었는데, 공자는 그에게 금을
타도록 시켰다. 자장이 금을 연주하여 조화를 이루려고 했는데 소리가 조
화를 이루었고, 금을 연주하는 것도 제대로 된 소리를 냈다. 그러자 자장이
일어나서 말하길, "선왕께서 예를 제정하셨으니, 감히 미치지 못함이 없도
록 하고자 했습니다."라고 했다. [본래는 "저 사람이 하는 것이 옳다."[18]라고 한 문장
뒤에 수록되어 있었다.]

集說 均爲除喪, 而琴有和不和之異者, 蓋子夏是過之者, 俯而就之,
出於勉强, 故餘哀未忘而不能成聲; 子張是不至者, 跂而及之, 故哀
已盡而能成聲也.

둘 모두 상을 끝낸 상태인데, 금을 탐에 소리가 조화를 이루거나 조화를
이루지 못하는 차이점이 발생했다. 그 이유는 자하는 상례를 지나치게
시행한 자이므로 숙여서 나아갔지만, 억지로 하는 것에서 비롯되었기 때
문에, 남아있던 슬픔을 잊지 못하여 제대로 된 소리를 낼 수 없었던 것이
다. 반면 자장은 상례를 지극히 치르지 않은 자이므로 깨금발을 하여 도
달하였기 때문에, 슬픔을 이미 모두 다 없애서 소리를 제대로 낼 수 있었
던 것이다.

---

18) 『예기』「단궁상」 069장 : 曾子襲裘而弔, 子游裼裘而弔. 曾子指子游而示人曰:
"夫夫也, 爲習於禮者, 如之何其裼裘而弔也?" 主人旣小斂, 袒括髮, 子游趨而
出, 襲裘・帶・絰而入. 曾子曰: "我過矣! 我過矣! 夫夫是也."

【041】

將軍文子之喪, 旣除喪而后越人來弔, 主人深衣·練冠, 待于廟, 垂涕洟. 子游觀之, 曰: "將軍文氏之子, 其庶幾乎! 亡於禮者之禮也, 其動也中[去聲]." 〈073〉 [本在"趨而就客位"下.]

장군 문자의 상에 그의 아들은 이미 상을 끝냈는데, 그 이후에 월나라 사람이 찾아와서 조문을 하였다. 그러자 문자의 아들은 심의를 입고 연관을 착용하고서, 신주가 있는 묘에서 기다렸으며, 조문객이 오자 곡은 하지 않고 눈물만 흘렸다. 자유가 그 모습을 관찰하고 말하길, "장군인 문씨의 아들은 그 행동이 예법에 가깝구나! 본래 상을 끝낸 뒤에 조문을 받는 예의 규정이 없는데도, 이러한 상황에 처해서 적절한 예를 시행했으니, 그의 행동은 모두 절도에 맞는구나.['中'자는 거성으로 읽는다.]"라고 했다. [본래는 "종종걸음으로 이동하여 빈객이 서는 위치로 나아갔다."[19]라고 한 문장 뒤에 수록되어 있었다.]

集說 將軍文子, 卽彌牟也. 主人, 文子之子也. 禮無弔人於除喪之後者, 亦無除喪後受人之弔者. 深衣, 吉凶可以通用; 小祥練服之冠, 不純吉, 亦不純凶. 廟者, 神主之所在, 待而不迎, 受弔之禮也. 不哭而垂涕, 哭之時已過, 而哀之情未忘也. 庶幾, 近也. 子游善其處禮之變, 故曰, 文氏之子, 其近於禮乎! 雖無此禮而爲之禮, 其擧動皆中節矣.

장군인 문자는 곧 '미모(彌牟)'이다. '주인(主人)'은 문자의 아들이다. 예법에는 상을 끝낸 이후에 조문을 하는 경우가 없고, 또 상을 끝낸 이후에 조문을 받는 경우도 없다. '심의(深衣)'는 길사와 흉사에 모두 착용할 수 있는 옷이고, 소상 때 연복에 착용하는 관의 경우에는 완전히 길한 복장도 아니고, 또한 완전히 흉한 복장도 아니다. '묘(廟)'라는 곳은 신주가

---

19) 『예기』「단궁상」 072장 : 文子退, 反哭. 子游趨而就諸臣之位. 文子又辭曰: "子辱與彌牟之弟游, 又辱爲之服, 又辱臨其喪, 敢辭." 子游曰: "固以請." 文子退, 扶適子南面而立, 曰: "子辱與彌牟之弟游, 又辱爲之服, 又辱臨其喪, 虎也敢不復位!" 子游趨而就客位.

위치하는 곳이니, 그곳에서 기다리기만 하고 조문객을 맞이하지 않았던 것은 조문을 받는 예에 해당한다. 곡을 하지 않고 눈물만 흘렸던 것은 곡을 하는 시점이 이미 경과하였지만, 애통한 마음을 아직 잊지 못했기 때문이다. '서기(庶幾)'는 "가깝다."는 뜻이다. 그렇기 때문에 다음과 같이 말한 것이다. 문씨의 아들이 취했던 행동은 예에 가깝다고 할 수 있다! 비록 이러한 예가 기존의 예법에는 없는 것인데도, 그 상황에 처해서 이러한 예를 시행했으니, 그의 행동은 모두 절도에 맞는구나.

集說 疏曰: 深衣, 卽間傳所言麻衣也. 制如深衣, 緣之以布, 曰麻衣; 緣之以素, 曰長衣; 緣之以采, 曰深衣. 練冠者, 祭前之冠, 若祥祭則縞冠也. 始死至練祥來弔, 是有文之禮; 祥後來弔, 是無文之禮. 言文氏之子, 庶幾堪行乎無於禮文之禮也. 動, 擧也. 中, 當於禮之變節也.

소에서 말하길, '심의(深衣)'는 곧 『예기』「간전(間傳)」편에서 말한 '마의(麻衣)'에 해당한다.[20] 제작방법은 심의와 같은데, 가장자리를 포로 덧대면, 그것을 '마의(麻衣)'라고 부르고, 흰색의 천으로 덧대면, 그것을 '장의(長衣)'라고 부르며, 채색된 천으로 덧대면, 그것을 '심의(深衣)'라고 부른다. '연관(練冠)'[21]이라는 것은 제사를 지내기 전에 쓰는 관이며, 만약 대상의 제사를 지내게 된다면, 호관(縞冠)을 쓴다. 처음 죽었을 때로부터 연상에 이르기까지는 찾아와서 조문을 하는 것에 대해서, 규정된 예가 있다. 그러나 대상을 지낸 이후로부터는 찾아와서 조문하는 것에 대해서 규정된 예가 없다. 자유의 말은 문자의 아들이 본래의 규정에는 없는 예를 감행했는데, 그것이 거의 예법에 맞았다는 뜻이다. '동(動)'자는 "거행하다."는 뜻이다. '중(中)'자는 예 중에서도 변례의 절도에 합당하다는 뜻

---

20) 『예기』「간전(間傳)」 011장 : 又期而大祥素縞麻衣. 中月而禫禫而纖, 無所不佩.
21) 연관(練冠)은 상(喪) 중에 착용하는 관(冠)이다. 부모의 상 중에서 1주기에 지내는 제사 때 착용을 하였다.

이다.

類編 右親喪. [十二章.]

여기까지는 '친상(親喪)'에 대한 내용이다. [12개 장이다.]

類編 親喪, 固所自盡, 故親喪次之.

부모의 상에 대해서는 진실로 스스로 힘을 다하게 된다. 그렇기 때문에
친상에 대한 내용을 그 다음에 수록하였다.

◇ 군상(君喪)

【042】

子張問曰: "書云: '高宗三年不言, 言乃讙, 有諸?' 仲尼曰: "胡爲其不然也! 古者天子崩, 王世子聽於冢宰三年." 〈檀弓下-068〉 [本在"其反而息"下.]

자장이 "『서』에서 '고종은 3년 동안 말을 하지 않았고, 말을 하게 되자 신하들이 기뻐했다.'[1]라고 했는데, 실제로 이러한 일이 있었습니까?"라고 물었다. 그러자 공자는 "어찌 그렇지 않았겠는가! 옛날에는 천자가 붕어하면 왕세자는 삼년상을 치르게 되므로, 3년 동안 총재에게 정사를 맡기고 보고만 받았다."라고 대답해주었다. [본래는 '기반이식(其反而息)'[2]이라고 한 문장 뒤에 수록되어 있었다.]

集說 言乃讙者, 命令所布, 人心喜悅也.

'언내환(言乃讙)'이라는 말은 명령을 내리자 사람들이 마음으로 기뻐했다는 뜻이다.

【043】

魯莊公之喪, 旣葬, 而絰不入庫門. 士·大夫旣卒哭, 麻不入. 〈檀弓下-126〉 [本在"其孰能當之"下.]

노나라 장공의 상이 발생했을 때, 장례를 끝내자 민공은 질을 두른 상태로 고문으로 들어가지 않고, 고문 밖에서 곧바로 길복으로 갈아입고 들어갔다. 한편 사와 대부들은 졸곡을 끝내고서야 상복을 벗었으니, 마로 된 질을 두르고서 고문으로 들어가지 않았다. [본래는 "그 어느 나라가 송나라를 당해낼 수

---

1) 『서』「주서(周書)·무일(無逸)」: 其在高宗時, 舊勞于外, 爰暨小人, 作其卽位, 乃或亮陰, <u>三年不言, 其惟不言, 言乃雍</u>, 不敢荒寧, 嘉靖殷邦.
2) 『예기』「단궁하(檀弓下)」067장: 顔丁善居喪. 始死, 皇皇焉如有求而弗得; 及殯, 皇皇焉如有從而弗及; 旣葬, 慨焉如不及<u>其反而息</u>.

있겠는가?"3)라고 한 문장 뒤에 수록되어 있었다.]

集說 莊公爲子般所弒, 而慶父作亂, 閔公時年八歲. 絰, 葛絰也. 諸
侯弁絰葛而葬, 葬畢, 閔公卽除凶服於庫門之外, 而以吉服嗣位, 故
云"絰不入庫門"也. 士‧大夫則仍痲絰, 直俟卒哭, 乃不以痲絰入庫
門. 蓋閔公旣吉服, 不與虞與卒哭之祭, 故群臣至卒哭而除. 記禍亂
恐迫, 禮所由廢.

장공은 자반에게 시해를 당했고, 경보가 반란을 일으켰는데, 민공은 당시
나이가 8세였다. '질(絰)'은 갈로 만든 질을 뜻한다. 제후는 변을 쓰고
거기에 갈로 만든 질을 두르고서 장례를 치르는데, 장례가 모두 끝나자
민공은 곧바로 고문 밖에서 흉복을 벗고서, 길복을 착용하고 지위를 계승
하였다. 그렇기 때문에 "질을 두르고서 고문으로 들어가지 않았다."라고
말한 것이다. 사와 대부의 경우라면, 곧 마로 된 질을 두르게 되는데,
다만 졸곡을 할 때 까지 기다리게 되니, 마로 된 질을 두르고서는 고문으
로 들어가지 않는다. 무릇 민공이 이미 길복으로 갈아입었고, 우제와 졸
곡의 제사에 참여하지 않았기 때문에, 뭇 신하들은 졸곡에 이르러서야
상복을 벗었던 것이다. 이곳 기록에서는 환란으로 인해 상황이 급박해져
서, 이로 인해 관련 예가 폐지되었다는 점을 기록한 것이다.

【044】
悼公之喪, 季昭子問於孟敬子曰: "爲君何食." 敬子曰: "食粥, 天下
之達禮也." 〈檀弓下-049〉 [本在"服之禮之有"下.]
노나라 도공의 상이 발생했는데, 계소자는 어떤 음식을 먹어야 하는지 알
수 없어서, 맹경자에게 "군주가 죽었을 때에는 어떤 음식을 먹어야 하는

---

3) 『예기』「단궁하(檀弓下)」 125장 : 孔子聞之曰: "善哉覘國乎! 詩云'凡民有喪, 扶
服救之.' 雖微晉而已, 天下其孰能當之?"

가?"라고 물어보았다. 그러자 맹경자는 "죽을 먹는 것이 천하의 모든 사람들이 따르는 통상적인 예이다."라고 대답했다. [본래는 "상복을 착용하는 예가 지켜질 수 있겠습니까?"⁴⁾라고 한 문장 뒤에 수록되어 있었다.]

集說 悼公, 魯哀公之子. 昭子, 康子之曾孫, 名强. 敬子, 武伯之子, 名捷.

'도공(悼公)'은 노나라 애공의 아들이다. '소자(昭子)'는 강자의 증손자로, 이름은 강(强)이다. '경자(敬子)'는 무백의 아들로, 이름은 첩(捷)이다.

【045】

"吾三臣者之不能居公室也, 四方莫不聞矣. 勉而爲瘠, 則吾能, 毋乃使人疑夫不以情居瘠者乎哉! 我則食食.[上如字, 下音嗣.]"〈檀弓下-050〉

계속하여 맹경자는 "우리 세 가문의 신하들이 군주를 제대로 섬기지 못했다는 것은 천하의 모든 사람들이 알고 있는 사실이다. 억지로 죽을 먹으면서 몸을 초췌하게 만드는 것을 나는 할 수 있지만, 사람들로 하여금 내가 진실된 감정으로 이처럼 초췌하게 되지 않았다고 의심을 사지 않게 할 수는 없다! 그러므로 나는 그냥 밥을 먹겠다.['食食'에서 앞의 '食'자는 글자대로 읽으며, 뒤의 '食'자는 그 음이 '嗣(사)'이다.]"라고 대답했다.

集說 三臣, 仲孫 · 叔孫 · 季孫之三家也. 敬子言我三家不能居公室而以臣禮事君者, 四方皆知之矣. 勉强食粥而爲毀瘠之貌, 我雖能之, 然豈不使人疑我非以哀戚之眞情而處此瘠乎? 不若違禮而食食也.

'삼신(三臣)'은 중손 · 숙손 · 계손의 세 가문을 뜻한다. 맹경자는 "우리 세 가문이 군주에 대해서 신하가 따르는 예법으로 군주 섬기는 일을 제대

---

4) 『예기』「단궁하(檀弓下)」 048장 : 穆公問於子思曰: "爲舊君反服, 古與?" 子思曰: "古之君子, 進人以禮, 退人以禮, 故有舊君反服之禮也. 今之君子, 進人若將加諸膝, 退人若將隊諸淵, 毋爲戎首, 不亦善乎! 又何反服之禮之有?"

로 하지 못했는데, 이러한 사실은 천하의 모든 사람들이 알고 있소. 억지로 죽을 먹어서 몸을 초췌하게 만드는 것을 나는 비록 할 수 있지만, 어찌 다른 사람들로 하여금 내가 슬퍼하는 진실된 감정으로 이처럼 몸을 초췌하게 만든 것이 아니라고 의심하지 않게 할 수 있겠는가? 예법을 어기며 밥을 먹는 것만 못하다."라고 말한 것이다.

集說 應氏曰: 季子之問, 有君子補過之心; 而孟氏之對, 可謂小人之無忌憚者矣.

응씨가 말하길, 계소자의 질문에는 군자가 자신의 과실을 보완하려는 마음이 포함되어 있다. 그러나 맹경자의 대답은 소인처럼 거리낌이 없는 것이라 평가할 수 있다.

【046】

穆公之母卒, 使人問於曾子曰: "如之何?" 對曰: "申也聞諸申之父曰: '哭泣之哀, 齊[咨]·斬之情, 饘[旃]粥之食, 自天子達. 布幕, 衛也; 縿 [綃]幕, 魯也'"〈019〉 [本在"牲用騂"下.]

목공의 모친이 죽자 목공은 사람을 시켜서 증자의 아들인 증신에게 묻기를, "어떻게 치러야 합니까?"라고 했다. 증신이 대답하길, "제가 저희 부친께 듣기로는 '곡을 하고 눈물을 흘리며 슬픔을 드러내는 것, 자최복[齊'자의 음은 '咨(자)'이다.]이나 참최복을 입어서 정감을 드러내는 것, 다른 음식을 먹지 않고 죽만[饘'자의 음은 '旃(전)'이다.] 먹는 것 등은 천자로부터 서인들에 이르기까지 누구나 따르는 공통된 예법이다. 다만 포를 이용해서 막을 만드는 것은 제후들이 따르는 예법인데, 비단[縿'자의 음은 '綃(초)'이다.]을 이용해서 막을 만든 것은 본래 천자가 따르는 예법으로, 이처럼 하게 되면 그 예법을 참람되게 사용한 것이다.'라고 했습니다."라고 했다. [본래는 "희생물은 적색의 것들을 사용했다."[5]라고 한 문장 뒤에 수록되어 있었다.]

---

5) 『예기』「단궁상」018장 : 夏后氏尙黑, 大事斂用昏, 戎事乘驪, 牲用玄. 殷人尙

集說 穆公, 魯君. 申, 參之子也. 厚曰饘, 稀曰粥. 幕所以覆於殯棺之上. 衛以布爲幕, 諸侯之禮也; 魯以綃爲幕, 蓋僭天子之禮矣.

'목공(穆公)'은 노나라 군주이다. '신(申)'은 증삼의 아들이다. 된죽을 '전(饘)'이라 부르고, 묽은 죽을 '죽(粥)'이라 부른다. '막(幕)'은 영구의 위를 덮는 것이다. 위나라에서는 포로 막을 만들었는데 이것은 제후들이 따르는 예법이다. 노나라에서는 비단으로 막을 만들었는데, 아마도 천자가 따르는 예법을 참람되게 사용했던 것이다.

【047】

穆公問於子思曰: "爲[去聲]舊君反服, 古與[平聲]?" 子思曰: "古之君子, 進人以禮, 退人以禮, 故有舊君反服之禮也. 今之君子, 進人若將加諸膝, 退人若將隊[墜]諸淵, 毋爲戎首, 不亦善乎! 又何反服之禮之有?"〈檀弓下-048〉 [本在"用人乎哉"下.]

목공이 자사에게 "옛 군주를 위해서['爲'자는 거성으로 읽는다.] 되돌아와서 상복을 착용한다는 것은 고대의 예법입니까?['與'자는 평성으로 읽는다.]"라고 물었다. 그러자 자사는 "고대의 군주는 사람을 등용할 때 예법에 따라서 했으며, 불가피하게 그 사람을 사임시킬 때에도 예법에 따라서 했습니다. 그렇기 때문에 옛 군주를 위해 되돌아와 상복을 착용하는 예가 있었던 것입니다. 그런데 오늘날의 군주는 사람을 등용할 때 마치 무릎이라도 맞대는 것처럼 환영을 하지만, 그 사람을 내칠 때에는 마치 사지로 내몰듯이['隊'자의 음은 '墜(추)'이다.] 하고 있습니다. 그러므로 그 자가 도적의 괴수가 되지 않은 것만도 다행이라고 해야 하지 않겠습니까! 그런데 어떻게 되돌아와서 상복을 착용하는 예가 지켜질 수 있겠습니까?"라고 대답했다. [본래는 '용인호재(用人乎哉)[6]라고 한 문장 뒤에 수록되어 있었다.]

白, 大事斂用日中, 戎事乘翰, 牲用白. 周人尚赤, 大事斂用日出, 戎事乘騵, 牲用騂.

6) 『예기』「단궁하(檀弓下)」047장 : "其曰明器, 神明之也." 塗車·芻靈, 自古有之, 明器之道也. 孔子謂: "爲芻靈者善", 謂: "爲俑者不仁", 不殆於用人乎哉!

集說 穆公, 魯君, 哀公之曾孫. 爲舊君服, 見儀禮齊衰章. 孟子言 "三有禮則爲之服, 寇讐何復之有", 與此章意似. 隊諸淵, 言置之死 地也. 戎首, 爲寇亂之首也.

'목공(穆公)'은 노나라의 군주로, 애공의 증손자이다. 옛 군주를 위해서 상복을 입는다는 규정은 『의례』 '자최장(齊衰章)'에 나온다.[7] 『맹자』에 서는 "세 차례 예우함이 있다면, 그를 위해서 상복을 입지만, 원수를 위해 서 어찌 상복을 입는 일이 있겠습니까?"[8]라고 했는데, 이곳 문장의 뜻과 유사하다. '추저연(隊諸淵)'이라는 말은 사지로 내몬다는 뜻이다. '융수 (戎首)'는 도적의 괴수가 되었다는 뜻이다.

【048】

子夏問諸夫子曰: "居君之母與妻之喪?" "居處·言語·飲食衎[苦旦反] 爾."⟨114⟩ [本在"葬我焉"下.]

자하가 공자에게 질문하길, "군주의 모친 및 군주의 아내에 대한 상을 치를 때에는 어떻게 해야 합니까?"라고 하자, 공자는 "거처를 하고, 말을 하며, 음식을 먹을 때 온화하고 온순한 태도로['衎'자는 '苦(고)'자와 '旦(단)'자의 반절음이 다.] 시행해야 한다."라고 대답해주었다. [본래는 "나에 대한 장례를 치러주시오."[9]라 고 한 문장 뒤에 수록되어 있었다.]

---

7) 『의례』「상복(喪服)」: 傳曰, 大夫爲舊君何以服齊衰三月也? 大夫去, 君掃其宗 廟, 故服齊衰三月也, 言與民同也.

8) 『맹자』「이루하(離婁下)」: 王曰, "禮, 爲舊君有服, 何如斯可爲服矣?" 曰, "諫行 言聽, 膏澤下於民, 有故而去, 則君使人導之出疆, 又先於其所往, 去三年不反, 然後收其田里. 此之謂三有禮焉. 如此, 則爲之服矣. 今也爲臣, 諫則不行, 言 則不聽, 膏澤不下於民, 有故而去, 則君搏執之, 又極之於其所往, 去之日, 遂收 其田里. 此之謂寇讐. 寇讐, 何服之有?"

9) 『예기』「단궁상」 113장: 子高曰: "吾聞之也, 生有益於人, 死不害於人. 吾縱生 無益於人, 吾可以死害於人乎哉! 我死, 則擇不食之地而葬我焉."

集說 君母・君妻, 雖皆小君, 皆服齊衰不杖期, 然恩義則淺矣, 故居其喪則自處如此. 衎爾, 和適之貌. 此章以文勢推之, 喪下當有"如之何夫子曰"字, 舊說謂記者之略, 亦或闕文歟. 又否則問當作聞.

군주의 모친 및 군주의 아내들은 비록 모두 소군(小君)[10]이라 하고, 둘 모두에 대해서 자최복을 착용하고 지팡이를 잡지 않는 기년상으로 치른다고 하지만, 은정과 의로움의 측면에서는 군주에 비해 얕다. 그렇기 때문에 그녀들의 상을 치르게 되면, 제 스스로 거처를 할 때 이처럼 하게 된다. '간이(衎爾)'는 온화하고 온순한 모습을 뜻한다. 이곳 문장은 그 문맥으로 추리해보면, '상(喪)'자 뒤에는 마땅히 "어찌해야 합니까? 공자가 말하길[如之何夫子曰]"이라는 글자들이 있어야 하는데, 옛 학설에서는 『예기』를 기록한 자가 문장을 축약해서 기록한 것이라고 했고, 또는 문장이 누락된 것이라고 했다. 만약 이러한 원인이 아니라면, '문(問)'자는 마땅히 들었다는 뜻의 '문(聞)'자로 고쳐야 한다.

附註 喪下當有"如之何? 夫子曰"字. 家語爾下又有"於喪所則稱其服而已".

'상(喪)'자 뒤에는 마땅히 "어떻게 해야 합니까? 공자가 말하길"이라는 글자가 있어야 한다. 『공자가어』에는 '이(爾)'자 뒤에 "상을 치르는 장소라면 그 복장에 걸맞게 할 따름이다."[11]라고 한 문장이 더 있다.

類編 右君喪. [六章.]
여기까지는 '군상(君喪)'에 대한 내용이다. [6개 장이다.]

---

10) 소군(小君)은 주대(周代)에 제후의 부인을 지칭하던 용어이다. 『춘추』「희공(僖公) 2년」편에는 "夏五月辛巳, 葬我小君哀姜."이라는 용례가 있다.
11) 『공자가어』「자공문(子貢問)」: 子貢問於孔子曰: "居君之母與妻之喪, 如之何?" 孔子曰: "居處・言語・飮食爾, 於喪所則稱其服而已."

類編 君喪, 比方於親喪, 故君喪次之.

군주의 상은 부모의 상과 견주기 때문에, 군상에 대한 내용을 그 다음에
수록하였다.

【049】

衛有大史曰柳莊, 寢疾. 公曰: "若疾革[亟], 雖當祭必告." 公再拜稽首
請於尸曰: "有臣柳莊也者, 非寡人之臣, 社稷之臣也. 聞之死, 請往."
不釋服而往, 遂以襚之, 與之邑裘氏與縣[玄]潘氏, 書而納諸棺曰:
"世世萬子孫毋變也." 〈檀弓下-081〉 [本在"弗果班"下.]

위나라 태사 중 유장이라는 자가 있었다. 그가 병에 걸려 자리에 눕게 되자
군주는 그의 집 사람들에게 명령하여, "만약 유장의 병이 위독해지면['革'자
의 음은 '亟(극)'이다.] 비록 내가 제사를 지내고 있더라도 반드시 알려야 한다."
라고 하였다. 그런데 실제로 유장은 군주가 제사를 지내고 있을 때 죽었다.
그래서 그의 집 사람들이 부고를 알려오자 군주는 재배를 하고 머리를 조
아리며 시동에게 청원하길, "신하 중 유장이라는 자가 있습니다만 그 자는
제 신하가 아니라 사직을 수호하는 신하입니다. 그런데 현재 그가 죽었다
는 부고를 알려왔습니다. 그러니 청컨대 그에게 조문을 가고자 합니다."라
고 했다. 그리고는 제복(祭服)도 벗지 않은 상태로 그의 집으로 찾아갔고,
그곳에서 그 옷을 벗어 부의로 삼았다. 그리고 또한 구씨와 현반씨라는['縣'
자의 음은 '玄(현)'이다.] 두 읍을 하사하고, 이 두 땅을 하사한다는 기록을 작성
하여 관에 넣어주며, "대대로 그대 후손들에게도 이 땅의 주인은 바뀌지
않을 것이다."라고 하였다. [본래는 "그러자 읍을 나눠주지 않았다."[1]라고 한 문장 뒤
에 수록되어 있었다.]

集說 以衣服贈死者曰襚. 裘‧縣潘, 二邑名. 萬子孫, 謂莊之後世
也. 莊之疾, 公嘗命其家, 若當疾亟之時, 我雖在祭事, 亦必入告. 及
其死也, 果當公行事之際, 遂不釋祭服而往, 因釋以襚之, 又賜之二
邑. 此雖見國君尊賢之意, 然棄祭事而不終, 以諸侯之命服而襚大

---

1) 『예기』「단궁하(檀弓下)」 080장 : 衛獻公出奔, 反於衛, 及郊將班邑於從者而后
入. 柳莊曰: "如皆守社稷, 則孰執羈靮而從? 如皆從, 則孰守社稷? 君反其國而
有私也, 毋乃不可乎?" 弗果班.

夫, 書封邑之券而納諸棺, 皆非禮矣.

의복을 죽은 자에게 부의로 보내는 것을 '수(襚)'라고 부른다. '구(裘)'와 '현반(縣潘)'은 두 읍의 이름이다. '만자손(萬子孫)'은 유장의 후세를 뜻한다. 유장이 질병에 걸렸을 때, 군주는 일찍이 그의 집에 명령을 내려서, 만약 병이 심각해지게 되면 내가 비록 제사를 지내고 있더라도, 또한 반드시 들어와서 아뢰라고 했던 것이다. 그런데 그가 죽었을 때, 과연 그 시기가 군주가 제사를 지내고 있었던 때에 해당해서, 군주는 제복을 벗지도 않고 찾아갔으며, 그곳에서 그 옷을 벗고서 부의로 보내주었으며, 또한 두 읍을 하사했다. 이것은 비록 제후가 현명한 자를 존귀하게 대한다는 뜻을 드러내지만, 제사를 치르는 일을 버려두고 끝내지 않은 상태에서, 제후의 명복을 대부에게 부의로 보내주고, 읍을 봉해준다고 기록한 문서를 관에 넣어준 것은 모두 비례에 해당한다.

【050】

李武子寢疾, 蟜[矯]固不說[脫]齊衰而入見, 曰: "斯道也, 將亡矣. 士唯公門說齊衰." 武子曰: "不亦善乎! 君子表微." 及其喪也, 曾點倚其門而歌.〈檀弓下-005〉[本在"不越疆而弔人"之下.]

계무자가 질병으로 인해 침상에 눕게 되었다. 당시 교고는['蟜'자의 음은 '矯(교)'이다.] 자최복을 입고 치르는 상중에 있었다. 그래서 계무자에게 문병을 갈 때, 자최복을 벗지['說'자의 음은 '脫(탈)'이다.] 않고 들어갔으며, 그를 찾아보고 "이처럼 상복을 그대로 착용하는 것이 올바른 도리입니다. 그런데 이러한 도리가 장차 없어지려고 합니다. 사는 오직 군주의 문 앞에서만 자최복을 벗고 들어갈 따름이다. 저는 이러한 도리를 지키기 위해 이처럼 착용한 것입니다."라고 했다. 그러자 계무자는 그의 행동이 마음에 들지 않았지만, "그대의 행동이 또한 좋지 않은가! 군자는 미세한 부분에서의 실례도 드러낼 수 있는 사람이다."라고 했다. 계무자의 상을 치를 때, 증점은 예를 어기며, 그의 문에 기대어서 노래를 불렀다. [본래는 "국경을 넘어서까지 남에게 조문을

가지 않는다."²⁾라고 한 문장 뒤에 수록되어 있었다.]

集說 季武子, 魯大夫季孫夙也. 蟜固, 人姓名. 點, 字晳, 曾子父也. 武子寢疾之時, 蟜固適有齊衰之服, 遂衣凶服而問疾, 且曰, 大夫之門不當釋凶服, 惟君門乃說耳. 此禮將亡, 我之凶服以來, 欲以救此將亡之禮也. 武子善之, 言失禮之顯著者, 人皆可知, 若失禮之微細者, 惟君子乃能表明之也. 武子執政人所尊畏, 固之爲此, 欲以易時人之觀瞻. 據禮而行, 武子雖憾, 不得而罪之也. 若倚門而歌, 則非禮矣, 其亦狂之一端歟. 記者蓋善蟜固之存禮, 譏曾點之廢禮也.

'계무자(季武子)'는 노나라 대부인 계손숙이다. '교고(蟜固)'는 사람의 성과 이름이다. 점(點)의 자(字)는 석(晳)으로, 증자의 부친이다. 계무자가 질병으로 인해 침상에 누워 있을 때, 교고는 때마침 자최복을 입는 상을 치르고 있어서, 결국 흉복을 착용하고서 문병을 갔고, 또한 "대부의 문에서는 흉복을 벗어서는 안 되고, 오직 군주의 문에서만 벗을 따름이다. 현재 이러한 예가 장차 없어지려고 하여, 나는 흉복을 착용하고서 찾아왔으며, 이를 통해서 장차 없어지려고 하는 예를 복원하고자 한다."고 했다. 계무자는 그를 칭찬하며, "현저하게 드러나는 실례는 사람들이 모두 알 수 있지만, 소소하고 은미한 실례는 오직 군자만이 나타낼 수 있을 뿐이다."라고 말했다. 계무자는 정권을 장악한 자로, 사람들이 존귀하게 여기며 두려워했던 자인데, 교고는 이러한 예법을 시행하여, 당시 사람들이 계무자를 우러러보는 태도를 바꾸고자 했던 것이다. 예의 규정에 따라 행동을 했으므로, 계무자가 비록 서운해 했더라도, 그에게 죄를 줄 수 없었다. 만약 문에 기대어서 노래를 부른다면, 비례가 되니, 이 또한 경솔함을 드러내는 한 단서가 될 것이다. 『예기』를 기록한 자는 아마도 교고가 예를 보존하려고 했던 점을 칭찬했던 것이고, 증점이 예를 어긴 행동에 대해서 기롱을 하고자 했던 것이다.

---

2) 『예기』「단궁하(檀弓下)」 004장 : 五十無車者, <u>不越疆而弔人</u>.

【051】

仲遂卒于垂, 壬午猶繹, 萬入去[上聲]籥. 仲尼曰: "非禮也. 卿卒不
繹."〈檀弓下-083〉 [本在"弗果殺"下.]

노나라 장공의 아들이자 경의 지위에 있는 중수가 제나라 수 땅에서 죽었
다. 당시 노나라 선공은 종묘에서 제사를 지내고 있었는데, 그 소식을 들었
음에도 계속해서 제사를 지냈고, 그 다음날인 임오일에도 역제[3]를 지냈다.
다만 중수의 죽음으로 인해 만무(萬舞)만 추게 하고, 약무(籥舞)는 추게
하지 않았다.['去'자는 상성으로 읽는다.] 이 모습을 본 공자는 "이처럼 하는 것은
비례이다. 경이 죽었을 때 그 시기가 군주의 제삿날에 해당한다면, 군주는
음악을 사용하지 않는 것이고, 또 그 다음날 지내는 역제도 지내지 않는
것이다."라고 평가했다. [본래는 "결국 부친의 두 소첩을 죽이지 않았다."[4]라고 한 문장
뒤에 수록되어 있었다.]

集說 仲遂, 魯莊公子, 東門襄仲也, 爲魯卿. 垂, 齊地名. 祭宗廟之
明日, 又設祭禮以尋繹昨日之祭, 謂之繹, 殷謂之肜. 言壬午, 則正祭
辛巳日也. 萬舞, 執干以舞也. 籥舞, 吹籥以舞也. 萬入去籥者, 言此
繹祭時, 以仲遂之卒, 但用無聲之干舞以入, 去有聲之籥舞而不用也.
'중수(仲遂)'는 노나라 장공의 아들인 동문양중으로, 노나라의 경이 되었
다. '수(垂)'는 제나라에 있는 지명이다. 종묘에서 제사를 지낸 다음날
재차 제례를 실시하여 전날 시행한 제사를 거듭 시행하니, 이 제사를 '역
(繹)'이라고 부르며, 은나라 때에는 '융(肜)'이라고 불렀다. '임오(壬午)'
라고 했으니, 본래의 정규 제사는 신사일에 지냈던 것이다. '만무(萬舞)'
는 방패를 잡고 추는 춤이다. '약무(籥舞)'는 피리를 불며 추는 춤이다.
'만입거약(萬入去籥)'이라는 말은 이러한 역제를 지낼 때, 중수의 죽음으

---

3) 역제(繹祭)는 일종의 제례 의식 중 하나이다. 정규 제사를 지낸 다음날 지내는
   제사이다.

4) 『예기』 「단궁하(檀弓下)」 082장 : 陳乾昔寢疾, 屬其兄弟而命其子尊己曰: "如我
   死, 則必大爲我棺, 使吾二婢子夾我." 陳乾昔死, 其子曰: "以殉葬, 非禮也, 況
   又同棺乎!" 弗果殺.

로 인해 단지 소리를 내지 않는 방패춤만 사용하여 무용수들을 마당으로
들였고, 소리가 나게 되는 약무(籥舞)는 생략하여 사용하지 않았다는 뜻
이다.

集說 陳氏曰: 春秋之法, 當祭而卿卒, 則不用樂, 明日則不繹. 故叔
弓之卒, 昭公去樂卒事, 君子以爲禮; 仲遂之卒, 宣公猶繹, 而萬入去
籥, 聖人以爲非禮.

진씨가 말하길, 춘추시대의 법도에 따르면, 제사를 지낼 때 경이 죽게
되면 음악을 사용하지 않았고, 그 다음날에는 역제를 지내지 않았다. 그
렇기 때문에 숙궁이 죽었을 때, 소공은 음악을 제거하고 일을 끝냈다고
했는데, 군자는 이것을 두고 예에 맞다고 평가했고,5) 중수가 죽었을 때,
선공이 여전히 역제를 지내고, 만무는 추게 하되 약무는 생략했는데, 성
인은 이것을 두고 비례라고 평가한 것이다.

【052】

知[去聲]悼子卒, 未葬. 平公飮酒, 師曠·李調侍, 鼓鍾. 杜蕢[快]自外
來, 聞鍾聲, 曰: "安在?" 曰: "在寢". 杜蕢入寢, 歷階而升, 酌曰: "曠飮
[去聲]斯!" 又酌曰: "調飮斯!" 又酌, 堂上北面坐飮之, 降趨而出.〈檀弓
下-069〉[本在"冢宰三年"下.]

진나라 대부인 지도자가[知'자는 거성으로 읽는다.] 죽었는데, 아직 장례를 치르
지 않은 상태였다. 그런데 진나라 평공은 술을 마셨고, 그때 사광과 이조가
시중을 들었으며, 음악까지 연주하였다. 두괴는['蕢'자의 음은 '快(쾌)'이다.] 밖
에 있다가 들어왔는데, 종을 울리는 소리를 들었다. 그래서 "이 소리는 어
디에서 나는 것인가?"라고 물었다. 그러자 옆에 있던 자가 "침에서 연주하

---

5) 『춘추좌씨전』「소공(昭公) 15년」: 十五年春, 將禘于武公, 戒百官. 梓愼曰, "禘
之日其有咎乎!吾見赤黑之祲, 非祭祥也, 喪氛也. 其在涖事乎!" 二月癸酉, 禘.
叔弓涖事, 籥入而卒. 去樂, 卒事, 禮也.

는 것입니다."라고 대답했다. 두괴가 침으로 들어가서, 계단을 통해 당상으로 올라갔다. 그리고는 곧 술을 따라서 "사광아! 이 술을 마셔라![『飮』자는 거성으로 읽는다.]"라고 했고, 재차 술을 따라서 "이조야! 이 술을 마셔라!"라고 했으며, 또한 술을 따라서 당상에서 북쪽을 바라보며 앉아 그 술을 마셨다. 그리고는 곧 당하로 내려가서 빠른 걸음으로 빠져나가려고 했다. [본래는 '총재삼년(冢宰三年)'[6]이라고 한 문장 뒤에 수록되어 있었다.]

集說 知悼子, 晉大夫, 名罃. 平公, 晉侯彪也. 凡三酌者, 旣罰二子, 又自罰也.

'지도자(知悼子)'는 진나라의 대부로 이름은 앵(罃)이다. '평공(平公)'은 진나라 후작인 표(彪)이다. 모두 세 차례 술잔을 따른 것은 두 사람에 대해서 책망을 한 것이고, 또한 제 스스로 자책을 한 것이다.

【053】

平公呼而進之, 曰: "蕢! 曩者爾心或開予, 是以不與爾言. 爾飮曠, 何也?" 曰: "子 · 卯不樂, 知悼子在堂, 斯其爲子 · 卯也大矣. 曠也, 大師也, 不以詔, 是以飮之也."〈檀弓下-070〉

진나라 평공은 두괴가 아무런 말도 없이 나가려는 것을 보고 괴이하게 생각했다. 그래서 그를 불러 앞으로 다가오게 하고, "두괴야! 나는 네가 처음 이곳에 들어왔을 때, 네 마음에 혹여 나에게 간언을 올려 깨우쳐 줄 것이 있을 것이라고 생각했다. 그래서 너에게 아무런 말도 하지 않았던 것이다. 그런데 너는 이곳에 들어와서 사광에게 술을 마시게 했으니, 그 이유가 무엇이냐?"라고 말했다. 그러자 두괴는 "주임금이 죽은 갑자일과 걸임금이 죽은 을묘일은 불길한 날로 여겨서, 군주는 그날 음악을 연주하지 않습니다. 그런데 현재 지도자의 상이 발생하여, 아직 그의 시신이 빈소에 있는 상태입니다. 지도자는 군주의 신하이니 그의 죽음은 갑자일이나 을묘일보

---

6) 『예기』「단궁하(檀弓下)」 068장 : 子張問曰: "書云: '高宗三年不言, 言乃讙', 有諸?" 仲尼曰: "胡爲其不然也! 古者天子崩, 王世子聽於冢宰三年."

다도 중대한 사안이 됩니다. 그러나 사광은 태사의 직책을 맡고 있었음에도, 현재 음악을 연주해서는 안 된다는 사실을 군주께 아뢰지 않았습니다. 이러한 이유로 저는 사광에게 벌주를 건넨 것입니다."라고 대답했다.

集說 言爾之初入, 我意爾必有所諫敎開發於我, 我是以不先與爾言. 乃三酌之後, 竟不言而出, 爾之飮曠何說也? 蕢言桀以乙卯日死, 紂以甲子日死, 謂之疾日, 故君不擧樂. 在堂, 在殯也. 況君於卿·大夫, 比葬不食肉, 比卒哭不擧樂. 悼子在殯, 而可作樂燕飮乎? 桀·紂異代之君, 悼子同體之臣, 故以爲大於子·卯也. 詔, 告也. 罰其不告之罪也.

"네가 처음 들어왔을 때, 나는 네가 반드시 간언을 올려서 나를 깨우쳐 줄 것이 있으리라 생각하여, 나는 너에게 먼저 말을 하지 않았던 것이다. 그런데 세 차례 술잔을 따른 이후에 끝내 말을 하지 않고 나가니, 네가 사광에게 술을 마시게 한 것은 무엇을 말하려고 함인가?"라고 말한 것이다. 그러자 두괴는 "걸임금은 을묘일에 죽었고, 주임금은 갑자일에 죽었는데, 이 두 날을 불길한 날이라고 말합니다. 그렇기 때문에 군주는 그날에는 음악을 연주하지 않습니다."라고 했다. 여기에서 '재당(在堂)'은 시신이 빈소에 있다는 뜻이다. 즉 "하물며 군주는 경과 대부의 상에 대해서, 장례를 치를 때까지 고기도 먹지 않고, 또 졸곡을 할 때까지 음악을 연주하지 않습니다. 현재 지도자의 시신이 빈소에 있는데, 음악을 연주하며 연회를 베풀어서 술을 마실 수 있겠습니까?"라고 한 것이다. 걸과 주는 이전 왕조의 군주이고, 지도자는 군주와 생사를 함께 한 신하이다. 그렇기 때문에 그의 죽음을 걸주가 죽은 갑자일이나 을묘일보다도 중대한 것으로 여긴 것이다. '조(詔)'자는 "아뢰다."는 뜻이다. 군주에게 아뢰지 않은 죄에 대해서 벌을 준 것이다.

【054】

"爾飲調, 何也?" 曰: "調也, 君之褻臣也, 爲一飲一食, 忘君之疾, 是
以飲之也."〈檀弓下-071〉

진나라 평공은 두괴에게 "너는 사광에게 했던 것처럼, 이조에게도 술을 마
시게 했는데, 그것은 또 어떤 이유 때문인가?"라고 했다. 그러자 두괴는
"이조는 군주를 측근에서 섬기는 신하입니다. 그런데 한 차례 술을 마시고
한 차례 음식을 맛보는 것에만 정신이 팔려서, 군주께서 예를 어기고 있다
는 것도 잊고 있었습니다. 그래서 그에게도 벌주를 건넨 것입니다."라고
대답했다.

集說 言爲近習之臣, 貪於一飲一食, 而忘君違禮之疾, 故罰之也.

이조는 군주를 가까이에서 섬기는 신하가 되는데, 한번 술을 마시고 한번
음식을 맛보는 것을 탐하여, 군주가 예를 어긴 잘못에 대해서는 잊었다.
그렇기 때문에 벌을 주었다는 뜻이다.

【055】

"爾飲, 何也?" 曰: "蕢也, 宰夫也, 非刀匕是共[供], 又敢與[去聲]知防,
是以飲之也."〈檀弓下-072〉

진나라 평공은 두괴에게 "두 사람에 대한 것은 그렇다고 해도 네가 술을
마신 것은 무슨 이유 때문인가?"라고 했다. 그러자 두괴는 "저는 재부의
직무를 맡고 있습니다. 따라서 칼이나 수저를 공급하는['共'자의 음은 '供(공)'이
다.] 일을 담당하고 있는데, 자신의 소임도 시행하지 않았고, 또 감히 군주의
잘못을 간언하는 일에 참여를['與'자는 거성으로 읽는다.] 했습니다. 이러한 이유
로 저 또한 벌주를 마셨던 것입니다."라고 대답했다.

集說 非, 猶不也. 宰夫職任刀匕, 今乃不專供刀匕之職, 而敢與知
諫爭防閑之事, 是侵官矣, 故自罰也.

'비(非)'자는 불(不)자의 뜻이다. 재부의 직무는 칼이나 수저와 관련되어

있는데, 현재 칼이나 수저를 공급하는 직무를 맡아보지 않았고, 감히 간 언을 올려서 잘못을 막는 일에 참여했으니, 이것은 다른 관직의 임무를 침해한 것이다. 그렇기 때문에 스스로를 자책한 것이다.

【056】

平公曰: "寡人亦有過焉. 酌而飮寡人!" 杜蕢洗而揚觶[志]. 公謂侍者曰: "如我死, 則必毋廢斯爵也." 至于今, 旣畢獻, 斯揚觶, 謂之杜擧.
〈檀弓下-073〉

진나라 평공은 두괴의 말을 듣고 곧 자신의 잘못을 깨달았다. 그래서 "과인도 죄가 있다. 그러니 너는 나에게 술을 따라서 내가 벌주를 마시도록 하라!"라고 명령했다. 두괴가 그 명령을 받들어 술잔을 씻은 뒤에 그 잔을[‘觶’자의 음은 '志(지)'이다.] 들어 올렸다. 평공은 술을 마신 뒤 시중을 드는 자에게 "만일 내가 죽게 되더라도 반드시 이 술잔을 버리지 말도록 하라."라고 명령했다. 오늘날 진나라에서는 연례를 시행할 때 술을 바치는 절차가 모두 끝나게 되면, 이 술잔을 들어 올렸으며, 이 술잔을 '두거(杜擧)'라고 불렀다.

集說 揚觶, 擧觶也. 盥洗而後擧, 致潔敬也. 平公自知其過, 旣命蕢以酌, 又欲以此爵爲後世戒, 故記者云, 至今晉國行燕禮之終, 必擧此觶. 謂之杜擧者, 言此觶乃昔者杜蕢所擧也. 春秋傳作"屠蒯", 文亦不同.

'양치(揚觶)'는 술잔을 들었다는 뜻이다. 대야에서 씻고 난 뒤에 들어 올리는 것은 청결함과 공경함을 다하기 위해서이다. 평공은 제 스스로 자신의 잘못을 알게 되었으므로, 두괴에게 명령하여 술잔을 따르도록 했고, 또한 이 술잔을 후세에 대한 경계의 지침으로 삼고자 했다. 그렇기 때문에 『예기』를 기록한 자가 현재 진나라에서는 연례를 시행할 때, 그 행사의 끝에서는 반드시 이 술잔을 들어 올렸다고 말한 것이다. 그리고 이 술잔을 '두거(杜擧)'라고 부른다고 했는데, 이 말은 곧 치(觶)라는 술잔이 바로 예전에 두괴가 들어 올렸던 잔이라는 뜻이다. 『춘추전』에서는 '도괴(屠剌)'라고 기록했고, 그 문장의 기록 또한 동일하지 않다.

類編 右臣喪. [四章.]

여기까지는 '신상(臣喪)'에 대한 내용이다. [4개 장이다.]

類編 大夫, 國體也, 故臣喪次之.

대부는 나라의 몸체에 해당한다. 그렇기 때문에 신상에 대한 내용을 그 다음에 수록하였다.

禮記類編大全卷之三十五

『예기유편대전』 35권

◆ 檀弓下第三十七(上) / 「단궁하」 37편(상편)

「단궁하」편 문장 순서 비교		
『예기집설』	『예기유편대전』	
	구분	문장
001		016
002		017
003		018
004		019
005		111
006		112
007		113
008		092
009		093
010		094
011		095
012		122
013		123
014		051
015		檀弓上-069
016	上篇-弔哭	檀弓上-067
017		檀弓上-068
018		檀弓上-089
019		013
020		124
021		125
022		檀弓上-094
023		檀弓上-095
024		檀弓上-047
025		114
026		檀弓上-042前
027		檀弓上-042後
028		檀弓上-104
029		檀弓上-049
030		057
031		058

「단궁하」편 문장 순서 비교		
『예기집설』	『예기유편대전』	
	구분	문장
032		檀弓上-010
033		雜記下-013
034		雜記下-014
035		雜記下-015
036		雜記下-020
037		雜記下-022
038		108
039		檀弓上-027
040		檀弓上-003
041		雜記下-019
042		雜記下-021
043		雜記下-035
044		檀弓上-006
045		雜記下-051
046		雜記下-062
047		檀弓上-081
048	上篇-通論喪禮	060
049		061
050		062
051		檀弓上-085
052		063
053		064
054		045
055		046
056		047
057		檀弓上-107
058		079
059		檀弓上-011
060		檀弓上-012
061		檀弓上-086
062		雜記下-046
063		檀弓上-048
064		檀弓上-066
065	下篇-祭禮	雜記下-069

『예기집설』	『예기유편대전』	
	구분	문장
「단궁하」편 문장 순서 비교		
066		雜記下-070
067		禮器-041
068		禮器-071
069		禮器-072
070		雜記下-076
071		077
072		檀弓上-013
073		檀弓上-007
074		檀弓上-008
075		103
076		檀弓上-032前
077		檀弓上-056
078		檀弓上-115
079		127
080		檀弓上-055
081		檀弓上-009
082		檀弓上-046
083		檀弓上-053
084		檀弓上-147
085	下篇-先聖事實	檀弓上-106後
086		檀弓上-088
087		雜記下-092
088		玉藻-096
089		雜記下-075
090		郊特牲-022
091		雜記下-081
092		120
093		檀弓上-057
094		檀弓上-058
095		檀弓上-059
096		檀弓上-025
097		檀弓上-026
098		檀弓上-040
099	下篇-雜述	080

『예기집설』	『예기유편대전』	
	구분	문장
100		065
101		066
102		089
103		088
104		106
105		107
106		117
107		118
108		119
109		128
110		129
111		130
112		131
113		132
114		133
115		137
116		138
117		139
118		140
119		141
120		雜記下-086
121		
122		
123		
124		
125		
126		
127		
128		
129		
130		
131		
132		
133		

「단궁하」편 문장 순서 비교

「단궁하」편 문장 순서 비교		
『예기집설』	『예기유편대전』	
	구분	문장
134		
135		
136		
137		
138		
139		
140		
141		
142		

◇ 조곡(弔哭)

【001】

晉獻公之喪, 秦穆公使人弔公子重耳, 且曰: "寡人聞之, 亡國恒於斯, 得國恒於斯. 雖吾子儼然在憂服之中, 喪[去聲]亦不可久也, 時亦不可失也. 孺子其圖之!"〈016〉 [本在"故爲之服"下.]

진나라 헌공의 상이 발생했는데, 그의 아들 중이는 환란을 피해 오랑캐 땅에 피신해 있었다. 그래서 진나라 목공은 사람을 시켜 공자 중이에게 조문을 하도록 했고, 또한 "내가 듣기로, 나라를 잃는 것도 항상 이 시기에 달려 있는 것이고, 나라를 얻는 것도 항상 이 시기에 달려 있는 것이라고 했소. 비록 그대는 단정한 태도로 부친의 대한 상에 처해 있지만, 지위를 잃음[喪'자는 거성으로 읽는다.] 것을 오래도록 방치할 수만은 없는 것이고, 또 그 시기를 놓칠 수도 없는 것이오. 그러니 그대는 자신의 나라로 되돌아가서 지위를 계승하도록 일을 도모하시오!"라는 말을 전했다. [본래는 "그러므로 그를 위해 상복을 착용한다."[1]라고 한 문장 뒤에 수록되어 있었다.]

集說 獻公薨時, 重耳避難在狄, 故穆公使人往弔之. 弔爲正禮, 故以"且曰"起下辭. 寡人聞之者, 此使者傳穆公之言也. 恒於斯, 言常在此死生交代之際也. 儼然, 端靜持守之貌. 喪, 失位也. 喪不可久·時不可失者, 勉其奔喪反國以謀襲位, 故言孺子其圖之也. 此時秦已有納之志矣.

헌공이 죽었을 때, 중이는 난리를 피해 오랑캐 땅에 머물고 있었다. 그렇기 때문에 목공이 사람을 시켜서, 그에게 찾아가 조문을 하도록 했던 것이다. 조문은 정식 예법을 시행한 것이다. 그렇기 때문에 '또한 말하길[且曰]'이라는 말로 다음 이야기를 일으켰다. '과인문지(寡人聞之)'라고 했는데, 이 말은 심부름을 하는 자가 목공의 말을 전한 것이다. '항어사(恒

---

1) 『예기』「단궁하」 015장 : 齊穀王姬之喪, 魯莊公爲之大功. 或曰: "由魯嫁, 故爲之服姊妹之服." 或曰: "外祖母也, <u>故爲之服.</u>"

於斯)'라는 말은 그 관건은 항상 죽은 자와 산 자가 교대하는 시기에 달려 있다는 뜻이다. '엄연(儼然)'은 단정하게 자신을 단속하는 모습을 뜻한다. '상(喪)'자는 지위를 잃었다는 뜻이다. 지위를 잃은 것을 오래도록 방치할 수 없고, 그 때를 놓칠 수도 없다는 말은 분상(奔喪)[2]하여 자신의 나라로 되돌아가서 지위를 계승하도록 도모하는데 힘쓰라는 뜻이다. 그렇기 때문에 "그대는 도모를 하시오."라고 말한 것이다. 이때부터 진나라에서는 이미 그를 진(晉)나라의 왕으로 들이려는 뜻을 가지고 있었다.

【002】

以告舅犯, 舅犯曰: "孺子其辭焉! 喪[去聲]人無實, 仁親以爲實. 父死之謂何? 又因以爲利, 而天下其孰能說[如字]之? 孺子其辭焉!"〈017〉

중이는 다시 안으로 들어와서 진나라 목공이 전해준 말을 구범에게 일러주었다. 그러자 구범은 "그대는 그 청을 사양하시오! 지위를 잃고['喪'자는 거성으로 읽는다.] 나라를 떠난 자는 보배로 삼을 것이 없고, 오직 부모에 대해 인애하는 마음만을 보배로 삼을 따름이오. 부친이 돌아가신 것은 무엇이라 부르겠소? 부친이 돌아가신 것은 흉사 중에서도 매우 큰일에 해당하오. 그런데 또한 그 일을 기회로 자신의 이익을 도모하게 된다면, 천하에 그 누가 그대에게 죄가 없다고 해명해줄['說'자는 글자대로 읽는다.] 수 있겠소? 그러니 그대는 목공의 청을 사양하시오!"라고 했다.

> **集說** 舅犯, 重耳舅狐偃, 字子犯也. 公子旣聞使者之言, 入以告之子犯, 犯言當辭而不受可也. 失位去國之人, 無以爲寶; 惟仁愛思親, 乃其寶也. 父死謂是何事? 正是凶禍大事, 豈可又因此凶禍以爲反國之利, 而天下之人, 孰能解說我爲無罪乎? 此所以不當受其相勉反國

---

2) 분상(奔喪)은 타지에 있다가 상(喪)에 대한 소식을 듣고, 급히 되돌아오는 예법(禮法)을 말한다. 『예기』「분상(奔喪)」편에 대해, 공영달(孔穎達)은 "案鄭目錄云, 名曰奔喪者, 以其居他國, 聞喪奔歸之禮."라고 풀이했다.

之命也.

'구범(舅犯)'은 중이의 외삼촌인 호언으로, 그의 자(字)는 자범이다. 중이
는 이미 사신이 전달한 말을 듣고, 들어와서 그 이야기를 자범에게 일러
주었던 것인데, 자범은 마땅히 사양해야 하며 호의를 받아들이지 않는
것이 좋다고 말한 것이다. 지위를 잃고 나라를 떠난 자는 보배로 삼을
것이 없고, 오직 인애의 마음으로 부모를 사모하는 것만을 보배로 여겨야
한다. 부친이 죽은 것을 어떤 일이라 하겠는가? 이것은 바로 흉화 중에서
도 큰일에 해당하는데, 어떻게 또한 이러한 흉화를 틈타서 자신의 나라로
되돌아가는 이익을 꾀할 수 있겠는가? 그리고 천하의 사람들 중 그 누가
자신에게 죄가 없다고 해명해줄 수 있겠는가? 이것이 자신의 나라로 되
돌아갈 때 도와주겠다는 명을 받아들이지 말아야 하는 이유이다.

[003]

公子重耳對客曰: "君惠弔亡臣重耳, 身喪父死, 不得與[去聲]於哭泣
之哀, 以爲君憂. 父死之謂何? 或敢有他志, 以辱君義." 稽顙而不拜,
哭而起, 起而不私.〈018〉

공자 중이는 자범의 말을 듣고 밖으로 나와서, 진나라의 사신에게 대답을
하며, "진나라 군주께서는 은혜롭게도 나라를 잃고 떠도는 저를 조문해주
셨습니다. 이것은 제가 지위를 잃어서, 부친이 돌아가셨는데도 부친의 상
을 치르는 곳에 참여하지['與'자는 거성으로 읽는다.] 못한 것을 군주께서 저를
대신하여 근심해주신 것입니다. 그러나 부친이 돌아가신 것은 무엇이라 부
르겠습니까? 부친이 돌아가신 것은 흉사 중에서도 매우 큰일에 해당합니
다. 따라서 제가 혹시라도 감히 다른 뜻을 품어 제 지위를 되찾고자 한다
면, 이것은 군주께서 베푸신 뜻을 욕되게 만드는 꼴이 됩니다."라고 했다.
그리고 이마를 조아렸지만 절은 하지 않았고, 곡을 하고 일어섰는데, 일어
서서는 사신과 사적인 대화를 재차 나누지 않았다.

集說 公子旣聞子犯之言也. 不得與哭泣之哀, 言出亡在外, 不得居喪次也. 以爲君憂者, 致君憂慮我也. 他志, 謂求位之志. 辱君義者, 辱君惠弔之義也. 不私, 不再與使者私言也.

중이는 이미 자범의 말을 들었으므로, 곧 밖으로 나와서 빈객에게 대답을 한 것이다. "은혜롭게도 나라를 잃은 신하인 저를 조문하였다."는 말은 찾아와서 조문해준 것에 대해 감사를 표한다는 뜻이다. "곡하며 눈물을 흘리는 슬픔에 참여치 못했다."는 말은 나라에서 쫓겨나 타지에 있으므로, 상을 치르는 장소에 머물지 못했다는 뜻이다. "이것을 군주의 근심으로 삼았다."는 말은 군주가 나를 위해 매우 걱정을 해줬다는 뜻이다. '타지(他志)'는 지위를 얻으려는 뜻을 의미한다. '욕군의(辱君義)'라는 말은 군주가 은혜롭게 조문을 해준 뜻을 욕보이게 한다는 의미이다. '불사(不私)'는 재차 사신과 더불어서 사적인 말을 하지 않았다는 뜻이다.

【004】

子顯[去聲]以致命於穆公. 穆公曰: "仁夫公子重耳! 夫稽顙而不拜, 則未爲後也, 故不成拜. 哭而起, 則愛父也; 起而不私, 則遠[去聲]利也."〈019〉

중이에게 조문을 갔던 자현['顯'자는 거성으로 읽는다.]은 되돌아와서, 목공에게 명령에 대한 보고를 하며 듣고 보았던 내용을 아뢰었다. 목공은 "공자 중이는 인한 자로구나! 무릇 이마를 조아렸지만 절을 하지 않았던 것은 그가 아직 부친의 후계자가 되지 못했기 때문이다. 그렇기 때문에 제대로 절을 하지 않았던 것이다. 그리고 곡을 하고 일어선 것은 곧 그가 부친을 사랑하기 때문이다. 또한 일어나서 사적인 말을 하지 않았던 것은 그가 이로움을 멀리하였기['遠'자는 거성으로 읽는다.] 때문이다."라고 평가했다.

集說 鄭註用國語, 知使者爲公子縶, 字子輕, 故讀顯爲輕也. 喪禮先稽顙後拜, 謂之成拜, 爲後者成拜, 所以謝弔禮之重; 今公子以未爲後, 故不成拜也. 愛父, 猶言哀痛其父也, 不私與使者言, 是無反國之意, 是遠利也. 愛父遠利, 皆仁者之事, 故稱之曰"仁夫公子重耳!"

정현의 주에서는『국어』의 내용을 이용하여, 사신으로 찾아온 자가 공자 집이라는 사실을 알던 것이니,[3] 그의 자(字)는 자현이다. 그렇기 때문에 '현(顯)'자를 현(韅)자로 풀이했다. 상례에서는 먼저 이마를 조아리고 그 이후에 절을 하니, 이것을 '성배(成拜)'라 부르고, 부친의 후계자가 된 자가 성배를 하는 것은 조문의 예에 대해서 감사를 표함을 중대하게 나타내기 위해서이다. 현재 공자 중이는 아직 후계자가 된 것이 아니기 때문에, 성배를 하지 않은 것이다. '애부(愛父)'는 자신의 부친에 대해서 애통한 마음을 나타낸다고 말하는 것과 같으며, 사적으로 사신과 대화를 나누지 않은 것은 본국으로 되돌아가고자 하는 뜻이 없는 것이니, 이로움을 멀리하는 태도이다. 부친을 사랑하고 이로움을 멀리하는 것들은 모두 인한 자가 따르는 사안이다. 그렇기 때문에 그를 평가하며, "인하구나, 공자 중이여!"라고 말한 것이다.

【005】

郑簑考公之喪, 徐君使容居來弔 · 含[去聲], 曰: "寡君使容居坐含, 進侯玉, 其使容居以含."〈111〉 [本在"其合矣乎"下.]

주려의 고공이 죽었는데, 서나라의 제후는 자신이 마치 천자인 것처럼 흉내를 내고, 고공을 자신의 제후처럼 여겨서, 신하인 용거를 시켜, 찾아가서 조문을 하고 반함을['含'자는 거성으로 읽는다.] 하도록 시켰다. 용거는 곧 그 나라에 찾아가서, "저희 군주께서 저로 하여금 직접 앉아서 고공께 반함을 하여, 후옥을 바치도록 시키셨으니, 사신으로 찾아온 저로 하여금 반함을 할 수 있도록 해주시오."라고 했다. [본래는 "합당하게 시행하는 것 같구나!"[4]라고

---

3) 『국어』「진어이(晉語二)」: 乃使公子縶弔公子重耳于狄.

4) 『예기』「단궁하」110장: 其坎深不至於泉, 其斂以時服, 旣葬而封, 廣輪揜坎, 其高可隱也. 旣封, 左袒, 右還其封且號者三, 曰: "骨肉歸復于土, 命也! 若魂氣

한 문장 뒤에 수록되어 있었다.]

集說 考公之喪, 徐國君使其臣容居者來弔, 且致珠玉之含, 言寡君使我親坐而行含, 以進侯玉於邾君. 侯玉者, 徐自擬天子, 以邾君爲己之諸侯, 言進侯氏以玉也. 其使容居以含者, 容居求卽行含禮也.

고공의 상에 대해서, 서나라의 제후는 그의 신하 용거라는 자로 하여금 찾아가서 조문을 하게 했고, 또 반함에 사용할 주옥(珠玉)을 전하게 하여, "저희 군주께서 저로 하여금 직접 앉아서 반함을 시행하여, 주나라의 군주에게 후옥을 바치도록 했습니다."라고 말한 것이다. '후옥(侯玉)'을 보낸 것은 서나라에서 스스로를 천자처럼 흉내 내어, 주나라의 군주를 자신의 제후처럼 여긴 것으로, 제후에게 옥을 보냈다는 뜻이다. '기사용거이함(其使容居以含)'이라는 말은 용거가 곧바로 함의 예를 시행하길 원했다는 뜻이다.

集說 疏曰: 凡行含禮, 未斂之前, 士則主人親含, 大夫以上卽使人含. 若斂後至殯葬有來含者, 親自致璧於柩及殯上者, 謂之親含. 若但致命以璧授主人, 主人受之, 謂之不親含.

소에서 말하길, 무릇 함(含)의 예법을 시행하는 시기는 아직 염(斂)을 하기 이전이 되며, 사의 경우라면, 상주가 직접 함을 하고, 대부 이상의 계급이라면, 사람을 시켜서 함을 한다. 만약 염을 한 이후, 빈소를 마련하고 장례를 치르게 될 때, 찾아와서 함을 하려는 자가 있다면, 직접 영구 및 빈소에 벽을 바치게 되니, 이것을 '친함(親含)'이라고 부른다. 만약 명령만을 전달하여, 벽을 상주에게 건네게 되면, 상주는 그것을 받게 되니, 그것은 '불친함(不親含)'이라고 부른다.

集說 石梁王氏曰: 坐, 當訓跪.

則無不之也, 無不之也." 而遂行. 孔子曰: "延陵季子之於禮也, 其合矣乎!"

석량왕씨가 말하길, '좌(坐)'자는 마땅히 "무릎을 꿇다."는 뜻으로 풀이해야 한다.

【006】

有司曰: "諸侯之來辱敝邑者, 易[異]則易, 于則于, 易于雜者, 未之有也." 〈112〉

주나라의 유사는 용거를 제지하며, "제후국에서 욕되게도 우리나라에 찾아오셨을 때, 신하가 찾아와서 그 사안이 간이한['易'자의 음은 '異(이)'이다.] 경우라면 간이한 예법을 시행하게 되고, 군주께서 찾아오셔서 그 사안이 커진 경우라면 융성한 예법을 시행하게 됩니다. 그런데 현재 신하께서 찾아왔는데도 군주에게 적용되는 예법을 시행하려고 하시니, 이것은 간이함과 융성함이 뒤섞인 것으로, 우리나라에서는 이러한 일을 시행한 적이 없습니다."라고 했다.

集說 邾之有司拒之, 言諸侯之辱來邾國者, 人臣來而其事簡易, 則行人臣簡易之禮; 人君來而其事廣大, 則行人君廣大之禮. 于, 猶迂也, 有廣遠之意. 今人臣來而欲行人君之禮, 是易于相雜矣, 我國未有此也.

주나라의 유사가 거절을 하며, "제후국에서 욕되게도 우리 주나라로 찾아오신 경우, 신하가 찾아와서 그 사안을 간이하다면 신하에 대한 간이한 예법을 시행하고, 군주가 찾아와서 그 사안이 크다면 군주에 대한 융성한 예법을 시행합니다."라고 말한 것이다. '우(于)'자는 '우(迂)'자와 같은 뜻으로, 광대하고 원대하다는 뜻이 포함되어 있다. "현재 신하가 찾아왔는데도 군주에게 해당하는 예법을 시행하려고 했으니, 이것은 간이함과 광대함이 뒤섞인 것으로, 우리나라에서는 이처럼 시행한 적이 없습니다."라고 말한 것이다.

【007】

容居對曰: "容居聞之, 事君不敢忘其君, 亦不敢遺其祖. 昔我先君駒
王, 西討濟於河, 無所不用斯言也. 容居, 魯人也, 不敢忘其祖."〈113〉

용거가 대답하며, "제가 듣기로, 군주를 섬기는 자는 자신의 군주에 대해서
한시라도 잊을 수가 없다고 했고, 또한 자신의 선조가 남긴 가르침에 대해
서 유념하지 않을 수가 없다고 했습니다. 저희 군주께서는 저에게 이처럼
시행하라고 명령을 했고, 또 예전 제 선군이신 구왕께서는 서쪽 지역을
정벌하기 위해 황하를 건너셨을 때부터, '왕(王)'이라는 칭호를 단 한순간
이라도 사용하지 않았던 적이 없었습니다. 따라서 천자의 예법을 시행하려
고 하는 것입니다. 저는 이러한 말을 통해 당신들을 속이려는 것이 아닙니
다. 제 자신은 노둔한 사람이기 때문입니다. 따라서 저는 감히 제 선조께서
남기신 가르침에 대해서 유념하지 않을 수가 없으니, 군주께서 명령하신대
로 시행하고자 합니다."라고 말했다.

集說 容居又答言事君不敢忘其君, 我奉命如此, 今不能行, 是忘吾
君也; 爲子孫, 當守先世之訓, 故亦不敢遺吾祖也. 居蓋徐之公族耳.
且言昔者我之先君駒王濟河而西討, 無一處不用此稱王之言, 自言
其疆土廣大, 久矣行王者之禮也. 又自言我非譎詐者, 乃魯鈍之人,
是以不敢忘吾祖. 欲邾人之信其言也. 此著徐國君臣之僭, 且明邾有
司不能終正當時之僭也.

용거는 또한 대답을 하며, 군주를 섬기는 자는 자신의 군주에 대해 잊을
수가 없는데, 본인은 이와 같은 명령을 받들고 왔으므로, 현재 그 명령대
로 시행할 수 없는 것은 곧 자신의 군주에 대해서 잊은 꼴이 된다고 했다.
또한 사람의 자손이 된 자는 마땅히 선대 조상들의 가르침을 지켜야 한
다. 그렇기 때문에 또한 감히 나의 선조에 대해서 유념하지 않을 수 없다
고 했다. 용거는 아마도 서나라의 공족이었기 때문에 이처럼 말을 했던
것 같다. 또한 용거는 옛날 나의 선군이신 구왕은 황하를 건너서 서쪽
지역을 토벌하시며, 한순간이라도 '왕(王)'이라는 칭호를 사용하지 않은

적이 없었다고 했으니, 이것은 제 스스로 그 영토가 광대하여 오래전부터 천자의 예법을 시행해 왔었다고 말한 것이다. 또한 용거는 제 스스로 본인은 간사하게 남을 속이는 자가 아니며 노둔한 사람이니, 이러한 이유로 감히 본인의 선조가 남긴 가르침을 유념하지 않을 수 없다고 말했다. 이 말은 곧 주나라 사람들로 하여금 자신의 말을 믿게끔 하고자 했던 것이다. 그리고 이 내용은 서나라의 군주와 신하가 참람되다는 사실을 드러내고, 주나라의 유사는 끝내 당시의 참람됨을 바로잡을 수 없었음을 나타내고 있다.

【008】

滕成公之喪, 使子叔敬叔弔進書, 子服惠伯爲介. 及郊, 爲[去聲]懿伯 之忌, 不入. 惠伯曰: "政也, 不可以叔父之私不將公事." 遂入. 〈092〉
[本在"荊人悔之"下.]

등나라 성공의 상이 발생했다. 그래서 노나라에서는 자숙경숙을 시켜서 조문의 말을 전하게 했고, 자복혜백으로는 경숙을 보좌하는 부관으로 삼았다. 등나라 교외에 도착했을 때, 그 날은 경숙의 5대 종조인 의백의 기일(忌日)이 되었기 때문에['爲'자는 거성으로 읽는다.] 꺼려하며 들어가기를 주저하고 있었다. 그러자 혜백은 "이 일은 군주의 명령에 따라 조문을 하는 일이니, 감히 숙부에 대한 사사로움으로 군주에 대한 일을 그르쳐서는 안 된다."라고 충고를 해주었다. 그래서 결국 등나라 국성으로 들어가게 되었다. [본래는 "본 초나라 사람들은 자신들이 잘못된 예를 강요했다는 것을 뒤늦게 깨닫고 후회했다."[5]라고 한 문장 뒤에 수록되어 있었다.]

集說 滕成公之喪, 在魯昭公之三年. 敬叔, 魯桓公七世孫, 惠伯, 則桓公六世孫也. 於世次, 敬叔稱惠伯爲叔父; 懿伯則惠伯之叔父, 而

5) 『예기』「단궁하」091장 : 襄公朝于荊, 康王卒, 荊人曰: "必請襲." 魯人曰: "非禮也." 荊人强之, 巫先拂柩. 荊人悔之.

敬叔之五從祖. 進書, 奉進魯君之弔書也. 介, 副也.

등나라 성공의 상은 노나라 소공 3년에 일어난 일이다. '경숙(敬叔)'은 노나라 환공의 7세손이며, '혜백(惠伯)'은 환공의 6세손이다. 세대의 순차에 따르면, 경숙은 혜백에 대해서, 숙부라고 부르게 되며, 의백(懿伯)은 곧 혜백의 숙부이니, 경숙에게 있어서는 5대의 종조가 된다. '진서(進書)'는 노나라 군주가 조문하는 말을 기록하여, 그 문서를 받들어서 가져간다는 뜻이다. '개(介)'자는 부관을 뜻한다.

集說 劉氏曰: 左傳註云, 忌, 怨也. 敬叔先有怨於懿伯, 故不欲入滕; 以惠伯之言而入, 傳言叔弓之有禮也. 此疏云, 敬叔嘗殺懿伯, 爲其家所怨, 恐惠伯殺己, 故不敢先入. 惠伯知其意而開釋之, 記惠伯之知禮也. 二說不同, 而皆可疑. 如彼註言, 禮椒爲之避仇怨, 則當自受命之日辭行以禮之, 不當及郊而後辭入也. 如此疏言, 恐惠伯殺己而難之, 則魯之遣使而使其仇爲之副, 不恤其相仇以棄命害事, 亦非善處也. 且叔弓爲正使, 得仇怨爲介而不請易之, 非計之得也. 又同使共事, 而常以仇敵備之, 而往反於魯滕之路, 亦難言也. 使椒果欲報仇, 則其言雖善, 安知非誘我耶? 而遂入, 又非通論也. 按左傳云, "及郊遇懿伯之忌", 此作"爲", 二字雖異, 而皆先言及郊而後言忌, 可見是及郊方遇忌也. 或者忌字只是忌日, 懿伯是敬叔從祖, 適及滕郊而遇此日, 故欲緩至次日乃入. 故惠伯以禮曉之曰, 公事有公利, 無私忌, 乃先入, 而叔弓亦遂入焉. 此說固可通, 然亦未知然否, 闕之可也.

유씨가 말하길, 『좌전』의 주에서는 '기(忌)'자를 "원망하다."는 뜻이라고 했다. 경숙은 이전에 의백에 대해서 원망을 샀었기 때문에, 등나라로 들어가려고 하지 않았는데, 혜백을 말에 따라 들어간 것이다. 『좌전』에서는 숙궁은 예를 알고 있다고 평가했다. 이곳 『예기』 기록에 대한 소에서는 경숙은 일찍이 의백을 피살했으므로, 그의 가문에게 원망을 사게 되었으며, 혜백이 자신을 죽이지 않을까 걱정하였다. 그렇기 때문에 감히 먼저 들어가지 않았던 것이다. 혜백은 그의 뜻을 알아채고, 의심을 풀어주었으므로, 혜백에 대해서 예를 안다고 기록한 것이라고 했다. 이처럼 두 주장이 다르지만, 둘 모두 의심스러운 기록이다. 만약 『좌전』의 주에서 말한 내용에 따른다면, 초를 예우하여, 그로 하여금 원수를 피하게끔 했다고 했으니, 마땅히 명령을 받은 날 함께 가는 것을 사양하여, 예우를 해야 하는 것이지, 교외에 도착한 이후에야 들어가는 것을 사양해서는 안 된다. 한편 이곳 문장에 대한 소의 내용에 따른다면, 혜백은 본인을 죽일까 염려하여, 그를 꺼려했던 것인데, 노나라에서 사신을 파견할 때, 원수로 하여금 그의 부관이 되도록 하였으니, 서로 원수임을 살피지 않아서, 명령을 저버리고 그 일이 제대로 시행되지 못하도록 했으니, 이 또한 올바른 처사가 아니다. 또 경숙은 정사가 되었는데, 원수가 부관이 되는 상황에서도 부관을 바꿔달라고 청원하지 않았으니, 올바르게 계획한 것이 아니다. 또 함께 파견되어, 같은 일을 하게 되었고, 항상 원수로 대하게 되었는데도, 노나라와 등나라의 길을 왕복했다는 것 또한 이해하기 어려운 말이다. 또 혜백으로 하여금 결과적으로 원수를 갚도록 했다면, 그 말이 비록 합리적인 것 같지만, 상대방인 경숙이 어떻게 자신을 유인하는 일이 아님을 안단 말인가? 그런데도 결국 들어갔다고 했으니, 이 또한 원만한 해석이 아니다. 『좌전』을 살펴보면 '급교우의백지기(及郊遇懿伯之忌)'라고 기록하였고, 이곳 문장에서는 '우(遇)'자 대신 '위(爲)'자로 기록하여, 두 글자가 서로 다르지만, 둘 모두 앞서 "교외에 이르렀다."라고 말했고, 그 이후에야 '기(忌)'를 언급했으니, 이러한 기록의 순서를 통해서, 교외에 이르러서야 기(忌)를 접하게 된 것임을 확인할 수 있다. 혹자는 '기(忌)'자를 단지 기일(忌日)을 뜻하는 것으로 풀이하고, 의백이 경숙의 종조가 된다고 설명한다. 즉 등나라의 교외에 이르렀을 때, 때마침 그 기일이 되었기 때문에, 하루를 늦춰서 다음 날에야 들어가고자 했다는 뜻이 된다. 그래서 혜백은 예의 규정에 따라 그를 깨우쳐주며,

공적인 일에는 공적인 이로움을 따지는 것이며, 사직인 기일은 관여시키지 않는다고 하고, 곧 먼저 들어간 것이며, 숙궁 또한 그 말에 따라 뒤따라 들어간 것이다. 이러한 해석이 진실로 상황과 문맥에 맞는다. 그러나 이 또한 정말로 그러했는지 아닌지를 알 수 없으니, 이곳 기록은 빼버리는 것이 좋을 것 같다.

【009】

哀公使人弔蕢尙, 遇諸道, 辟[闢]於路, 畫[獲]宮而受弔焉.〈093〉

애공은 사람을 보내서 괴상에게 조문을 하도록 시켰다. 그런데 사신이 괴상의 집에 당도하기 이전에 길에서 괴상을 만나게 되었다. 그러자 괴상은 길을 깨끗하게 쓸어내고서['辟'자의 음은 '闢(벽)'이다.] 그곳에 궁실에서의 위치를 그리고['畫'자의 음은 '獲(획)'이다.] 조문을 받았다.

集說 哀公, 魯君. 辟於路, 辟讀爲闢, 謂除闢道路, 以畫宮室之位而受弔也.

'애공(哀公)'은 노나라의 군주이다. '벽어도(辟於道)'에서의 '벽(辟)'자는 벽(闢)자로 풀이하니, 도로를 깨끗하게 쓸어내고서 궁실에서의 위치를 그리고 조문을 받았다는 뜻이다.

【010】

曾子曰: "蕢尙不如杞梁之妻之知禮也. 齊莊公襲莒于奪[兌], 杞梁死焉. 其妻迎其柩於路而哭之哀."〈094〉

증자가 그 소식을 전해 듣고, "괴상은 예를 잘 알고 있었던 기량의 처만도 못하구나. 제나라 장공이 거나라를 협소한 길에서['奪'자의 음은 '兌(태)'이다.] 습격을 했을 때, 전쟁에 참여했던 기량이 전사하였다. 그러자 기량의 처는 길에서 그 영구를 맞이하여, 슬프게 곡을 했다."라고 했다.

集說 襄公二十三年, 齊侯襲莒. 襲者, 以輕兵掩其不備而攻之也. 左傳言"杞殖·華還載甲, 夜入且于之隧." 且于, 莒邑名. 隧, 狹路也. 鄭云"或爲兌", 故讀奪爲兌. 梁卽殖, 以戰死, 故妻迎其柩.

노나라 양공 23년에 제나라 후작은 거나라를 습격하였다. '습(襲)'이라는 말은 재빠른 군사를 이용해서 대비하지 못한 상태의 적을 엄습하여 공격한다는 뜻이다. 『좌전』에서는 "기식과 화환이 무기들을 싣고, 야밤에 거나라 차우의 좁은 길목으로 들어갔다."[6]라고 했는데, '차우(且于)'는 거나라에 소속된 읍의 이름이다. '수(隧)'는 협소한 길을 뜻한다. 정현은 "다른 판본에서는 '태(兌)'자로도 기록한다."라고 했다. 그렇기 때문에 '탈(奪)'자를 '태(兌)'자로 해석한 것이다. '기량(杞梁)'은 곧 기식(杞殖)을 가리키니, 전사를 했기 때문에 그의 처가 영구를 맞이했던 것이다.

【011】

"莊公使人弔之, 對曰: '君之臣不免於罪, 則將肆諸市朝, 而妻妾執. 君之臣免於罪, 則有先人之敝廬在, 君無所辱命.'"〈095〉

계속하여 증자가 말하길, "장공이 사람을 시켜서, 기량에 대해 조문을 하려고 했는데, 그의 처가 대답을 하며, '군주의 신하가 그 죄를 벗지 못한다면, 장차 그 시신은 시장과 조정에 나뒹굴게 될 것이고, 또 죽은 자의 처와 첩은 포박이 될 것입니다. 만약 군주의 신하가 죄를 벗게 된다면, 제 남편에게는 초라하지만 머물던 집이 있으니, 그곳에서 조문을 받아야 군주에 대해서 그 명령을 욕되게 함이 없게 됩니다.'"라고 일러주었다.

集說 肆, 陳尸也. 妻妾執, 拘執其妻妾也. 左傳言"齊侯弔諸其室."

'사(肆)'자는 시신을 늘어놓는다는 뜻이다. '처첩집(妻妾執)'은 그의 처와

---

6) 『춘추좌씨전』「양공(襄公) 23년」: 齊侯還自晉, 不入, 遂襲莒. 門于且于, 傷股而退. 明日, 將復戰, 期于壽舒. <u>杞殖·華還載甲夜入且于之隧</u>, 宿於莒郊. 明日, 先遇莒子於蒲侯氏.

첩을 포박한다는 뜻이다. 『좌전』에서는 제나라 후작이 그의 집에서 조문
을 했다고 기록했다.[7]

【012】

季孫之母死, 哀公弔焉. 曾子與子貢弔焉, 閽人爲[去聲]君在, 弗內[納]
也. 曾子與子貢入於其廐而脩容焉. 子貢先入, 閽人曰: "鄕[去聲]者已
告矣." 曾子後入, 閽人辟[避]之.〈122〉 [本在"埋之以帷"下.]

노나라 계손의 모친이 돌아가셨는데, 애공이 직접 찾아가서 조문을 했다.
당시 증자와 자공도 조문을 갔었는데, 문지기는 군주가 안에 계시므로['爲'
자는 거성으로 읽는다.] 그 둘을 안으로 들이지['內'자의 음은 '納(납)'이다.] 않았다.
증자와 자공은 마구간으로 들어가서 용모를 단정히 고쳤다. 자공이 먼저
들어가려고 했는데, 문지기는 "앞서['鄕'자는 거성으로 읽는다.] 이미 주인께 오
셨다는 사실을 아뢰었습니다."라고 하며, 길을 열어주지 않았다. 증자가
뒤이어 들어가려고 했는데, 문지기는 그 자리를 피해주며['辟'자의 음은 '避(피)'
이다.] 안으로 들어가도록 했다. [본래는 "휘장을 이용해서 매장한다."[8]라고 한 문장
뒤에 수록되어 있었다.]

集說 鄕者已告, 言先已告於主人矣.

'향자이고(鄕者已告)'라는 말은 앞서 이미 주인에게 아뢰었다는 뜻이다.

【013】

涉內霤, 卿·大夫皆辟位. 公降一等而揖之. 君子言之曰: "盡飾之
道, 斯其行者遠矣."〈123〉

---

7) 『춘추좌씨전』「양공(襄公) 23년」: 齊侯歸, 遇杞梁之妻於郊, 使弔之. 辭曰, "殖
   之有罪, 何辱命焉? 若免於罪, 猶有先人之敝廬在, 下妾不得與郊弔." 齊侯弔諸
   其室.
8) 『예기』「단궁하」121장: 路馬死, 埋之以帷.

270 譯註 禮記類編大全

증자가 안으로 들어가서 내류를 지나가자 그곳에 있던 경과 대부들이 모두 자리를 피해주며 공경의 뜻을 나타냈다. 애공 또한 한 계단을 내려서서 증자에게 읍을 하며 공경의 뜻을 나타냈다. 군자는 이 일을 평가하며, "용모를 지극히 꾸미는 도리이니, 이처럼 했을 때에만 사람들을 크게 감동시킬 수 있는 것이다."라고 했다.

集說 內霤, 門屋後簷也. 行者遠, 猶言感動之大也.

'내류(內霤)'는 문의 지붕 뒤에 있는 처마를 뜻한다. '행자원(行者遠)'이라는 말은 감동시키는 것이 크다는 뜻이다.

集說 劉氏曰: 此章可疑. 二子弔卿母之喪, 必自盡禮以造門, 不當待闍者拒而後脩容盡飾也. 且旣至而闍人辭, 或當再請於闍, 若終不得通, 退可也, 何必以威儀悚動之以求入耶? 其入而君·卿·大夫敬之者, 以平日知其賢也. 非素不相知, 創見其容飾之美而加敬也. 而君子乃曰盡飾之道, 斯其行者遠, 則是二子之德行, 不足以行遠, 惟區區之外飾, 乃足以行遠耶?

유씨가 말하길, 이곳 문장은 그 내용이 의심스럽다. 증자와 자공이 경의 모친상에 대해 조문을 했을 때, 분명 제 스스로 그 예법을 다하여 그 집의 문에 당도했을 것이니, 문지기가 거절한 이후에야 용모를 가다듬고 복식을 꾸미지는 않았을 것이다. 또 복식을 꾸민 이후에도 문지기가 들어가는 것을 사양했는데, 문지기에게 재차 부탁을 했는데도 만약 끝내 들여보내지 않으면 물러가는 것이 옳다. 그런데 하필이면 위엄스럽게 행동하여 들어가기를 요구한단 말인가? 그리고 들어갔을 때 군주·경·대부들이 그에게 공경의 뜻을 나타냈는데, 그 이유는 평소에 그가 현명한 자라는 사실을 알고 있었기 때문이다. 그런데 평소에 서로 알고 있는 사이가 아니라면, 갑작스럽게 그 용모의 우아함을 보고서 공경의 뜻을 나타낸 것이 된다. 그리고 군자는 평가를 하며, "용모를 지극히 꾸미는 도리이며, 이에 사람을 감동시키는 것이 크다."라고 했는데, 두 사람의 덕과 행실로는

크게 감동시키기에 부족하고, 오직 자질구레한 외적 치장을 통해서만 큰
감동을 줄 수 있단 말인가?

【014】

衛司徒敬子死, 子夏弔焉, 主人未小斂, 絰而往. 子游弔焉, 主人旣
小斂, 子游出絰, 反哭. 子夏曰: “聞之也與[平聲]?” 曰: “聞諸夫子, 主
人未改服, 則不絰.”〈051〉 [本在“我則食食”下.]

위나라 사도경자가 죽었는데, 자하가 조문을 했다. 그런데 조문을 갔을 때
상주가 아직 소렴을 끝내지 않은 상태인데도, 자하는 질(絰)을 두르고 찾아
가서 조문을 했다. 한편 자유 또한 조문을 갔었는데, 상주가 소렴을 끝낼
때까지 기다린 다음 자유는 밖으로 나가서 질을 두르고, 다시 안으로 들어
가서 곡을 했다. 그 모습을 본 자하는 “그대는 이처럼 하는 방법을 들은
적이 있는가?[‘與’자는 평성으로 읽는다.]”라고 물어보았다. 그러자 자유는 “선생
님께 들었네. 상주가 아직 복장을 바꾸지 않았다면, 조문객은 질을 두르지
않는다고 하셨네.”라고 대답해주었다. [본래는 “나는 그냥 밥을 먹겠다.”⁹⁾라고 한
문장 뒤에 수록되어 있었다.]

集說 司徒, 以官爲氏也. 主人未小斂, 則未改服, 故弔者不絰, 子夏
絰而往弔, 非也. 其時子游亦弔, 俟其小斂後改服, 乃出而加絰反哭
之, 則中於禮矣.

‘사도(司徒)’는 관직명을 씨로 삼은 것이다. 상주가 소렴을 치르지 않았
다면 아직 복장을 바꾸지 않은 상태이다. 그렇기 때문에 조문을 하는 자
는 질을 두르지 않는 것인데, 자하는 질을 두르고 찾아가서 조문을 했으
니, 비례이다. 그때 자유 또한 조문을 했는데, 소렴을 끝내고 복장을 바꿀
때까지 기다린 뒤에야 곧 밖으로 나와서 질을 두르고, 되돌아가서 곡을

---

9) 『예기』「단궁하」 050장 : 吾三臣者之不能居公室也, 四方莫不聞矣. 勉而爲瘠,
   則吾能, 毋乃使人疑夫不以情居瘠者乎哉! <u>我則食食</u>.

했으니, 예법에 맞는 행동이다.

【015】

曾子襲裘而弔, 子游裼裘而弔. 曾子指子游而示人曰: "夫[扶]夫也,
爲習於禮者, 如之何其裼裘而弔也?" 主人旣小斂, 袒括髮, 子游趨而
出, 襲裘 · 帶 · 経而入. 曾子曰: "我過矣! 我過矣! 夫夫是也."〈檀弓上
-069〉 [本在"予出祖者"下.]

증자는 갓옷을 겉옷으로 가리고 조문을 했고, 자유는 겉옷을 걷어서 갓옷
을 드러내고 조문을 했다. 증자가 자유를 지목하여 다른 사람들에게 보여
주며 말하길, "저['夫'자의 음은 '扶(부)'이다.] 사람은 예를 익힌 자이다. 그런데
어찌하여 갓옷을 드러낸 상태에서 조문을 한단 말인가?"라고 했다. 상주가
소렴을 끝내고, 단을 하고 머리를 틀자 자유는 종종걸음으로 나갔다가 갓
옷을 가리고 대와 질을 차고서 들어왔다. 그 모습을 본 증자는 "내가 잘못
한 것이구나! 내가 잘못한 것이구나! 저 사람이 하는 것이 옳다."라고 했
다. [본래는 '여출조자(予出祖者)'[10]라고 한 문장 뒤에 수록되어 있었다.]

集說 疏曰: 凡弔喪之禮, 主人未變服之前, 弔者吉服. 吉服者, 羔裘
玄冠, 緇衣素裳, 又袒去上服以露裼衣, 此裼裘而弔, 是也. 主人旣變
服之後, 弔者雖著朝服, 而加武以経. 武, 吉冠之卷也. 又掩其上服
者, 是朋友又加帶, 此襲裘帶経而入, 是也.

소에서 말하길, 무릇 상사에 조문하는 예에 있어서, 상주가 아직 복식을
바꾸기 이전이라면, 조문객은 길복을 착용한다. '길복(吉服)'이라는 것은
검은 양의 가죽으로 만든 옷에 현관(玄冠)[11]을 착용하고, 검은색의 상의

---

10) 『예기』「단궁상(檀弓上)」068장 : 從者又問諸子游曰: "禮與?" 子游曰: "飯於牖
下, 小斂於戶內, 大斂於阼, 殯於客位, 祖於庭, 葬於墓, 所以卽遠也. 故喪事有
進而無退." 曾子聞之曰: "多矣乎予出祖者!"

11) 현관(玄冠)은 흑색으로 된 관(冠)이다. 고대에는 조복(朝服)을 입을 때 착용을
하였다. 『의례』「사관례(士冠禮)」편에는 "主人玄冠朝服, 緇帶素韠."이라는 기록

와 흰색의 하의를 착용하며, 또한 상의를 걷어서 석의를 드러내니, 이것이 바로 "갓옷을 석(裼)하고서 조문을 했다."는 말에 해당한다. 상주가 이미 복식을 바꾼 이후라면, 조문객은 비록 조복을 착용하고 있었더라도, 관의 테에 질(絰)을 더하게 된다. '무(武)'라는 것은 길관에 있는 권(卷)이다. 또한 상의를 가리는 것은 벗을 위해서 대(帶)를 더하는 것이다. 이것이 바로 "갓옷을 습(襲)하고 대(帶)와 질(絰)을 하고서 들어갔다."는 말에 해당한다.

集說 方氏曰: 曾子徒知喪事爲凶, 而不知始死之時尙從吉, 此所以始非子游而終善之也.

방씨가 말하길, 증자는 다만 상사가 흉례에 해당한다는 사실만 알았던 것이고, 이제 막 죽었을 때에는 여전히 길례에 따른다는 사실을 알지 못한 것이다. 이것이 바로 최초 자유를 비판했다가 끝내 그를 칭찬하게 된 이유이다.

【016】
曾子弔於負夏, 主人旣祖, 塡[奠]池[徹], 推柩而反之, 降婦人而后行禮. 從[去聲]者曰: "禮與?" 曾子曰: "夫祖者, 且也. 且胡爲其不可以反宿也?"〈檀弓上-067〉 [本在"敬有餘也"下.]

증자가 위나라 부하라는 지역으로 찾아가서 조문을 하였는데, 당시 상주는 이미 조전을 시행한 상태인데도, 차려둔 음식을['塡'자의 음은 '奠(전)'이다.] 물리고['池'자의 음은 '徹(철)'이다.] 영구를 끌어다가 다시 본래의 장소로 되돌려놓았고, 부인을 양쪽 계단 사이로 내려가게 한 다음에 조문을 받는 의례를 시행하였다. 증자의 종자는['從'자는 거성으로 읽는다.] 이러한 조치를 괴이하게 여겨서, "이것이 예법에 맞는 것입니까?"라고 물었다. 증자가 대답하길,

___

이 있다.

"무릇 '조(祖)'라는 것은 장차라는 뜻이다. 그러므로 장차 시행하려고 했지만, 실제로는 아직 시행한 것이 아니니, 영구를 되돌려놓고 하루를 보내는 것이 어찌 불가하다고 할 수 있겠는가?"라고 했다. [본래는 "공경하는 마음을 지극히 하는 것이 더 낫다."[12]라고 한 문장 뒤에 수록되어 있었다.]

集說 劉氏曰: 負夏, 衛地也. 葬之前一日, 曾子往弔, 時主人已祖奠, 而婦人降在阼階之間矣. 曾子至, 主人榮之, 遂徹奠推柩而反向內以受弔, 示死者將出行, 遇賓至而爲之暫反也, 亦事死如事生之意, 然非禮矣. 柩既反, 則婦人復升堂以避柩, 至明日乃復還柩向外, 降婦人於階間, 而後行遣奠之禮. 故徒者見柩初已遷, 而復推反之, 婦人已降, 而又升堂, 皆非禮, 故問之. 而曾子答之云, 祖者, 且也, 是且遷柩爲將行之始, 未是實行, 又何爲不因復反? 越宿至明日, 乃還柩遣奠而遂行乎? 事之有無不可知, 其義亦難强解, 或記者有遺誤也. 所以徹奠者, 奠在柩西, 欲推柩反之, 故必先徹而後可旋轉也. 婦人降階閒, 亦以奠在車西, 故立車後, 今柩反, 故亦升避也.

유씨가 말하길, '부하(負夏)'는 위나라 땅이다. 장례를 치르기 하루 전에 증자는 그곳에 찾아가서 조문을 하였고, 당시 상주는 이미 조전(祖奠)[13]을 올린 상태였고, 부인은 양쪽 계단 사이로 내려가 있었다. 증자가 도착하자 상주는 증자가 찾아온 것을 영광으로 여겨서, 마침내 올렸던 조전을 치우고, 영구를 끌어서 본래의 장소로 되돌려서 안쪽을 향하도록 하고서 조문을 받았는데, 죽은 자가 장차 장지로 떠나가려고 했는데, 조문객이 찾아오게 되어 그를 위해 잠시 되돌렸다는 뜻을 나타낸 것으로, 이것은 또한 죽은 자를 섬기기를 살아있는 자를 섬기듯 한다는 뜻에 해당한다. 그러나 이처럼 하는 것은 비례이다. 영구를 이미 되돌려놓았다면, 부인은

---

12) 『예기』「단궁상(檀弓上)」 066장 : 子路曰: "吾聞諸夫子, 喪禮, 與其哀不足而禮有餘也, 不若禮不足而哀有餘也. 祭禮, 與其敬不足而禮有餘也, 不若禮不足而敬有餘也."

13) 조전(祖奠)은 발인 하루 전에 올리는 전제(奠祭)를 가리킨다.

다시 당상으로 올라가서 영구를 피해야 하고, 다음날이 되어서야 다시 영구의 방향을 본래대로 바깥쪽으로 되돌리며, 부인이 계단 사이로 내려간 이후에야 견전(遣奠)14)의 의례를 시행해야 한다. 그렇기 때문에 증자를 따라갔던 자가 영구가 애초에 이미 옮겨진 상태인데 다시 그것을 끌어다가 되돌려 놓고, 부인이 이미 내려가 있었는데 다시 당상으로 올라간 것을 보았는데, 이것은 모두 비례에 해당하기 때문에, 질문을 했던 것이다. 그런데 증자는 다음과 같이 대답을 하였다. '조(祖)'자는 장차라는 뜻으로, 장차 영구를 옮기려던 시기는 장지로 행차를 하려는 시작됨이 되는데, 아직 실제로 시행한 것이 아니니, 또한 어찌 다시 되돌려 놓을 수가 없겠는가? 그 날을 넘겨서 다음날이 되면, 다시금 영구의 방향을 되돌려서 견전을 지내고, 그런 뒤에 행차를 떠나도 되지 않겠는가? 이러한 일화가 실제로 있었던 일인지 아닌지에 대해서도 알 수 없고, 그 의미 또한 억지로 해석하기 어려우며, 혹은 『예기』를 기록한 자가 빠트린 부분이나 잘못 기록한 것이 있을 수도 있다. 차려둔 음식을 치웠던 까닭은 영구의 서쪽에 음식을 차려두었는데, 영구를 끌어다가 되돌려놓고자 하였기 때문에, 먼저 음식을 치워야만 영구의 방향을 틀어서 되돌려 놓을 수 있었기 때문이다. 부인이 내려가서 계단 아래에 있었던 것은 또한 음식을 수레의 서쪽에도 차려놓았기 때문이다. 그래서 수레의 뒤에 서 있었던 것인데, 현재 상황은 영구를 되돌려 놓았기 때문에, 다시 그 당상으로 올라가서 자리를 피해준 것이다.

附註 既祖塡池, 註從鄭註, 作奠徹. 按: 池, 卽柳車之池. 塡, 實也. 蓋柩將行, 而設池於柳車, 不必改而通. 朱子語類所解, 亦如此. 陳氏豈未之考歟?

'기조전지(既祖塡池)'에 대해 주에서는 정현의 주에 따라 '전지(塡池)'를

---

14) 견전(遣奠)은 장차 장례(葬禮)를 치르고자 할 때, 지내게 되는 전제사(奠祭)를 뜻한다.

전철(奠徹)로 기록했다. 살펴보니, '지(池)'는 곧 유거에 다는 지(池)에 해당한다. '전(塡)'자는 채운다는 뜻이다. 아마도 영구를 운반하려고 할 때에는 유거에 지(池)를 설치했던 것이니, 굳이 글자를 고치지 않아도 뜻이 통한다. 『주자어류』에서 풀이한 것 또한 이와 같다. 진씨는 어찌하여 이를 살펴보지 않았는가?

【017】

從者又問諸子游曰: "禮與?" 子游曰: "飯[上聲]於牖下, 小斂於戶內, 大斂於阼, 殯於客位, 祖於庭, 葬於墓, 所以卽遠也. 故喪事有進而無退." 曾子聞之曰: "多矣乎予出祖者!" 〈檀弓上-068〉

종자는 증자가 한 말에 의구심이 들어서, 되돌아와서 자유에게 증자가 조문을 갔을 때 일어났던 상황을 설명하고, 재차 묻기를 "이처럼 하는 것이 정말로 예에 맞는 것입니까?"라고 했다. 그러자 자유가 대답하길, "들창 아래에서 시신의 입에 반[飯'자는 상성으로 읽는다.]을 하고, 그보다 밖인 호의 안쪽에서 소렴을 하며, 그보다 밖인 동쪽 계단 위에서 대렴을 하고, 그보다 밖인 빈객이 서는 위치에서 빈을 하며, 그보다 밖인 마당에서 조를 하고, 그보다 밖인 묘에서 장례를 치르니, 이것은 곧 단계가 진행될수록 멀리 나아가는 것을 뜻한다. 그러므로 상사에 있어서 나아가는 일은 있어도 물러나는 일은 없는 것이다."라고 설명했다. 증자가 이 말을 듣고는 "내가 출조에 대해 설명한 것보다 낫구나!"라고 평가했다.

集說 從者疑曾子之言, 故又請問於子游也. 飯於牖下者, 尸沐浴之後, 以米及貝, 實尸之口中, 時尸在西室階下南首也. 斂者, 包裹斂藏之也. 小斂在戶之內, 大斂出在東階, 未忍離其爲主之位也. 主人奉尸斂于棺, 則在西階矣. 掘肂於西階之上, 肂, 陳也, 謂陳尸於坎也. 置棺于肂中而塗之, 謂之殯. 及啓而將葬, 則設祖奠於祖廟之中庭而後行. 自牖下而戶內, 而阼, 而客位, 而庭, 而墓, 皆一節遠於一節, 此謂有進而往, 無退而還也, 豈可推柩而反之乎? 多矣乎予出祖者, 多, 猶勝也, 曾子聞之, 方悟己說之非, 乃言子游所說出祖之事, 勝於我之所說出祖也.

종자는 증자의 대답에 의문이 들었기 때문에, 재차 자유에게 청원하여 질문을 했던 것이다. "들창 아래에서 반(飯)1)을 한다."는 말은 시신을 목

---

1) 반(飯)은 반함(飯含)이라고도 부른다. 상례를 치를 때 시신의 입에 옥·구슬· 쌀·화폐 등을 넣는 것이다.

욕시킨 이후에 쌀과 돈을 시신의 입에 채우는 것을 뜻하니, 당시 시신은 서쪽 실의 계단 아래에서 남쪽으로 머리를 두게 된다. '염(斂)'이라는 것은 시신을 감싸서 함께 매장하는 것을 뜻한다. '소렴(小斂)'은 방문의 안쪽에서 시행하고, '대렴(大斂)'은 밖으로 나와서 동쪽 계단에서 시행하니, 아직까지는 시신을 주인의 자리에서 차마 떨어트릴 수가 없기 때문이다. 상주가 시신을 받들어서 관에 안치하게 되면, 그 장소는 서쪽 계단에 해당한다. 서쪽 계단 위에 구덩이를 파고 안치를 하게 되는데, '사(肂)'자는 "늘어놓다."는 뜻으로, 구덩이에 시신을 늘어놓는다는 의미이다. 시신을 늘어놓는 곳에서 관에 안치하고 흙으로 채우니, 이것을 '빈(殯)'이라고 부른다. 그곳을 계빈(啓殯)²⁾하여 장례를 치르려고 하면, 조묘에 있는 중정에서 조전을 진설한 이후에 시행한다. 들창 아래로부터 방문의 안쪽, 동쪽 계단, 빈객이 서는 위치, 마당, 묘에 이르기까지, 이 모든 절차에 있어서 하나의 절차에서는 그 이전 절차보다도 장소가 멀어지게 되니, 이것이 바로 나아가서 밖으로 가게 되는 경우는 있지만, 물러나서 되돌아오는 경우가 없다는 뜻으로, 어찌 영구를 끌어내서 본래의 자리로 되돌릴 수 있겠는가? '다의호여출조(多矣乎予出祖)'라는 말에서 '다(多)'자는 "낫다."는 뜻이니, 증자는 자유가 한 말을 들어보고, 자신이 설명한 말이 잘못되었다는 사실을 깨닫게 되어서, 곧바로 자유가 출조(出祖)에 대해 설명한 사안이 자신이 출조에 대해 설명한 것보다 낫다고 말한 것이다.

【018】

曾子與客立於門側, 其徒趨而出, 曾子曰: "爾將何之." 曰: "吾父死, 將出哭於巷." 曰: "反哭於爾次!" 曾子北面而弔焉. 〈檀弓上-089〉 [本在"未嘗飽也"下.]

---

2) 계빈(啓殯)은 장례(葬禮) 절차 중 하나이다. 장례를 치르기 위하여, 빈소에 임시로 가매장했던 영구를 꺼내는 절차를 뜻한다.

증자가 빈객과 함께 문 옆에 서 있었는데, 증자의 제자가 빠른 걸음으로 밖으로 나갔다. 증자가 그를 바라보며, "너는 어디로 가려고 하느냐?"라고 했다. 그러자 제자는 "제 부친께서 돌아가셔서, 밖으로 나가 거리에서 곡을 하려고 합니다."라고 했다. 증자는 "되돌아가서 너의 차(次)에서 곡을 하거라!"라고 말했다. 이후 증자는 북쪽을 바라보고 조문을 하였다. [본래는 "일찍이 배불리 먹은 적이 없었다."3)라고 한 문장 뒤에 수록되어 있었다.]

集說　其徒, 門弟子也. 次, 其人所立之位次也. 士喪禮, "主人西面, 賓在門東北面", 此曾子所以北面而弔之也.

'기도(其徒)'는 문하의 제자를 뜻한다. '차(次)'는 그 사람이 서 있게 되는 자리를 뜻한다. 『의례』「사상례(士喪禮)」편에서는 "주인은 서쪽을 바라보고, 빈객은 문의 동쪽에서 북쪽을 바라본다."라고 하였으니, 이것이 바로 증자가 북쪽을 바라보며 조문을 했던 이유이다.

【019】
子張死, 曾子有母之喪, 齊衰而往哭之. 或曰: "齊衰不以弔." 曾子曰: "我弔也與[平聲]哉?"〈013〉 [本在"往哭之"下.]

자장이 죽었는데, 당시 증자는 모친에 대한 상을 치르고 있었다. 그래서 증자는 자최복을 착용하고서 자장의 집에 찾아가 곡을 했다. 혹자는 그것을 보고 "자최복을 착용하고서는 조문을 하지 않는다."라고 말하며, 증자를 저지하려고 했다. 그러자 증자는 "나는 단지 벗에 대해서 곡을 한 것이다. 내가 조문을 했단 말인가?['與'자는 평성으로 읽는다.]"라고 반문하였다. [본래는 "찾아가서 곡을 한다."4)라고 한 문장 뒤에 수록되어 있었다.]

集說　以喪母之服, 而哭朋友之喪, 踰禮已甚, 故或人止之. 而曾子

---

3) 『예기』「단궁상(檀弓上)」088장 : 食於有喪者之側, <u>未嘗飽也</u>.
4) 『예기』「단궁하」012장 : 有殯, 聞遠兄弟之喪, 哭于側室; 無側室, 哭于門內之右. 同國則<u>往哭之</u>.

之意則曰, 我於子張之死, 豈常禮之弔而已哉? 今詳此意, 但以友義隆厚, 不容不往哭之, 又不可釋服而往但往, 哭而不行弔禮耳. 故曰: "我弔也與哉."

모친에 대한 상을 치르는 복장을 착용하고서, 벗의 상에 곡을 했던 것이니, 예를 어긴 것이 매우 심한 것이다. 그렇기 때문에 혹자가 그를 저지하려고 했다. 그런데 증자의 의도는 곧 다음과 같다. "내가 자장의 죽음에 대해서 어찌 일상적인 조문의 예법에 따라 했겠는가?"라고 한 것인데, 이곳에 나타나는 증자의 뜻을 자세히 살펴보면, 단지 벗에 대한 도의는 두텁고 융성하여, 직접 가서 곡을 하지 않을 수 없었던 것인데, 또한 상복을 벗고서 갈 수도 없었다. 따라서 단지 찾아가서 곡만 하고 조문의 예는 시행하지 않았던 것일 뿐이다. 그래서 "내가 조문을 했단 말인가?"라고 말한 것이다.

集說 劉氏曰: 曾子嘗問: "三年之喪, 弔乎?" 夫子曰: "三年之喪練, 不群立不旅行. 君子禮以飾情, 三年之喪而弔哭, 不亦虛乎?" 旣聞此矣, 而又以母喪弔友, 必不然也. 凡經中言曾子失禮之事, 不可盡信, 此亦可見.

유씨가 말하길, 증자는 일찍이 "자신이 삼년상을 치르는 도중인데, 남의 상에 조문을 해도 되는 것입니까?"라고 질문했다. 그러자 공자는 "자신이 삼년상을 치르는 중이라면 소상을 치른 상태라 하더라도, 사람들이 모여 있는 장소에 가서 뭇 사람들과 자리를 함께 하지 않으며, 뭇 사람들과 무리를 지어 다니지 않는다. 군자는 예법대로 시행하여 애통한 감정을 나타낼 따름인데, 삼년상을 치르는 도중에 남의 상에 가서, 자신의 애통한 감정을 누그러트리지도 못한 채, 남을 위하여 조문을 하고 곡을 하는 것은 또한 허례가 아니겠는가?"[5]라고 대답해주었다. 증자는 이미 이러한

---

5) 『예기』「증자문(曾子問)」 040장 : 曾子問曰: 三年之喪, 弔乎. 孔子曰: 三年之喪, 練, 不群立, 不旅行, 君子禮以飾情, 三年之喪而弔哭, 不亦虛乎.

대답을 들었는데, 또한 모친의 상을 치르면서 벗에게 조문을 갔다고 하니, 분명 그렇지 않았을 것이다. 무릇 경문 중에 증자가 실례를 범했다고 기록한 사안들은 모두 믿을 수가 없으니, 이 기록을 통해서도 믿을 수 없는 이유를 확인할 수 있다.

【020】

陽門之介夫死, 司城子罕入而哭之哀. 晉人之覘宋者, 反報於晉侯曰: "陽門之介夫死, 而子罕哭之哀, 而民說[悅], 殆不可伐也." 〈124〉
[本在"行者遠矣"下.]

송나라 국성의 양문을 지키던 병사가 죽었다. 그런데 사성의 관직을 맡고 있던 자한은 그의 집에 찾아가서 슬프게 곡을 했다. 그 모습을 본 송나라의 백성들과 수비병들은 감동을 했다. 당시 진나라에서는 송나라를 공격하기 위해 염탐꾼을 보냈었는데, 그 자가 되돌아가서 진나라 후작에게 보고하기를, "양문을 지키던 병사가 죽었는데, 자한은 그를 위해 슬프게 곡을 하여, 백성이 감동하였습니다.['說'자의 음은 '悅(열)'이다.] 따라서 다른 병사들도 감동을 하여, 자신의 임무에 충실한 것이니, 아마도 송나라를 공격할 수 없을 것 같습니다."라고 했다. [본래는 "사람들을 크게 감동시킬 수 있는 것이다."[6]라고 한 문장 뒤에 수록되어 있었다.]

集說 陽門, 宋之國門名. 介夫, 甲士之守衛者. 宋武公諱司空, 改其官名爲司城. 子罕, 樂喜也, 戴公之後. 覘, 闚視也.

'양문(陽門)'은 송나라 국성의 문 이름이다. '개부(介夫)'는 병사들 중 문을 수비하던 자를 뜻한다. 송나라 무공의 휘는 '사공(司空)'이었으므로, 사공이라는 관직 이름을 고쳐서 '사성(司城)'이라고 했다. '자한(子罕)'은 악희이니, 대공의 후손이다. '첨(覘)'자는 염탐한다는 뜻이다.

---

6) 『예기』「단궁하」123장 : 涉內霤, 卿・大夫皆辟位. 公降一等而揖之. 君子言之曰: "盡飾之道, 斯其行者遠矣."

【021】

孔子聞之曰: "善哉覘國乎! 詩云'凡民有喪, 扶[匍]服[匐]救之.' 雖微晉而已, 天下其孰能當之?"〈125〉

공자가 그 이야기를 전해 듣고, "송나라를 염탐한 자는 매우 옳구나!『시』에서는 '무릇 백성들에게 상이 발생하면, 힘을 다해['扶'자의 음은 '匍(포)'이다. '服'자의 음은 '匐(복)'이다.] 그를 돕는다.'7)라고 하였으니, 백성들의 마음을 얻었다면 비록 진나라가 침공하리라는 근심이 없게 된다 하더라도, 천하의 그 어느 나라가 송나라를 당해낼 수 있겠는가?"라고 했다.

集說 孔子善之, 以其識治體也. 詩, 邶風 · 谷風之篇. 扶服, 致力之義. 微, 無也. 夫子引詩而言, 宋國雖以子罕得人心, 可無晉憂而已, 然天下亦孰能當之? 甚言人心之足恃也. 一說, 微, 弱也. 雖但弱晉之强, 使不敢伐而已, 然推此意, 則民旣悅服, 必能親其上, 死其長, 而擧天下莫能當之矣. 前說爲是.

공자가 칭찬한 이유는 그가 치국의 요점을 알고 있었기 때문이다. '시(詩)'는『시』「패풍(邶風) · 곡풍(谷風)」편의 시이다. '포복(扶服)'은 힘을 다한다는 뜻이다. '미(微)'자는 무(無)자의 뜻이다. 공자는『시』를 인용하여, "송나라는 비록 자한이 백성들의 마음을 얻어 진나라가 침공하리라는 근심이 없게 되었지만, 천하의 그 어느 나라가 또한 송나라를 당해낼 수 있겠느냐?"고 말한 것이니, 즉 백성들의 마음을 얻었던 것을 극찬한 말이다. 일설에는 '미(微)'자를 약(弱)자로 풀이한다. 즉 "비록 진나라의 강성함을 약화시켜서 그들로 하여금 감히 침범하지 못하도록 할 따름인데, 이러한 뜻을 미루어보면, 백성들이 이미 마음으로 따르고 있으니, 반드시 위정자들에 대해서도 친근하게 대하게 되고, 연장자를 위해서 목숨을 바칠 것이니, 천하의 그 누구도 당해낼 수 없다."는 뜻이 된다. 그러

---

7)『시』「패풍(邶風) · 곡풍(谷風)」: 就其深矣, 方之舟之. 就其淺矣, 泳之游之. 何有何亡, 黽勉求之. 凡民有喪, 匍匐救之.

나 앞의 해석이 옳다.

附註 雖微晉而已, 言雖非晉國而已, 天下皆莫能當也.

'수미진이이(雖微晉而已)'는 비록 진나라가 아니더라도 천하에 그 누구
도 당해낼 수 없다는 뜻이다.

【022】

陳莊子死, 赴於魯, 魯人欲勿哭, 繆[穆]公召縣[玄]子而問焉. 縣子曰:
"古之大夫, 束脩之問不出竟[境], 雖欲哭之, 安得而哭之?"〈檀弓上-094〉

[本在"不欲速貧也"下.]

제나라 진장자가 죽자 노나라에 부고를 알려왔다. 노나라 사람들은 그에
대한 곡을 하지 않고자 했는데, 당시 제나라는 강성한 나라였으므로 곡을
하지 않아도 되는지 걱정이 되었다. 그래서 목공['繆'자의 음은 '穆(목)'이다.]은
당시 예에 대해 명성이 높았던 현자['縣'자의 음은 '玄(현)'이다.]를 초빙하여 그
에 대한 질문을 하였다. 그러자 현자는 "고대의 대부들은 속수를 보내어
교류를 하는 사소한 예조차 국경['竟'자의 음은 '境(경)'이다.]을 벗어나면 시행하
지 않았습니다. 그러니 비록 그에 대해 곡을 하고자 한들 어떻게 곡을 할
수 있겠습니까?"라고 했다. [본래는 "빨리 가난해지기를 바라지 않으셨다."[1]라고 한
문장 뒤에 수록되어 있었다.]

集說 大夫訃於他國之君, 曰: "君之外臣實大夫某死." 莊子, 齊大
夫, 名伯. 齊強魯弱, 不容略其赴, 縣子名知禮, 故召問之. 脩, 脯也.
十脡爲束. 問, 遺也. 爲人臣者無外交, 不敢貳君也, 故雖束脩微禮,
亦不以出竟.

대부가 다른 나라의 군주에게 부고를 알릴 때에는 "군주의 외신인 과대부
아무개가 죽었습니다."[2]라고 말하게 된다. '장자(莊子)'는 제나라 대부
로, 이름은 백(伯)이다. 당시 제나라는 강성했고 노나라는 약소했으므로,
부고를 알린 일에 대해서 간략히 대처하는 것을 받아들일 수 없었는데,

---

1) 『예기』「단궁상(檀弓上)」093장 : 曾子以子游之言告於有子. 有子曰: "然. 吾固
曰非夫子之言也." 曾子曰: "子何以知之?" 有子曰: "夫子制於中都, 四寸之棺,
五寸之槨, 以斯知不欲速朽也. 昔者夫子失魯司寇, 將之荊, 蓋先之以子夏, 又
申之以冉有, 以斯知不欲速貧也."
2) 『예기』「잡기상(雜記上)」007장 : 大夫訃於同國, 適者, 曰某不祿. 訃於士, 亦曰
某不祿. 訃於他國之君, 曰君之外臣寡大夫某死. 訃於適者, 曰吾子之外私寡大
夫某不祿, 使某實. 訃於士, 亦曰吾子之外私寡大夫某不祿, 使某實.

현자는 당시 예를 잘 알고 있는 자로 명성이 높았기 때문에, 그를 초빙하여 물어본 것이다. '수(脩)'자는 포를 뜻한다. 10정(脡)[3]을 1속(束)으로 삼는다. '문(問)'자는 "보낸다."는 뜻이다. 신하가 된 자는 외국과 교류함이 없으니, 감히 군주에 대해서 두 마음을 품을 수 없기 때문이다.[4] 그렇기 때문에 비록 속수처럼 하찮은 예에 대해서도 국경 밖에서 시행하지 못하게 한 것이다.

【023】

"今之大夫, 交政於中國, 雖欲勿哭, 焉得而弗哭? 且臣聞之, 哭有二道, 有愛而哭之, 有畏而哭之." 公曰: "然. 然則如之何而可?" 縣子曰: "請哭諸異姓之廟." 於是與哭諸縣氏. 〈檀弓上-095〉

계속하여 현자가 일러주길, "오늘날 대부들은 제 마음대로 다른 나라의 군주들과 교류를 하고 있으니, 이것은 군주의 힘이 미약하고 신하의 힘이 강성하기 때문입니다. 따라서 비록 그를 위해 곡을 하지 않고자 하더라도, 어떻게 곡을 하지 않을 수 있겠습니까? 또 제가 듣기로는 곡에는 두 가지 방법이 있다고 합니다. 첫 번째는 그 자를 사랑하기 때문에 곡하는 것이고, 두 번째는 그 사람을 두려워하기 때문에 곡하는 것입니다."라고 했다. 그러자 목공은 "그렇습니다. 당신의 말이 맞습니다. 그렇다면 어떻게 해야 좋겠습니까?"라고 물었다. 현자는 "청컨대 군주께서는 성이 다른 자의 집에 가셔서, 그곳의 묘에서 곡을 하십시오."라고 했다. 그래서 목공은 현씨의 집에서 곡하는 일에 참여하게 되었다.

---

3) 정(脡)은 기다란 육포(肉脯)를 세는 단위이다. 접혀 있는 것을 셀 때에는 구(朐)자를 사용하였다. 『춘추공양전』「소공(昭公) 25년」편에는 "高子執簞食與四脡脯."라는 기록이 있는데, 이에 대한 하휴(何休)의 주에서는 "屈曰朐, 申曰脡."이라고 풀이했다.

4) 『예기』「교특생(郊特牲)」011장: 朝覲大夫之私覿, 非禮也. 大夫執圭而使, 所以申信也. 不敢私覿, 所以致敬也. 而庭實私覿, 何爲乎諸侯之庭? 爲人臣者無外交, 不敢貳君也.

集說 交政於中國, 言當時君弱臣强, 大夫專盟會之事, 以與國君相交接也. 此變禮之由也. 愛之哭出於不能已, 畏之哭出於不得已, 哭伯高於賜氏, 義之所在也; 哭莊子於縣氏, 勢之所迫也.

"중국에서 정치를 교류한다."는 말은 당시 군주의 힘이 미약하고 신하가 강성하여, 대부가 자기 마음대로 회맹의 일을 주관하여, 나른 나라의 군주와 서로 교류하였다는 뜻이다. 이것은 예가 변화된 유래에 해당한다. 그 사람을 사랑하여 곡하는 것은 그만둘 수 없는 감정에서 비롯되는 것이고, 두려워하여 곡하는 것은 부득이한 사정에서 비롯된 것이다. 공자가 사씨의 집에서 백고를 위해 곡을 했던 것5)은 의(義)에 따라서 한 것이고, 현씨의 집에서 장자를 위해 곡을 했던 것은 세력에 의해 핍박을 당했기 때문이다.

【024】

伯高死於衛, 赴於孔子. 孔子曰: "吾惡[烏]乎哭諸? 兄弟, 吾哭諸廟; 父之友, 吾哭諸廟門之外; 師, 吾哭諸寢; 朋友, 吾哭諸寢門之外; 所知, 吾哭諸野. 於野則已疏, 於寢則已重. 夫由賜也見我, 吾哭諸賜氏." 遂命子貢爲之主, 曰: "爲[去聲]爾哭也來者[句], 拜之; 知伯高而來者, 勿拜也." 〈檀弓上-047〉 [本在"誠於伯高"下]

백고는 위나라에서 죽었는데, 공자에게 부고를 알렸다. 공자가 말하길, "나는 어디에서['惡'자의 음은 '烏(오)'이다.] 곡을 해야 한단 말인가? 형제에 대해서라면 나는 묘에서 곡을 해야 하고, 부친의 벗에 대해서라면 나는 묘문의 밖에서 곡을 해야 하며, 스승에 대해서라면 나는 침에서 곡을 해야 하고, 벗에 대해서라면 나는 침문의 밖에서 곡을 해야 하며, 서로 알고 지내던

---

5) 『예기』「단궁상(檀弓上)」 047장 : 伯高死於衛, 赴於孔子. 孔子曰: "吾惡乎哭諸? 兄弟, 吾哭諸廟; 父之友, 吾哭諸廟門之外; 師, 吾哭諸寢; 朋友, 吾哭諸寢門之外; 所知, 吾哭諸野. 於野則已疏, 於寢則已重. 夫由賜也見我, 吾哭諸賜氏." 遂命子貢爲之主, 曰: "爲爾哭也來者, 拜之; 知伯高而來者, 勿拜也."

자에 대해서라면 나는 들에서 곡을 해야 한다. 그런데 백고에 대해서 들에
서 곡을 하게 된다면, 너무 소원하게 대하는 것이 되고, 그렇다고 해서 침
에서 곡을 하게 된다면, 너무 친근하게 대하는 것이 된다. 무릇 백고는 사
를 통해서 나를 만나보게 되었으니, 나는 사씨의 집에서 곡을 해야겠구나."
라고 했다. 그리고는 자공에게 명령하여 곡하는 자리의 주인으로 삼고, "네
가 곡하는 것을 위해['爲'자는 거성으로 읽는다.] 찾아와 조문하는 자에게는['者'자
에서 구문을 끊는다.] 절을 하되, 백고를 알기 때문에 찾아와 조문하는 자에게
는 절을 해서는 안 된다."라고 말해주었다. [본래는 '성어백고(誠於伯高)'6)라고
한 문장 뒤에 수록되어 있었다.]

集說 告死曰赴, 與訃同. 已, 太也.

죽음에 대한 소식을 알리는 것을 '부(赴)'라고 부르니, '부(訃)'와 동일한
것이다. '이(已)'자는 너무라는 뜻이다.

集說 馬氏曰: 兄弟出於祖而內所親者, 故哭之廟; 父友聯於父而外
所親者, 故哭之廟門外; 師以成己之德, 而其親視父, 故哭諸寢; 友以
轉己之仁, 而其親視兄弟, 故哭諸寢門之外. 至於所知, 又非朋友之
比, 有相趨者, 有相揖者, 有相問者, 有相見者, 皆泛交之者也. 孔子
哭伯高以野爲大疏, 而以子貢爲主. 君子行禮, 其審詳於哭泣之位如
此者, 是其所以表微者歟.

마씨가 말하길, 형제는 같은 조상으로부터 나온 자이므로 내적으로 친근
한 자에 해당하기 때문에, 묘에서 곡을 하는 것이다. 부친의 벗은 부친과
관련이 있는 자이므로 외적으로 친근한 자에 해당하기 때문에, 묘문의
밖에서 곡을 하는 것이다. 스승은 나의 덕을 완성시켜주는 자이므로 그에
대한 친근함은 부친에 견주게 된다. 그렇기 때문에 침에서 곡을 하는 것이
다. 벗은 나의 인함을 보필하는 자이므로 그에 대한 친근함은 형제에

---

6) 『예기』「단궁상(檀弓上)」 046장 : 伯高之喪, 孔氏之使者未至, 冉子攝束帛ㆍ乘
馬而將之. 孔子曰: "異哉! 徒使我不誠於伯高."

견주게 된다. 그렇기 때문에 침문의 밖에서 곡을 하는 것이다. 서로 알고 지내던 자에 있어서는 또한 벗에 견줄 수가 없지만, 서로 조문을 알리는 관계에 있는 자도 있고, 서로 읍을 하는 사이에 있는 자도 있으며, 서로 안부를 묻는 관계에 있는 자도 있고, 서로 찾아가 만나보는 관계에 있는 자도 있는데, 이들은 모두 범범하게 교류하는 자들이다. 공자는 백고에게 곡을 하며, 들에서 한다면 너무 소원하게 대하는 것이라고 여겼고, 자공을 곡하는 자리를 담당하는 주인으로 삼았다. 군자가 예를 시행할 때, 곡을 하며 눈물을 흘리는 자리에 대해서도 이처럼 세심하게 살폈으니, 이것이 바로 그 은미한 뜻을 나타내는 것이라 할 수 있다.

集說 方氏曰: 伯高之於孔子, 非特所知而已. 由子貢而見, 故哭於子貢之家, 且使之爲主, 以明恩之有所由也. 爲子貢而來, 則弔生之禮在子貢; 知伯高而來, 則傷死之禮在伯高. 或拜或不拜, 凡以稱其情耳, 故夫子誨之如此.

방씨가 말하길, 백고는 공자에 대해서 단지 서로 알고 지내던 사이일 뿐만이 아니다. 자공을 통해 알게 되었기 때문에, 자공의 집에서 곡을 했던 것이고, 또 자공으로 하여금 곡하는 자리를 담당하는 주인으로 삼아서, 은혜로운 정감이 유래하게 된 원인을 밝힌 것이다. 자공을 위해서 찾아오는 자의 경우라면, 살아있는 자에게 조문하는 예가 자공에게 해당하는 것이고, 백고를 알아서 찾아오는 자의 경우라면, 죽은 자를 애도하는 예가 백고에게 해당하는 것이다. 어떤 자에게는 절을 하고 또 어떤 자에게는 절을 하지 않는 이유는 무릇 그 정감에 맞추는 것일 뿐이다. 그렇기 때문에 공자는 이처럼 깨우쳐준 것이다.

集說 石梁王氏曰: "爲爾哭也來者"一句.

석량왕씨가 말하길, '위이곡야래자(爲爾哭也來者)'가 한 구문이 된다.

【025】

子思之母死於衛, 赴於子思, 子思哭於廟. 門人至, 曰: "庶氏之母死,
何爲哭於孔氏之廟乎?" 子思曰: "吾過矣! 吾過矣!" 遂哭於他室. 〈114〉
[本在"敢忘其祖"下.]

자사의 모친은 남편인 백어가 죽자 위나라 서씨에게 개가를 했다. 그런데
그녀가 위나라에서 죽자 자사에게 부고를 알려 왔다. 그래서 자사는 자신
의 종묘에 가서 그녀를 위해 곡을 했다. 그 소리를 들은 문인들은 그곳으로
찾아가서, 자사에게 "서씨 집안의 모친이 된 여인이 죽었는데, 어떻게 공씨
집안의 묘에서 곡을 할 수 있습니까?"라고 말했다. 그 말을 들은 자사는
"이것은 나의 잘못이다! 나의 잘못이다!"라고 말하고 다른 방으로 가서 곡
을 했다. [본래는 '감망기조(敢忘其祖)[7]라고 한 문장 뒤에 수록되어 있었다.]

集說 伯魚卒, 其妻嫁於衛之庶氏, 嫁母與廟絕族, 故不得哭之於廟.

백어가 죽었을 때, 그의 처는 위나라 서씨의 집으로 개가를 했으니, 개가
한 모친은 종묘와 인연이 끊어진 것이다. 그렇기 때문에 묘에서 그녀를
위해 곡을 할 수 없다.

【026】

曾子曰: "小功不爲位也, 者是委巷之禮也." 〈檀弓上-042〉[8] [本在"其餘閣
也與"下.]

증자가 말하길, "소공복을 입고 치르는 상에서 곡하는 위치를 정하지 않는
것은 누추한 마을에서나 시행하는 예이다."라고 했다. [본래는 "생전에 드시던
찬장 위의 음식들로도 충분하다!"[9]라고 한 문장 뒤에 수록되어 있었다.]

---

7) 『예기』「단궁하」113장 : 容居對曰: "容居聞之, 事君不敢忘其君, 亦不敢遺其
祖. 昔我先君駒王, 西討濟於河, 無所不用斯言也. 容居, 魯人也, 不敢忘其祖."
8) 『예기』「단궁상(檀弓上)」042장 : 曾子曰: "小功不爲位也, 者是委巷之禮也. 子
思之哭嫂也爲位, 婦人倡踊. 申祥之哭言思也亦然."
9) 『예기』「단궁상(檀弓上)」041장 : 曾子曰: "始死之奠, 其餘閣也與!"

集說 委, 曲也. 曲巷, 猶言陋巷. 細民居於陋巷, 不見禮儀, 而鄙朴
無節文, 故譏小功不爲位, 是曲巷中之禮也.

'위(委)'자는 곡(曲)자의 뜻이다. '곡항(曲巷)'은 곧 누추한 마을을 뜻한
다. 평민들은 누항에 거처하여 예의를 볼 수 없었고, 누추하고 질박하여
규범에 따른 형식을 갖춤이 없었다. 그렇기 때문에 소공복을 입고 치르는
상에서 곡하는 자리를 마련하지 않은 것은 누추한 마을에서나 시행하는
예라고 기롱한 것이다.

【027】

子思之哭嫂也爲位, 婦人倡踊. 申祥之哭言思也亦然. 〈檀弓上-042〉[10]

자사가 형수를 위해 곡을 했을 때에는 곡하는 자리를 정하고, 그의 부인이
먼저 용을 했는데, 이것은 예법에 맞는 조치이다. 반면 신상은 자기 처의
곤제가 되는 언사에 대해서, 곡을 했을 때에도 이처럼 했다.

集說 言思, 子游之子, 申祥妻之昆弟也.

'언사(言思)'는 자유의 아들이니, 신상 처의 곤제가 된다.

集說 馬氏曰: 凡哭必爲位者, 所以敍親疏恩紀之差. 嫂叔疑於無服
而不爲位, 故曰無服而爲位者惟嫂叔. 蓋無服者, 所以遠男女近似之
嫌; 而爲位者, 所以篤兄弟內喪之親. 子思哭嫂爲位, 婦人倡踊, 以婦
人有相爲娣姒之義, 而不敢以己之無服先之也. 至於申祥之哭言思,
亦如子思, 蓋非禮矣. 妻之昆弟, 外喪也, 而旣無服, 則不得爲哭位之
主矣. 記曰, "妻之昆弟爲父後者死, 哭之適室, 子爲主, 袒免哭踊, 夫
入門右." 由是言之, 哭妻之昆弟以子爲主, 異於嫂叔之喪也. 以子爲

---

10) 『예기』「단궁상(檀弓上)」 042장 : 曾子曰: "小功不爲位也, 者是委巷之禮也. 子
　　思之哭嫂也爲位, 婦人倡踊, 申祥之哭言思也亦然."

主, 則婦人不當倡踊矣.

마씨가 말하길, 무릇 곡을 할 때에는 반드시 자리를 마련해야 하니, 친소 관계나 은정의 깊이에 따른 차등을 질서세우는 방법이다. 형제의 아내나 남편의 형제들에 대해서는 상복관계가 성립되지 않아서 곡하는 위치를 마련하지 않는 것처럼 오해할 수 있다. 그렇기 때문에 "상복관계가 성립되지 않지만 곡하는 위치를 마련하는 것은 오직 형제의 아내나 남편의 형제들에게만 한정된다."[11]라고 말한 것이다. 무릇 이러한 관계에서 상복관계를 성립시키지 않는 이유는 남녀사이에서 가까이 한다는 혐의를 멀리하기 위해서이고, 그런데도 곡하는 위치를 마련하는 것은 형제사이에 발생한 내상(內喪)[12]의 친근함을 돈독하게 하기 위해서이다. 자사가 형수에 대한 곡을 하며 곡하는 자리를 마련하고, 그의 부인이 먼저 용을 했던 것은 부인들에게는 서로 손아래 동서와 손위 동서가 되는 도의가 포함되어 있으므로, 상복관계가 성립되지 않는 본인이 감히 부인보다 먼저 할 수 없기 때문이다. 신상은 언사에 대해 곡을 하는 일에 있어서 또한 자사가 시행했던 것처럼 했으니, 이것은 비례가 된다. 처의 곤제는 외상에 해당하며, 이미 상복관계가 성립되지 않는 관계이므로, 마치 주인처럼 곡하는 위치를 정할 수 없기 때문이다. 『예기』에서는 "처의 곤제 중 부친을 잇는 후계자인 자가 죽게 되면, 적실에서 곡을 하고, 그의 아들을 곡하는 위치에서의 주인으로 삼고, 단문을 한 채로 곡과 용을 하게 만들며, 남편인 본인은 문으로 들어가서 우측에 서 있게 된다."[13]라고 했다. 이러한 기록들을 통해 말을 해본다면, 처의 곤제를 위해서 곡을 할 때에는 그의 아들을 곡하는 위치에서의 주인으로 삼으니, 형제의 아내

---

11) 『예기』「분상(奔喪)」021장 : 無服而爲位者, 唯嫂叔, 及婦人降而無服者麻.

12) 내상(內喪)은 대문(大門) 안에서 발생한 상(喪)을 뜻한다. 즉 집안에서 발생한 상(喪)을 뜻하며, 외상(外喪)과 반대가 된다.

13) 『예기』「단궁하」011장 : 妻之昆弟爲父後者死, 哭之適室, 子爲主, 袒免哭踊, 夫入門右, 使人入於門外, 告來者, 狎則入哭. 父在, 哭於妻之室. 非爲父後者, 哭諸異室.

및 남편의 형제들에 대한 상과 다른 것이다. 그의 아들을 주인으로 삼게 된다면, 부인은 마땅히 먼저 용을 해서는 안 된다.

附註 子思哭嫂, 似是曾子後來事, 恐記者之詞, 附見於曾子之言之下. 不然, 曾子, 或是曾申.

'자사곡수(子思哭嫂)'라 했는데, 이것은 아마도 증자 이후에 발생한 일이니, 『예기』를 기록한 자의 말이 증자의 말 뒤에 덧붙여 들어간 것 같다. 그렇지 않다면 여기에서 말한 '증자(曾子)'는 아마도 증신(曾申)에 해당할 것이다.

【028】

子蒲卒, 哭者呼滅. 子皐曰: "若是野哉!" 哭者改之.〈檀弓上-104〉 [本在 "裳非古也"下]

자포가 죽자 곡을 하는 자가 자포의 이름인 멸(滅)을 부르며 울부짖었다. 그 소리를 들은 자고는 "어찌 이처럼 야만스럽단 말인가!"라고 했다. 그 소리를 들은 자는 곡하던 방법을 고쳤다. [본래는 "하의를 만드는 것은 고대의 제도 가 아니다."¹⁾라고 한 문장 뒤에 수록되어 있었다.]

集說 滅, 子蒲之名也. 復則呼名, 哭豈可呼名也! 野哉, 言其鄙野而 不達於禮也. 子皐, 孔子弟子高柴.

'멸(滅)'은 자포의 이름이다. 초혼을 하게 되면 이름을 부르는데, 곡을 하 면서 어찌 이름을 부를 수 있단 말인가! "야만스럽다."는 말은 그 자가 야만스러워서 예에 대해 알지 못한다는 뜻이다. '자고(子皐)'는 공자의 제자인 고시(高柴)이다.

【029】

子夏喪[平聲]其子而喪[去聲]其明. 曾子弔之曰: "吾聞之也, 朋友喪明則 哭之." 曾子哭, 子夏亦哭曰: "天乎! 予之無罪也!" 曾子怒曰: "商! 女[汝] 何無罪也? 吾與女事夫子於洙·泗之間, 退而老於西河之上, 使西河 之民疑女於夫子, 爾罪一也. 喪[平聲]爾親, 使民未有聞焉, 爾罪二也. 喪爾子, 喪爾明, 爾罪三也. 而曰爾何無罪與[平聲]?" 子夏投其杖而拜 曰: "吾過矣! 吾過矣! 吾離[去聲]群而索[悉各反]居亦已久矣."〈檀弓上 -049〉 [本在"桂之謂也"下]

자하가 아들의 상['喪'자는 평성으로 읽는다.]을 당했는데, 곡을 너무 심하게 하 여 실명['喪'자는 거성으로 읽는다.]을 하였다. 증자가 자하를 조문하며 말하길,

---

1) 『예기』「단궁상(檀弓上)」 103장 : 縣子曰: "絰衰·總<u>裳, 非古也</u>."

"내가 듣기로 벗이 실명을 하게 되면 곡을 한다고 했다."라고 하였다. 그리고 증자는 곧 곡을 했는데, 자하 또한 곡을 하며, "하늘이시여! 저에게는 죄가 없습니다! 그런데도 어찌하여 제 눈을 가져가셨습니까!"라고 말했다. 그 말을 들은 증자는 화를 내며, "상아! 너['女'자의 뜻은 '여(汝)'이다.]는 어찌하여 죄가 없다고 하는가? 나는 너와 함께 수사의 사이에서 선생님을 섬겼었다. 그런데 너는 물러나 서하에 홀로 거쳐하며 여생을 보내고, 서하 땅의 사람들로 하여금 선생님과 네가 다를 바가 없다고 여기도록 했으니, 이것이 너의 첫 번째 죄이다. 또 너는 부모의 상['喪'자는 평성으로 읽는다.]을 치를 때, 백성들 중에는 너의 효성스러움을 칭송하는 자가 없었으니, 이것이 너의 두 번째 죄이다. 또 네가 아들의 상을 치를 때 실명까지 하게 되었으니, 이것이 너의 세 번째 죄이다. 그런데도 너는 어찌하여 죄가 없다고 말할 수 있는가?['與'자는 평성으로 읽는다.]"라고 했다. 그 말을 들은 자하는 집고 있던 지팡이를 내던지고 증자에게 절을 하며, "나의 잘못이다! 나의 잘못이다! 내가 벗들과 떨어져서['離'자는 거성으로 읽는다.] 홀로['索'자는 '悉(실)'자와 '各(각)'자의 반절음이다.] 산 것이 오래되었기 때문에, 이처럼 죄를 짓게 된 것이다."라고 했다. [본래는 "계피를 뜻한다."²)라고 한 문장 뒤에 수록되어 있었다.]

集說 以哭甚, 故喪明也. 洙·泗, 魯二水名. 西河, 子夏所居. 索, 散也. 久不親友, 故有罪而不自知.

곡을 너무 심하게 했기 때문에 실명을 하게 된 것이다. '수(洙)'와 '사(泗)'는 노나라에 있는 두 강의 이름이다. '서하(西河)'는 자하가 머물던 곳이다. '삭(索)'은 "흩어진다."는 뜻이다. 오래도록 벗들과 친근하게 지내지 않았기 때문에, 죄를 지었음에도 제 스스로 알지 못했던 것이다.

集說 張子曰: 子夏喪明, 必是親喪之時尚强壯, 其子之喪氣漸衰, 故喪明. 然而曾子之責, 安得辭也! 疑女於夫子者, 子夏不推尊夫子, 使人疑夫子無以異於子夏, 非如曾子惟尊夫子, 使人知尊聖人也.

---

2) 『예기』「단궁상(檀弓上)」048장 : 曾子曰: "喪有疾, 食肉飮酒, 必有草木之滋焉", 以爲薑桂之謂也.

장자가 말하길, 자하가 실명을 하였는데, 분명 부모의 상을 치를 때에는 여전히 건장한 상태였지만, 자식의 상을 치를 때에는 기운이 점차 쇠약해졌기 때문에 실명을 하게 된 것이다. 그러므로 증자가 책망하는 말에 대해서 어떻게 변명을 할 수 있겠는가! '의녀어부자(疑女於夫子)'라는 말은 자하가 공자를 추존하지 않아서, 사람들로 하여금 공자가 자하와 다를 바가 없도록 의심케 하였던 것으로, 증자처럼 공자를 추존하여 사람들로 하여금 성인을 추존해야 함을 알게 한 것과는 다른 것이다.

集說 方氏曰: 子夏不尊於師而尊於己, 不隆於親而隆於子, 猶以爲無罪, 此曾子所以怒之也. 然君子以友輔仁, 子夏之至於三罪者, 亦由離朋友之群, 而散居之久耳. 以離群, 故散居也.

방씨가 말하길, 자하는 스승을 존숭하지 않고, 자신을 존숭하였으며, 부모에 대해서 융성하게 대하지 않고, 자식을 융성하게 대하였는데도, 여전히 자신에게는 죄가 없다고 여겼다. 이것이 바로 증자가 그에게 화를 냈던 이유이다. 그러므로 군자는 벗을 통해서 자신의 인함을 돕도록 하니, 자하가 세 가지 죄를 짓는 지경에 이른 것은 또한 벗들을 떠나서, 오래도록 홀로 살았던 것에 연유할 따름이다. 벗들과 떨어져 살았기 때문에, 홀로 떨어져서 살았던 것이다.

【030】

穆伯之喪, 敬姜晝哭; 文伯之喪, 晝夜哭. 孔子曰: "知禮矣."〈057〉[本在"皆西鄉"下.]

목백의 상에서 그의 아내인 경강은 낮에만 곡을 했고, 문백의 상에서 그의 모친이 경강은 밤낮으로 곡을 했다. 그 모습을 본 공자는 "그녀는 예를 아는구나."라고 칭찬했다. [본래는 "모두 서쪽을 바라보는 곳에 위치하게 되었다."3)라

---

3) 『예기』「단궁하」 056장 : 曰: "噫! 毋!" 曰: "我喪也. 斯沾, 爾專之. 賓爲賓焉, 主爲

고 한 문장 뒤에 수록되어 있었다.]

集說 哭夫以禮, 哭子以情, 中節矣, 故孔子美之.

남편에 대해서 곡을 할 때에는 예에 따라서 하는 것이며, 자식에 대해서 곡을 할 때에는 정감에 따라서 하는 것이니, 절도에 맞은 것이다. 그렇기 때문에 공자가 그녀를 칭찬한 것이다.

【031】

文伯之喪, 敬姜據其牀而不哭, 曰: "昔者吾有斯子也, 吾以將爲賢人也, 吾未嘗以就公室. 今及其死也, 朋友諸臣未有出涕者, 而內人皆行哭失聲. 斯子也, 必多曠於禮矣夫!"〈058〉

문백의 상에서 그의 모친 경강은 침상에 앉아서 곡을 하지 않았다. 그리고는 곧 "예전에 내 자식이 살아있을 때, 나는 내 자식이 현명한 사람이라고 생각했다. 그래서 나는 일찍이 공실에 가서도 그가 어떻게 행동하는지 관찰하지 않았다. 그런데 현재 아들이 죽었는데도 그의 벗과 여러 신하들 중에 눈물을 흘리지 않는 자가 있고, 내인만이 모두 곡을 하며 목이 쉬었다. 이것은 내 아들이 살아있을 때 분명 예에 대해서 소홀하게 행동했던 점이 많았기 때문일 것이다!"라고 했다.

集說 以爲賢人, 必知禮矣, 故凡我平日出入公室, 未嘗與俱而觀其所行, 蓋信其賢而知禮也; 至死而覺其曠禮, 故歎恨之.

현명한 사람이라고 여겨서 반드시 예를 잘 알 것이라고 생각했다. 그렇기 때문에 경강이 평상시에 공실을 출입하며, 일찍이 다른 사람들과 함께 그가 행동하는 것을 관찰하지 않았던 것이니, 무릇 그의 현명함을 믿어서 예를 알 것이라고 여겼기 때문이다. 그런데 그가 죽게 되자 그가 예에 대해서 소홀하게 했다는 것을 깨달았다. 그렇기 때문에 한탄을 한 것이다.

主焉." 婦人從男子皆西鄕.

集說　鄭氏曰: 季氏, 魯之宗卿, 敬姜有會見之禮.

정현이 말하길, 계씨는 노나라의 종경(宗卿)⁴⁾이었으므로, 경강에게도 회동을 하거나 알현하는 예법이 적용되었던 것이다.

附註　內人行哭失聲, 行哭, 謂奔走啼號也. 輯註"行哭泣之禮", 未然.

'내인행곡실성(內人行哭失聲)'이라 했는데, '행곡(行哭)'은 분주히 달려가 울부짖는 것을 뜻한다. 『집주』에서는 "곡을 하며 눈물을 흘리는 예를 시행했다."라 했는데, 그렇지 않을 것이다.

---

4)　종경(宗卿)은 군주와 같은 종인(宗人) 중 대신(大臣)에 오른 자를 뜻한다. 『춘추좌씨전』 「성공(成公) 14년」 편에는 "是先君宗卿之嗣也, 大國又以爲請, 不許, 將亡."이라는 기록이 있는데, 이에 대한 두예(杜預)의 주에서는 "同姓之卿."이라고 풀이했다. 한편 '종경'은 조정의 신하들 중 의례(儀禮)·제사(祭祀) 및 종묘(宗廟)와 관련된 일들을 전담하는 관리들의 수장을 범칭하는 용어로도 사용된다.

【032】

曾子曰: "朋友之墓, 有宿草而不哭焉." 〈檀弓上-010〉 [本在“命覆醢”下.]

증자가 말하길, "벗의 무덤에 다년생 풀이 피어나게 되면 상을 치른 지 1년이 넘었으므로 곡을 하지 않는다."라고 했다. [본래는 "명령하여 집안에 있던 젓갈을 모두 내다버리게 했다."1)라고 한 문장 뒤에 수록되어 있었다.]

集說 草根陳宿, 是期年之外, 可無哭矣.

풀의 뿌리가 오래되었다는 것은 상을 치른 지 1년이 넘었다는 뜻이니, 곡을 하지 않아도 괜찮다.

類編 右弔哭. [二十一章.]

여기까지는 '조곡(弔哭)'에 대한 내용이다. [21개 장이다.]

類編 人情哀有喪, 故弔哭次之.

사람의 정감은 상이 발생한 것을 슬퍼하기 때문에 조곡에 대한 내용을 그 다음에 수록하였다.

---

1) 『예기』 「단궁상(檀弓上)」 009장 : 孔子哭子路於中庭, 有人弔者, 而夫子拜之. 旣哭, 進使者而問故. 使者曰: "醢之矣!" 遂命覆醢.

◈ 상례에 대한 통론[通論喪禮]

【033】

子貢問喪. 子曰: "敬爲上, 哀次之, 瘠爲下. 顔色稱[去聲]其情, 戚容稱
其服."〈雜記下-013〉 [本在"薦而不食"下.]

자공이 부모상을 치르는 일에 대해 물어보았다. 그러자 공자는 "공경함에
따르는 것이 상등이고, 슬픔에 따르는 것이 그 다음이며, 몸을 해치는 것이
하등이다. 안색은 해당하는 정감에 알맞게['稱'자는 거성으로 읽는다.] 해야 하
고, 수척해진 모습은 해당하는 상복에 알맞게 해야 한다."라고 했다. [본래는
"제사를 마치고 그것들을 먹지 않는다."[1]라고 한 문장 뒤에 수록되어 있었다.]

集說 問喪, 問居父母之喪也. 附於身, 附於棺者, 皆欲其必誠必信,
故曰敬爲上. 子游言喪致乎哀而止, 先儒謂而止二字, 微有過於高遠
而簡略細微之弊. 此言哀次之可見矣. 毁瘠不形, 不勝喪, 乃比於不
慈不孝, 故曰瘠爲下也. 齊斬之服固有重輕, 稱其情, 稱其服, 則中於
禮矣.

'문상(問喪)'은 부모의 상을 치르는 일에 대해 물어보았다는 뜻이다. 시
신의 몸에 직접 닿고 관에 직접 닿는 것들에 대해서는 모두 성심과 신의
를 다하고자 하기 때문에 "공경이 상등이 된다."라고 말한 것이다. 자유
는 "상을 치를 때에는 슬픔을 지극히 할 따름이다."[2]라고 했는데, 선대
학자들은 '이지(而止)'라는 두 글자에 대해서, 너무 고원하여 간략하고
자질구레한 폐단이 있는 것 같다고 했다. 이곳에서 "슬픔이 그 다음이다."
라고 한 말을 통해서 확인할 수 있다. 몸이 수척해지고 훼손되어 더 이상
지탱할 수 없어 상을 치를 수 없게 되면, 자애롭지 못하고 효도를 하지
못한 것과 비견되기 때문에, "몸을 해치는 것이 하등이 된다."라고 말한

---

1) 『예기』「잡기하(雜記下)」 012장 : 凡侍祭喪者, 告賓祭薦而不食.
2) 『논어』「자장(子張)」 : 子游曰, "喪致乎哀而止."

것이다. 자최복과 참최복에는 진실로 경중의 차이가 있으니, 해당하는 정감에 알맞게 하고 해당하는 상복을 착용한다면, 예법에 알맞게 된다.

【034】

"請問兄弟之喪." 子曰: "兄弟之喪, 則存乎書策矣." 〈雜記下-014〉

자공이 계속하여 "청컨대 형제의 상을 치르는 것에 대해서 묻고자 합니다."라고 했다. 그러자 공자는 "형제의 상을 치르는 것에 대해서는 『예경』에 수록되어 있으니, 그에 따라서 시행할 따름이다."라고 했다.

集說 存乎書策者, 言依禮經所載而行之, 非若父母之喪, 哀容體狀之不可名言, 而經不能備言也.

"서책에 있다."는 말은 『예경』에 수록된 내용에 따라서 시행한다는 뜻이니, 부모의 상에 대해서 애통함과 용모 및 행동거지 등을 구체적으로 명명하여 말하지 못해서, 『예경』에 제대로 기술하지 못함과는 같지 않다는 의미이다.

【035】

君子不奪人之喪, 亦不可奪喪也. 〈雜記下-015〉

군자는 남의 상에 대해서 그 정감을 빼앗을 수 없고, 또한 다른 일로 하여금 상을 치르지 못하도록 할 수 없다.

集說 君子不奪廢他人居喪之情, 而君子居喪之情, 亦不可爲他事所奪廢, 要使各得盡其禮耳.

군자는 다른 사람이 상을 치를 때의 정감을 빼앗을 수 없고, 군자는 상을 치를 때의 정감 또한 다른 일 때문에 없앨 수가 없으니, 요컨대 그들로 하여금 해당하는 예법을 다하도록 할 따름이다.

疏曰: 不奪人喪, 恕也. 不奪己喪, 孝也.

소에서 말하길, "남의 상을 빼앗지 않는다."는 말은 '서(恕)'에 해당한다. "자신의 상을 없애지 않는다."는 말은 '효(孝)'에 해당한다.

【036】

親喪外除, 兄弟之喪內除. 〈雜記下-020〉 [本在"視成人"下.]

부모의 상을 치를 때에는 그 기한이 끝났더라도 슬픔을 잊지 못하는 것이고, 형제의 상을 치를 때에는 그 기한이 아직 끝나지 않았더라도 슬픔이 줄어들게 된다. [본래는 "성인이 죽었을 때에 준한다."3)라고 한 문장 뒤에 수록되어 있었다.]

鄭氏曰: 外除, 日月已竟而哀未忘. 內除, 日月未竟而哀已殺.

정현이 말하길, '외제(外除)'는 그 기한이 이미 끝났지만 슬픔을 아직 잊지 못한다는 뜻이다. '내제(內除)'는 그 기한이 아직 끝나지 않았는데도 슬픔이 이미 줄어들었다는 뜻이다.

【037】

免喪之外行於道路, 見似目瞿[九遇反], 聞名心瞿, 弔死而問疾, 顔色戚容, 必有以異於人也. 如此而后可以服三年之喪, 其餘則直道而行之是也. 〈雜記下-022〉 [五段雜記. 本在"亦不飮食"下.]

부모에 대한 삼년상을 끝낸 이후라도, 길을 가다 부모와 비슷한 자를 보게 되면 눈을 동그랗게 뜨며 놀라서['瞿'자는 '九(구)'자와 '遇(우)'자의 반절음이다.] 허둥대고, 어떤 자가 이름을 부르는 것을 들었는데, 그것이 자신의 부모 이름과 같다면, 마음이 깜짝 놀라 허둥대며, 죽은 자를 조문하고 병든 자를 위문함에, 부모에 대한 생각이 들어서 안색과 슬퍼하는 모습에 반드시 다른

---

3) 『예기』「잡기하(雜記下)」 019장 : 妻視叔父母, 姑姊妹視兄弟, 長中下殤視成人.

자들과 차이가 나게 된다. 이처럼 된 이후에야 삼년상을 치를 수 있으며, 나머지 수위가 낮은 상에 있어서는 상례의 규정에 따라 시행하는 것이 옳다. [5개 단락은 「잡기」편의 문장이다. 본래는 "음식들은 또한 마시거나 먹지 않는다."[4]라고 한 문장 뒤에 수록되어 있었다.]

集說 見人貌有類其親者, 則目爲之瞿然驚變; 聞人所稱名與吾親同, 則心爲之瞿然驚變. 喪服雖除, 而餘哀未忘, 故於弔死問疾之時, 戚容有加異於無憂之人也. 如此而后可以服三年之喪, 言其哀心誠實無僞也. 其餘服輕者, 直道而行, 則不過循喪禮而已.

남의 모습을 보았을 때 부모와 비슷한 점이 있다면, 눈은 놀라게 되어 마치 깜짝 놀라 허둥대는 것처럼 되고, 남이 부르는 이름을 들었을 때 자신의 부모와 이름이 같다면, 마음은 놀라게 되어 마치 깜짝 놀라 허둥대는 것처럼 된다. 상복에 있어서 비록 제거를 했더라도, 남아 있는 슬픔은 잊을 수가 없기 때문에, 죽은 자를 조문하고 병든 자를 문병할 때에도 근심스러워하는 모습은 근심이 없는 자들과 차이가 난다. 이와 같이 된 이후에야 삼년상을 치를 수 있으니, 애통한 마음과 진실됨에 거짓이 없다는 뜻이다. 그 외 수위가 낮은 상복을 착용하는 경우라면, 단지 법도에 따라서 시행하니, 상례의 규정에 따라 지내는데 불과할 따름이다.

【038】

喪不慮居, 毀不危身. 喪不慮居, 爲無廟也. 毀不危身, 爲無後也.
〈108〉 [本在"其不解乎"下.]

상을 치르더라도 가산의 정도에 맞춰서 해야 하니, 너무 지나치게 치러서 가계가 기울게 되는 근심을 끼쳐서는 안 된다. 또 상을 치르며 몸이 수척해지더라도 너무 과도하게 하여 생명을 위태롭게 만들어서는 안 된다. 상을

---

4) 『예기』 「잡기하(雜記下)」 021장 : 視君之母與君之妻, 比之兄弟, 發諸顔色者亦不飮食也.

치르며 가계를 기울게 해서는 안 되는 이유는 집이 없어지면 종묘 또한 없어지기 때문이다. 또 상을 치르며 생명을 위태롭게 만들어서는 안 되는 이유는 자신이 죽으면 후손을 낳을 수 없기 때문이다. [본래는 "그것을 풀어내지 못하겠습니까!"5)라고 한 문장 뒤에 수록되어 있었다.]

集說 劉氏曰: 喪禮稱家之有無, 不可勉爲厚葬, 而致有敗家之慮. 家廢, 則宗廟不能以獨存矣. 毀不滅性, 不可過爲哀毀而致有亡身之危. 以死傷生, 則君子謂之無子矣. 此二者, 皆所以防賢者之過禮.

유씨가 말하길, 상례를 치를 때에는 가산의 정도에 맞춰서 하니, 장례를 너무 과도하게 치르는데 힘써서 가계가 기울게 되도록 만들어서는 안 된다. 집이 없어지게 되면 종묘는 홀로 보존될 수 없다. 몸이 수척해지더라도 생명을 잃게 만들어서는 안 되니, 슬픔으로 인해 지나치게 수척해져서 생명을 잃는 지경에 이르러서는 안 된다. 부친의 죽음으로 인해 자신의 생명을 잃게 만들면, 군자는 그러한 자를 '자손이 없게 만드는 자'라고 평가한다. 이 두 가지 사안은 모두 현명한 자들이 예법을 지나치게 시행하게 될 것을 방비하는 대책이다.

附註 喪不慮居, 居, 謂生人. 左傳曰: "送往事居."

'상불려거(喪不慮居)'라 했는데, '거(居)'자는 살아있는 사람을 뜻한다. 『좌전』에서는 "죽은 군주를 전송하고 산 군주를 섬긴다."6)라 했다.

---

5) 『예기』「단궁하」107장: 魯人有周豊也者, 哀公執摯請見之, 而曰: "不可." 公曰: "我其已夫!" 使人問焉, 曰: "有虞氏未施信於民, 而民信之; 夏后氏未施敬於民, 而民敬之. 何施而得斯於民也?" 對曰: "墟墓之間, 未施哀於民而民哀; 社稷・宗廟之中, 未施敬於民而民敬. 殷人作誓而民始畔, 周人作會而民始疑. 苟無禮義・忠信・誠慤之心以涖之, 雖固結之, 民其不解乎!"
6) 『춘추좌씨전』「희공(僖公) 9년」: 公曰, "何謂忠・貞?" 對曰, "公家之利, 知無不爲, 忠也; 送往事居, 耦俱無猜, 貞也."

【039】

始死, 充充如有窮; 旣殯, 瞿瞿[屨]如有求而不得; 旣葬, 皇皇如有望
而不至. 練而慨然, 祥而廓然.〈檀弓上-027〉[本在"未安而沒"下.]

부모가 이제 막 돌아가셨을 때에는 근심이 가득하여, 막다른 길에 봉착한
듯 하고, 빈소를 차리고 나면, 눈을 두리번거리게['瞿'자의 음은 '屨(구)'이다.]
되니, 마치 무언가를 찾으나 찾지 못한 듯 하며, 장례를 치르고 나면, 마음이
안정되지 못하고 분주하여, 마치 부모가 다시 돌아오기를 바라지만 오지
않는 듯이 한다. 소상(小祥)[1]을 치르고 나서는 세월이 너무 빨리 흘러가는
것을 개탄하며, 대상(大祥)을 치르고 나서는 막막하여 즐겁지 않게 된다.
[본래는 "아직 편안히 눕지도 못했는데 죽고 말았다."[2]라고 한 문장 뒤에 수록되어 있었다.]

集說 疏曰: 事盡理屈爲窮, 親始死, 孝子匍匐而哭之, 心形充屈, 如
急行道極, 無所復去, 窮急之容也. 瞿瞿, 眼目速瞻之貌, 如有所失而
求覓之不得然也. 皇皇, 猶栖栖也. 親歸草土, 孝子心無所依託, 如
有望彼來而彼不至也. 至小祥, 但卿歎日月若馳之速也. 至大祥, 則
情意寥廓不樂而已.

소에서 말하길, 그 사안이 모두 다하고 이치 또한 막힌 것을 '궁(窮)'이라고
한다. 부모가 이제 막 돌아가시게 되면, 자식은 포복을 하고 곡을 하니,
정신과 몸이 흐트러져서 마치 급히 길을 가고자 하지만 막다른 길이 되어
재차 길을 갈 수 없게 되어서, 어려움에 봉착하여 급급해하는 모습처럼

---

1) 소상(小祥)은 본래 부모 및 군주의 상(喪)에서, 부모가 죽은 지 만 1년 만에 지내
는 제사이다. 이 제사가 끝나면, 자식은 3년상을 지낼 때의 복장과 생활방식을
조금씩 덜어내게 된다. 또한 '소상'은 친족 및 타인의 상에서 1년이 지났을 때를
가리키기도 한다.
2) 『예기』「단궁상(檀弓上)」 026장 : 童子曰: "華而睆, 大夫之簣與?" 子春曰: "止!"
曾子聞之, 瞿然曰: "呼!" 曰: "華而睆, 大夫之簣與?" 曾子曰: "然. 斯季孫之賜
也. 我未之能易也, 元起易簣." 曾元曰: "夫子之病革矣, 不可以變. 幸而至於
旦, 請敬易之." 曾子曰: "爾之愛我也不如彼. 君子之愛人也以德, 細人之愛人
也以姑息, 吾何求哉? 吾得正而斃焉, 斯已矣." 擧扶而易之, 反席未安而沒.

되는 것이다. '구구(瞿瞿)'는 눈동자를 두리번거리는 모습이니, 마치 잃어버린 것이 있어서 찾으려고 하지만 얻지 못하는 모습과 같은 것이다. '황황(皇皇)'은 "안정되지 못하고 몹시 분주하다."는 뜻이다. 부친의 육신이 흙으로 되돌아가니, 자식된 자의 마음에는 의지할 곳이 없게 되어, 마치 그가 오기를 바라지만 그가 오지 않았을 때와 같다. 소상을 치르는 시기가 되면, 다만 말이 질주를 하듯 세월이 빨리 흘러감에 개탄을 하게 된다. 대상을 치르는 시기가 되면, 마음이 막막하여 즐겁지 않을 따름이다.

集說 方氏曰: 下篇述顔丁之居喪, 則言皇皇於始死, 言慨焉於旣葬; 問喪, 則言皇皇於反哭, 所言不同者, 蓋君子有終身之喪, 思親之心, 豈有隆殺哉! 先王制禮, 略爲之節而已, 故其所言不必同也.

방씨가 말하길, 다음 편에서는 안정이 상을 치렀던 일을 기술하며, 부모가 처음 돌아가셨을 때에 대해서는 '황황(皇皇)'이라 했고, 장례를 치르고 났을 때에 대해서는 '개언(慨焉)'이라고 했으며,[3] 『예기』「문상(問喪)」편에서는 반곡에 대해서 황황(皇皇)이라 했으니,[4] 언급한 말들이 서로 다르다. 그 이유는 아마도 군자에게는 종신토록 지내야 하는 상(喪)이 있으니,[5] 부모를 생각하는 마음에 어찌 많고 적은 차이가 있겠는가! 선왕이 예법을 제정함에, 간략히 하여 관련 사항에 대한 절도를 제정했을 따름이다. 그렇기 때문에 언급한 말들이 완전히 일치하지 않는 것이다.

---

3) 『예기』「단궁하」067장: 顔丁善居喪. 始死, 皇皇焉如有求而弗得. 及殯, 望望焉如有從而弗及, 旣葬, 慨焉如不及其反而息.
4) 『예기』「문상(問喪)」004장: 其往送也, 望望然, 汲汲然, 如有追而弗及也. 其反哭也, 皇皇然, 若有求而弗得也. 故其往送也如慕, 其反也如疑.
5) 『예기』「제의(祭義)」005장: 君子有終身之喪, 忌日之謂也. 忌日不用, 非不祥也, 言夫日, 志有所至, 而不敢盡其私也.

【040】

事親有隱而無犯, 左右就養[去聲]無方, 服勤至死, 致喪三年. 事君有
犯而無隱, 左右就養有方, 服勤至死, 方喪三年. 事師無犯無隱, 左
右就養無方, 服勤至死, 心喪三年.〈檀弓上-003〉[本在"否立孫"下.]

부모를 섬길 때에는 허물을 덮어두고 면전에서 허물을 직접적으로 지적함
이 없으며, 좌우로 나아가 봉양을 함에[養자는 거성으로 읽는다.] 특별히 정해
진 제한이 없고, 힘든 일에 복무하며 목숨을 바쳐서 하고, 부모가 돌아가셨
을 때에는 상례의 법도를 지극히 하여 삼년상을 치른다. 군주를 섬길 때에
는 면전에서 허물을 직접적으로 지적하고 허물을 덮어주는 일이 없으며,
좌우로 나아가 봉양을 할 때에는 특별히 정해진 제한이 있고, 힘든 일에
복무하며 목숨을 바쳐서 하고, 군주가 돌아가셨을 때에는 부모에 대한 상
례에 견주어서 삼년상을 치른다. 스승을 섬길 때에는 면전에서 허물을 지
적하는 일도 없고 허물을 덮어주는 일도 없으며, 좌우로 나아가 봉양을
할 때에는 부모에 대한 경우와 마찬가지로 특별히 정해진 제한이 없고,
힘든 일에 복무하며 목숨을 바쳐서 하고, 스승이 돌아가셨을 때에는 심상
의 방법으로 삼년상을 치른다. [본래는 "아니다! 적손을 세우는 것이 올바른 예법이
다."6)라고 한 문장 뒤에 수록되어 있었다.]

集說 饒氏曰: 子之於親, 不分職守, 事事皆當理會, 無可推托; 事師
如事父, 故皆無方有. 方言, 左不得越右, 右不得越左, 有一定之方.
臣之事君, 當各盡職守, 故曰有方.

요씨7)가 말하길, 자식은 부모에 대해서, 신하가 군주를 대하듯 직분과
임무를 분간하지 않으니, 모든 일에 대해서 마땅히 도리에 합치되도록

---

6) 『예기』「단궁상(檀弓上)」 002장 : 曰: "仲子舍其孫而立其子何也?"伯子曰: "仲
  子亦猶行古之道也. 昔者文王舍伯邑考而立武王, 微子舍其孫腯而立衍也. 夫
  仲子亦猶行古之道也." 子游問諸孔子, 孔子曰: "否! 立孫."

7) 요로(饒魯, A.D.1194 ~ A.D.1264) : =쌍봉요씨(雙峰饒氏)・요쌍봉(饒雙峰)・요
  씨(饒氏). 송(宋)나라 때의 학자이다. 호(號)는 쌍봉(雙峰)이고, 자(字)는 백여(伯
  輿)・중원(仲元)이다. 저서로는 『오경강의(五經講義)』・『논맹기문(論孟紀聞)』・
  『춘추절전(春秋節傳)』・『학용찬술(學庸纂述)』・『근사록주(近思錄注)』 등이 있다.

해야 하며 회피할 수 없다. 그리고 스승을 섬기는 일은 부모를 섬기는 일과 같기 때문에, 모든 일에 있어 특별히 정해진 방향이 없다. "방향이 있다."는 말은 좌측에 있어서는 우측으로 넘어갈 수 없고, 우측에 있어서는 좌측으로 넘어갈 수 없으며, 일정하게 정해진 방향이 있다는 뜻이다. 신하는 군주에 대해서, 마땅히 각자 자신의 직분과 임무를 다해야 한다. 그렇기 때문에 '유방(有方)'이라고 말한 것이다.

集說 朱氏曰: 親者, 仁之所在, 故有隱而無犯; 君者, 義之所在, 故有犯而無隱; 師者, 道之所在, 故無犯無隱也.

주씨가 말하길, 부모와의 관계에는 인(仁)이 포함되어 있다. 그렇기 때문에 허물을 덮어줌은 있으나 면전에서 허물을 탓함이 없다. 군주와의 관계에는 의(義)가 포함되어 있다. 그렇기 때문에 면전에서 허물을 탓함은 있으나 허물을 덮어줌이 없다. 스승과의 관계에는 도(道)가 포함되어 있다. 그렇기 때문에 허물을 탓함도 없고 허물을 덮어줌도 없다.

集說 劉氏曰: 隱皆以諫言. 父子主恩, 犯則爲責善而傷恩, 故幾諫而不可犯顔; 君臣主義, 隱則是畏威阿容而害義, 故匡救其惡, 勿欺也而犯之. 師生處恩義之間, 而師者道之所在, 諫必不見拒, 不必犯也; 過則當疑問, 不必隱也. 隱非掩惡之謂, 若掩惡而不可揚於人, 則三者皆當然也. 惟秉史筆者不在此限. 就養, 近就而奉養之也. 致喪, 極其哀毀之節也. 方喪, 比方於親喪而以義竝恩也. 心喪, 身無衰麻之服, 而心有哀戚之情, 所謂若喪父而無服也.

유씨가 말하길, 이곳에 기록된 '은(隱)'자는 모두 간언을 한다는 것을 기준으로 말한 것이다. 부자관계에서는 은혜로움을 위주로 하니, 면전에서 허물을 탓하게 된다면, 친구사이에서나 하듯 선함을 권면하게 되어 은혜로움에 해를 끼치게 된다. 그렇기 때문에 은미한 말로 조심스럽게 간언을 하되 부모가 싫은 안색을 나타내도록 할 수 없다. 군신관계에서는 의로움을 위주로 하니, 은미한 말로만 간언을 하게 된다면 군주를 두려워하며 그의 잘못에 대해서 받아들이기만 하게 되어 의로움을 해치게 된다. 그렇기 때문에 그의 잘못된 점을 바로잡으며 속이지 말고 허물을 직접적으로 드러내야 한다. 스승과 학생의 관계는 은혜로움과 의로움 사이에 놓이게 되고, 스승에게는 도가 포함되어 있으니, 간언을 하더라도 반드시 거절당하지 않게 되므로, 허물을 직접적으로 드러낼 필요가 없다. 그리고 허물이 있다면 마땅히 질의를 해야 하므로, 은미한 말로 간언을 할 필요도 없다. '은(隱)'이라는 것은 악함을 감춘다는 뜻이 아니니, 만약 악함을 감추고 사람들에게 그 사실을 드러낼 수 없다고 한다면, 부자·군신·사제 관계에서는 모두 이처럼 해야 할 것이다. 그리고 오직 역사를 기록하는 사관만이 이러한 제한에서 자유로울 수 있게 된다. '취양(就養)'은 가까이 다가가서 봉양을 한다는 뜻이다. '치상(致喪)'은 슬퍼하고 애통해하는 법도를 지극히 나타낸다는 뜻이다. '방상(方喪)'은 부모에 대한 상에 견주어 치러서, 군신관계에 적용되는 의로움으로 부자관계에 적용되는 은혜로움을 포섭하는 것이다. '심상(心喪)'은 자신의 몸에 직접적으로 상복을 걸치지는 않고, 마음으로만 슬퍼하는 감정을 나타낸다는 뜻이니, 이른바 부친에 대한 상처럼 치르되 상복은 없다는 뜻이다.

【041】

妻視叔父母, 姑姊妹視兄弟, 長中下殤視成人.〈雜記下-019〉 [本在"廬嚴者也"下.]

처의 상을 치르며 나타내는 슬픔은 숙부나 숙모의 상을 치를 때에 준하고, 고모 및 자매의 상을 치를 때에는 형제의 상을 치를 때에 준하며, 장상·중상·하상의 상을 치를 때에는 성인이 죽었을 때에 준한다. [본래는 "의려라는 곳은 매우 엄숙한 장소이기 때문이다."8)라고 한 문장 뒤에 수록되어 있었다.]

---

8) 『예기』「잡기하(雜記下)」 018장 : 疏衰皆居堊室不廬. <u>廬嚴者也</u>.

集說 哀戚輕重之等, 各有所比, 殤服皆降, 而哀之如成人, 以本親重故也.

애통함과 슬픔에는 경중의 차등이 있으니, 각각 비견되는 점이 있고, 요절한 자의 상복에 대해서는 모두 등급을 낮추지만, 슬픔에 있어서는 성인인 자가 죽었을 경우와 같으니, 본래의 친족관계가 두텁기 때문이다.

【042】

視君之母與君之妻, 比之兄弟, 發諸顏色者亦不飲食也.〈雜記下-021〉
[本在"內除"下.]

군주의 모친 및 군주의 처에 대해 슬픔을 나타낼 때에는 자신의 형제의 상에 준하고, 그 효과가 안색으로 나타날 수 있는 음식들은 또한 마시거나 먹지 않는다. [본래는 '내제(內除)'9)라고 한 문장 뒤에 수록되어 있었다.]

集說 君母, 君妻, 小君也. 服輕, 哀之比兄弟之喪. 然於酒肴之珍醇, 可以甚見顏色者, 亦不飲之食之也.

군주의 모친과 군주의 처는 모두 소군(小君)이다. 상복의 수위가 가볍지만, 그녀들에 대한 애통함은 형제의 상에 준한다. 그러므로 술과 안주 중의 값진 음식과 진한 술은 안색으로 나타날 수 있는 것이니, 또한 마시거나 먹지 않는다.

【043】

縣[玄]子曰: "三年之喪如斬, 期之喪如剡."〈雜記下-035〉 [三段雜記. 本在"遺人可也"下.]

현자가['縣'자의 음은 '玄(현)'이다.] 말하길 "삼년상의 애통함은 몸을 베는 것 같

---

9) 『예기』「잡기하(雜記下)」 020장 : 親喪外除, 兄弟之喪內除.

고, 기년상의 애통함은 몸을 깎는 것 같다."고 했다. [3개 단락은 「잡기」편의 문장이다. 본래는 "남에게 물건을 보내주어도 괜찮다."10)라고 한 문장 뒤에 수록되어 있었다.]

集說 剡, 削也. 此言哀痛淺深之殊.

'섬(剡)'자는 "깎는다."는 뜻이다. 이것은 애통함의 차이를 언급한 것이다.

【044】

孔子曰: "拜而后稽顙, 頹乎其順也; 稽顙而后拜, 頎[懇]乎其至也. 三年之喪, 吾從其至者."〈檀弓上-006〉 [本在"自子思始也"下.]

공자가 말하길, "절을 한 이후에 머리를 땅에 닿도록 하는 것은 예법의 순서에 따르는 것이다. 그 반대로 머리를 땅에 닿도록 한 이후에 절을 하는 것은 자신의 애달픈 감정을 지극히 나타내는['頎'자의 음은 '懇(간)'이다.] 것이다. 삼년상을 치르는 경우라면, 나는 자신의 애달픈 감정을 지극히 나타내는 방법을 따르겠다."라고 했다. [본래는 "자사로부터 시작된 것이다."11)라고 한 문장 뒤에 수록되어 있었다.]

集說 此言喪拜之次序也. 拜, 拜賓也. 稽顙者, 以頭觸地, 哀痛之至也. 拜以禮賓, 稽顙以自致, 謂之順者, 以其先加敬於人, 而后盡哀於己, 爲得其序也. 頎者, 惻隱之發也, 謂之至者, 以其哀常在於親, 而敬暫施於人, 爲極自盡之道也. 夫子從其至者, 亦與其易也, 寧戚之意.

---

10) 『예기』「잡기하(雜記下)」 034장 : 三年之喪, 如或遺之酒肉, 則受之必三辭. 主人衰絰而受之. 如君命則不敢辭, 受而薦之. 喪者不遺人. 人遺之, 雖酒肉受也. 從父昆弟以下旣卒哭, <u>遺人可也</u>.

11) 『예기』「단궁상(檀弓上)」 005장 : 子上之母死而不喪, 門人問諸子思曰: "昔者子之先君子喪出母乎?" 曰: "然." "子之不使白也喪之, 何也?" 子思曰: "昔者吾先君子無所失道, 道隆則從而隆, 道汚則從而汚, 伋則安能! 爲伋也妻者, 是爲白也母; 不爲伋也妻者, 是不爲白也母." 故孔氏之不喪出母, <u>自子思始也</u>.

이곳에서는 상례를 치를 때 절을 하는 순서에 대해 언급하고 있다. '배(拜)'라는 것은 빈객에게 절을 한다는 뜻이다. '계상(稽顙)'이라는 것은 머리가 땅에 닿도록 하는 것으로, 애통함이 지극하기 때문이다. 절을 하여 빈객을 예법에 맞게 대우하고, 이마를 땅에 닿도록 하여 제 스스로 지극한 감정을 드러내는 것을 '순(順)'이라 부른 것은 앞서 타인에게 공경함을 나타내고 그 이후에 자신의 슬픔을 극진하게 나타내므로, 이것은 그 순서에 알맞은 것이 되기 때문이다. '기(頎)'라는 것은 측은한 마음을 나타내는 것인데, 이것을 지(至)라고 부른 이유는 애통한 마음이 항상 돌아가신 부모를 향해 있지만, 공경하는 마음이 잠시 타인에게 베풀어지게 되니, 제 스스로 극진히 하는 도리를 지극하게 실천한 것이 되기 때문이다. 공자가 그 지극함을 따르겠다고 한 것은 또한 수월하게 치르기 보다는 차라리 슬퍼하는 것이 낫다는 뜻에 해당한다.

集說 朱子曰: 拜而后稽顙, 先以兩手伏地如常, 然後引首向前扣地也. 稽顙而后拜者, 開兩手而先以首扣地, 却交手如常也.

주자가 말하길, 절을 한 이후에 머리를 땅에 닿도록 할 때에는 먼저 일상적인 경우와 마찬가지로 양쪽 손을 모아서 땅에 대고 엎드린 이후에, 머리를 앞으로 숙이며 땅에 닿도록 하는 것이다. 머리를 땅에 닿도록 한 이후에 절을 할 때에는 양쪽 손을 벌려서 먼저 머리를 숙여 땅에 닿도록 하고, 그런 뒤에 평상시 절을 할 때처럼 손을 교차시켜 모으는 것이다.

【045】

曾申問於曾子曰: "哭父母有常聲乎?" 曰: "中路嬰兒失其母焉, 何常聲之有?" 〈雜記下-051〉 [本在"旣殯而從政"下.]

증신이 아버지 증자에게 질문하길 "부모의 상에 곡을 할 때에도 규칙적인 소리가 있습니까?"라고 했다. 그러자 증자는 "길에서 어미를 잃은 아이가 울부짖는데, 어떤 규칙적인 소리가 있겠는가?"라고 대답했다. [본래는 "빈소를

차린 뒤에 부역에 참여한다."12)라고 한 문장 뒤에 수록되어 있었다.]

集說 哀痛之極, 無復音節, 所謂哭不偯也.

애통함이 극심하여 재차 절도에 따라 음을 맞출 수 없으니, 이른바 "곡을 할 때에는 격식에 맞춰 울지 않는다."는 뜻이다.

【046】

孔子曰: "伯母叔母疏衰, 踊不絕地. 姑姊妹之大功, 踊絕於地. 如知此者, 由文矣哉! 由文矣哉!"〈雜記下-062〉 [二段雜記. 本在"不菲不廬"下.]

공자가 말하길, "백모와 숙모에 대해 자최복을 착용할 경우, 상복의 수위가 높더라도 그녀들에 대한 정감이 낮으므로, 용을 할 때에는 땅에서 발을 떼지 않는다. 반면 고모와 자매에 대해 대공복을 착용할 경우, 상복의 수위가 낮더라도 그녀들에 대한 정감이 높으므로, 용을 할 때에는 땅에서 발을 뗀다. 이와 같은 사실을 아는 자라면, 예법의 형식을 제대로 지킬 수 있을 것이다! 예법의 형식을 제대로 지킬 수 있을 것이다!"라고 했다. [2개 단락은 「잡기」편의 문장이다. 본래는 "짚신을 신지 않으며, 상중의 임시숙소에 머물지 않는다."13)라고 한 문장 뒤에 수록되어 있었다.]

集說 伯叔母之齊衰, 服重而踊不離地者, 其情輕也. 姑姊妹之大功, 服輕而踊必離地者, 其情重也. 孔子美之, 言知此絕地·不絕地之情者, 能用禮文矣哉.

백모와 숙모에 대해서 자최복을 착용할 경우, 상복의 수위가 높지만 용을 할 때 땅에서 발을 떼지 않는 것은 그녀들에 대한 정감이 낮기 때문이다. 고모와 자매를 위해 대공복을 착용할 경우, 상복의 수위가 낮지만 용을

---

12) 『예기』「잡기하(雜記下)」050장 : 三年之喪, 祥而從政. 期之喪, 卒哭而從政. 九月之喪, 既葬而從政. 小功緦之喪, 既殯而從政.
13) 『예기』「잡기하(雜記下)」061장 : 童子哭不偯, 不踊, 不杖, 不菲, 不廬.

할 때 반드시 땅에서 발을 떼는 것은 그녀들에 대한 정감이 높기 때문이다. 공자는 이 사실을 찬미하였던 것이니, 이처럼 땅에서 발을 떼고 발을 떼지 않는 정감을 아는 자라면, 예법의 형식을 제대로 따를 줄 아는 자라고 한 뜻이다.

集說 鄭氏曰: 伯母叔母, 義也. 姑娣妹, 骨肉也.

정현이 말하길, 백모와 숙모는 도의에 따라 형성된 관계이다. 고모와 자매는 골육지친이다.

附註 踊絶於地, 由文矣哉, 此言由於情而不由於文. 註云"用禮文", 恐不然.

용을 할 때 땅에서 발을 떼는 것은 유문의재(由文矣哉)라 했는데, 이것은 정감에서 비롯되는 것이지 격식에서 비롯되지 않는다는 뜻이다. 주에서 "예법의 형식을 따른다."라고 했는데, 아마도 그렇지 않을 것이다.

【047】

弁人有其母死而孺子泣者, 孔子曰: “哀則哀矣, 而難爲繼也. 夫禮,
爲可傳也, 爲可繼也, 故哭踊有節.”〈檀弓上-081〉 [本在“瑗請前”下.]

변 땅의 사람들 중 그 모친이 돌아가시자 마치 어린아이가 우는 것처럼
마구 눈물을 흘리는 자가 있었다. 공자가 그 모습을 보고, “슬퍼하는 측면
에서 그의 모습은 슬픔을 드러내는 것이라 할 수 있다. 그러나 남들이 따라
하기가 어렵구나. 무릇 예라는 것은 전수할 수 있어야 하며, 남들이 따라할
수 있어야 한다. 그렇기 때문에 곡을 하고 용을 함에도 절도가 있는 것이
다.”라고 했다. [본래는 “나는 청컨대 먼저 내려가겠소.”[1]라고 한 문장 뒤에 수록되어
있었다.]

集說 弁, 地名. 孺子泣者, 其聲若孺子, 無長短高下之節也. 聖人制
禮, 期於使人可傳可繼, 故哭踊皆有其節. 若無節, 則不可傳而繼矣.

‘변(弁)’은 지명이다. ‘유자읍(孺子泣)’이라는 것은 그 울음소리가 어린아
이와 같아서, 장단과 고하의 절도가 없다는 뜻이다. 성인이 예를 제정할
때에는 전수할 수 있고 따라할 수 있는 것들로 기획하였다. 그렇기 때문
에 곡을 하고 용을 함에도 모두 절도가 있는 것이다. 만약 절도가 없다면
전수할 수도 없고 따라할 수도 없게 된다.

【048】

有子與子游立, 見孺子慕者. 有子謂子游曰: “予壹不知夫喪之踊也,
予欲去[上聲]之久矣. 情在於斯, 其是也夫!”〈060〉 [本在“命徹之”下.]

유자가 자유와 함께 서 있었는데, 그때 마침 어린아이가 부모를 그리워하
며 울부짖는 모습을 보게 되었다. 유자가 자유에게 말하길, “나는 항상 상
례에서 용을 왜 하는지 깨닫지 못하여, 오래전부터 이것을 규정에서 제거

---

1) 『예기』「단궁상(檀弓上)」 080장: 公叔文子升於瑕丘, 蘧伯玉從. 文子曰: “樂哉
斯丘也! 死則我欲葬焉.” 蘧伯玉曰: “吾子樂之, 則瑗請前.”

하고자['去'자는 상성으로 읽는다.] 했었다. 그런데 저 어린아이가 울부짖는 것처럼 용에도 그 애통한 마음이 나타나는 것이로구나!"라고 했다. [본래는 "명령을 하여 속옷을 치우도록 하였다."[2]라고 한 문장 뒤에 수록되어 있었다.]

集說 有子言喪禮之有踊, 我常不知其何爲而然. 壹者, 專一之義, 猶常也. 我久欲除去之矣, 今見孺子之號慕若此, 則哀情之在於此踊, 亦如此孺子之慕也夫!

유자는 상례에 용의 절차가 포함되어 있는 것에 대해서, 일찍이 그것을 어떤 이유로 이처럼 제정했는지 알지 못했다고 말한 것이다. '일(壹)'자는 전일하다는 뜻으로, 항상이라는 의미이다. "즉 나는 오래전부터 용하는 것을 제거하고자 하였는데, 현재 어린아이가 이처럼 부모를 그리워하며 울부짖고 있으니, 애통한 감정이 이러한 용의 절차에 나타나는 것이 또한 이처럼 어린아이가 부모를 그리워하는 것과 같구나!"라고 한 것이다.

附註 壹不知喪之踊, 按: 情在於斯其是也夫, 言今見此人之孺慕情在於此, 此乃所以爲是也. 蓋刺哭踊之節文也. 子游曰云云, 子之所刺於禮者, 是禮之所謂微情者. 聖人制爲哭踊之節, 以殺其情, 亦非禮之疵咎也. 註以爲"哀情在於此踊, 亦如此孺子之慕", 恐未然.

'일부지상지용(壹不知喪之踊)'이라 했는데, 살펴보니, '정재어사기시야부(情在於斯其是也夫)'는 지금 이 사람의 어린아이처럼 사모하는 정감이 여기에 있는 것을 보면, 이것이 옳음이 되는 이유라는 뜻이다. 아마도 곡과 용의 절차와 형식을 비판한 것 같다. 자유가 운운한 것은 그대가 예에 대해 비판한 것은 바로 예에서 이른바 과도한 감정을 줄이는 것에 해당한다. 성인이 곡과 용의 절차를 제정하여, 이를 통해 그 정감을 줄인 것이니, 또한 예의 병폐가 아니다. 주에서 "애통한 감정이 이러한 용의

---

2) 『예기』「단궁하」 059장 : 季康子之母死, 陳褻衣. 敬姜曰: "婦人不飾, 不敢見舅姑. 將有四方之賓來, 褻衣何爲陳於斯?" 命徹之.

316 譯註 禮記類編大全

절차에 나타나는 것이 또한 이처럼 어린아이가 부모를 그리워하는 것과
같다."라 했는데, 아마도 그렇지 않을 것이다.

【049】

子游曰: "禮有微情者, 有以故興物者, 有直情而徑行者, 戎狄之道
也. 禮道則不然."〈061〉

자유가 말하길, "예에는 그 과도한 감정을 줄이는 경우도 있고, 반대로 일
부러 어떤 사물들을 만들어서 이것을 통해 감정을 북돋는 경우도 있다.
따라서 단지 감정에만 내맡겨서 경솔하게 행동하는 것이 있다면, 이것은
오랑캐들이나 따르는 도리에 해당한다. 선왕이 제정한 예의 도리에서는 그
렇지 않다."라고 했다.

集說 子游言先王制禮, 使賢者俯而就之, 不肖者企而及之. 慮賢者
之過於情也, 故立爲哭踊之節, 所以殺其情, 故曰"禮有微情者." 微,
猶殺也. 慮不肖者之不及情也, 故爲之興起衰経之物, 使之睹服思
哀, 故曰"有以故興物者." 此二者, 皆制禮者, 酌人情而爲之也. 若直
肆己情, 徑率行之, 或哀或不哀, 慢无制節, 則是戎狄之道矣. 中國禮
義之道, 則不如是也.

자유는 선왕이 예법을 제정함에 현명한 자로 하여금은 숙여서 나아가게
했고, 불초한 자로 하여금 흥기시켜서 그곳에 도달하도록 했다고 말한
것이다. 즉 현명한 자가 그 감정에 지나칠 것을 염려하였기 때문에, 곡을
하고 용을 하는 절차를 제정하여 그 감정을 억누르도록 했던 것이다. 그
렇기 때문에 "예에는 정감을 쇠미하게 만드는 것도 있다."라고 말한 것이
다. '미(微)'자는 "줄인다."는 뜻이다. 그리고 불초한 자가 그 정감에 미치
지 못할 것을 염려하였기 때문에, 그를 위해서 상복이나 질과 같은 물건
들을 만들어서 그로 하여금 이러한 복장을 보고, 사모하고 애통해하는
마음이 들도록 했던 것이다. 그렇기 때문에 "일부러 사물을 만든 것도
있다."라고 말한 것이다. 이 두 가지 것들은 모두 예를 제정할 때, 사람의
정감에 따라서 제정을 한 것이다. 만약 직접적으로 자신의 감정에만 내맡
겨서 경솔하게 시행한다면, 어떤 때에는 슬픈 마음이 들더라도 또 어떤
때에는 슬픈 마음이 들지 않게 되어, 태만하여 절제함이 없게 되면, 이것

은 오랑캐들이나 따르는 도리가 된다. 중국에서 제정한 예의의 도리에
따른다면, 이처럼 하지 않는다.

【050】

"人喜則斯陶, 陶斯咏, 咏斯猶[搖], 猶斯舞, 舞斯慍, 慍斯戚, 戚斯歎,
歎斯辟[婢亦反], 辟斯踊矣. 品節斯, 斯之謂禮."〈062〉

계속하여 자유가 말하길, "사람이 기뻐하게 되면 이에 갑갑한 마음이 일어
나게 되고, 마음이 갑갑하게 되면 기쁜 감정을 표출하기 위해 입으로 노래
를 읊조리게 되며, 입으로 노래를 읊조리다보면 분에 차지 않아서 이에
몸을 움직이게['猶'자의 음은 '搖(요)'이다.] 되고, 몸을 움직이게 되면 이에 춤을
추게 된다. 그런데 춤을 추다보면 거기에서는 기쁜 마음과 상반되는 성난
감정이 생겨나게 되고, 성난 감정이 일어나게 되면 이에 슬퍼하는 감정이
일어나게 되며, 슬퍼하게 되면 이에 탄식이 나오고, 탄식을 내뱉게 된 마음
을 씻어내지 못하면 그 울분으로 인해 가슴을 치게['辟'자는 '婢(비)'자와 '亦(역)'
자의 반절음이다.] 되며, 가슴을 쳐도 씻어내지 못하면 발을 구르게 된다. 이러
한 감정의 갈래를 조절하게 되니, 이것을 바로 예라고 부른다."라고 했다.

集說 此言樂極生哀之情. 但"舞斯慍"一句, 終是可疑, 今且據疏.
劉氏欲於"猶斯舞"之下增一"矣"字, 而刪"舞斯慍"三字, 今亦未敢從.

이것은 즐거움이 지극해지면 거기에서 슬픈 감정이 생겨난다는 뜻이다.
다만 '무사온(舞斯慍)'이라는 한 구문은 아무래도 의심스러운데, 이곳에
서는 소의 해석에 따른다. 유씨는 '유사무(猶斯舞)'라는 구문 뒤에 '의
(矣)'라는 한 글자를 덧붙이고자 하였고, '무사온(舞斯慍)'이라는 세 글자
를 삭제하려고 하였는데, 여기에서는 그 주장에 따르지 않는다.

集說 疏曰: 喜者, 外境會心之謂. 斯, 語助也. 陶, 謂鬱陶, 心初悅
而未暢之意. 鬱陶之情暢, 則口歌咏之也; 咏歌不足, 漸至動搖身體,
乃至起舞; 足蹈手揚, 樂之極也. 外境違心之謂慍. 凡喜怒相對, 哀

樂相生, 若舞無節, 形疲厭倦; 事與心違, 所以怒生. 慍怒之生由於舞極, 故曲禮云: "樂不可極也." 此凡九句, 首末各四句, 是哀樂相對, 中間舞斯慍一句, 是哀樂相生. 慍斯慼者, 怒來觸心, 憤恚之餘, 轉爲憂慼; 憂慼轉深, 因發歎息; 歎恨不泄, 遂至撫心; 撫心不泄, 乃至跳踊奮擊, 亦哀之極也. 故夷狄無禮, 朝殯夕歌, 童兒任情, 倏啼欻笑. 今若品節此二塗, 使踊舞有數, 則能久長, 故云: "斯之謂禮." 品, 階格也. 節, 制斷也.

소에서 말하길, '희(喜)'라는 것은 외부의 사물이 마음과 부합될 때 일어나는 감정을 뜻한다. '사(斯)'자는 어조사이다. '도(陶)'자는 갑갑함을 뜻하니, 마음에 최초 기뻐하는 감정이 생겼지만 아직 완전히 펼쳐지지 않았다는 뜻이다. 갑갑했던 감정이 펼쳐지게 되면 입으로는 노래를 읊조리게 된다. 그리고 노래를 읊조리는 것으로도 부족하게 되면, 점진적으로 몸을 움직이는 상태에 도달하게 되니, 이처럼 되면 곧 춤을 추게 된다. 발을 구르고 손을 펼쳐서 춤을 추는 것은 즐거움이 지극하다는 것을 나타낸다. 외부의 사물이 마음과 어긋날 때 일어나는 감정을 '온(慍)'이라고 부른다. 무릇 기쁨과 성남은 서로 대비가 되지만, 슬픔과 즐거움은 서로의 감정 속에서 생겨난다. 만약 춤을 출 때 절제함이 없다면 몸이 지치고 싫증이 나게 되어 그 사안과 마음이 어긋나게 되니 성남이 생겨나는 이유이다. 성남은 춤을 지극하게 춘 것에서부터 생겨나게 된다. 그렇기 때문에 『예기』「곡례(曲禮)」편에서는 "즐거움을 극도로 누려서는 안 된다."[1]라고 말한 것이다. 여기에서 말하고 있는 총 9개의 구문에서, 앞과 뒤에 있는 각각의 4개 구문은 슬프거나 즐거운 감정들이 서로 대비가 되는데, 중간에 있는 "춤을 추게 되면 이에 성남이 일어난다."라고 한 구문은 곧 슬픔과 즐거움이 서로의 감정 속에서 생겨난다는 뜻을 나타낸다. "성내게 되면 이에 슬퍼지게 된다."라는 말은 성나는 감정이 도래하여 그 마음을 울리게 되면, 분통하고 화난 감정의 찌꺼기가 근심스럽고 슬픈 감정으로

---

1) 『예기』「곡례상(曲禮上)」 002장 : 敖不可長, 欲不可從, 志不可滿, 樂不可極.

전이된다. 근심스럽고 슬픈 감정이 점차 깊어지게 되면, 이로 인하여 탄식이 나오고, 한탄스러운 마음을 씻어내지 못하면, 결국 가슴을 치는 지경에 이르게 되고, 가슴을 쳤는데도 그 감정을 씻어내지 못하면, 곧 날뛰고 광분하여 이리저리 치게 되는데, 이것은 또한 슬픈 감정이 지극히 나타난 것이다. 그렇기 때문에 오랑캐에게는 예가 없어서, 아침에 빈소를 마련하고도 저녁에 노래를 불렀던 것이고, 어린아이는 감정에만 내맡겨서, 갑작스럽게 울다가도 또 갑작스럽게 웃게 되는 것이다. 만약 이러한 두 가지 감정의 갈래를 조절하여, 용을 하거나 춤을 추는 것에 대해서 일정한 법도를 갖추게 한다면, 오래도록 할 수 있다. 그렇기 때문에 "이러한 것을 예라고 부른다."라고 말한 것이다. '품(品)'자는 층차를 두어서 바로잡는 것을 뜻한다. '절(節)'자는 조절하여 단정한다는 뜻이다.

集說 孫氏曰: 當作人喜則斯陶, 陶斯咏, 咏斯猶, 猶斯舞, 舞斯蹈矣; 人悲則斯慍, 慍斯戚, 戚斯歎, 歎斯辟, 辟斯踊矣. 蓋自喜至蹈, 凡六變, 自悲至踊, 亦六變. 此所謂孺子慕者之直情也. 舞蹈辟踊, 皆本此情, 聖人於是爲之節.

손씨가 말하길, 이 문장은 마땅히 "사람이 기뻐하게 되면 갑갑함이 생겨나고, 갑갑하게 되면 노래를 읊조리게 되며, 노래를 읊조리면 몸을 움직이게 되고, 몸을 움직이게 되면 춤을 추게 되며, 춤을 추게 되면 날뛰게 된다. 반면 사람이 슬퍼하게 되면 성난 감정이 생겨나고, 성나게 되면 탄식을 하게 되며, 탄식을 하게 되면 가슴을 치게 되고, 가슴을 치게 되면 발을 구르게 된다."라고 기록해야 한다. 무릇 기뻐한다는 것으로부터 날뛴다는 것에 이르기까지 총 6단계로 변화가 일어나고, 슬퍼한다는 것으로부터 발을 구르게 되는 것에 이르기까지도 총 6단계로 변화가 일어나게 된다. 이것은 바로 어린아이가 부모를 그리워하는 진실된 감정을 뜻한다. 춤을 추며 날뛰고 가슴을 치고 발을 구르는 것들은 모두 이러한 감정에 근본을 둔 것인데, 성인은 이러한 감정에 대해서 절도를 마련한 것이다.

咏斯猶, 按: 猶, 卽夷猶, 字不必改作搖.

‘영사유(咏斯猶)’라 했는데, 살펴보니 ‘유(猶)’자는 머뭇거린다는 뜻이니, 글자를 요(搖)자로 고칠 필요는 없다.

【051】

喪事欲其縱縱[總]爾, 吉事欲其折折[提]爾. 故喪事雖遽[其據反]不陵節,
吉事雖止不怠. 故騷騷爾則野, 鼎鼎爾則小人, 君子蓋猶猶爾.〈檀弓
上-085〉 [本在"同爨緦"下.]

상사에서는 신속하게 처리하면서도 절차를 준수하고자 하며['縱'자의 음은 '總
(총)'이다.] 길사에서는 행동거지를 예에 맞추고자 한다.['折'자의 음은 '提(제)'이
다.] 그렇기 때문에 상사에서는 비록 급박하게['遽'자는 '其(기)'자와 '據(거)'자의
반절음이다.] 처리해야 하지만 그 절차를 건너뛸 수 없고, 길사에서는 비록
멈춰서 있는 시간이 있지만 태만하게 굴어서는 안 된다. 그러므로 너무
분주하고 소란스럽게 하면 비루한 꼴이 되고, 너무 느긋하게 하여도 소인
처럼 되니, 군자는 너무 빠르지도 않고 너무 느리지도 않게 하여 완급에
맞게 한다. [본래는 "한솥밥을 먹는 사이라면 서로를 위해 시마복을 입는다."[1]라고 한 문장
뒤에 수록되어 있었다.]

集說 縱縱, 給於趨事之貌. 折折, 從容中禮之貌. 喪事雖是急遽, 而
不可陵躐其節次; 吉事雖有立而待事之時, 而不可失於怠惰. 若騷騷
而太疾, 則鄙野矣; 鼎鼎而太舒, 則小人之爲矣; 猶猶而得緩急之中,
君子行禮之道也.

'총총(縱縱)'은 신속하게 처리해야 할 일에 대해서 절차를 준수하는 모습
을 뜻한다. '절절(折折)'은 행동거지를 예에 맞추는 모습을 뜻한다. 상사
는 비록 급박하게 처리해야 할 일이지만 그 절차를 건너뛸 수 없고, 길사
에는 비록 서 있으면서 일을 처리할 때까지 기다려야 하는 시간이 있지만
태만한 모습을 보여서 실례를 범할 수 없다. 만약 몹시 소란스럽고 분주
하게 처리한다면 비루한 꼴이 되고, 느긋하게 하여 너무 천천히 한다면
소인이 하는 꼴이 된다. 너무 빠르지도 않고 너무 느리지도 않게 하여
완급의 적절함을 맞추는 것이 바로 군자가 예를 시행할 때의 도이다.

---

1) 『예기』「단궁상(檀弓上)」 084장 : 從母之夫, 舅之妻, 二夫人相爲服, 君子未之
言也. 或曰: "同爨緦."

附註 喪事欲其從從爾, 按: 騷騷, 威儀怱擾貌. 鼎鼎, 盛壯貌. 太簡則少文, 故譏其野. 文具太盛則少誠實, 故譏其小人. 註未詳.

'상사욕기종종이(喪事欲其從從爾)'라 했는데, 살펴보니, '소소(騷騷)'는 행동예절이 너무 급박하고 어수선한 모습을 뜻한다. '정정(鼎鼎)'은 융성하고 장성한 모습을 뜻한다. 너무 간략히 하면 격식을 적게 하기 때문에 그 비루함을 기롱한 것이다. 반면 격식을 갖춘 것이 너무 융성하다면 성실함이 적기 때문에 그 소인됨을 기롱한 것이다. 주의 설명은 상세하지 않다.

052

人死, 斯惡之矣; 無能也, 斯倍之矣. 是故制絞[交]·衾, 設蔞[柳]·翣,
爲[去聲]使人勿惡也.〈063〉 [本在"品節斯斯之謂禮"下.]

사람이 죽게 되면 다른 사람들은 그를 꺼려하게 된다. 사람이 무능하게
된다면 다른 사람들은 그를 등지게 된다. 이러한 까닭으로 성인은 시신을
치장하는 교['絞'자의 음은 '交(교)'이다.]와 금을 제정하였고, 또 관을 치장하는
유['蔞'자의 음은 '柳(유)'이다.]와 삽을 제정하여, 사람들로 하여금 죽은 자를 꺼
려하지 않게끔['爲'자는 거성으로 읽는다.] 했던 것이다. [본래는 "이러한 감정의 갈래
를 조절하게 되니, 이것을 바로 예라고 부른다."[1]라고 한 문장 뒤에 수록되어 있었다.]

集説 以其死而惡之, 以其無能而倍之, 恐太古無禮之時, 人多如此,
於是推原, 聖人所以制禮之初意, 止爲使人勿惡勿倍而已. 絞·衾以
飾其體, 蔞·翣以飾其棺, 則不見死者之可惡也.

그 자가 죽었기 때문에 그를 꺼려하게 되고, 그 자가 무능하기 때문에
사람들이 등지게 되는데, 아마도 태고시대처럼 예가 없었을 때에는 사람
들이 대부분 이처럼 했기 때문에, 이때 본원을 탐구하여, 성인이 이를
통해 예를 제정했는데, 그 최초의 뜻은 단지 사람들로 하여금 꺼려하거나
등지지 않게끔 했던 것일 뿐이다. 교와 금으로는 죽은 자의 몸을 치장하
고, 유와 삽으로는 시신을 실은 관을 치장하니, 사람들이 꺼려할 수 있는
죽은 자의 모습을 드러내지 않는 것이다.

053

始死, 脯·醢之奠, 將行, 遣[去聲]而行之, 旣葬而食[嗣]之. 未有見其
饗之者也. 自上世以來, 未之有舍[上聲]也, 爲使人勿倍也. 故子之所

---

1)『예기』「단궁하」 062장："人喜則斯陶, 陶斯咏, 咏斯猶, 猶斯舞, 舞斯慍, 慍斯
戚, 戚斯歎, 歎斯辟, 辟斯踊矣. 品節斯, 斯之謂禮."

刺[次]於禮者, 亦非禮之訾[疵]也. ⟨064⟩

어떤 자가 이제 막 죽었을 때에는 포와 젓갈 등을 차려서 음식을 진설하게 되고, 장례를 치르려고 할 때에는 견전을 지낸 뒤에 그 희생물의 고기를 포장하여, 견거에 실려['遣'자는 거성으로 읽는다.] 함께 보내게 되고, 장례를 끝내게 되면 우제를 치르면서 음식을 대접하게['食'자의 음은 '嗣(사)'이다.] 된다. 그러나 일찍이 신들이 직접 찾아와서 이러한 음식들을 흠향하는 것을 보았던 자는 없었다. 그런데도 상고시대에 예를 제정했을 때부터 그 이후로 이러한 예법을 내버리고['舍'자는 상성으로 읽는다.] 시행하지 않았던 자가 없다. 그 이유는 이러한 예법 절차를 시행하게 되면, 근본에 보답하고 시초를 반추하는 생각을 그만둘 수 없기 때문이다. 따라서 성인이 이러한 예법을 제정하여, 사람들로 하여금 죽은 자를 등지지 않게끔 했던 것이다. 그러므로 그대가 상례의 절차 중 용에 대해서 비판하며['刺'자의 음은 '次(차)'이다.] 그 규정을 제거하려고 했지만, 용은 또한 예의 잘못된 허물이['訾'자의 음은 '疵(자)'이다.] 아니다.

集說 始死, 卽爲脯醢之奠; 將葬, 則有包裹牲體之遣; 旣葬, 則有虞祭之食. 何嘗見死者享之乎? 然自上世制禮以來, 未聞有舍而不爲者, 爲此則報本反始之思, 自不能已矣, 豈復有倍之之意乎? 先王制禮, 其深意蓋如此. 今子刺喪之踊而欲去之者亦, 不足以爲禮之疵病也.

어떤 자가 이제 막 죽었을 때에는 곧바로 포와 젓갈 등을 차려서 진설한다. 장례를 치르게 되면, 희생물의 고기를 포장하여 실어 보내는 견거가 있게 되고, 장례를 끝내게 되면, 우제를 차려서 음식을 대접하는 절차가 있게 된다. 그런데 어떻게 일찍이 죽은 자가 그것들을 흠향하는 것을 보아서 이처럼 했겠는가? 그런데도 상고시대에 예를 제정했을 때로부터 그 이후로는 이러한 것들을 내버리고 시행하지 않았던 자가 있다는 것을 들어보지 못했으니, 이처럼 하게 된다면, 근본에 보답하고 시초를 반추하는 생각을 제 스스로 그만둘 수 없게 되니, 어찌 다시금 죽은 자를 등지는 뜻을 품을 수 있겠는가? 선왕이 예를 제정했을 때, 그 깊은 뜻은 아마도 이와 같았을 것이다. 현재 유자가 상에서 용하는 것을 비판하며, 이것을 제거하고자 했지만, 용을 또한 예의 병폐라고 여기기에는 부족한 것이다.

【054】

孔子謂: "爲明器者, 知喪道矣, 備物而不可用也."〈045〉 [本在"朝而逐葬"
下.]

공자가 하나라 때의 예법을 평가하며 말하길, "명기를 만든 자는 상례의
도리를 아는 자로구나. 그 기물들을 모두 갖췄으나 실제로 사용할 수 없도
록 만들었도다."라고 했다. [본래는 "조묘를 하고서 마침내 장지로 떠나갔다."[2]라고
한 문장 뒤에 수록되어 있었다.]

集說 此孔子善夏之用明器從葬.

이 말은 공자가 하나라 때 명기를 사용하여 장례의 부장품으로 사용하게
된 것을 칭찬한 기록이다.

【055】

"哀哉! 死者而用生者之器也, 不殆於用殉乎哉!"〈046〉

공자는 계속하여 은나라 때의 예법을 평가하며, "슬프구나! 죽은 자에게
제기(祭器)를 매장하는 것은 살아있는 자들이 사용하는 기물을 사용하게
하는 것이다. 이것은 곧 살아있는 자를 함께 순장하는 것에 가까운 짓이
다!"라고 했다.

集說 此孔子非殷人用祭器從葬. 以人從死曰殉. 殆, 幾也. 用其器,
則近於用人.

이 말은 공자가 은나라 때 제기를 사용하여 장례의 부장품으로 사용하게

---

2) 『예기』「단궁하」 044장 : 喪之朝也, 順死者之孝心也. 其哀離其室也, 故至於
祖‧考之廟而後行. 殷朝而殯於祖, 周<u>朝而逐葬</u>.

된 것을 비판한 기록이다. 살아있는 사람을 죽은 자와 함께 매장하는 것을 '순(殉)'이라 부른다. '태(殆)'자는 거의라는 뜻이다. 이러한 기물을 사용한다면, 살아있는 사람을 이용하는 것에 가깝다는 뜻이다.

【056】

"其曰明器, 神明之也." 塗車・芻靈, 自古有之, 明器之道也. 孔子謂: "爲芻靈者善", 謂: "爲俑者不仁", 不殆於用人乎哉!〈047〉

공자는 "그 기물들을 '명기(明器)'라고 부르는 이유는 신명의 도리에 따라 대하기 때문이다."3)라고 했다. 진흙을 빚어서 만든 수레와 풀을 엮어서 만든 인형은 고대 때부터 있어왔던 것으로, 명기를 사용하는 도리에 해당한다. 공자는 "풀을 엮어 인형을 만든 자는 선한 자이다."라고 했고, 또 "나무인형을 만들어서 그 모습을 사람과 매우 흡사하게 했던 자는 불인하다."라고 평가했으니,4) 나무인형을 사용하는 것은 살아있는 사람을 죽은 자와 함께 매장하는 일과 유사하기 때문이다!

集說 謂之明器者, 是以神明之道持之也. 塗車, 以泥爲車也. 束草爲人形, 以爲死者之從衛, 謂之芻靈, 略似人形而已, 亦明器之類也. 中古爲木偶人謂之俑, 則有面目機發而太似人矣, 故孔子惡其不仁, 知末流必有以人殉葬者.

'명기(明器)'라고 부르는 이유는 신명에 대한 도리로 대하기 때문이다. '도거(塗車)'는 진흙을 빚어서 만든 수레이다. 풀을 엮어 인형을 만들어서 죽은 자를 호위하는 자로 삼았는데, 이것을 '추령(芻靈)'이라고 부른다. 이것은 대체적으로 사람의 모습과 유사하기만 할 따름이니, 또한 명

---

3) 『예기』「단궁상」 090장 : 孔子曰: "之死而致死之, 不仁而不可爲也; 之死而致生之, 不知而不可爲也. 是故竹不成用, 瓦不成味, 木不成斲, 琴瑟張而不平, 竽笙備而不和, 有鐘磬而無簨簴. 其曰明器, 神明之也."

4) 『맹자』「양혜왕상(梁惠王上)」 : 仲尼曰, '始作俑者, 其無後乎!' 爲其象人而用之也. 如之何其使斯民飢而死也?"

기의 부류라고 할 수 있다. 중고시대에는 나무를 이용해서 사람처럼 만들었는데 그것을 '용(俑)'이라고 했으니, 얼굴에 이목구비가 있고 관절이 움직여서, 사람과 매우 흡사했다. 그렇기 때문에 공자는 그 불인함을 미워했던 것이니, 그 말단에 이르러서는 반드시 사람을 순장하는 일이 발생하게 되리라는 것을 알았기 때문이다.

集說 趙氏曰: 以木人送葬, 設機而能踊跳, 故名之曰俑.

조씨가 말하길, 나무인형을 만들어서, 죽은 자를 전송하는데 사용하였고, 움직이는 관절을 만들어서, 사람이 뛰는 것처럼 표현할 수 있었다. 그렇기 때문에 그 이름을 '용(俑)'이라고 정한 것이다.

【057】

子游問喪具. 夫子曰: "稱[去聲]家之有亡[如字]." 子游曰: "有無惡[烏]乎齊[去聲]?" 夫子曰: "有, 毋過禮. 苟亡矣, 斂首足形, 還[旋]葬, 縣[玄]棺而封[窆], 人豈有非之者哉?"〈檀弓上-107〉 [本在"不以弔"下.]

자유가 공자에게 장례를 치를 때 사용되는 기물들에 대해 질문하였다. 공자는 "가산의 정도['亡'자는 글자대로 읽는다.]에 따라 맞춘다.['稱'자는 거성으로 읽는다.]"라고 대답하였다. 자유는 "가산의 정도에 따라 시행되는 예의 수위를 어떻게['惡'자의 음은 '烏(오)'이다.] 조정해야 합니까?['齊'자는 거성으로 읽는다.]"라고 재차 질문하였다. 공자는 "부유하더라도 예를 벗어나서 지나치게 후한 장례를 치러서는 안 된다. 정말로 가난한 경우라면, 염을 하여 시신의 머리·다리·몸 등을 감싸고, 곧바로 장지로 떠나게 되며['還'자의 음은 '旋(선)'이다.] 장지에 가서도 하관할 때 사용되는 기물들을 설치할 수 없으므로, 손으로 직접 영구에 매달린 끈을 잡아끌어서['縣'자의 음은 '玄(현)'이다.] 하관을['封'자의 음은 '窆(폄)'이다.] 하더라도, 사람들 중에 어찌 그를 비난하는 자가 있겠는가?"라고 했다. [본래는 "조문을 하지 않았다."[5]라고 한 문장 뒤에 수록되어 있었다.]

---

5) 『예기』「단궁상(檀弓上)」 106장 : 夫子曰: "始死, 羔裘·玄冠者, 易之而已." 羔

集說 喪具, 送終之儀物也. 惡乎齊, 言何以爲厚薄之劑量也. 毋過禮, 不可以富而踰禮厚葬也. 還葬, 謂斂畢卽葬, 不殯而待月日之期也. 縣棺而封, 謂以手懸繩而下之, 不設碑綍也. 人不非之者, 以無財則不可備禮也.

'상구(喪具)'는 죽은 자를 장례지내며 사용되는 기물들이다. '오호제(惡乎齊)'라는 말은 "어떻게 후하게 해야 하는지 또는 박하게 해야 하는지를 조절할 수 있느냐?"는 뜻이다. '무과례(毋過禮)'라는 말은 부유하다고 해서 예의 규정을 벗어나 지나치게 후한 장례를 치를 수 없다는 뜻이다. '환장(還葬)'은 염을 끝낸 이후에 곧바로 장례를 치르는 것으로, 빈궁을 설치하여 일정 기간을 보내지 않는다는 뜻이다. '현관이폄(縣棺而封)'은 손으로 직접 영구에 달린 새끼줄을 끌어서 하관을 한다는 뜻으로, 하관할 때 사용하는 비률(碑綍)6)을 설치하지 않는다는 의미이다. 사람들이 비난하지 않는 이유는 재화가 없다면 예에 따른 절차들을 갖출 수 없기 때문이다.

【058】

子路曰: "傷哉貧也. 生無以爲養[去聲], 死無以爲禮也." 孔子曰: "啜菽飲水盡其歡, 斯之謂孝; 斂首足形, 還[旋]葬而無槨, 稱[去聲]其財, 斯之謂禮."〈079〉 [本在"弗果用"下.]

자로가 말하길, "아 가난하다는 것은 이토록 슬픈 일이로구나! 부모가 생존

衰・玄冠, 夫子不以弔.

6) 비률(碑綍)에서의 비(碑)자는 하관(下棺)할 때, 매장하는 구덩이 주변에 설치하는 풍비(豐碑)를 뜻한다. 률(綍)자는 풍비에 뚫린 구멍에 끼우는 끈을 말한다. 즉 '비률'은 도르래의 원리와 비슷한 것으로 하관할 때 사용한다. 『예기』「단궁하(檀弓下)」편에는 "公室視豐碑, 三家視桓楹."이라는 기록이 있는데, 이에 대한 정현의 주에서는 "豐碑, 斲大木爲之, 形如石碑. 於槨前後四角樹之, 穿中於間, 爲鹿盧, 下棺以綍繞, 天子六綍四碑, 前後各重鹿盧也."라고 풀이했다.

해 계실 때에는 제대로 봉양을[養'자는 거성으로 읽는다.] 하지 못하고, 또 돌아
가셨을 때에도 예에 따라 장례를 치르지 못하는구나."라고 탄식했다. 그러
자 그 얘기를 들은 공자는 "콩을 씹어 먹고 맹물을 마시더라도 부모를 기쁘
게 할 수 있다면, 이것을 효라고 부른다. 또 재산이 넉넉하지 못하여, 부모
의 머리와 발만 염하고, 기일에 맞추지 못하고 곧바로[還'자의 음은 '旋(선)'이
다.] 장례를 치르며 곽을 설치하지 않았더라도, 그가 가진 재산에 맞춰서[稱
자는 거성으로 읽는다.] 한다면, 이것을 예라고 부른다."라고 가르쳐주었다. [본
래는 "결국 순장의 방법을 사용하지 않았다."7)라고 한 문장 뒤에 수록되어 있었다.]

集說 世固有三牲之養, 而不能歡者, 亦有厚葬以爲觀美, 而不知陷
於僭禮之罪者, 知此, 則孝與禮可得而盡矣, 又何必傷其貧乎? 還葬,
說見上篇.

세상에는 진실로 날마다 세 마리의 희생물을 사용하여 봉양을 하더라도,
기쁘게 해드릴 수 없는 자가 있고,8) 또 장례를 후하게 치러서 아름답게
보이려고 했지만, 그것이 참례의 죄에 빠진 것임을 알지 못하는 자도 있
으니,9) 이러한 사실을 안다면, 효와 예에 대해서 다할 수 있는데, 또 어찌
가난함에 대해 상심할 필요가 있겠는가? '선장(還葬)'에 대해서는 앞 편
에 그 설명이 나온다.

【059】
子思曰: "喪三日而殯, 凡附於身者, 必誠必信, 勿之有悔焉耳矣. 三

---

7) 『예기』「단궁하」078장 : 子亢曰: "以殉葬, 非禮也. 雖然, 則彼疾當養者, 孰若妻
與宰? 得已, 則吾欲已; 不得已, 則吾欲以二子者之爲之也." 於是弗果用.

8) 『효경』「기효행장(紀孝行章)」: 事親者, 居上不驕. 爲下不亂. 在醜不爭. 居上
而驕則亡, 爲下而亂則刑, 在醜而爭則兵. 三者不除, 雖日用三牲之養, 猶爲不
孝也.

9) 『논어』「선진(先進)」: 顔淵死, 門人欲厚葬之. 子曰, "不可." 門人厚葬之. 子曰,
"回也視予猶父也, 予不得視猶子也. 非我也, 夫二三子也."

月而葬, 凡附於棺者, 必誠必信, 勿之有悔焉耳矣."〈檀弓上-011〉[本在
"不哭焉"下.]

자사가 말하길, "상을 당하게 되면 3일이 지난 뒤에 빈소를 차리며, 시신에
게 입히는 의복이나 이불 등에 대해서는 반드시 성심과 신의를 다해서,
후한이 될 것을 남겨서는 안 될 따름이다. 3개월이 지난 뒤에 장례를 치르
며, 관에 부장하는 물건들에 대해서는 반드시 성심과 신의를 다해서, 후한
이 될 것을 남겨서는 안 될 따름이다."라고 했다. [본래는 "곡을 하지 않는다."10)
라고 한 문장 뒤에 수록되어 있었다.]

集說 附於身者, 襲斂衣衾之具; 附於棺者, 明器用器之屬也.

'부어신자(附於身者)'라는 것은 염과 습을 할 때 사용되는 옷들과 이불
등의 도구들을 뜻하며, '부어관자(附於棺者)'라는 것은 명기와 용기 등의
부류를 뜻한다.

集說 方氏曰: 必誠, 謂於死者無所欺; 必信, 謂於生者無所疑.

방씨가 말하길, '필성(必誠)'이라는 말은 죽은 자에 대해서 속이는 바가
없다는 뜻이다. '필신(必信)'이라는 말은 산 자에 대해서 의혹되게 할 바
가 없다는 뜻이다.

【060】
喪三年以爲極[句], 亡則弗之忘矣. 故君子有終身之憂, 而無一朝之
患. 故忌日不樂.〈檀弓上-012〉

상에서는 삼년상을 치르는 것을 가장 지극하다고 여기며,['極'자에서 구문을
끊는다.] 장례를 치르게 되더라도 부모를 잊을 수 없는 것이다. 그렇기 때문
에 군자는 종신토록 품게 되는 근심이 있다 하더라도, 하루아침에 발생하
는 우환은 없는 것이다. 그래서 부모의 기일에는 음악을 연주하지 않는

---

10) 『예기』「단궁상(檀弓上)」 010장 : 曾子曰: "朋友之墓, 有宿草而不哭焉."

것이다.

集說 喪莫重於三年. 旣葬曰亡. 中庸曰: “事亡如事存.” 雖已葬而
不忘其親, 所以爲終身之憂而忌日不樂也. 祭義曰: “君子有終身之
喪, 忌日之謂也.” 冢宅崩毁, 出於不意, 所謂一朝之患. 惟其必誠必
信, 故無一朝之患也. 或曰: 殯葬皆一時事, 於此一時而不謹, 則有
悔; 惟其誠信, 故無此一時不謹之患.

상에서는 삼년상보다 중대한 것이 없다. 이미 장례를 치른 상태를 ‘망
(亡)’이라고 부른다. 『중용』에서는 “망(亡)한 자를 섬기길 생존한 자를
섬기듯이 한다.”[11]라 했다. 비록 장례를 끝냈다 하더라도 부모를 잊을
수가 없으니, 종신토록의 우환이 되어 기일에는 음악을 연주하지 않는
것이다. 『예기』「제의(祭義)」편에서는 “군자는 종신토록 지내는 상이 있
으니, 부모의 기일을 뜻한다.”[12]라 했다. 의도치 못한 상태에서 묘역이
붕괴된 것은 이른바 ‘하루아침의 우환’에 해당한다. 오직 성심을 다하고
신의를 다하기 때문에, 하루아침의 우환도 없게 되는 것이다. 혹자는 다
음과 같이 풀이한다. 빈소를 차리고 장례를 치르는 것은 모두 특정한 시
기에 치르는 일들인데, 이러한 시기에 신중을 기하지 못한다면, 후회가
된다. 따라서 오직 성심을 다하고 신의를 다하기 때문에, 특정 시기에
신중을 기하지 못한 우환이 없게 되는 것이다.

附註 有終身之憂無一朝之患, 蓋言君子已孤, 終身抱戚. 無一朝之
患, 猶言非一日之戚. 註義未通. 一云: “此是古語, 如孟子所引. 今子
思之引此, 只取上一句之義.” 亦通.

‘유종신지우무일조지환(有終身之憂無一朝之患)’이라 했는데, 아마도

---

11) 『중용』「19장」: 踐其位, 行其禮, 奏其樂, 敬其所尊, 愛其所親, 事死如事生, <u>事
亡如事存</u>, 孝之至也.
12) 『예기』「제의(祭義)」 005장: <u>君子有終身之喪, 忌日之謂也</u>. 忌日不用, 非不祥
也, 言夫日, 志有所至, 而不敢盡其私也.

군자가 이미 고아가 되어 종신토록 근심을 품게 됨을 말하는 것 같다. '무일조지환(無一朝之患)'은 하루의 슬픔이 아니라고 말하는 것과 같다. 주의 뜻은 통하지 않는다. 한편에서는 "이것은 옛날부터 전해지던 말이니, 마치 맹자가 인용한 바와 같다. 지금 자사가 이 문장을 인용한 것은 단지 앞의 한 구문의 뜻을 취한 것일 뿐이다."라 했는데, 이 또한 뜻이 통한다.

【061】

喪具, 君子恥具. 一日二日而可爲也者, 君子弗爲也. 〈檀弓上-086〉 [本
在"猶猶爾"下.]

상을 치를 때 소용되는 기물들을 일찍 갖추는 것을 군자는 수치스럽게 여
긴다. 하루나 이틀 정도의 시간으로 갖출 수 있는 것들을 군자는 미리 마련
하지 않는다. [본래는 "너무 빠르지도 않고 너무 느리지도 않게 하여 완급에 맞게 한다."[1]
라고 한 문장 뒤에 수록되어 있었다.]

集說 喪具, 棺衣之屬. 君子恥於早爲之而畢具者, 嫌不以久生期其
親也. 然"六十歲制, 七十時制, 八十月制, 九十日修", 蓋慮夫倉卒之
變也. 一日二日可辨之物, 則君子不豫爲之, 所謂"絞紟衾冒, 死而后
制"者也.

'상구(喪具)'는 관이나 의복류 등을 뜻한다. 군자는 너무 일찍 그것들을
마련하여 기물들을 모두 갖추는 것을 부끄럽게 여기니, 부모가 오래도록
살아계시기를 바라지 않고 부모의 죽음에 대해 기약하는 것처럼 보이게
될까를 염려했기 때문이다. 그런데 "나이가 60세가 되면 관을 미리 제작
해서 준비해 두고, 70세가 되면 부장하게 될 의복과 기물들 중 비교적
얻기 힘든 것들을 미리 제작해서 준비해 두며, 80세가 되면 부장하게 될
의복과 기물들 중 비교적 얻기 쉬운 것들을 미리 제작해서 준비해 두고,
90세가 되면 미리 준비해둔 것들을 날마다 손질한다."라고 한 이유는 해
당 대상이 갑작스럽게 죽게 되는 변고를 염려했기 때문이다. 하루나 이틀
만에 갖출 수 있는 물건들의 경우, 군자는 미리 그것들을 갖추지 않으니,
이른바 "염할 때 시신을 묶는 끈인 교, 홑이불인 금, 이불인 금, 시신을
전체적으로 감싸는 모는 그가 죽은 뒤에야 제작한다."는 뜻에 해당한다.[2]

---

1) 『예기』「단궁상(檀弓上)」085장 : 喪事欲其縱縱爾, 吉事欲其折折爾. 故喪事雖
遽不陵節, 吉事雖止不怠. 故騷騷爾則野, 鼎鼎爾則小人, 君子蓋猶猶爾.

2) 『예기』「왕제(王制)」123장 : 六十歲制, 七十時制, 八十月制, 九十日修, 唯絞紟
衾冒, 死而后制.

【062】

孔子曰: "身有瘍[羊]則浴, 首有創[平聲]則沐, 病則飲酒食肉. 毁瘠爲病, 君子不爲也. 毁而死, 君子謂之無子."〈雜記下-046〉[雜記. 本在"食鹽酪可也"下.]

공자는 "몸에 종기가['瘍'자의 음은 '羊(양)'이다.] 생기면 목욕을 하고, 머리에 부스럼이['創'자는 평성으로 읽는다.] 생기면 머리를 감으며, 몸이 쇠약해져서 병이 생기면 술도 마시고 고기도 먹는다. 몸이 수척해지고 상해서 병이 생기는 것을 군자는 하지 않는다. 몸이 매우 수척해져서 죽게 되는 것을 군자는 자식을 없게 만드는 자라고 평가한다."라고 말했다. [「잡기」편의 문장이다. 본래는 "밥을 제대로 먹을 수 없는 상태라면, 소금이나 낙 등을 첨가해도 괜찮다."³⁾라고 한 문장 뒤에 수록되어 있었다.]

集說 曲禮曰: "不勝喪, 比於不慈不孝", 是有子與無子同也.

『예기』「곡례(曲禮)」편에서는 "상사를 끝까지 치르지 못하는 것은 곧 자애롭지 못하고 효성스럽지 못한 것에 해당한다."고 했으니, 이것은 자식이 있는 자라도 그가 죽게 되면 자식이 없는 경우와 같게 됨을 뜻한다.

【063】

曾子曰: "喪有疾, 食肉飲酒, 必有草木之滋焉", 以爲薑桂之謂也.〈檀弓上-048〉[本在"勿拜也"下.]

증자가 말하길, "상을 치르던 도중 병에 걸리게 되면 기력이 쇠하게 되니, 기력을 보충하기 위해서 고기도 먹으며 술도 마시는데, 병 때문에 이것들을 달게 먹을 수가 없으므로, 반드시 초목의 달콤한 열매를 곁들여야 한다."라고 했는데, 초목의 열매라는 것은 생강이나 계피를 뜻한다. [본래는 "절을 해서는 안 된다."⁴⁾라고 한 문장 뒤에 수록되어 있었다.]

---

3) 『예기』「잡기하(雜記下)」 045장 : 功衰, 食菜果, 飮水漿, 無鹽酪. 不能食食, 鹽酪可也.

4) 『예기』「단궁상(檀弓上)」 047장 : 伯高死於衛, 赴於孔子. 孔子曰: "吾惡乎哭諸?

集說 喪有疾, 居喪而遇疾也. 以其不嗜, 故加草木之味. "以爲薑桂之謂"一句, 乃記者釋草木之滋, 亦或曾子稱禮書之言而自釋之歟.

'상유질(喪有疾)'이라는 말은 상을 치르던 도중 병이 발생하였다는 뜻이다. 달게 먹을 수 없기 때문에 초목의 맛있는 열매를 더하게 된다. '이위강계지위(以爲薑桂之謂)'라는 한 구문은 『예기』를 기록한 자가 '초목지자(草木之滋)'라는 말을 풀이한 것이며, 그것이 아니라면 혹은 증자가 예서에 기록된 말을 일컬으며 스스로 해석한 말일 것이다.

【064】

子路曰: "吾聞諸夫子, 喪禮, 與其哀不足而禮有餘也, 不若禮不足而哀有餘也. 祭禮, 與其敬不足而禮有餘也, 不若禮不足而敬有餘也."

〈檀弓上-066〉 [本在"易墓非古也"下.]

자로가 말하길, "내가 선생님께 들었는데, 상례에 있어서는 슬퍼하는 마음이 부족하고 예에 대해서 풍족하게 치르는 것보다는 차라리 예에 대해서 부족한 면이 있더라도 슬퍼하는 마음을 지극히 하는 것이 더 낫다고 하셨다. 그리고 제례에 있어서도 공경하는 마음이 부족하고 예에 대해서 풍족하게 치르는 것보다는 차라리 예에 대해서 부족한 면이 있더라도 공경하는 마음을 지극히 하는 것이 더 낫다고 하셨다."라고 하였다. [본래는 "묘에 있는 초목을 베어버리는 것은 고대의 예법이 아니다."[5]라고 한 문장 뒤에 수록되어 있었다.]

集說 有其禮而無其財, 則禮或有所不足, 哀敬則可自盡也. 此夫子反本之論, 亦寧儉 · 寧戚之意.

해당하는 예의 규정이 있더라도 그에 걸맞은 재화가 없다면, 예에 대해서

兄弟, 吾哭諸廟; 父之友, 吾哭諸廟門之外; 師, 吾哭諸寢; 朋友, 吾哭諸寢門之外; 所知, 吾哭諸野. 於野則已疏, 於寢則已重. 夫由賜也見我, 吾哭諸賜氏." 遂命子貢爲之主, 曰: "爲爾哭也來者, 拜之; 知伯高而來者, 勿拜也."

5) 『예기』「단궁상(檀弓上)」 065장 : 易墓, 非古也.

간혹 부족한 면이 있을 수도 있지만, 슬퍼하는 마음과 공경하는 마음의 경우에는 제 스스로 다할 수 있다. 이것은 바로 공자가 근본을 반추했던 논의로, 또한 차라리 검소하게 지내는 것이 낫고, 또 차라리 슬퍼하는 것이 낫다는 뜻에 해당한다.6)

[類編] 右通論喪禮. [十四章.]

여기까지는 '통론상례(通論喪禮)'에 대한 내용이다. [14개 장이다.]

[類編] 喪禮必有義, 故通論喪禮次之.

상례에서는 반드시 해당하는 의미가 있다. 그렇기 때문에 상례에 대해 통론한 것을 그 다음에 수록하였다.

---

6) 『논어』「팔일(八佾)」: 林放問禮之本. 子曰, "大哉問! 禮, 與其奢也寧儉, 喪, 與 其易也寧戚."

禮記類編大全卷之三十六

『예기유편대전』 36권

◇ 檀弓下第三十七(下) / 「단궁하」 37편(하편)

◇ 제례(祭禮)

【001】

孔子曰: "管仲鏤簋而朱紘, 旅樹而反坫[店], 山節而藻梲[拙], 賢大夫也, 而難爲上也."〈雜記下-069〉[本在"御柩以茅"下.]

공자는 "관중은 궤에 조각을 해서 장식을 하고 면류관의 끈을 주색으로 달았으며, 여수를 설치하고 반점을['坫'자의 음은 '店(점)'이다.] 두었으며, 두공에 산을 조각하고 단주에['梲'자의 음은 '拙(졸)'이다.] 수초풀을 그렸으니, 현명한 대부였다고 하더라도, 윗사람에게 참람되게 군 자이다."라고 말했다. [본래는 "영구를 인도할 때에는 모로써 한다."[1]라고 한 문장 뒤에 수록되어 있었다.]

集說 鏤簋, 簋有雕鏤之飾也. 紘, 冕之飾, 天子朱, 諸侯靑, 大夫·士緇. 旅, 道也. 樹, 屛也. 立屛當所行之路以蔽內外也. 反坫, 反爵之坫也. 土爲之, 在兩楹間. 山節, 刻山於柱頭之斗拱也. 藻, 水草. 藻梲, 畫藻於梁上之短柱也. 難爲上, 言僭上也.

'누궤(鏤簋)'는 궤에 조각을 새겨서 장식한 것이 있다는 뜻이다. '굉(紘)'은 면류관의 장식인데, 천자는 주색으로 하며 제후는 청색으로 하고 대부와 사는 검은색으로 한다. '여(旅)'는 길을 뜻한다. '수(樹)'는 병풍을 뜻한다. 지나다녀야 하는 길에 병풍을 세워서 안과 밖을 가리는 것이다. '반점(反坫)'은 술잔을 돌려놓는 받침대이다. 흙을 쌓아서 만들게 되는데, 양쪽 기둥 사이에 설치한다. '산절(山節)'은 기둥 끝의 두공에 산의 모양으로 조각을 하는 것이다. '조(藻)'는 수초이다. '조절(藻梲)'은 들보 위의 단주에 수초풀을 그린 것이다. '난위상(難爲上)'은 윗사람에게 참람되게

---

1) 『예기』「잡기하(雜記下)」 068장: 升正柩, 諸侯執綍五百人, 四綍皆銜枚, 司馬執鐸, 左八人, 右八人, 匠人執羽葆御柩. 大夫之喪, 其升正柩也, 執引者三百人, 執鐸者左右各四人, <u>御柩以茅</u>.

군다는 뜻이다.

【002】

"晏平仲祀其先人, 豚肩不揜豆, 賢大夫也, 而難爲下也. 君子上不僭
上, 下不偪下."〈雜記下-070〉[二段雜記.]

계속하여 공자가 말하길 "안평중은 조상에게 제사를 지내며, 너무 작은 희
생물을 사용해서 돼지의 어깨부위가 두조차 가릴 수 없을 정도였으니, 현
명한 대부였다 하더라도, 아랫사람을 핍박하는 자이다. 군자는 위로 윗사
람에게 참람되게 굴지 않고, 아래로 아랫사람을 핍박하지 않는다."라고 했
다. [2개 단락은 「잡기」편의 문장이다.]

集說 大夫祭用少牢, 不合用豚肩, 在俎不在豆. 此但喩其極小, 謂
倂豚兩肩亦不能掩豆耳. 難爲下, 言偪下也.

대부의 제사에서는 소뢰를 사용하니, 돼지의 어깨 부위를 사용하는 것은
합당하지 않으며, 도마에 올려두고 두에 올려두지 않는다. 이 말은 단지
희생물이 매우 작았음을 비유한 것이니, 돼지의 양쪽 어깨 부위를 합쳐도
두 전체를 가릴 수 없을 정도로 작았다는 뜻이다. '난위하(難爲下)'는 아
랫사람을 핍박한다는 뜻이다.

【003】

孔子曰: "臧文仲安知禮? 夏父弗綦[忌]逆祀而弗止也."〈禮器-041〉[本在
"不美多品"下.]

공자가 말하길, "장문중이 어찌 예에 대해서 잘 안다고 할 수 있겠는가?
하보불기가['綦'자의 음은 '忌(기)'이다.] 신위를 잘못 옮겨서, 제사의 질서를 거
슬렀음에도, 멈추지 못했다."라고 했다. [본래는 "무조건 많이 하는 것을 좋게 여기
지 않는다."2)라고 한 문장 뒤에 수록되어 있었다.]

臧文仲, 魯大夫臧孫辰. 夏父弗綦, 人姓名也. 魯莊公薨, 立適
子閔公. 閔公薨, 立僖公. 僖公者, 莊公之庶子, 閔公之庶兄也. 僖公
薨, 子文公立. 二年八月祫祭太廟, 夏父弗綦爲宗伯典禮, 移閔公置
僖公之下, 是臣居君之上, 逆亂尊卑, 不可之大者. 時人以文仲爲知
禮, 孔子以其爲大夫而不能止逆祀之失, 豈得爲知禮乎?

'장문중(臧文仲)'은 노나라 대부였던 장손진이다. '하보불기(夏父弗綦)'
는 사람의 성명이다. 노나라 장공이 죽자 그의 적자인 민공을 옹립하였
다. 이후 민공이 죽자 희공을 옹립하였다. 그런데 희공은 장공의 서자가
되어, 민공의 서형에 해당한다. 희공이 죽자 그의 아들 문공이 옹립되었
다. 이후 문공 2년 8월에 태묘에서 협제를 지냈는데,3) 당시 하보불기는
종백의 신분이 되어 의례를 담당하였고, 민공의 신위를 옮겨서, 희공의
신위 밑에 두었는데, 이것은 곧 신하가 군주보다 위에 있는 형상이 되니,
존비의 질서가 거꾸로 되어 문란하게 되었다. 이것은 해서는 안 될 것
중에서도 매우 큰 것이다. 당시 사람들은 장문중이 예에 대해 잘 안다고
여겼는데, 공자는 그가 대부의 신분이 되었음에도, 제사에서 질서를 거스
르는 실수를 멈추지 못했으므로, 어찌 예를 잘 안다고 할 수 있느냐고
여긴 것이다.

【004】

子路爲季氏宰. 季氏祭, 逮闇而祭, 日不足, 繼之以燭. 雖有强力之
容, 肅敬之心, 皆倦怠矣. 有司跛[彼義反]倚以臨祭, 其爲不敬大矣.〈禮
器-071〉[本在"毋輕議禮"下]

자로가 계씨의 가신이 되었다. 계씨가 제사를 지내게 되어 동틀 무렵이

---

2) 『예기』「예기(禮器)」 040장 : 君子曰: 祭祀不祈, 不麾蚤, 不樂葆大, 不善嘉事,
   牲不及肥大, 薦不美多品.
3) 『춘추』「문공(文公) 2년」 : 八月, 丁卯, 大事于大廟, 躋僖公.

되기 전에 제사를 지내기 시작했는데, 낮 동안 끝내기에는 시간이 부족하여 등불을 밝히고 밤까지 계속 지냈다. 비록 반듯한 몸가짐과 엄숙하고 공경하는 마음가짐을 갖추고 있다 하더라도, 모두들 피로하여 나태해졌다. 그래서 유사들은 삐딱하게 서거나['跛'자는 '彼(피)'자와 '義(의)'자의 반절음이다.] 어딘가에 의지해서 제사에 임했으니, 그 불경함이 매우 큰 것이다. [본래는 "예에 대한 의론은 가볍게 다뤄서는 안 된다."[4]라고 한 문장 뒤에 수록되어 있었다.]

集說 逮, 反也. 闇, 昧爽以前也. 偏任爲跛, 依物爲倚.

'체(逮)'자는 "~에 이르다."는 뜻이다. '암(闇)'자는 동이 트기 이전을 뜻한다. 한쪽으로 치우쳐 삐딱하게 서 있는 것을 '파(跛)'라고 하며, 사물에 의지해서 서 있는 것을 '의(倚)'라고 한다.

【005】

他日祭, 子路與[去聲], 室事交乎戶, 堂事交乎階, 質明而始行事, 晏朝而退. 孔子聞之曰: "誰謂由也, 而不知禮乎!"〈禮器-072〉 [三段禮器.]

다른 시일에 동일한 제사를 지내게 되었는데, 자로 또한 그 제사에 참여하였다.['與'자는 거성으로 읽는다.] 자로는 번잡한 절차들을 간소화하였으니, 시동을 섬기며 묘실에 음식을 들일 때에는 방문에서 주고받도록 하였고, 당에서 시동을 대접할 때에는 계단에서 음식을 주고받도록 하였으며, 정확히 동틀 무렵이 되어서 비로소 제사를 시행했는데, 저녁 무렵이 되자 제사가 모두 끝나서 사람들이 물러가게 되었다. 공자는 이러한 이야기를 듣고, "누가 자로더러 예를 모른다고 했단 말인가!"라고 했다. [3개 단락은 「예기」편의 문장이다.]

集說 室事, 謂正祭之時, 事尸于室也. 外人將饌至戶, 內人於戶受之, 設於尸前, 內外相交承接, 故云交乎戶也. 正祭之後, 儐尸於堂,

---

4) 『예기』「예기(禮器)」 070장 : 孔子曰: "誦詩三百, 不足以一獻, 一獻之禮, 不足以大饗; 大饗之禮, 不足以大旅; 大旅具矣, 不足以饗帝. 毋輕議禮."

故謂之堂事. 此時在下之人送饌至階, 堂上人卽階而受取, 是交乎階也. 質, 正也. 子路權禮之宜, 略煩文而全恭敬, 故孔子善之也.

'실사(室事)'는 정식 제사 절차를 진행하는 때, 묘실에서 시동을 섬기는 것을 의미한다. 묘실 밖에 있는 사람이 음식을 들고서 방문에 다다르면, 묘실 안에 있던 사람은 호에서 그것을 받고, 시동 앞에 음식들을 진설하게 되니, 묘실 내외에 있는 사람들은 이곳에서 서로 만나게 된다. 그렇기 때문에 "호에서 서로 만난다."라고 말한 것이다. 정식 제사 절차를 끝낸 후에는 당에서 시동을 대접한다. 그렇기 때문에 이러한 절차를 '당사(堂事)'라고 부르는 것이다. 이 시기에는 당하에 있던 사람이 음식을 보내어 계단에 이르게 되면, 당상에 있던 사람은 곧 계단에 나아가서 그것을 받게 되니, 이것이 바로 "계단에서 서로 만난다."는 뜻이다. '질(質)'자는 정확하라는 뜻이다. 자로는 예의 합당함에 따라 권도를 발휘하여, 번잡스러운 형식들을 간소화하고 공경하는 마음을 온전히 했던 것이다. 그렇기 때문에 공자가 그를 칭찬했던 것이다.

【006】

子貢觀於蜡[乍]. 孔子曰: "賜也樂乎?" 對曰: "一國之人皆若狂, 賜未知其樂也." 子曰: "百日之蜡, 一日之澤, 非爾所知也."〈雜記下-076〉[本在"於是乎書"下.]

자공이 사제를['蜡'자의 음은 '乍(사)'이다.] 치르는 모습을 살펴보고 왔다. 그러자 공자는 "사야 너는 즐거웠느냐?"라고 물었다. 자공은 "온 나라의 사람들이 모두 미치광이처럼 술에 취해 들떠 있는데, 저는 그들이 즐거워하는 것에 대해 알지 못하겠습니다."라고 대답했다. 공자는 "1년 내내 수고롭게 일하다가 사제사를 지내는 것은 하루 동안 마음껏 즐기도록 군주가 은혜를 베푼 것이니, 네가 알 수 있는 바가 아니다."라고 했다. [본래는 "이 시기에 기록되었다."[5]라고 한 문장 뒤에 수록되어 있었다.]

集説 蜡祭, 見郊特牲. 若狂, 言飮酒醉甚也. 未知其樂, 言醉無禮儀,
方且可惡, 何樂之有? 孔子言百日勞苦而有此蜡, 農民終歲勤動, 今僅
使之爲一日飮酒之歡, 是乃人君之恩澤, 非爾所知, 言其義大也.

'사제(蜡祭)'에 대해서는 그 설명이 『예기』「교특생(郊特牲)」편에 나온
다. '약광(若狂)'은 술을 마셔서 몹시 취했다는 뜻이다. "그들의 즐거워함
을 알지 못하겠다."는 말은 술에 취해 예의 없이 행동하여, 혐오스러울만
한데 어떤 즐거움을 느끼겠느냐는 뜻이다. 공자는 백일 동안 수고롭게
일한 뒤 이러한 사제사가 있으니, 농민들은 한 해 동안 내내 수고롭게
일하다가 오늘에서야 겨우 그들로 하여금 하루 동안 술을 마시며 즐거워
하도록 만든 것으로, 이것은 군주가 은택을 베푼 것이니, 네가 알 수 있는
대상이 아니라고 했는데, 즉 그 의미가 크다는 뜻이다.

【007】

"張而不弛, 文·武弗能也. 弛而不張, 文·武弗爲. 一張一弛, 文·武
之道也."〈077〉 [二段雜記.]

계속하여 공자가 말하길 "계속 당기기만 하고 느슨하게 풀어주지 않는다
면, 그러한 백성들은 문왕과 무왕이라 할지라도 다스릴 수 없다. 느슨하게
풀어주기만 하고 당기지 않는다면, 그러한 일에 대해서는 문왕과 무왕이라
할지라도 하지 않았다. 때로 당기고 때로 풀어주는 것이 바로 문왕과 무왕
의 도이다."라고 했다. [2개 단락은 「잡기」편의 문장이다.]

集説 張, 張弦也. 弛, 落弦也. 孔子以弓喩民, 謂弓之爲器, 久張而
不弛, 則力必絶; 久弛而不張, 則體必變. 猶民久勞苦而不休息, 則其
力憊; 久休息而不勞苦, 則其志逸. 弓必有時而張, 有時而弛, 民必有
時而勞, 有時而息. 文武弗能, 言雖文王武王, 亦不能爲治也. 一於

---

5) 『예기』「잡기하(雜記下)」075장 : 恤由之喪, 哀公使孺悲之孔子學士喪禮, 士喪
   禮於是乎書.

逸樂則不可, 故言文武弗爲.

'장(張)'자는 시위를 당긴다는 뜻이다. '이(弛)'자는 시위를 푼다는 뜻이다. 공자는 활을 통해서 백성들에 대한 사안을 비유했으니, 활이라는 기구는 오래도록 당기기만 하고 풀어주지 않는다면 반드시 탄력이 끊어지게 되고, 오래도록 풀어두기만 하고 당기지 않는다면 반드시 몸체가 틀어지게 된다. 이것은 마치 백성들이 오래도록 수고롭게 일만 하고 휴식을 취하지 않는다면 고단하게 되고, 오래도록 휴식만 취하고 수고롭게 일을 하지 않는다면 뜻이 나태해지는 것과 같다는 뜻이다. 활은 반드시 때에 따라 당기기도 하고 또 때에 따라 풀어주기도 해야 하니, 백성들에 대해서도 반드시 때에 따라 수고롭게 일을 시키고 때에 따라 휴식을 시켜야 한다. '문무불능(文武弗能)'이라는 말은 비록 문왕이나 무왕이라 할지라도 그들을 다스릴 수 없다는 뜻이다. 한결같이 태만하게 놀기만 한다면 불가하다. 그렇기 때문에 문왕과 무왕이 하지 않았던 것이다.

類編 右祭禮. [四章.]
여기까지는 '제례(祭禮)'에 대한 내용이다. [4개 장이다.]

類編 喪畢則祭, 故祭禮次之.
상례가 끝나면 제사를 지낸다. 그렇기 때문에 제례에 대한 내용을 그 다음에 수록하였다.

◇ 선성사실(先聖事實)

【008】

孔子少孤, 不知其墓, 殯於五父[上聲]之衢. 人之見之者, 皆以爲葬也,
其愼[讀爲引, 去聲.]也. 蓋殯也, 問於聊[鄒]曼[萬]父[甫]之母, 然後得合葬
於防.〈檀弓上-013〉 [本在"忌日不樂"下.]

공자는 어렸을 때 부친을 여의어서 고아가 되었기 때문에, 부친의 묘가
어디에 있는지 알 수 없었다. 그래서 모친이 돌아가셨을 때, 오보['父'자는
상성으로 읽는다.]의 길가에 가매장을 하였다. 사람들 중 이 모습을 본 자들은
모두들 공자가 모친의 장례를 치르는 것이라고 여겼는데, 이것은 공자의
신중함['愼'자는 '인(引)'자로 풀이하니 거성으로 읽는다.] 때문이었다. 아마도 가매장
을 하고서 추만보['聊'자의 음은 '鄒(추)'이다. '曼'자의 음은 '萬(만)'이다. '父'자의 음은
'甫(보)'이다.]의 모친에게 부친의 묘가 어디에 있는지 물어본 이후에야 그 장
소를 알게 되어서 부친의 묘가 있는 방 땅에서 모친의 영구를 합장할 수
있었다. [본래는 "부모의 기일에는 음악을 연주하지 않는 것이다."[1]라고 한 문장 뒤에 수록
되어 있었다.]

集說 不知其墓者, 不知父墓所在也. 殯於五父之衢者, 殯母喪也.
禮無殯於外者, 今乃在衢, 先儒謂欲致人疑問, 或有知者告也. 人見
柩行於路, 皆以爲葬, 然以引觀之, 殯引飾棺以輤, 葬引飾棺以柳翣,
此則殯引耳. 按家語孔子生三歲而叔梁紇死, 是少孤也. 然顏氏之
死, 夫子成立久矣, 聖人人倫之至, 豈有終母之世, 不尋求父葬之地,
至母殯而猶不知父墓乎? 且母死而殯於衢路, 必無室廬而死於道路
者, 必不得已之爲耳. 聖人禮法之宗主, 而忍爲之乎? 馬遷爲野合之
誣, 謂顏氏諱而不告, 鄭註因之以滋後世之惑, 且如堯舜瞽瞍之事,
世俗不勝異論, 非孟子辭而闢之, 後世謂何? 此經雜出諸子所記, 其

---

1) 『예기』「단궁상(檀弓上)」 012장 : 喪三年以爲極, 亡則弗之忘矣. 故君子有終身
之憂, 而無一朝之患. 故忌日不樂.

間不可據以爲實者多矣. 孟子曰: "主癰疽與侍人瘠環, 何以爲孔子?" 愚亦謂終身不知父墓, 何以爲孔子乎? 其不然審矣. 此非細, 故不得不辨.

"그 묘를 알 수 없었다."는 말은 부친의 묘가 어디에 있는지 알 수 없었다는 뜻이다. "오보의 길가에 빈을 했다."는 말은 모친의 상례를 치르며 가매장을 했다는 뜻이다. 예법에 따르면 외지에 가매장을 하는 경우가 없는데, 이곳 기록에서는 공자가 길가에 가매장을 했다고 언급했다. 선대 유학자들은 이 문제에 대해서, 사람들이 의혹을 품도록 하여 혹시라도 부친의 묘를 알고 있는 자가 있다면 일러주기를 바랐기 때문이라고 풀이했다. 사람들은 도로에서 시신을 실은 영구가 행차하는 것을 보고, 모두들 그 절차가 장례의 단계라고 여겼다. 그러나 관을 끄는 줄을 기준으로 살펴보면, 가매장을 할 때 관에 연결하는 끈은 천으로 만들고, 장례를 치르며 발인을 할 때에는 유삽으로 관을 치장하니, 여기에서 말한 것은 가매장을 할 때 매단 끈일 따름이다. 『공자가어』를 살펴보면, 공자가 태어난 후 3살이 되었을 때, 부친 숙량흘이 죽었다고 했으니,[2] 이것이 바로 어려서 고아가 되었다는 사실을 나타낸다. 그런데 모친 안씨가 죽은 것은 공자가 이미 성인이 된 후 한참이 지난 뒤였다. 성인(聖人)은 인륜의 지극함을 실천하는 자인데, 어떻게 모친이 돌아가시기 전까지도 부친의 장례를 치른 장소를 찾지 않고, 모친의 시신을 가매장할 때가 되어서도 여전히 부친의 묘가 어디에 있는지 알지 못할 수가 있는가? 또 모친이 죽었을 때, 길가에 가매장을 했다고 했는데, 이처럼 하는 것은 반드시 거처지가 없이 길가에서 죽은 경우에만 부득이하게 시행하는 방법일 따름이다. 성인은 예법을 창시한 종주가 되는데, 어떻게 이러한 행위를 참아낼 수 있었겠는가? 사마천[3]은 숙량흘과 안씨의 야합을 통해 공자가 태어났다는 망령된

---

2) 『공자가어』「본성해(本姓解)」: 而私禱尼丘之山以祈焉, 生孔子, 故名丘, 字仲尼. 孔子三歲而叔梁紇卒, 葬於防.

3) 사마천(司馬遷, B.C.145? ~ B.C.86): 전한(前漢) 때의 사학자이다. 자(字)는 자

말을 만들어 내고, 안씨가 부친의 묘가 있는 장소를 숨기고 공자에게 알려주지 않았다고 했다.[4] 정현의 주에서는 이러한 기록에 따랐기 때문에, 후세의 의혹을 증폭시켰고, 또 요·순 및 고수 사이에 있었던 일화와 같이, 세간에서는 끝없는 이설들이 만들어지게 되었는데, 맹자가 설파를 하여 이러한 이설들을 물리치지 않았다면, 후세에서는 무어라 했겠는가? 이곳 경문은 제자백가들이 기록한 것 중에서 뒤섞여 나온 것으로, 그 기록들 중에는 실제 사실이라고 할 수 없는 것들이 많다. 맹자는 "옹저의 집과 시인인 척환의 집에 머물렀다면, 어떻게 공자라고 할 수 있는가?"[5] 라고 했다. 내 생각에도 또한 종신토록 부친의 묘를 알지 못했다면, 어떻게 공자라고 할 수 있는가? 따라서 실제 사실은 이곳 기록과 같이 않았음이 분명하다. 이러한 문제는 사소한 문제가 아니므로, 부득이하게 변론한 것이다.

附註 其愼也蓋殯也, 言其謹愼之至, 欲致人疑問, 非葬也, 乃殯也, 義自通, 不必讀作引.

'기신야개빈야(其愼也蓋殯也)'는 조심하고 신중함이 지극하여 사람들로 하여금 의문을 일으켰는데, 이것은 장례 때문이 아니니 곧 빈(殯) 때문이라는 뜻으로, 의미가 그 자체로 통하므로 인(引)자로 고쳐서 읽을 필요가 없다.

장(子長)이다. 부친은 사마담(司馬談)이다. 저서로는 『사기(史記)』가 있다.

4) 『사기』「공자세가(孔子世家)」: 紇與顏氏女野合而生孔子, 禱於尼丘得孔子. 魯襄公二十二年而孔子生. 生而首上圩頂, 故因名曰丘云. 字仲尼, 姓孔氏. 丘生而叔梁紇死, 葬於防山. 防山在魯東, 由是孔子疑其父墓處, 母諱之也.

5) 『맹자』「만장상(萬章上)」: 吾聞觀近臣, 以其所爲主, 觀遠臣, 以其所主. 若孔子主癰疽與侍人瘠環, 何以爲孔子?

【009】

孔子旣得合葬於防曰: “吾聞之, 古也墓而不墳. 今丘也東西南北之
人也, 不可以弗識[志]也.”於是封之, 崇四尺.〈檀弓上-007〉 [本在“其至者”
下.]

공자는 부친의 묘가 있는 방 땅에 모친의 영구를 합장하였다. 그런 뒤에
말하길, “내가 듣기로 고대에는 묘를 만들면서 흙을 쌓아서 높이 솟은 모양
으로 만들지 않았다고 했다. 그런데 현재 나는 이곳저곳을 돌아다니며 유
세를 하는 입장이므로, 이곳이 무덤이라는 것을 표시['識'자의 음은 '志(지)'이
다.]하지 않을 수가 없다.”라고 했다. 그런 뒤에 이곳에 흙을 높이 쌓아올려
서, 그 높이를 4척(尺)으로 만들었다. [본래는 “지극히 나타내는 방법”[1]이라고 한
문장 뒤에 수록되어 있었다.]

集說 孔子父墓在防, 故奉母喪以合葬. 墓, 塋域也. 封土爲壟曰墳.
東西南北之人, 言其宦遊無定居也. 識, 記也. 爲壟, 所以爲記識. 一
則恐人不知而誤犯, 一則恐己或忘而難尋, 故封之高四尺也.

공자의 부친 묘는 방 땅에 있었다. 그렇기 때문에 모친의 상이 발생하게
되자 영구를 모셔다가 합장을 한 것이다. '묘(墓)'자는 묘역을 뜻한다.
흙을 쌓아서 언덕처럼 만드는 것을 '분(墳)'이라 부른다. '동서남북지인
(東西南北之人)'이라는 말은 자신이 벼슬살이를 하기 위해 여기저기 떠
돌게 되어, 정해진 거처가 없다는 뜻이다. '식(識)'자는 “기록하다.”는 뜻
이다. 무덤을 언덕처럼 만든 것은 표시를 해두기 위해서이다. 그 이유는
한편으로는 사람들이 그곳이 무덤인지 알지 못하여 무례를 범하게 될까
를 염려해서이고, 다른 한편으로는 본인이 혹시 그곳을 잊게 되어 찾기
어렵게 될까를 염려했기 때문이다. 그래서 흙을 높이 쌓아서, 그 높이를
4척으로 만든 것이다.

---

1) 『예기』「단궁상(檀弓上)」 006장 : 孔子曰: “拜而后稽顙, 頹乎其順也; 稽顙而后
拜, 頹乎其至也. 三年之喪, 吾從其至者.”

【010】

孔子先反, 門人後, 雨甚[句], 至[句], 孔子問焉, 曰: "爾來何遲也?" 曰: "防墓崩." 孔子不應. 三[去聲], 孔子泫[胡犬反]然流涕曰: "吾聞之, 古不脩墓."〈檀弓上-008〉

공자는 무덤을 쌓은 이후에 제자들보다 먼저 돌아왔고, 제자들은 늦게 출발했는데, 비가 매우 많이 내렸다.['甚'자에서 구문을 끊는다.] 이후 제자들이 도착하니,['至'자에서 구문을 끊는다.] 공자가 묻기를 "너희들은 어찌하여 이처럼 더디게 돌아왔는가?"라고 했다. 그러자 제자들은 "방 땅에 조성했던 묘가 큰 비로 인해 무너졌습니다. 그래서 그것을 보수하느라 늦었습니다."라고 대답했다. 공자는 제자들의 대답을 듣고도 아무런 말을 하지 않았다. 그러자 제자들은 공자가 무덤이 무너진 사실을 알아듣지 못한 것으로 생각하여, 이 일을 세 차례['三'자는 거성으로 읽는다.]나 아뢰었다. 그러자 공자는 묵묵히['泫'자는 '胡(호)'자와 '犬(견)'자의 반절음이다.] 눈물을 흘리며, "내가 듣기로 고대에는 무덤을 쌓을 때, 신중을 거듭하여 무너질 일이 없었으므로, 무덤을 보수하는 일이 없었다."라고 대답했다.

集說 雨甚而墓崩, 門人脩築而後反. 孔子流涕者, 自傷其不能謹之於封築之時, 以致崩圮. 且言古人所以不脩墓者, 敬謹之至, 無事於脩也.

비가 많이 와서 묘가 무너졌고, 문인들이 묘를 보수한 이후에야 돌아온 것이다. 공자가 눈물을 흘린 이유는 제 스스로 무덤을 쌓을 때 신중히 기하지 못하여 붕괴가 되도록 만들었다는 것에 상심을 했기 때문이다. 그래서 고대 사람들이 묘를 보수하지 않았던 이유는 공경함과 신중함을 지극히 발휘하여, 보수할 일이 없었기 때문이라고 말한 것이다.

【011】

二名不偏諱, 夫子之母名徵在, 言在不稱徵, 言徵不稱在.〈103〉[本在 "至于庫門"下.]

두 글자로 된 이름에 대해서 피휘를 할 때에는 두 글자를 동시에 쓸 때에만 피휘를 하는 것이지, 한 글자마다 피휘를 하지는 않는다. 예를 들어 공자의 모친은 그 이름이 '징재(徵在)'인데, '재(在)'자를 언급할 때에는 '징(徵)'자를 언급하지 않았고, 반대로 '징(徵)'자를 언급할 때에는 '재(在)'자를 언급하지 않았다. [본래는 "고문에 이르기까지 시행한다."[2]라고 한 문장 뒤에 수록되어 있었다.]

集說 二名, 二字爲名也. 此記避諱之禮.

'이명(二名)'은 두 글자로 이름을 지었다는 뜻이다. 이곳 기록은 피휘를 하는 예법에 대해 기록하고 있다.

【012】

孔子旣祥, 五日彈琴而不成聲, 十日而成笙歌. 〈檀弓上-032〉[3] [本在"人一 等矣"下.]

공자는 대상을 끝내고 5일이 지난 후에 금을 연주했지만 소리가 제대로 나지 않았고, 10일이 지난 후에 생황을 연주하고 노래를 불렀는데, 그제야 조화를 이루었다. [본래는 "남보다 한 등급 더 뛰어나구나."[4]라고 한 문장 뒤에 수록되어 있었다.]

集說 引孔子之事者, 以見餘哀未忘也.

공자의 일화를 인용한 이유는 마음에 남아 있는 애달픈 감정을 아직은 모두 잊을 수 없다는 뜻을 나타내기 위해서이다.

---

2) 『예기』「단궁하」102장 : 旣卒哭, 宰夫執木鐸以命于宮曰: "舍故而諱新." 自寢門至于庫門.
3) 『예기』「단궁상(檀弓上)」032장 : 孔子旣祥, 五日彈琴而不成聲, 十日而成笙歌. 有子, 蓋旣祥而絲屨·組纓.
4) 『예기』「단궁상(檀弓上)」031장 : 孟獻子禫, 縣而不樂, 比御而不入. 夫子曰: "獻子加於人一等矣."

【013】

孔子與門人立, 拱而尚右, 二三子亦皆尚右. 孔子曰: "二三子之嗜學
也, 我則有姊之喪故也." 二三子皆尚左. 〈檀弓上-056〉 [本在"后食之"下.]

공자가 문인들과 함께 서 있을 때, 공수의 손 자세를 취하되 우측 손이
위로 가도록 포개고 있었다. 이 모습을 본 문인들 또한 모두 우측 손이
위로 가도록 포개었다. 문인들의 행동을 본 공자는 "그대들은 배우기를 좋
아하는구나. 그러나 나에게는 누이의 상이 있기 때문에 이러한 손 모양을
취한 것이다."라고 했다. 그러자 문인들은 모두 좌측 손이 위로 가도록 포
개었다. [본래는 "뒤에야 그것을 먹었다."5)라고 한 문장 뒤에 수록되어 있었다.]

集說 吉事尚左, 陽也; 凶事尚右, 陰也. 此蓋拱立而右手在上也.

길사(吉事)6)에서는 좌측을 높이니, 좌측이 양에 해당하기 때문이며, 흉
사(凶事)7)에서는 우측을 높이니, 우측이 음에 해당하기 때문이다. 이곳
에서 말하는 내용은 아마도 공수를 하고 서 있을 때, 우측 손이 위로 가도
록 손을 포갰던 것을 말하는 것 같다.

【014】

賓客至, 無所館. 夫子曰: "生於我乎館, 死於我乎殯." 〈檀弓上-115〉 [本
在"食衍饙"下.]

먼 곳에서 빈객이 찾아왔는데 그들에게 숙소를 마련해줄 장소가 없었다.

---

5) 『예기』 「단궁상(檀弓上)」 055장 : 顔淵之喪, 饋祥肉, 孔子出受之; 入, 彈琴而后
   食之.
6) 길사(吉事)는 길하고 상서로운 일을 가리킨다. 고대에는 일반적으로 제사, 관례
   (冠禮), 혼례(婚禮) 등을 가리켜서 '길사'라고 불렀다. 『예기』 「곡례상(曲禮上)」 편
   에는 "喪事先遠日, 吉事先近日."이라는 기록이 있고, 이에 대한 정현의 주에서는
   "吉事, 祭祀·冠·取之屬也."라고 풀이했다.
7) 흉사(凶事)는 불길한 일을 가리킨다. 재난이나 재해를 뜻하기도 하며, 전쟁을 뜻
   하기도 한다. 한편 상사(喪事)의 일들을 가리키기도 한다.

공자가 말하길, "생전에는 내 집에 숙소를 마련하는 것이고, 죽었을 때에는 내 집에 빈소를 마련하는 것이다."라고 했다. [본래는 "음식을 먹을 때 온화하고 온순한 태도로 시행해야 한다."[8]라고 한 문장 뒤에 수록되어 있었다.]

集說 生旣館之, 死則當殯.

생전에 이미 숙소를 마련해 주었으니, 죽게 되면 마땅히 빈소를 차려주어야 한다.

集說 應氏曰: 朋友以義合, 謂之賓客者, 以其自遠方而來也.

응씨가 말하길, 벗은 도의에 따라 의기투합한 것인데, 그들을 '빈객(賓客)'이라고 부른 것은 그들이 먼 지역에서 찾아왔기 때문이다.

【015】

孔子之故人曰原壤, 其母死, 夫子助之沐椁. 原壤登木曰: "久矣. 予之不託於音也." 歌曰: "貍首之斑然, 執女手之卷[拳]然." 夫子爲弗聞也者而過之. 從[去聲]者曰: "子未可以已乎?" 夫子曰: "丘聞之, 親者毋失其爲親也, 故者毋失其爲故也."〈127〉 [本在"麻不入"下.]

공자의 오래된 친구 중에 원양이라는 자가 있었다. 그의 모친이 돌아가셨을 때, 공자는 그를 도와서 곽을 만들고 있었다. 원양이 다듬어둔 나무 위에 걸터앉아서, "오래되었구나! 내가 노래를 부르지 못한지가."라고 말하고는 곧 노래를 부르며, "나무의 무늬가 너구리의 머리처럼 아름답구나, 나무의 결이 여인의 손을 잡은 것처럼 매끄럽구나.['卷'자의 음은 '拳(권)'이다.]"라고 했다. 공자는 그가 노래를 부르는 것을 들었음에도 못들은 척하고 지나쳤다. 그러자 공자를 따르던['從'자는 거성으로 읽는다.] 제자가 "선생님께서는 저처럼 예의 없이 구는 것을 보았으니, 그 자와 절교를 해야 하는 것이

---

8) 『예기』 「단궁상(檀弓上)」 114장: 子夏問諸夫子曰: "居君之母與妻之喪?" "居處・言語・飮食衎爾."

아닙니까?"라고 물어보았다. 공자는 "내가 듣기로, 친족에 있어서는 설령 그가 비례를 저질렀다 하더라도, 친족으로 맺어진 정을 버릴 수 없다고 했고, 오래된 친구에 있어서는 설령 그가 비례를 저질렀다 하더라도, 그와의 오래된 정을 버릴 수 없다고 했다."라고 대답했다. [본래는 "마로 된 질을 두르고서 고문으로 들어가지 않았다."[9]라고 한 문장 뒤에 수록되어 있었다.]

集說 或問朱子: "原壤登木而歌, 夫子爲弗聞而過之, 待之自好, 及其夷俟, 則以杖叩脛, 莫太過否?" 曰: "這說却差. 如壤之歌, 乃是大惡, 若要理會, 不可但已, 只得且休. 至其夷俟之時, 不可不敎誨, 故直責之, 復叩其脛, 自當如此. 若如今說, 則是不要管他, 却非朋友之道矣."

혹자가 주자에게 묻기를, "원양은 나무에 올라타서 노래를 불렀고, 공자는 못들은 척하며 지나쳤다고 했으니, 이것은 제 스스로 고치기를 기다렸던 것인데, 원양이 거만하게 걸터앉아 있을 때에는 지팡이로 정강이를 때렸다고 했습니다.[10] 그렇다면 이것은 너무 지나친 것이 아닙니까? 아니면 그렇지 않은 것입니까?"라고 했다. 주자가 대답하길, "그 말이 오히려 틀렸다. 원양이 노래를 부른 것은 큰 잘못인데, 만약 이러한 점을 이해하려고 한다면, 단지 절교만 할 수 없으므로, 공자는 부득이하게 잠시 시간을 둔 것이다. 그리고 거만하게 걸터앉아 있는 경우에는 가르치지 않을 수가 없다. 그렇기 때문에 직접적으로 책망을 하며, 재차 그의 정강이를 때린 것이니, 각 경우에 대해서 마땅히 이처럼 해야 했던 것이다. 만약 그대의 말대로라면, 원양에 대해서는 살펴볼 필요가 없으니, 이것은 벗에 대한 도리가 아니다."라고 했다.

---

9) 『예기』「단궁상(檀弓上)」 126장 : 魯莊公之喪, 旣葬, 而絰不入庫門. 士・大夫旣卒哭, 麻不入.

10) 『논어』「헌문(憲問)」 : 原壤夷俟. 子曰, "幼而不孫弟, 長而無述焉, 老而不死, 是爲賊." 以杖叩其脛.

集說 胡氏曰: 數其母死而歌, 則壞當絶; 叩其夷踞之脛, 則壞猶故人耳. 盛德中禮, 見乎周旋, 此亦可見.

호씨가 말하길, 그의 모친이 돌아가셨는데도 노래를 불렀다는 점을 헤아려보면, 원양에 대해서는 마땅히 절교를 해야 한다. 그런데 그가 거만하게 걸터 앉아있었을 때 그의 정강이를 때렸다면, 원양은 여전히 공자의 오래된 친구로 남아 있었던 것이다. 공자의 융성한 덕과 예법에 맞게 함이 그의 행동을 통해서 드러남을 이곳 문장에서도 또한 확인할 수 있다.

集說 馮氏曰: 母死而歌, 惡有大於此者乎? 宜絶而不絶, 蓋以平生之素, 而事有出於一時之不意者如此. 善乎朱子之言曰: "若要理會, 不可但已, 只得且休." 其有以深得聖人之處其所難處者矣.

풍씨가 말하길, 모친이 돌아가셨는데도 노래를 불렀다면, 그 어떤 것이 이보다 큰 잘못이겠는가? 마땅히 절교를 해야 하는데도 절교를 하지 않았던 것은 아마도 그의 평소 품행이 바르고, 그 사안에 있어서 잠시 뜻하지 않게 이와 같은 행동이 나타났기 때문일 것이다. 주자가 "만약 이러한 점을 이해하려고 한다면, 단지 절교만 할 수 없으므로, 공자는 부득이하게 잠시 시간을 둔 것이다."라고 했는데, 이 말이 옳다. 그의 주장은 성인이 대처하기 난처한 점에 대해서 어떻게 대처했는지를 매우 깊이 이해하고 있다.

集說 劉氏曰: 原壤母卒, 夫子助之治槨, 壞登已治之槨木, 而言久矣我之不託興於詠歌之音也. 如貍首之斑, 言木文之華也. 卷與拳同. 如執女手之拳, 言沐槨之滑膩也. 壞之廢敗禮法甚矣, 夫子佯爲不聞, 而過去以避之. 從者見其無禮, 疑夫子必當已絶其交, 故問曰, 子未當已絶之乎? 夫子言爲親戚者, 雖有非禮, 未可遽失其親戚之情也; 爲故舊者, 雖有非禮, 未可遽失其故舊之好也. 此聖人隱惡全交之意.

유씨가 말하길, 원양의 모친이 돌아가셔서, 공자는 그를 도와서 곽을 다듬었는데, 원양은 이미 다듬어둔 곽의 목재 위에 올라가서, "오래되었구나! 내가 노랫가락의 음에 흥취를 돋지 못한 것이."라고 말했다. 그리고 너구리의 머리처럼 무늬가 있다는 말은 나무의 무늬가 화려하다는 뜻이다. '권(卷)'자는 권(拳)자와 같다. 여인의 손을 잡은 것처럼 부드럽다는 말은 곽을 만들기 위해 다듬은 목재가 매끄럽게 광채를 낸다는 뜻이다. 원양은 예법을 어긴 것이 매우 심했는데, 공자는 못들은 것처럼 행동하여, 그를 지나쳐서 그 자리를 피했다. 공자를 따르던 자는 그의 무례함을 보고, 공자가 반드시 그와 절교를 해야 한다는 생각이 들었다. 그렇기 때문에 질문을 하여, "선생님께서는 마땅히 그와 절교를 해야 하는 것이 아닙니까?"라고 한 것이다. 공자는 "친척인 자가 비록 비례를 저질렀다 하더라도, 갑작스럽게 그와 맺어진 친척에 대한 정을 버릴 수 없고, 오래된 친구인 자가 비록 비례를 저질렀다 하더라도, 갑작스럽게 그와 맺어진 오래된 친분을 버릴 수 없다."고 대답했다. 이것은 공자가 그의 나쁜 점을 가려주어서 우호관계를 온전히 하려고 했던 뜻에 해당한다.

【016】

顏淵之喪, 饋祥肉, 孔子出受之; 入, 彈琴而后食之. 〈檀弓上-055〉 [本在 "能行也"下.]

안연의 상을 치를 때, 그의 집안에서는 안연에 대한 대상을 치르고 나서 제사를 지냈던 고기를 공자에게 보냈다. 공자는 밖으로 나와서 직접 그것을 받았으며, 들어와서는 금을 연주하여 슬픈 감정을 해소한 뒤에야 그것을 먹었다. [본래는 '능행야(能行也)'[11]라고 한 문장 뒤에 수록되어 있었다.]

---

11) 『예기』「단궁상(檀弓上)」054장 : 孔子在衛, 有送葬者, 而夫子觀之, 曰: "善哉 爲喪乎! 足以爲法矣. 小子識之!" 子貢曰: "夫子何善爾也?" 曰: "其往也如慕, 其反也如疑." 子貢曰: "豈若速反而虞乎?" 子曰: "小子識之! 我未之能行也."

集說 彈琴而后食者, 蓋以和平之聲, 散感傷之情也.

금을 연주한 이후에 먹은 이유는 조화로운 소리를 통해서 상심하는 마음을 해소시키기 위해서이다.

【017】

孔子哭子路於中庭, 有人弔者, 而夫子拜之. 旣哭, 進使者而問故. 使者曰: "醢之矣!" 遂命覆[芳服反]醢. 〈檀弓上-009〉 [本在"不脩墓"下.]

공자는 자로가 죽었다는 소식을 듣고서 마당 가운데에서 자로를 위해 곡을 했다. 자로를 조문하기 위해 찾아온 자가 있어서 공자는 그에게 절을 하였다. 곡하는 일을 끝내고 찾아온 자에게 나아가 자로가 죽은 연유에 대해서 물었다. 그러자 조문하러 찾아온 자는 "자로가 죽은 뒤에 사람들은 그의 시체를 젓갈로 담갔습니다!"라고 말해주었다. 그러자 공자는 제자들에게 명령하여 집안에 있던 젓갈을 모두 내다버리게['覆'자는 '芳(방)'자와 '服(복)'자의 반절음이다.] 했다. [본래는 "무덤을 보수하는 일이 없었다."[12]라고 한 문장 뒤에 수록되어 있었다.]

集說 子路死於孔悝之難, 遂爲衛人所醢. 孔子哭之中庭, 師友之禮也. 聞使者之言而覆棄家醢, 蓋痛子路之禍, 而不忍食其似也.

자로는 공리의 변란 때 죽었으며, 결국 위나라 사람들에 의해 젓갈로 담기게 되었다. 공자가 마당 가운데에서 그를 위해 곡을 했는데, 이것은 스승이자 벗으로서 취했던 예법이다. 사신으로 찾아온 자의 말을 듣고서 집안에 있던 젓갈을 뒤엎어 버린 것은 자로가 당한 재앙을 통탄하여 차마 그 비슷한 것들을 먹을 수 없었기 때문이다.

---

12) 『예기』「단궁상(檀弓上)」 008장 : 孔子先反, 門人後, 雨甚, 至, 孔子問焉, 曰: "爾來何遲也?" 曰: "防墓崩." 孔子不應. 三, 孔子泫然流涕曰: "吾聞之, 古不脩墓."

集說 朱子曰: 子路仕衛之失, 前輩論之多矣. 然子路却是見不到,
非知其非義而苟爲也.

주자가 말하길, 자로가 위나라에서 벼슬살이를 한 실수에 대해서는 이전
의 학자들이 수차례 논의를 하였다. 그러나 자로가 실수를 범한 것은 도
에 이르지 못했음을 드러내는 것이지, 그가 의가 아님을 알고서도 구차하
게 행동을 했던 것이 아니다.

[018]
伯高之喪, 孔氏之使者未至, 冉子攝束帛 · 乘[去聲]馬而將之. 孔子
曰: "異哉! 徒使我不誠於伯高." 〈檀弓上-046〉 [本在"而可乎"下.]

백고의 상이 발생했을 때, 공자는 사람을 시켜서 부의를 보냈지만 심부름
을 하는 자가 도착하지 않았다. 그래서 염자는 그 대신 속백과 네 마리['乘'자
는 거성으로 읽는다.]의 말을 빌려서 그것을 가지고 대신 조문을 했다. 그 사실
을 안 공자는 "이상한 일이구나! 헛되게도 나로 하여금 백고에게 성실하지
못하게 만들었구나."라고 했다. [본래는 "좋겠는가?"[13]라고 한 문장 뒤에 수록되어
있었다.]

集說 攝, 貨也. 十个爲束, 每束五兩. 蓋以四十尺帛, 從兩頭各卷至
中, 則每卷二丈爲一个, 束帛是十个二丈, 今之五匹也. 乘馬, 四馬
也. 徒, 空也. 伯高不知何人, 意必與孔子厚者, 冉子知以財而行禮,
不知聖人之心, 則于其誠, 不于其物也. 雖若自責之言, 而實則深責
冉子矣.

'섭(攝)'자는 "빌리다."는 뜻이다. 10개를 1속(束)이라 하며, 매 속(束)마
다 다섯 쌍이 된다. 무릇 40척의 비단을 양쪽 끝으로부터 각각 말아서
중간에 이르게 되면, 각각의 두루마리는 2장을 1개로 삼게 되고, 속백은

---

13) 『예기』 「단궁상(檀弓上)」 045장 : 曾子曰: "小功不稅, 則是遠兄弟終無服也, <u>而</u>
<u>可乎</u>?"

2장짜리 비단이 10개가 있는 것으로, 현재의 5필에 해당한다. '승마(乘馬)'는 4마리의 말을 뜻한다. '도(徒)'자는 "헛되다."라는 뜻이다. 백고는 어떤 사람인지 알 수 없지만, 의미상 분명 공자와 관계가 깊었던 자일 것이니, 염자는 그 사실을 알고 있었기 때문에, 이러한 재화를 가지고 예를 시행했던 것인데, 성인의 마음은 정성스러움에 치중하고 재화에 치중하지 않음을 헤아리지 못한 것이다. 비록 스스로를 책망하는 말처럼 보이지만, 실제로는 염자에 대해서 매우 깊이 책망하는 것이다.

【019】

孔子之衛, 遇舊館人之喪, 入而哭之哀, 出, 使子貢說[脫]驂[參]而賻之. 子貢曰: "於門人之喪, 未有所說驂, 說驂於舊館, 無乃已重乎?" 夫子曰: "予鄕[去聲]者入而哭之, 遇於一哀而出涕. 予惡夫涕之無從也, 小子行之!"〈檀弓上-053〉 [本在"不以服勤"下.]

공자가 위나라로 갔는데, 옛적에 머물던 여관 주인의 상을 접하게 되었다. 그래서 그 집에 들어가서 곡을 하며 애도하는 마음을 표하고, 밖으로 나와서, 자공을 시켜서 수레에 있던 말['驂'자의 음은 '參(참)'이다.]을 풀어내['說'자의 음은 '脫(탈)'이다.] 그것을 부의로 보내라고 하였다. 그러자 자공은 "문인의 상에 있어서도 선생님께서는 일찍이 말을 풀어서 부의로 보내신 적이 없습니다. 그런데 옛 여관의 주인에게 말까지 풀어서 부의로 보내게 된다면, 너무 과하게 대하는 것이 아닙니까?"라고 했다. 공자는 그 말을 듣고 "내가 이전에['鄕'자는 거성으로 읽는다.] 그의 집에 들어섰을 때, 옛 주인을 위해 곡을 했는데, 그 아들인 상주가 한결같이 애통해하기에 눈물이 흘렀다. 나는 눈물을 흘릴 이유도 없이 눈물을 흘리는 것을 싫어한다. 그러므로 그와 나는 은정이 두터웠던 것이니, 제자들아 내가 일러준 대로 시행하거라!"라고 했다. [본래는 "노역에 참여할 수 없다."[14]라고 한 문장 뒤에 수록되어 있었다.]

---

14) 『예기』「단궁상(檀弓上)」 052장 : 衰, 與其不當物也, 寧無衰. 齊衰不以邊坐, 大功不以服勤.

集說 舊館人, 舊時舍館之主人也. 駕車者, 中兩馬爲服馬, 兩旁各一馬爲驂馬. 遇一哀而出涕, 情亦厚矣; 情厚者禮不可薄, 故解脫驂馬以爲之賻. 凡以稱情而已, 客行無他財貨故也. 惡夫涕之無從者, 從, 自也, 今若不賻, 則是於死者無故舊之情, 而此涕爲無自而出矣. 惡其如此, 所以必當行賻禮也. 舊說: 孔子遇主人一哀而出涕, 謂主人見孔子來而哀甚, 是以厚恩待孔子, 故孔子爲之賻. 然上文既曰, "入而哭之哀", 則又何必迂其說而以爲遇主人之哀乎?

'구관인(舊館人)'은 옛적에 머물던 여관의 주인을 뜻한다. 수레에 말을 맬 때에는 네 마리의 말을 걸게 되니, 가운데 두 마리의 말을 '복마(服馬)'라고 하며, 양측에 있는 각각의 한 마리 말들을 '참마(驂馬)'라고 한다. 한결같이 슬퍼함을 보아서 눈물을 흘렸던 것은 정감이 또한 두터웠기 때문이며, 그에 대한 정감이 두터운 경우에는 예를 야박하게 시행할 수 없다. 그렇기 때문에 참마를 풀어서 그에 대해 부의로 보냈던 것이다. 무릇 이러한 조치는 정감의 수위에 맞춘 것일 따름인데, 본국을 떠나서 다른 나라에 머물러 있던 상태이므로 다른 재화가 없었기 때문이다. 눈물을 흘림에 이유가 없는 것을 미워한다고 했는데, '종(從)'자는 '~부터'라는 뜻이니, 지금 만약 부의를 하지 않는다면, 죽은 자에 대해서 옛날에 쌓았던 정감이 없었던 것이고, 현재 눈물을 흘린 것은 아무런 이유도 없이 흘린 것이 된다. 이처럼 하는 것을 미워하니, 반드시 부의를 보내는 예를 시행해야만 했던 것이다. 옛 학설에서 말하길, 공자는 주인이 한결같이 애통해 하는 마음을 접하고서 눈물을 흘렸으니, 이 말은 주인이 공자가 찾아온 것을 보고 애통함이 심해졌고, 이러한 까닭으로 공자에게 두터운 은정으로 대했기 때문에, 공자가 그를 위해 부의를 보냈다고 주장한다. 그런데 앞 문장에서는 이미 "들어가서 곡을 하며 애통해하였다."라고 했으니, 어찌 반드시 그 주장을 억지로 맞춰서, 주인의 슬픔을 접하게 되었다는 뜻으로 여길 필요가 있는가?

【020】

孔子惡野哭者.〈檀弓上-147〉 [本在"哭於后土"下.]

공자는 이유도 없이 들판에서 곡하는 자를 미워했다. [본래는 "후토에게 곡을 한다."15)라고 한 문장 뒤에 수록되어 있었다.]

集說 "所知吾哭諸野", 夫子嘗言之矣, 蓋哭其所知, 必設位而帷之以成禮; 此所惡者, 或郊野之際, 道路之間, 哭非其地, 又且倉卒行之, 使人疑駭, 故惡之也. 方氏說, "哭者呼滅, 子臯曰野哉, 孔子惡者以此." 恐未然.

"서로 알고 지내던 자에 대해서라면, 나는 들에서 곡을 해야 한다."16)라고 한 말은 공자가 일찍이 했던 말이니, 무릇 서로 알고 지내던 자에 대해서 곡을 할 때에는 반드시 자리를 마련하고 휘장을 쳐서, 예의 규범을 준수해야 한다. 그런데 이곳에서 이러한 자를 공자가 미워했던 까닭은 어떤 자가 교야 및 도로 사이에서, 곡을 해야 하는 장소가 아닌데도 곡을 하고, 또한 갑작스럽게 이런 일을 하여, 사람들을 놀라게 했기 때문에 미워했던 것이다. 방씨는 "곡을 하는 자가 죽은 자의 이름인 멸을 불러서, 자고는 야라고 했으니,17) 공자가 미워한 이유도 이러한 이유 때문이다."라고 주장했는데, 아마도 그렇지 않을 것이다.

---

15) 『예기』「단궁상(檀弓上)」 146장 : 國亡大縣邑, 公·卿·大夫·士皆厭冠, 哭於大廟三日, 君不擧. 或曰: "君擧而哭於后土."

16) 『예기』「단궁상(檀弓上)」 047장 : 伯高死於衛, 赴於孔子. 孔子曰: "吾惡乎哭諸? 兄弟, 吾哭諸廟; 父之友, 吾哭諸廟門之外; 師, 吾哭諸寢; 朋友, 吾哭諸寢門之外; 所知, 吾哭諸野. 於野則已疏, 於寢則已重. 夫由賜也見我, 吾哭諸賜氏." 遂命子貢爲之主, 曰: "爲爾哭也來者, 拜之; 知伯高而來者, 勿拜也."

17) 『예기』「단궁상(檀弓上)」 104장 : 子蒲卒, 哭者呼滅. 子臯曰: "若是野哉!" 哭者改之.

【021】

羔裘·玄冠, 夫子不以弔. 〈檀弓上-106〉¹⁸⁾ [本在"易之而已"下.]

공자는 새끼양의 기죽으로 만든 갓옷과 현관의 차림을 하고서 조문을 하지 않았다. [본래는 "바꿀 따름이다."라고 한 문장 뒤에 수록되어 있었다.]

集説 疏曰: 養疾者朝服, 羔裘·玄冠, 卽朝服也. 始死, 則去朝服, 著深衣. 時有不易者, 又有小斂後羔裘弔者, 記者因引孔子行禮之事言之.

소에서 말하길, 질병에 걸린 자를 봉양할 때에는 조복을 착용하는데, 새끼양의 가죽으로 만든 갓옷과 현관은 곧 조복의 차림에 해당한다. 어떤 자가 이제 막 죽게 되면, 조복을 벗게 되고 심의를 착용한다. 당시에는 이러한 복장을 바꾸지 않았던 자가 있었고, 또한 소렴을 한 이후인데도 새끼양의 가죽으로 만든 갓옷을 착용하고 조문을 하는 자가 있었다. 그래서 『예기』를 기록한 자는 이러한 일이 있었으므로, 공자가 예를 시행했던 사안을 인용하여 올바른 방침을 언급했던 것이다.

【022】

食於有喪者之側, 未嘗飽也. 〈檀弓上-088〉 [本在"受我而厚之者也"下.]

공자는 상을 당한 자 옆에서 음식을 먹을 때 일찍이 배불리 먹은 적이 없었다.¹⁹⁾ [본래는 "본인을 대신해서 그녀들을 위해 수위가 높은 상복을 입어줄 사람이 있기 때문이다."²⁰⁾라고 한 문장 뒤에 수록되어 있었다.]

---

18) 『예기』「단궁상(檀弓上)」 106장 : 夫子曰: "始死, 羔裘·玄冠者, 易之而已." <u>羔裘·玄冠, 夫子不以弔</u>.

19) 『논어』「술이(述而)」 : 子食於有喪者之側, 未嘗飽也.

20) 『예기』「단궁상(檀弓上)」 087장 : 喪服, 兄弟之子猶子也, 蓋引而進之也; 嫂叔之無服也, 蓋推而遠之也; 姑姊妹之薄也, 蓋有<u>受我而厚之者也</u>.

集說 應氏曰: 食字上疑脫孔子字.

응씨가 말하길, '식(食)'자 앞에는 아마도 '공자(孔子)'라는 글자가 누락된
것 같다.

附註 此段, 今移于此, 則雖無孔子字, 文理亦順.

이 단락을 현재 이곳으로 옮기니, 비록 '공자(孔子)'라는 글자가 없지만,
문리상 또한 매끄럽다.

【023】

孔子曰: "吾食於少施氏而飽, 少施氏食[嗣]我以禮. 吾祭, 作而辭曰: '疏食不足祭也.' 吾飧[孫], 作而辭曰: '疏食[嗣]也, 不敢以傷吾子.'"〈雜記下-092〉[雜記. 本在"亦皆稱之"下.]

공자는 "나는 일찍이 소시씨의 집에서 식사 대접을 받았는데, 배불리 먹을 수가 있었다. 소시씨는 나에게 예법에 따라 식사를['食'자의 음은 '嗣(사)'이다.] 대접했다. 내가 음식에 대한 제사를 지내려고 하자 그는 자리에서 일어나 사양을 하며, '보잘것없는 음식들이니 제사를 지내기에는 부족합니다.'라고 말했다. 그리고 내가 식사를 끝내고 밥에 물을 말자['飧'자의 음은 '孫(손)'이다.] 그는 자리에서 일어나서 사양을 하며, '보잘것없는 음식이니['食'자의 음은 '嗣(사)'이다.] 억지로 드셔서 감히 그대가 탈이 나도록 할 수 없습니다.'"라고 말했다. [「잡기」편의 문장이다. 본래는 "또한 모두 이처럼 지칭한다."[21]라고 한 문장 뒤에 수록되어 있었다.]

集說 少施氏, 魯惠公子施父之後. 作而辭, 起而辭謝也. 疏食, 麤疏之食也. 飧, 以飲澆飯也. 禮食竟, 更作三飧以助飽實. 不敢以傷吾子者, 言麤疏之飯, 不可强食以致傷害也.

'소시씨(少施氏)'는 노나라 혜공의 아들인 시보의 후손이다. '작이사(作而辭)'라는 말은 자리에서 일어나서 사양을 했다는 뜻이다. '소사(疏食)'는 보잘것없는 음식이라는 뜻이다. '손(飧)'은 밥에 물을 만 것이다. 예사가 끝나면 재차 세 차례 밥에 물을 말아서 포만감을 느끼도록 돕는다. '불감이상오자(不敢以傷吾子)'라는 말은 보잘것없는 밥이니 억지로 먹어서 탈이 나게 할 수 없다는 뜻이다.

---

21) 『예기』「잡기하(雜記下)」 091장 : 妻出, 夫使人致之曰, "某不敏, 不能從而共粢盛, 使某也敢告於侍者." 主人對曰, "某之子不肖, 不敢辟誅, 敢不敬須以俟命." 使者退, 主人拜送之. 如舅在則稱舅, 舅沒則稱兄, 無兄則稱夫. 主人之辭曰, "某之子不肖." 如姑姊妹亦皆稱之.

【024】

孔子食於季氏, 不辭, 不食肉而飱.〈玉藻-096〉 [玉藻. 本在"有憂者"下.]

공자가 계씨의 초대를 받아 함께 식사를 함에 사양도 하지 않고 고기도 먹지 않은 채 물에 밥을 말았다. [「옥조」편의 문장이다. 본래는 "근심스러운 일이 있는 경우이다."[22]라고 한 문장 뒤에 수록되어 있었다.]

集說 爲客之禮, 將食, 必興辭, 食則先胾次殽至肩, 乃飽而飱. 孔子旣不辭, 又不食肉, 乃獨燒飯而爲飱之禮, 蓋以季氏之饋先禮故也.

빈객이 되었을 때의 예법에서 장차 식사를 할 때에는 반드시 먼저 자리에서 일어나 사양을 해야 하고, 식사를 하게 되면, 먼저 자를 먹고, 그 다음으로 효를 먹으며, 견에 이르게 되면, 곧 포만감을 느낀다고 말하며 밥에 물을 말아서 먹는다. 공자는 사양도 하지 않았고, 또 고기도 먹지 않았으니, 곧 자기 홀로 밥에 물을 말아서 손을 하는 예를 시행한 것이다. 이처럼 행동한 이유는 아마도 계씨가 음식을 대접했던 일 자체가 실례에 해당했기 때문일 것이다.

【025】

恤由之喪, 哀公使孺悲之孔子學士喪禮, 士喪禮於是乎書.〈雜記下-075〉 [雜記. 本在"祀以下牲"下.]

휼유의 상이 발생했을 때, 해당하는 예법이 남아있지 않았으므로, 애공은 유비를 공자에게 보내서 사의 상례를 배우도록 했으니, 『의례』의 「사상례(士喪禮)」편은 이 시기에 기록되었다. [「잡기」편의 문장이다. 본래는 "제사를 지낼 때에는 한 등급을 낮춘 희생물을 사용한다."[23]라고 한 문장 뒤에 수록되어 있었다.]

集說 鄭氏曰: 時人轉而僭上, 士之喪禮已廢矣. 孔子以敎孺悲, 國

---

22) 『예기』「옥조(玉藻)」 095장 : 有憂者.
23) 『예기』「잡기하(雜記下)」 074장 : 孔子曰, "凶年則乘駑馬, 祀以下牲."

人乃復書而存之.

정현이 말하길, 당시 사람들은 변해서 윗사람에게 참람되게 굴었으므로,
사의 상례도 이미 폐지되었다. 공자는 유비를 가르쳐서, 나라 사람들이
다시 그것을 기록해 사의 상례가 보존되었다.

【026】

鄕人禓[傷], 孔子朝服立于阼, 存室神也.〈郊特牲-022〉 [郊特. 本在"答己也"
下.]

향인들이 잡귀를 물리치는 의식을[禓'자의 음은 '傷(상)'이다.] 시행함에, 공자는
묘실의 신이 놀라게 될 것을 염려하여 조복을 착용하고 묘의 동쪽 계단에
서서, 신이 자신을 의지하여 편안하게 머물도록 하였다. [「교특생」편의 문장이
다. 본래는 "자신을 향해 답배를 해야 하기 때문이다."[24]라고 한 문장 뒤에 수록되어 있었다.]

集說 論語鄕人儺, 朝服而立于阼階, 卽此事也. 舊說, 禓, 是强鬼之
名, 鄕人驅逐此鬼, 孔子恐驚廟室之神, 故衣朝服立于廟之東階, 以
存安廟室之神, 使神依己而安也. 禮, 大夫朝服以祭, 故用祭服以依
神.

『논어』에서 향인이 굿을 하자 조복을 입고 동쪽 계단에 서 있었다고 한
말[25]이 바로 이 일을 가리킨다. 옛 학설에서는 '상(禓)'은 강귀(强鬼)[26]
의 이름이라고 하였는데, 향인들이 이 귀를 내쫓은 것이며, 공자는 묘실
에 있는 신이 놀라게 될 것을 염려했기 때문에, 조복을 입고서 묘의 동쪽
계단에 서서, 묘실에 있는 신이 안심하고 머물러 있도록 했던 것이니,
신으로 하여금 자신에게 의지하여 편안히 있도록 했던 것이다. 예법에

---

24) 『예기』「교특생(郊特牲)」 021장 : 大夫有獻弗親, 君有賜不面拜, 爲君之答己也.
25) 『논어』「향당(鄕黨)」 : 鄕人儺, 朝服而立於阼階.
26) 강귀(强鬼)는 강사귀(强死鬼)라고도 부른다. 정상적으로 죽음을 맞이하지 않은
자의 혼령을 뜻한다.

따르면, 대부는 조복을 입고 제사를 지내기 때문에, 제사의 복장을 착용하여서 신이 의지하도록 했던 것이다.

【027】

廐焚, 孔子拜鄕人爲[去聲]火來者. 拜之, 士壹, 大夫再, 亦相弔之道也.〈雜記下-081〉 [雜記. 本在"猶內宗也"下.]

공자의 마구간에 화재가 발생하였다. 그 소식을 듣고 화재로 인해['爲'자는 거성으로 읽는다.] 향인들이 찾아와서 위로의 뜻을 표하니, 공자는 그들에게 절을 하였다. 절을 할 때 사에 대해서는 한 번 했고, 대부에 대해서는 두 번 했으니, 이것은 또한 서로에 대해 조문하는 도이다. [「잡기」편의 문장이다. 본래는 "내종의 경우와 같다."27)라고 한 문장 뒤에 수록되어 있었다.]

集說 鄭氏曰: 宗伯職曰: "以弔禮哀禍災."

정현이 말하길, 『주례』 「종백(宗伯)」편의 직무 기록에서는 "조문의 예법에 따라 재앙에 대해 애도를 표한다."28)고 했다.

【028】

仲尼之畜[許六反]狗死, 使子貢埋之, 曰: "吾聞之也, 敝帷不棄, 爲[去聲]埋馬也; 敝蓋不棄, 爲埋狗也. 丘也貧, 無蓋, 於其封[窆]也, 亦予[上聲]之席, 毋使其首陷焉."〈120〉 [本在"善頌善禱"下.]

공자에게는 기르던['畜'자는 '許(허)'자와 '六(륙)'자의 반절음이다.] 개가 있었는데, 어느 날 그 개가 죽었다. 그래서 공자는 자공을 시켜서 그 개를 묻어주게 하며, "내가 듣기로, 해진 휘장을 버리지 않는 것은 말을 매장할 때 사용하기 위해서이며['爲'자는 거성으로 읽는다.] 해진 수레의 덮개를 버리지 않는 것은

---

27) 『예기』 「잡기하(雜記下)」 080장 : 外宗爲君夫人, 猶內宗也.
28) 『주례』 「춘관(春官) · 대종백(大宗伯)」 : 以弔禮哀禍災.

개를 매장할 때 사용하기 위해서라고 했다. 그런데 나는 가난하여 수레의 덮개가 없으니, 개를 묻어줄['封'자의 음은 '폄(窆)'이다.] 때에는 또한 자리를 깔아주어서['予'자는 상성으로 읽는다.] 개의 머리가 땅으로 꺼지는 일이 없도록 하라."라고 일러주었다. [본래는 "송을 잘했고, 도를 잘했다."[29]라고 한 문장 뒤에 수록되어 있었다.]

集說 狗馬皆有力於人, 故特示恩也.

개나 말은 모두 사람에게 도움을 주는 동물이기 때문에, 특별히 은혜를 베풀어준다.

【029】

孔子蚤作, 負手曳杖, 消搖於門, 歌曰: "泰山其頹乎! 梁木其壞乎! 哲人其萎乎!" 旣歌而入, 當戶而坐. 子貢聞之, 曰: "泰山其頹, 則吾將安仰? 梁木其壞, 哲人其萎, 則吾將安放[上聲]? 夫子殆將病也!" 遂趨而入.〈檀弓上-057〉 [本在"皆尚左"下.]

공자는 어느 날 아침 일찍 일어나서, 뒷짐을 지고 지팡이를 끌고 문 앞으로 갔다. 그곳에서 유유자적하며 노래를 불렀는데, "태산은 장차 무너지겠구나! 양목은 장차 부러지겠구나! 철인은 장차 죽게 되겠구나!"라고 했다. 노래를 끝내고 난 뒤 안으로 들어가서, 방문 앞에 당도하여 앉았다. 자공이 노래 소리를 듣고서 "태산이 무너지게 되면 나는 장차 무엇을 우러러 볼 수 있겠는가? 양목이 부러지고 철인이 죽게 되면, 나는 장차 누구를 본받을['放'자는 상성으로 읽는다.] 수 있겠는가? 선생님께서는 아마도 병이 위중해지실 것이다!"라고 했다. 그리고는 마침내 급히 발걸음을 옮겨서 안으로 들어갔다. [본래는 "모두 좌측 손이 위로 가도록 포개었다."[30]라고 한 문장 뒤에 수록되어 있었다.]

---

29) 『예기』「단궁하」119장 : 晉獻文子成室, 晉大夫發焉. 張老曰: "美哉輪焉! 美哉奐焉! 歌於斯, 哭於斯, 聚國族於斯." 文子曰: "武也得歌於斯, 哭於斯, 聚國族於斯, 是全要領以從先大夫於九京也." 北面再拜稽首. 君子謂之善頌·善禱.

30) 『예기』「단궁상(檀弓上)」056장 : 孔子與門人立, 拱而尙右, 二三子亦皆尙右.

集說 作, 起也. 負手曳杖, 反手卻後以曳其杖也. 消搖, 寬縱自適之
貌. 泰山爲衆山所仰, 梁木亦衆木所仰, 而放者, 猶哲人爲衆人所仰
望而放效也.

'작(作)'자는 "일어난다."는 뜻이다. "손을 등지고 지팡이를 끌었다."는 말
은 손을 반대로 돌려 뒤로 등지고서, 지팡이를 잡고 땅에 끌리도록 했다
는 뜻이다. '소요(消搖)'는 편안하게 유유자적하는 모습을 뜻한다. '태산
(泰山)'은 모든 산들이 우러러보는 산이며, '양목(梁木)' 또한 모든 나무
들이 우러러보는 나무인데, '방(放)'이라고 기록한 이유는 마치 철인을
모든 사람들이 선망하게 되어 그를 본받게 된다는 뜻과 같다.

附註 消搖, 猶相羊, 言行步自適也, 非寬縱貌.

'소요(消搖)'는 상양(相羊)이라는 말과 같으니, 행보가 속박되지 않고 마
음 내키는 대로 한다는 뜻으로, 방임하는 모습이 아니다.

孔子曰: "二三子之嗜學也, 我則有姊之喪故也." 二三子皆尙左.

[030]

夫子曰: "賜! 爾來何遲也? 夏后氏殯於東階之上, 則猶在阼也. 殷人
殯於兩楹之間, 則與賓主夾之也. 周人殯於西階之上, 則猶賓之也.
而丘也, 殷人也. 予疇昔之夜, 夢坐奠於兩楹之間. 夫明王不興, 而
天下其孰能宗予? 予殆將死也!" 蓋寢疾七日而沒. 〈檀弓上-058〉

공자가 말하길, "사야! 너는 왜 이리 늦게 오는 것이냐? 내가 너에게 들려
줄 말이 있다. 하후씨 때에는 동쪽 계단 위에 빈소를 마련했으니, 여전히
죽은 자를 주인으로 삼아서 빈소를 동쪽 계단에 둔 것이다. 은나라 때에는
계단 위의 양쪽 기둥 사이에 빈소를 마련했으니, 이처럼 빈소를 마련하게
되면 빈객과 주인이 서게 되는 동서쪽 계단 사이에 있게 되어, 빈객과 주인
의 사이에 있게 된다. 주나라 때에는 서쪽 계단 위에 빈소를 마련했으니,
여전히 죽은 자를 빈객으로 여겨서 빈소를 서쪽 계단에 둔 것이다. 그런데
내 조상은 은나라 출신이니, 나 또한 은나라 사람이라 할 수 있다. 나는
어젯밤 꿈을 꾸었는데, 내가 양쪽 기둥 사이에 앉아서 전제(奠祭)[1]를 받고
있었다. 이 꿈을 풀이해보자면, 성왕이 다시 나타나지 않고 천하 사람들
중 그 누가 나를 종주로 삼을 수 있겠는가? 그러므로 이것은 필시 내가
죽은 다음에 일어날 일일 것이다. 그러므로 나는 아마도 머지않아 죽게
될 것이다!"라고 했다. 그런 뒤에 공자는 병으로 침상에 누워 있기를 7일
동안 한 뒤 죽었다.

集說 猶在阼, 猶賓之者, 孝子不忍死其親殯之於此, 示猶在阼階以
爲主, 猶在西階以爲賓客也. 在兩楹之間, 則是主與賓夾之, 故言與
而不言猶也. 孔子其先宋人, 成湯之後, 故自謂殷人. 疇, 發語之辭.
昔之夜, 猶言昨夜也. 夢坐於兩楹之間, 而見饋奠之事, 知是凶徵者,
以殷禮殯在兩楹間, 孔子以殷人而享殷禮, 故知將死也. 又自解夢奠
之占云, 今日明王不作, 天下誰能尊己而使南面坐于尊位乎? 此必殯

---

1) 전제(奠祭)는 죽은 자 및 귀신들에게 음식을 헌상하는 제사이다. 상례(喪禮)를
   치를 때, 빈소를 차리고 나면, 매일 아침과 저녁에 음식을 바치며 제사를 지내게
   되는데, '전제'는 주로 이러한 제사를 뜻한다.

之兆也. 自今觀之, 萬世王祀, 亦其應矣.

"여전히 동쪽 계단에 있다."라는 말과 "여전히 빈객으로 대한다."는 말은 자식은 자기 부모의 죽음에 대해서 차마 이곳에 빈소를 마련할 수 없다는 뜻으로, "여전히 동쪽 계단에 두어서 주인으로 삼는다."는 의미와 "여전히 서쪽 계단에 두어서 빈객으로 삼는다."는 의미를 나타낸다. 양쪽 기둥 사이에 두게 되면, 주인과 빈객이 서로 그 공간을 끼고 있게 된다. 그렇기 때문에 '더불어'라고 말한 것이며, '여전히'라고 말하지 않은 것이다. 공자의 선조는 송나라 사람으로, 성탕의 후예이다. 그렇기 때문에 공자 스스로 은나라 사람이라고 말한 것이다. '주(疇)'자는 발어사이다. '석지야(昔之夜)'라는 말은 어젯밤이라고 말하는 것과 같다. 양쪽 기둥 사이에 앉아서 궤전을 받는 일에 대해서 꿈을 꾸었는데, 이것이 흉사의 징후임을 알았던 것은 은나라의 예에서는 양쪽 기둥 사이에 빈소를 두었고, 공자는 은나라 출신이므로 은나라의 예를 향유하기 때문에, 장차 자신이 죽게 되리라는 것을 알았던 것이다. 또한 공자 본인이 전제사에 대한 꿈을 점쳐서 그것을 풀이하며, "오늘날 성왕이 다시 나타나지 않는데, 천하 사람들 중에서 그 누가 나를 존귀하게 받들 수 있어서, 나로 하여금 남쪽을 향하도록 하여 존귀한 위치에 앉도록 할 수 있겠는가? 이것은 반드시 빈소를 차리게 되리라는 조짐에 해당한다."고 말한 것이다. 오늘날의 관점에서 보자면, 공자에 대해서 영원토록 성왕에 대한 제사로 섬기고 있으니, 이러한 일들이 또한 공자의 해몽과 호응한다.

【031】

孔子之喪, 門人疑所服. 子貢曰: "昔者夫子之喪顔淵, 若喪子而無服. 喪子路亦然. 請喪夫子若喪父而無服." 〈檀弓上-059〉

공자가 죽자 문인들은 공자를 위해 어떤 상복을 입어야 할지 갈피를 잡지 못했다. 자공이 말하길, "예전에 선생님께서 제자인 안연의 상을 치르실 때, 마치 자신의 아들 상을 치르듯 하셨지만, 상복을 착용하지는 않으셨다.

그리고 자로의 상을 치를 때에도 또한 선생님은 안연 때처럼 하셨다. 청컨대 선생님의 상을 치를 때, 부친의 상을 치르는 것처럼 하되, 상복은 입지 맙시다.”라고 했다.

集說　以後章二三子経而出言之, 此所謂無服, 蓋謂弔服加麻也. 疏云, 士弔服疑衰麻, 謂環経也. 五服経皆兩股, 惟環経一股. 後章從母之夫, 疏云, 凡弔服不得稱服.

뒤의 문장에서는 문인들이 질(経)을 두르고서 밖으로 나갔다고 했으니,[2] 이곳에서 상복이 없다고 말한 것은 아마도 조복에 마질을 더한 복장을 뜻하는 것 같다. 소에서 말하길, 사의 조복(弔服)은 의최에 마질을 더한다고 했는데, 마라는 것은 곧 머리에 쓰는 환질을 뜻한다고 했다. 오복에 착용하는 질은 모두 한 가닥의 끈에서 빼낸 두 가닥의 끈으로 만들게 되는데, 오직 환질만은 한 가닥의 끈으로 만든다. 뒤에는 이모의 남편에 대한 내용이 나오는데, 소에서는 무릇 조복에 대해서는 상복이라고 부를 수 없다고 했다.

集說　方氏曰: 若喪父而無服, 所謂心喪也.

방씨가 말하길, 마치 부친에 대한 상을 치르는 것처럼 하되 상복을 입지 않는다고 한 말은 이른바 심상(心喪)을 뜻한다.

[032]

曾子寢疾, 病, 樂正子春坐於牀下, 曾元 · 曾申坐於足, 童子隅坐而執燭.〈檀弓上-025〉 [本在“有誄自此始”下.]

증자가 병환으로 침상에 누워 있었는데 병이 위독해졌다. 그때 제자였던 악정자춘은 침상 아래에 앉아 있었으며, 아들인 증원과 증신은 증자의 발

---

2) 『예기』「단궁상(檀弓上)」 064장 : 孔子之喪, <u>二三子皆経而出</u>, 群居則経, 出則否.

이 있는 곳에 앉아 있었고, 동자는 방구석에 앉아서 등불을 잡고 있었다. [본래는 "뇌를 짓게 된 것은 이로부터 시작되었다."³⁾라고 한 문장 뒤에 수록되어 있었다.]

集說 病者, 疾之甚也. 子春, 曾子弟子. 元與申, 曾子子也.

'병(病)'이라는 것은 질환이 심해진 것이다. '자춘(子春)'은 증자의 제자이다. 증원(曾元)과 증신(曾申)은 증자의 아들들이다.

【033】

童子曰: "華而睆[呼板反], 大夫之簀[責]與?" 子春曰: "止!" 曾子聞之, 瞿[屨]然曰: "呼[吁]!" 曰: "華而睆, 大夫之簀與?" 曾子曰: "然. 斯季孫之賜也. 我未之能易也, 元起易簀." 曾元曰: "夫子之病革[亟]矣, 不可以變. 幸而至於旦, 請敬易之." 曾子曰: "爾之愛我也不如彼. 君子之愛人也以德, 細人之愛人也以姑息, 吾何求哉? 吾得正而斃焉, 斯已矣." 擧扶而易之, 反席未安而沒.〈檀弓上-026〉

동자가 증자에게 말하길, "선생님께서 누우신 대자리는 화려하고도 광택['睆'자는 '呼(호)'자와 '板(판)'자의 반절음이다.]이 나니, 대부들만 쓸 수 있는 대자리['簀'자의 음은 '責(책)'이다.]가 아닙니까?"라고 했다. 그러자 옆에 있던 악정자춘은 "말을 멈춰라."라고 했다. 증자가 그 얘기를 듣고, 놀란 낯빛으로['瞿'자의 음은 '屨(구)'이다.] "아!['呼'자의 음은 '吁(우)'이다.] 그렇구나."라고 말했다. 그러자 동자는 재차 "대자리가 화려하고도 광택이 나니, 대부들만 쓸 수 있는 대자리가 아닙니까?"라고 했다. 증자는 "그렇다. 네 말이 맞다. 이 대자리는 예전에 계손이 나에게 선물로 줬던 것이다. 내가 미처 이것을 바꾸지 못했구나. 원아, 일어나서 이 대자리를 바꾸어라."라고 했다. 증원은 "아버님의 병환이 위중하니['革'자의 음은 '亟(극)'이다.] 아버님의 몸을 움직일 수가

---

3) 『예기』「단궁상(檀弓上)」 024장 : 魯莊公及宋人戰于乘丘, 縣賁父御, 卜國爲右. 馬驚敗績, 公隊, 佐車授綏, 公曰: "末之卜也." 縣賁父曰: "他日不敗績, 而今敗績, 是無勇也." 遂死之. 圉人浴馬, 有流矢在白肉. 公曰: "非其罪也." 遂誄之. 士之有誄, 自此始也.

없습니다. 다행히 아버님의 병환에 차도가 있으면, 내일 아침에 바꾸도록 하겠습니다."라고 했다. 그러자 증자는 "네가 나를 친애하는 것이 저 동자만도 못하구나. 군자가 사람을 친애하는 것은 덕으로써 하고, 소인들이 사람들을 친애하는 것은 구차하게 편안히만 하는 것으로써 한다. 내가 무엇을 원하겠는가? 나는 올바름을 얻고 죽겠으니, 바로 대자리를 바꾸는 것이다."라고 했다. 그래서 여러 사람들이 증자를 부축하고 난 뒤 대자리를 바꿨는데, 이후 증자를 재차 자리로 모셔옴에 아직 편안히 눕지도 못했는데 죽고 말았다.

集說 華者, 畫飾之美好. 睆者, 節目之平瑩. 簀, 簟也. 止, 使童子勿言也. 瞿然, 如有所驚也. 呼者, 歎而噓氣之聲. 曰, 童子再言也. 革, 急也. 變, 動也. 彼, 謂童子也. 童子知禮, 以爲曾子未嘗爲大夫, 豈可臥大夫之簀. 曾子識其意, 故然之. 且言此魯大夫季孫之賜耳, 於是必欲易之, 易之而沒, 可謂斃於正矣.

'화(華)'라는 것은 아름다운 그림으로 장식한 것을 뜻한다. '환(睆)'이라는 것은 마디마다 매끄럽고 광택이 난다는 뜻이다. '책(簀)'이라는 것은 대자리를 뜻한다. '지(止)'자는 동자로 하여금 말을 못하게 한다는 뜻이다. '구연(瞿然)'은 놀랄만한 점이 있는 듯한 모습을 뜻한다. '우(呼)'라는 것은 탄식을 하며 숨을 내쉴 때 나는 소리를 뜻한다. '왈(曰)'이라는 것은 동자가 재차 한 말을 뜻한다. '극(革)'자는 "위급하다."는 뜻이다. '변(變)'자는 "움직이다."는 뜻이다. '피(彼)'자는 동자를 뜻한다. 동자는 관련 예법을 알고 있었는데, 증자가 일찍이 대부의 신분이 된 적이 없었는데도, 어찌 대부가 사용하는 대자리에 누울 수 있겠느냐고 여긴 것이다. 증자는 그의 뜻을 알아보았기 때문에 그렇다고 인정했던 것이다. 또 이 물건은 일찍이 대부의 신분인 계손이 선물로 준 것일 뿐이라고 말한 것이며, 이때 기필코 그것을 바꾸고자 하였고, 대자리를 바꾸고 나서 죽었으니, 올바름에 따르다 죽었다고 평가할 수 있다.

集說 朱子曰: 易簀結纓, 未須論優劣, 但看古人謹於禮法, 不以死生之變, 易其所守如此, 便使人有行一不義殺一不辜而得天下不爲之心, 此是緊要處. 又曰: 季孫之賜, 曾子之受, 皆爲非禮. 或者因仍習俗, 甞有是事而未能正耳. 但及其疾病不可以變之時, 一聞人言, 而必擧扶以易之, 則非大賢不能矣. 此事切要處, 正在此毫釐頃刻之間.

주자가 말하길, 대자리를 바꾸고, 갓끈을 묶은 일[4]에 대해서는 우열을 논할 필요가 없는데, 다만 고대 사람들이 예법에 대해서 신중을 기했던 것을 살펴보면, 생사의 갈림길에서도 자신이 지키던 것을 이처럼 바꾸지 않았으니, 이것은 곧 사람들로 하여금 한 차례 불의한 일을 시행하고, 무고한 자를 한 번 살해해서, 천하를 얻게 되더라도, 하지 않는 마음을 갖게 하는 것이니,[5] 이러한 행위들이 바로 성인처럼 행동할 수 있는 관건이 된다. 또 말하길, 계손이 선물을 했고, 증자가 받았던 일은 모두 비례가 된다. 어떤 자들은 이처럼 행동했던 것은 습속에 따랐던 것이니, 일찍이 이러한 일들이 있어왔고, 올바르게 바로잡지 못했을 따름이라고 하였다. 다만 질병이 걸려서 바꿀 수가 없었던 때, 한 차례 남의 말을 듣고서, 기어코 부축을 해서라도 바꾸게 했던 것이니, 위대한 현자가 아니라면 불가능한 일이다. 이 일화에서 매우 깊이 새겨야 할 점은 이처럼 경각을 다투던 매우 짧은 시간 속에 올바름을 지키는 일이 달려 있다는 것이다.

【034】
子張病, 召申祥而語[去聲]之曰: "君子曰終, 小人曰死. 吾今日其庶幾

---

 4) 『춘추좌씨전』「애공(哀公) 15년」: 大子聞之, 懼, 下石乞‧盂黶䜌子路, 以戈擊之, 斷纓. 子路, "君子死, 冠不免." 結纓而死.
 5) 『맹자』「공손추상(公孫丑上)」: 曰, "有. 得百里之地而君之, 皆能以朝諸侯, 有天下, 行一不義, 殺一不辜, 而得天下, 皆不爲也. 是則同."

乎!"〈檀弓上-040〉 [本在"誦可也"下.]

자장의 병이 위독해지자 아들인 신상을 불러서 말하길['語'자는 거성으로 읽는
다.] "사람이 죽었을 때, 그 자가 군자인 경우라면 그 죽음을 '종(終)'이라
하며, 소인인 경우라면 '사(死)'라 한다. 나는 오늘에서야 군자와 가까워졌
구나!"라고 했다. [본래는 "입으로 하는 과업은 익혀도 괜찮다."6)라고 한 문장 뒤에 수록
되어 있었다.]

集說 申祥, 子張子也. 終者, 對始而言; 死則澌盡無餘之謂也. 君子
行成德立, 有始有卒, 故曰終; 小人與群物同朽腐, 故曰死, 疾沒世而
名不稱, 爲是也. 子張至此, 亦自信其近於君子也.

'신상(申祥)'은 자장의 아들이다. '종(終)'이라는 말은 시작과 대비시켜 말
한 것이고, '사(死)'의 경우에는 소멸되어 남는 것이 없다는 뜻이다. 군자
는 행실이 완성되고 덕이 확립되었으므로, 시작도 있고 마침도 있다. 그
렇기 때문에 끝마침이라고 부르는 것이다. 소인은 뭇 사물들과 마찬가지
로 썩고 부패하게 된다. 그렇기 때문에 죽음이라고 부르는 것이다. 그러
므로 세상을 떠날 때 그 이름이 일컬어지지 않는 것을 걱정하는 이유도7)
바로 이러한 연유 때문이다. 자장은 자신이 죽음에 이르게 되었을 때,
또한 제 스스로 군자와 가까워졌다고 확신했던 것이다.

類編 右先聖事實. [附門人二條, 凡二十二章.]

여기까지는 '선성사실(先聖事實)'에 대한 내용이다. [문인에 대한 2개 조목을
덧붙였으며, 모두 22개 장이다.]

類編 聖人人倫之至, 故先聖事實次之.

성인은 인륜의 지극함에 해당한다. 그렇기 때문에 선성의 사실에 대한
내용을 그 다음에 수록하였다.

---

6) 『예기』「단궁상(檀弓上)」 039장 : 大功廢業. 或曰: "大功誦可也."
7) 『논어』「위령공(衛靈公)」 : 子曰, "君子疾沒世而名不稱焉."

◇ 잡술(雜述)

【035】

衛獻公出奔, 反於衛, 及郊將班邑於從[去聲]者而后入. 柳莊曰: "如皆守社稷, 則孰執羈靮[的]而從? 如皆從, 則孰守社稷? 君反其國而有私也, 毋乃不可乎?" 弗果班. 〈080〉 [本在"稱其財斯之謂禮"下.]

위나라 헌공이 쫓겨나서 제나라로 달아난 일이 있었는데, 이후 다시 위나라로 되돌아오게 되었다. 그런데 위나라의 교외에 도달하자 자신을 따라서 ['從'자는 거성으로 읽는다.] 함께 제나라로 갔던 자들에게 읍을 상으로 하사하고, 그런 이후에 국성으로 들어가고자 했다. 그러자 유상은 "만약 모든 신하들이 사직을 지키고 있었다면, 그 누가 군주께서 타시는 수레의 말고삐를['靮'자의 음은 '的(적)'이다.] 잡고서 따를 수 있었겠습니까? 또 그 반대로 모든 신하들이 군주를 따라나셨다면, 그 누가 사직을 지킬 수 있었겠습니까? 군주가 본인의 나라로 되돌아오심에 사적인 은정을 베풂이 있다면, 불가한 일이 아니겠습니까?"라고 간언을 올렸다. 그러자 읍을 나눠주지 않았다. [본래는 "그가 가진 재산에 맞춰서 한다면, 이것을 예라고 부른다."[1]라고 한 문장 뒤에 수록되어 있었다.]

集說 獻公以魯襄十四年奔齊, 二十六年歸衛. 羈, 所以絡馬, 靮, 所以軶馬. 莊之意, 謂居者行者均之爲國, 不當獨賞從者以示私恩.

헌공은 노나라 양공 14년에 쫓겨나서 제나라로 달아났다가 26년에 다시 위나라로 되돌아왔다. '기(羈)'는 말에 매는 고삐이고, '적(靮)'은 말에 물리는 재갈이다. 유장의 뜻은 나라에 머물러 있는 자나 군주를 뒤따라갔던 자나 모두 나라를 위해서 일한 것이니, 유독 따라갔던 자들에게만 상을 하사하여, 사적인 은정을 나타내서는 안 된다는 의미이다.

---

1) 『예기』「단궁하」 079장 : 子路曰: "傷哉貧也. 生無以爲養, 死無以爲禮也." 孔子曰: "啜菽飮水盡其歡, 斯之謂孝; 斂首足形, 還葬而無槨, 稱其財, 斯之謂禮."

【036】

吳侵陳, 斬祀殺厲. 師還[旋]出竟[境], 陳大[泰]宰嚭[普彼反]使[去聲]於師,
夫差謂行人儀曰: "是夫也多言. 盍嘗問焉? 師必有名, 人之稱斯師也
者, 則謂之何."〈065〉[本在"非禮之觜也"下.]

오나라가 진나라를 침략함에 사당의 나무를 베어버렸고 역병에 걸린 자들
을 죽였다. 이후 군대를 되돌려['還'자의 음은 '旋(선)'이다.] 국경을['竟'자의 음은
'境(경)'이다.] 빠져나오자 진나라 태재인['人'자의 음은 '泰(태)'이다.] 비가['嚭'자는
'普(보)'자와 '彼(피)'자의 반절음이다.] 사신으로 파견되어['使'자는 거성으로 읽는다.]
오나라 진영으로 찾아갔다. 그러자 오나라 자작인 부차는 행인인 의에게
말하길, "그 자는 말을 잘 하는 사람이다. 어찌 시험 삼아 물어보지 않을
수 있겠는가? 군대가 출병할 때에는 반드시 명분이 있어야 하니, 현재 사람
들이 우리 군대를 지칭하며, 어떤 명분을 일컫고 있는지 물어보아라."라고
했다. [본래는 "예의 잘못된 허물이 아니다."[2]라고 한 문장 뒤에 수록되어 있었다.]

集說 魯哀公元年, 吳師侵陳. 斬祀, 伐祠祀之木也. 殺厲, 殺疫病之
人也. 太宰 · 行人, 皆官名. 夫差, 吳子名. 是夫, 猶言此人, 指嚭也.
多言, 猶能言也. 盍, 何不也. 嘗, 試也. 師必有名者, 言出師伐人, 必
得彼國之罪, 以顯我出師之名也. 今衆人稱我此師, 謂之何名乎?

노나라 애공 1년에 오나라는 진나라를 침략했다. '참사(斬祀)'는 제사를
지내는 사당의 나무를 베어버렸다는 뜻이다. '살려(殺厲)'는 역병에 걸린
자를 죽였다는 뜻이다. '태재(大宰)'와 '행인(行人)'은 모두 관직 이름이
다. '부차(夫差)'는 오나라 자작의 이름이다. '시부(是夫)'는 '이 사람[此
人]'이라는 뜻이니, 곧 비(嚭)를 가리킨다. '다언(多言)'은 "말을 잘한다."
는 뜻이다. '합(盍)'자는 "어찌 ~를 아니하는가?"라는 뜻이다. '상(嘗)'자는
"시험하다."는 뜻이다. '사필유명(師必有名)'이라는 말은 군대를 출병시

---

2) 『예기』「단궁하」 064장 : "始死, 脯 · 醢之奠, 將行, 遣而行之, 旣葬而食之. 未有
見其饗之者也. 自上世以來, 未之有舍也, 爲使人勿倍也. 故子之所剌於禮者,
亦非禮之觜也."

커서 다른 사람을 벌했을 때에는 반드시 상대방 나라에서 죄를 지었기 때문이니, 이를 통해서 자신이 군대를 출병시키게 된 명분을 드날린다는 뜻이다. 즉 "현재 사람들은 우리 군대에 대해서 평가하며 어떤 명분을 일컫느냐?"는 의미이다.

【037】

大宰嚭曰: "古之侵伐者, 不斬祀, 不殺厲, 不獲二毛. 今斯師也, 殺厲 與[平聲]? 其不謂之殺厲之師與?" 曰: "反爾地, 歸爾子, 則謂之何?" 曰: "君王討敝邑之罪, 又矜而赦之, 師與[平聲]有無名乎?" 〈066〉

행인인 의가 부차의 말을 태재인 비에게 전달했다. 그러자 태재 비는 "고대 에 침략을 하고 정벌을 했던 자들은 사당의 나무를 베지 않았고, 역병에 걸린 자를 죽이지 않았으며, 머리카락이 반백인 노인들을 포로로 잡지 않 았습니다. 그런데 현재 오나라 군대는 역병에 걸린 자들까지 죽이지 않았 습니까?['與'자는 평성으로 읽는다.] 그러므로 사람들이 역병에 걸린 자들까지 죽인 군대라고 부르지 않겠습니까?"라고 대답했다. 행인 의가 이 말을 부 차에게 전달하니, 부차는 "너희에게서 빼앗은 땅을 되돌려주고, 너희 나라 에서 잡은 포로를 되돌려준다면, 뭐라고 칭하겠는가?"라고 하며, 이 말을 전하라고 명했다. 행인 의가 이 말을 태재 비에게 전달하자 태재 비는 "군 왕께서 우리나라가 범한 죄를 토벌하시고도 다시금 불쌍하게 여기셔서 용 서를 해주신다면, 군왕께서 일으키신 군대에 대해['與'자는 평성으로 읽는다.] 명 성이 없을 수 있겠습니까?"라고 했다.

集說 二毛, 斑白之人也. 子, 謂所獲臣民也. 還其侵略之地, 縱其俘 獲之民, 是矜而赦之矣, 豈可又以無名之師議之乎? 此言嚭善於辭 令, 故能救敗亡之禍.

'이모(二毛)'는 머리카락이 반백인 사람을 뜻한다. '자(子)'는 포로로 잡은 신하와 백성들을 뜻한다. 침략해서 뺏은 땅을 되돌려주고 포로로 잡은 백성들을 풀어주는 것은 바로 불쌍히 여겨서 용서를 해주는 것인데, 어찌

또한 명분도 없이 일으킨 군대라 평가할 수 있겠는가? 이것은 비가 외교를
잘했기 때문에, 나라가 패망하게 될 재앙을 구원할 수 있었음을 뜻한다.

集說 石梁王氏曰: 是時吳亦有大宰嚭如何?

석량왕씨가 말하길, 당시 오나라에도 또한 태재 비가 있었는데, 어찌된
일인가?

附註 師與有無名乎, 註, 與, 平聲, 句. 按: 與, 如字. 左傳"其與幾
何?"·"其人能靖者與有幾?", 皆如字. 大宰嚭, 石梁是.

'사여유무명호(師與有無名乎)'에 대해서 주에서는 '여(與)'자를 평성으
로 읽고 구문을 끊었다. 살펴보니, '여(與)'자는 글자대로 읽는다. 『좌전』
에서 "그가 얼마나 살 수 있겠는가?"[3]라고 한 문장이나 "국가를 안정시킬
사람이 몇이나 되겠는가?"[4]라고 한 문장에서는 모두 '여(與)'자를 글자대
로 읽는다. 태재비에 대해서는 석량의 주장이 옳다.

---

3) 『춘추좌씨전』「소공(昭公) 1년」: 后子出, 而告人曰, "趙孟將死矣. 主民, 翫歲而
愒日, 其與幾何?"
4) 『춘추좌시전』「희공(僖公) 23년」: 對曰, "吾以靖國也. 夫有大功而無貴仕, 其人
能靖者與有幾?"

【038】

工尹商陽與陳棄疾追吳師, 及之. 陳棄疾謂工尹商陽曰: "王事也, 子手弓而可[句]." 手弓[句]. "子射[石]諸!" 射之, 斃一人, 韔[暢]弓. 又及, 謂之, 又斃二人. 每斃一人, 揜其目. 止其御曰: "朝不坐, 燕不與[去聲], 殺三人, 亦足以反命矣." 孔子曰: "殺人之中, 又有禮焉."⟨089⟩ [本在"過祀則下"下.]

오나라가 초나라를 공격했다가 패배하여 달아나고 있었다. 초나라의 공윤인 상양은 진기질과 함께 군주의 명령에 따라 패배하여 달아나는 오나라 군대를 쫓게 되었다. 그 후미에 당도하게 되었는데, 진기질은 공윤인 상양에게, "우리가 하는 일은 초왕(楚王)의 명령에 따른 일이다. 그러니 그대는 활을 손에 드는 것이 좋소."라고 말했다.[可'자에서 구문을 끊는다.] 그래서 손으로 활을 들었다.[弓'자에서 구문을 끊는다.] 진기질은 상양에게 "그대는 활을 쏘시오![射'자의 음은 '石(석)'이다.]"라고 말했다. 그래서 활을 쏘아 한 사람을 죽였고, 다시 활을 활집에[韔'자의 음은 '暢(창)'이다.] 넣었다. 재차 뒤쫓아서 그 후미에 당도했는데, 진기질은 앞서와 같이 말을 하여, 상양은 두 사람을 쏘아서 죽였다. 상양은 매 사람을 죽일 때마다 자신의 눈을 가렸다. 그리고 세 사람을 죽이고 난 뒤, 수레를 모는 자에게 수레를 멈추게 하며, "나는 말단 관리이니, 조정에 참여할 때에도 자리에 앉지 못하고, 연회가 열릴 때에도 참여를[與'자는 거성으로 읽는다.] 못하는 신분인데, 세 사람을 쏘아서 죽였으니, 이것은 또한 군주의 명령에 따른 것이라 할 수 있다."라고 말하고, 자신의 나라로 되돌아갔다. 공자는 그 일화를 전해 듣고, "사람을 죽이는 일에 있어서도 또한 예가 있구나."라고 평가했다. [본래는 "사당을 지나치게 되면 수레에서 내려서 공경을 뜻을 표한다."[1]라고 한 문장 뒤에 수록되어 있었다.]

集說 工尹, 楚官名, 追吳師事, 在魯昭公十二年. "子手弓而可"爲句, 使之執弓也. 手弓, 商陽之弓在手也. 韔, 弓衣也. 謂之, 再告之

---

1) 『예기』「단궁하」 088장 : 子路去魯, 謂顔淵曰: "何以贈我?" 曰: "吾聞之也, 去國則哭于墓而后行, 反其國不哭, 展墓而入." 謂子路曰: "何以處我?" 子路曰: "吾聞之也, 過墓則式, 過祀則下."

也. 掩目而不忍視, 止御而不忍驅, 有惻隱之心焉. 商陽自言位卑禮
薄, 如此亦可以稱塞矣. 孔子謂其有禮, 以敗北之師本易窮, 而商陽
乃能節制其縱殺之心, 是仁意與禮節竝行, 非事君之禮止於是也. 特
取其善於追敗者, 亦非謂臨敵未決, 而不忍殺人也.

'공윤(工尹)'은 초나라에 있었던 관직 이름이며, 오나라 군대를 추격했던
일은 노나라 소공 12년에 일어난 것이다. '자수궁이가(子手弓而可)'에서
구문을 끊으니, 그로 하여금 활을 잡도록 했다는 뜻이다. '수궁(手弓)'은
상양이 활을 손에 들었다는 뜻이다. '창(韔)'은 활집이다. '위지(謂之)'는
재차 알려주었다는 뜻이다. 눈을 가려서 차마 그 시체를 보지 못했던 것
이고, 수레를 멈춰서 차마 쫓아갈 수 없었던 것이니, 측은지심을 가지고
있었기 때문이다. 상양은 제 스스로 지위가 낮고 적용되는 예법도 적다고
말한 것이니, 이처럼 했다면 또한 그 책무를 다했다고 할 수 있다. 공자는
그곳에도 예가 있다고 한 것이니, 패주한 군대에 대해서는 본래 궁지로
몰아넣기가 쉽지만, 상양은 곧 살인을 자행하려는 마음을 절제할 수 있었
으니, 이것은 인자한 뜻과 예의범절을 함께 시행한 것이므로, 군주를 섬
기는 예법이 여기에만 그친다는 뜻이 아니다. 다만 패주한 군대를 뒤쫓는
것에 있어서, 그 올바름의 측면에서 말한 것이며, 이것은 또한 적군을
대적함에 아직 전쟁이 끝나지도 않았는데, 차마 사람을 죽일 수 없다는
것을 뜻함이 아니다.

集說 疏曰: 朝與燕皆在寢, 若路門外正朝, 則大夫以下皆立; 若燕
朝在於路寢, 則大夫坐於上, 如孔子"攝齊升堂", 是也, 升堂則坐矣.
燕亦在寢, 燕禮獻卿大夫之後, 西階上獻士, 無升堂之文, 是士立於
下也. 鄭註, "射者在左, 戈盾在右, 御在中央, 謂兵車參乘之法." 此
謂凡常戰士, 若是元師, 則在中央鼓下, 御者在左, 戈盾亦在右. 若天
子諸侯親將, 亦居鼓下. 若非元帥, 則皆在左, 御者在中. 若非兵車,
則尊者在左.

소에서 말하길, 조회와 연회는 모두 침에서 실시되는데, 만약 노문 밖의 조정에서라면, 대부 이하의 계급들은 모두 서 있게 되며, 노침에 있는 연조라고 한다면, 대부는 당상에 앉게 되니, 공자가 "옷자락을 가지런히 하여 당(堂)에 오른다."[2]고 했을 때의 조정이 바로 이곳을 가리킨다. 즉 당에 오르게 되면 앉는 것이다. 연회 또한 침에서 시행하니, 『의례』「연례(燕禮)」편에서는 경과 대부에게 술잔을 따라준 이후에, 서쪽 계단 위에서 사에게 술을 따라준다고만 했고, 당에 오른다는 기록은 없으니, 사는 당하에 서 있기 때문이다. 정현의 주에서 "활 쏘는 자는 수레의 좌측에 위치하고, 창과 방패를 든 자는 우측에 위치하며, 수레를 모는 자는 중앙에 위치한다고 했는데, 이것은 전쟁용 수레에서 참승을 할 때의 방법을 뜻한다."라고 했다. 이곳의 내용은 일반적으로 전쟁에 참여하는 사에 대한 경우이니, 만약 전군을 통솔하는 장군인 경우에는 중앙에서도 북이 설치된 곳 아래에 위치하게 되어, 수레를 모는 자는 좌측에 위치하고, 창과 방패를 들고 있는 자는 또한 우측에 위치하게 된다. 만약 천자 및 제후가 직접 참여하게 되면, 그들은 또한 북이 설치된 곳 아래에 위치하게 된다. 만약 전군을 통솔하는 장군이 아닌 경우라면, 모두 좌측에 위치하게 되고, 수레를 모는 자가 중앙에 있게 된다. 그리고 전쟁용 수레가 아닌 경우라면, 존귀한 자가 좌측에 위치한다.

【039】

子路去魯, 謂顏淵曰: "何以贈我?" 曰: "吾聞之也, 去國則哭于墓而后行, 反其國不哭, 展墓而入." 謂子路曰: "何以處我?" 子路曰: "吾聞之也, 過墓則式, 過祀則下."〈088〉[本在"勿殤不亦可乎"下.]

자로가 노나라를 떠나게 되었다. 자로는 전송을 나온 안연에게, "그대는 이제 길을 떠나는 나에게 어떤 말을 해주겠는가?"라고 하였다. 그러자 안

연은 "내가 듣기로, 나라를 떠나는 사람은 묘에서 곡을 한 이후에 떠나간다고 했으며, 다시 되돌아올 때에는 곡을 하지 않고, 묘를 살펴본 이후에야 들어온다고 했네."라고 했다. 그리고는 곧 자로에게 "그대는 남아있는 나에게 어떤 말을 해주겠는가?"라고 하였다. 그러자 자로는 "내가 듣기로, 묘를 지나치게 되면 수레에서 식을 하여 공경의 뜻을 표하고, 사당을 지나치게 되면 수레에서 내려서 공경을 뜻을 표한다고 했네."라고 했다. [본래는 "요절한 자에 대한 예법을 적용하고자 하지 않더라도, 또한 어찌 불가능한 일이겠는가!"[3]라고 한 문장 뒤에 수록되어 있었다.]

集說 哭墓, 哀墓之無主也. 不忍丘壟之無主, 則必有返國之期, 故爲行者言之. 墓與祀, 人所易忽也, 而能加之敬, 則無往而不用吾敬矣. 敬則無適而不安, 故爲居者言之也.

묘에서 곡을 한다는 말은 무덤을 정비할 주인이 없다는 사실을 슬퍼하기 때문이다. 무덤을 정비할 주인이 없다는 사실을 참아낼 수 없으므로, 반드시 그 나라로 되돌아오겠다는 기약을 하게 된다. 그렇기 때문에 떠나가는 자를 위해서 이러한 말을 해준 것이다. 묘와 사당은 사람들이 소홀히 대하기 쉬운 장소인데, 그곳에 대해서 공경함을 발휘할 수 있다면, 가는 곳마다 자신의 공경함을 드러내지 못할 곳이 없게 된다. 공경하게 되면 머무는 곳마다 편안하지 못할 곳이 없게 된다. 그렇기 때문에 머물러 있는 자를 위해서 이러한 말을 해준 것이다.

集說 方氏曰: 凡物展之則可省而視, 故省謂之展.

방씨가 말하길, 무릇 물건을 펼쳐두게 되면 살펴서 자세히 관찰할 수 있다. 그렇기 때문에 살펴본다는 말을 '전(展)'이라고 한 것이다.

---

3) 『예기』「단궁하」 087장 : 戰于郎, 公叔禺人遇負杖入保者息, 曰: "使之雖病也, 任之雖重也, 君子不能爲謀也, 士弗能死也, 不可. 我則旣言矣." 與其鄰重汪踦往, 皆死焉. 魯人欲勿殤重汪踦, 問於仲尼. 仲尼曰: "能執干戈以衛社稷, 雖欲勿殤也, 不亦可乎!"

謂子路曰上, 當有顔淵字.

‘위자로왈(謂子路曰)’자 앞에는 마땅히 ‘안연(顔淵)’이라는 글자가 있어
야 한다.

孔子過泰山側, 有婦人哭於墓者而哀. 夫子式而聽之, 使子路問之曰: "子之哭也, 壹似重[平聲]有憂者." 而曰: "然. 昔者吾舅死於虎, 吾夫又死焉, 今吾子又死焉!" 夫子曰: "何爲不去也?" 曰: "無苛政." 夫子曰: "小子識[志]之! 苛政猛於虎也."〈106〉 [本在"亦三日哭"下.]

공자가 제자들과 함께 태산 옆을 지나가고 있었다. 그런데 어떤 부인이 산속에 있는 묘 앞에서 구슬프게 울고 있었다. 공자는 그 여인을 보자 수레의 식을 잡고서 공경의 뜻을 표했는데 그 울음소리를 듣고 의문이 들었다. 그래서 자로를 시켜서 그 연유를 묻게 하였다. 자로는 그녀에게 다가가서 공자의 말을 전달하며, "그대의 곡하는 소리는 근심스러운 마음이 매우 중첩되어['重'자는 평성으로 읽는다.] 있는 것 같습니다."라고 했다. 그러자 그 여인은 "그렇습니다. 예전에 제 시아비가 호랑이에게 물려 죽었고, 제 남편 또한 호랑이에게 물려 죽었는데, 최근에는 제 자식마저 호랑이에게 물려 죽었습니다!"라고 했다. 그 이야기를 전달받은 공자는 재차 의문이 들어서, 자로에게 말을 건네게 하여, "그렇다면 그대는 어찌하여 이곳을 떠나지 않는 것이오?"라고 했다. 그러자 그 여인은 "이곳에는 호랑이가 있지만, 가혹한 정치가 없기 때문입니다."라고 대답했다. 공자는 그 말을 듣고서, "제자들아! 명심하거라!['識'자의 음은 '志(지)'이다.] 가혹한 정치는 호랑이보다도 무서운 법이니라."라고 가르쳤다. [본래는 "또한 3일 동안 곡을 했다."[1]라고 한 문장 뒤에 수록되어 있었다.]

集說 聞其哭, 式而聽之, 與"見齊衰者, 雖狎必變"之意同, 聖人敬心之所發, 蓋有不期然而然者. 壹似重有憂者, 言甚似重疊有憂苦者也. 而曰, 乃曰也. 虎之殺人, 出於倉卒之不免. 苛政之害, 雖未至死, 而朝夕有愁思之苦, 不如速死之爲愈, 此所以猛於虎也. 爲人上者, 可不知此哉!

곡하는 소리를 듣고서, 수레의 식을 잡고 경의를 표하고 그 소리를 들었

---

1) 『예기』 「단궁하」 105장 : 有焚其先人之室, 則三日哭. 故曰: "新宮火, 亦三日哭."

다는 뜻은 "자최복을 착용한 자를 보게 되면 비록 친하게 지냈던 자라 하더라도 반드시 얼굴빛을 달리하였다."[2]라는 말과 같은 의미이다. 성인이 공경하는 마음을 드러낼 때에는 아마도 의도하지 않아도 그렇게 나타나는 경우도 있기 때문이다. '일사중유우(壹似重有憂)'라는 말은 근심스럽고 고달픈 마음이 매우 중첩되어 있는 것 같다는 뜻이다. '이왈(而曰)'은 "곧 말하다."는 뜻이다. 호랑이가 사람을 죽이는 것은 갑작스럽게 일어나서 피할 수 없는 일이다. 가혹한 정치의 해악은 비록 죽음으로까지 몰아가지 않지만, 조석으로 고통어린 근심이 항상 있게 되어, 빨리 죽느니만 못한 것이니, 이것이 바로 가혹한 정치가 범보다도 무섭다는 이유이다. 위정자가 이러한 뜻을 몰라서야 되겠는가!

【041】

魯人有周豊也者, 哀公執摯[至]請見之, 而曰: "不可." 公曰: "我其已夫!" 使人問焉, 曰: "有虞氏未施信於民, 而民信之; 夏后氏未施敬於民, 而民敬之. 何施而得斯於民也?" 對曰: "墟墓之間, 未施哀於民而民哀; 社稷·宗廟之中, 未施敬於民而民敬. 殷人作誓而民始畔, 周人作會而民始疑. 苟無禮義·忠信·誠慤之心以涖之, 雖固結之, 民其不解[佳買反]乎!" ⟨107⟩

노나라 사람 중에 주풍이라는 자가 있었는데 그는 현명함으로 명성이 높았다. 그래서 애공은 사람을 시켜 폐물을['摯'자의 음은 '至(지)'이다.] 가지고 가서 만나보기를 청했다. 그러나 주풍은 "안 됩니다."라고 거절했다. 애공은 그 말을 전해 듣고, "그를 강제로 만나보는 것은 도리가 아니니, 나는 그와 만나보고자 했던 마음을 접겠다!"라고 했다. 그러나 궁금한 점이 있었으므로, 사람으로 시켜서 그에게 자문을 구했으니, "유우씨는 백성들에게 믿음을 강요하지도 않았는데 백성들이 그를 믿었고, 하후씨는 백성들에게 공경

---

2) 『논어』「향당(鄕黨)」: 見齊衰者, 雖狎, 必變. 見冕者與瞽者, 雖褻, 必以貌. 凶服者式之. 式負版者. 有盛饌, 必變色而作. 迅雷風烈必變.

을 강요하지도 않았는데 백성들이 그를 공경했습니다. 도대체 어떻게 해야만 백성들에게 이러한 것들을 얻을 수 있습니까?"라고 했다. 그러자 주풍은 "무덤가에서는 백성들에게 슬퍼하도록 강요하지 않아도 백성들은 저절로 슬퍼하게 되며, 사직과 종묘 안에서는 백성들에게 공경함을 나타내도록 강요하지 않아도 백성들이 저절로 공경함을 나타냅니다. 반대로 은나라 때에는 맹세를 했지만 백성들이 배반하는 일이 나타나기 시작했고, 주나라 때에는 회합을 가졌지만 백성들이 의심하는 일이 나타나기 시작했습니다. 따라서 군주가 예의·충신·성각의 마음도 없이 백성들에게 임한다면, 비록 그들을 단단히 결속시키려고 하더라도 백성들이 그것을 풀어내지['解'자는 '佳(가)'자와 '買(매)'자의 반절음이다.] 못하겠습니까!"라고 대답해주었다.

集說 周豊必賢而隱者, 故哀公屈己見之. 乃曰不可者, 蓋古者不爲臣不見, 故不敢當君之臨見也. 我其已夫, 已, 止也, 不强其所不願也. 有心之固結, 不若无心之感孚, 其言甚正. 但大禹征苗, 已嘗誓師, 誓非始於殷也; 禹會諸侯於塗山, 會亦不始於周也. 此言誓之而畔, 會之而疑, 則始於殷·周耳.

'주풍(周豊)'은 분명 현명하지만 은둔해 있던 자일 것이다. 그렇기 때문에 애공이 자신을 낮춰서 그를 만나보고자 했던 것이다. 그런데 "안 된다."라고 말했다고 했으니, 아마도 고대에는 신하의 신분이 되지 않았다면 만나보지 않았기 때문에, 군주가 직접 찾아와서 만나보는 것을 감당할 수 없었던 것이다. '아기이부(我其已夫)'라고 했는데, '이(已)'자는 "그만둔다."는 뜻이니, 상대방이 원하지 않는 것을 강제로 감행하지 않는다는 뜻이다. 마음을 단속하여 결집시킴이 있는 것은 마음으로 감응하여 심복함이 없느니만 못하니, 그의 말은 매우 올바른 것이다. 다만 우임금은 묘를 정벌하면서, 이미 군사들에게 서약을 한 적이 있으니, 서약이라는 것이 은나라 때부터 시작된 것은 아니다. 또 우임금은 도산에서 제후들과 회합을 했으니, 회합이라는 것 또한 주나라 때부터 시작된 것이 아니다. 이것은 서약을 했으나 배반을 했고, 회합을 했으나 의심을 했다는 것은 은나라와 주나라 때부터 시작되었다는 뜻일 따름이다.

【042】

齊大饑, 黔敖爲食[如字]於路, 以待餓者而食[嗣]之. 有餓者蒙袂輯[集]
屨, 貿貿[茂]然來, 黔敖左奉[上聲]食, 右執飲, 曰: "嗟, 來食!" 揚其目而視
之, 曰: "予唯不食嗟來之食, 以至於斯也." 從而謝焉. 終不食而死. 曾
子聞之, 曰"微與[平聲]! 其嗟也可去, 其謝也可食."〈117〉 [本在"刔其人"下.]

제나라에 큰 기근이 들었다. 당시 검오는 길에서 밥을['食'자는 글자대로 읽는
다.] 지어서 기아에 허덕이는 자가 지나가기를 기다렸다가 그에게 밥을 먹
였다.['食'자의 음은 '嗣(사)'이다.] 굶주린 자들 중 어떤 자가 있었는데, 그는 소매
로 자신의 얼굴을 가리고, 발을 절뚝거리며 걷고 있었고['輯'자의 음은 '集(집)'
이다.] 머리를 늘어트리고 기운도 없는 모습으로['貿'자의 음은 '茂(무)'이다.] 오고
있었다. 그래서 검오는 왼손으로 밥을 들고['奉'자는 상성으로 읽는다.] 오른손으
로 마실 것을 들고는 "아! 가엾구나, 어서 와서 이 밥을 먹어라!"라고 했다.
그러자 그 자는 눈을 치켜뜨고 검오를 노려보며, "나는 단지 그처럼 가여운
표정으로 짓고, 와서 밥을 먹으라고 한 음식을 먹지 않았기 때문에, 몸이
이 지경에 이른 것이오."라고 거절했다. 검오는 그 말을 듣고 그에게 다가
가서 사과를 했다. 그러나 그는 끝내 밥을 먹지 않았고 굶주리다가 죽었다.
증자는 그 소식을 듣고, "소심하구나!['與'자는 평성으로 읽는다.] 가엽게 여겨
탄식을 한 것에 대해서는 거절을 할 수 있지만, 사과를 했다면 밥을 먹을
수도 있는 것이다."이라고 평가했다. [본래는 "그 사람의 목을 벤다."3)라고 한 문장
뒤에 수록되어 있었다.]

> **集說** 蒙袂, 以袂蒙面也. 輯屨, 輯斂其足. 言困憊而行塞也. 貿貿, 垂
> 頭喪氣之貌. 嗟來食, 歎閔之而使來食也. 從, 就也. 微與, 猶言細故末
> 節. 謂嗟來之言雖不敬, 然亦非大過, 故其嗟雖可去, 而謝焉則可食矣.

---

3) 『예기』 「단궁하」 116장 : 虞人致百祀之木, 可以爲棺槨者斬之. 不至者, 廢其祀,
   刔其人.

'몽몌(蒙袂)'는 소매로 얼굴을 가렸다는 뜻이다. '집구(輯屨)'는 발을 모은다는 뜻이다. 즉 곤궁하고 고달파서 걸으며 다리를 절었다는 의미이다. '무무(貿貿)'는 머리를 늘어트리고 기운이 없는 모습을 뜻한다. '차래식(嗟來食)'은 탄식을 하며 가엽게 여겨서, 그로 하여금 와서 밥을 먹으라고 한 것이다. '종(從)'자는 "나아가다."는 뜻이다. '미여(微與)'는 소심하고 품행이 볼품없다는 뜻이다. 탄식을 하며 가엽게 여겨서 이리 오라고한 말은 비록 공경스러운 태도가 아니다. 그러나 또한 큰 잘못도 아니다. 그렇기 때문에 그가 탄식을 하며 가엽게 여긴 것에 대해서는 비록 거절을할 수 있지만, 그가 사과를 했다면 밥을 먹을 수 있는 것이다.

【043】

郱婁定公之時, 有弒其父者, 有司以告. 公瞿[屨]然失席曰: "是寡人之罪也." 曰: "寡人嘗學斷斯獄矣. 臣弒君, 凡在官者, 殺無赦. 子弒父, 凡在宮者, 殺無赦. 殺其人, 壞[怪]其室, 洿[烏]其宮而豬焉." 蓋君踰月而后擧爵.〈118〉

주려나라의 정공이 통치하던 시기에, 어떤 자가 자신의 부친을 살해한 사건이 발생하였다. 유사가 이러한 사실을 정공에게 아뢰자, 정공은 깜짝 놀라서['瞿'자의 음은 '屨(구)'이다.] 몸 둘 바를 몰라 하며, "이것은 나의 잘못이다."라고 했다. 그리고는 "나는 일찍이 이러한 옥사(獄事)에 대해 판결하는 방법을 배운 적이 있었다. 신하가 그의 군주를 시해하면 관직에 있는 모든 자들은 그를 죽이고 용서함이 없게 된다. 자식이 그의 부친을 살해하면 집안에 있는 모든 자들은 그를 죽이고 용서함이 없게 된다. 이러한 경우그 자를 죽이고 그의 집을 무너트리며['壞'자의 음은 '怪(괴)'이다.] 그의 집이 있던 땅을 파서['洿'자의 음은 '烏(오)'이다.] 웅덩이로 만들어버린다."라고 했다. 무릇 군주도 그 날을 넘길 때까지 술을 마시지 않게 된다.

集說 瞿然, 驚怪之貌. 在官者, 諸臣也. 在宮者, 家人也. 天下之惡無大於此者, 是以人皆得以誅之, 無赦之之理. 惟父有此罪, 則子不可討之也. 君不擧爵, 以人倫大變, 亦敎化不明所致, 故傷悼而自貶耳.

'구연(瞿然)'은 깜짝 놀라며 괴이하게 여기는 모습을 뜻한다. '재관자(在官者)'는 뭇 신하들을 뜻한다. '재궁자(在宮者)'는 집안사람들을 뜻한다. 천하의 악함 중에는 이것보다 큰 것이 없으니, 이러한 까닭으로 사람들은 모두 그를 주살할 수 있으며 그를 용서하는 도리가 없다. 다만 부친에게 이러한 죄가 있다면 자식은 부친의 죄를 벌할 수 없다. 군주가 술을 마시지 않는 것은 인륜의 체계가 크게 문란하게 되었기 때문이니, 이것은 또한 교화가 미치지 못했기 때문에 초래된 일이다. 그래서 상심을 하며 제스스로 자숙할 따름이다.

集說 疏曰: 豬, 是水聚之名.

소에서 말하길, '저(豬)'자는 물이 모여 있는 웅덩이를 뜻한다.

集說 石梁王氏曰: 註疏本作"子弑父凡在宮者殺無赦", 爲是.

석량왕씨가 말하길, 『주소본』에는 '자시부범재궁자살무사(子弑父凡在宮者殺無赦)'라고 기록되어 있었는데, 이 기록이 옳다.

【044】
晉獻文子成室, 晉大夫發焉. 張老曰: "美哉輪焉! 美哉奐焉! 歌於斯, 哭於斯, 聚國族於斯." 文子曰: "武也得歌於斯, 哭於斯, 聚國族於斯, 是全要[平聲]領以從先大夫於九京[原]也." 北面再拜稽首. 君子謂之善頌·善禱.〈119〉

진나라 헌문자가 집을 새로 지었다. 그래서 완공이 된 날 진나라의 대부들은 헌문자에게 예물을 보내며, 그곳에 찾아가서 축하를 하였다. 그 중 장로는 "아름답구나! 집의 웅장함이여! 아름답구나! 집의 화려함이여! 앞으로 이곳에서 제사를 지내며 음악을 연주하고, 또 이곳에서 상례를 치르며 곡을 하고, 또 이곳에서 연회를 하며 빈객들과 종족들을 불러 모으겠구나."라고 했다. 그 말을 들은 헌문자는 "제가 만약 이곳에서 제사를 지내며 음악을 연주할 수 있고, 또 이곳에서 상례를 치르며 곡을 할 수 있고, 또 이곳에서 연회를 하며 빈객들과 종족들을 불러 모을 수 있게 된다면, 이로써 제천수를['要'자는 평성으로 읽는다.] 다하고 그런 뒤에는 구원['京'자의 음은 '原(원)'이다.]에 묻혀서 선조들을 따르겠습니다."라고 대답했다. 그리고는 북쪽을 바라보고 재배를 하며 머리를 땅에 조아렸다. 군자는 이 일을 두고, 장로는 송을 잘했고, 헌문자는 도를 잘했다고 평가했다.

集說 晉獻, 舊說謂晉君獻之, 謂賀也. 然君有賜於臣, 豈得言獻? 疑 "獻文"二字, 皆趙武謚, 如貞惠文子之類. 諸大夫發禮往賀, 記者因述張老之言. 輪, 輪困高大也. 奐, 奐爛衆多也. 歌, 祭祀作樂也. 哭, 死喪哭泣也. 聚國族, 燕集國賓聚會宗族也. 頌者, 美其事而祝其福. 禱者, 祈以免禍也. 張老之言善於頌, 武子所答善於禱也.

'진헌(晉獻)'에 대해서, 옛 학설에서는 진나라 군주가 헌을 했다고 풀이했으니, 곧 축하를 했다는 의미이다. 그러나 군주는 신하에게 하사를 해주는 경우가 있지만, 어찌 헌(獻)이라 할 수 있겠는가? 따라서 '헌문(獻文)'이라는 두 글자는 조무의 시호에 해당하는 것 같으니, '정혜문자(貞惠文子)' 등으로 부르는 경우와 같다.4) 여러 대부들이 예물을 보내고, 찾아가서 축하를 했는데, 『예기』를 기록한 자는 그에 따라 장로의 말을 기록하게 된 것이다. '윤(輪)'자는 으리으리하게 높고 크다는 뜻이다. '환(奐)'자는 화려하고 치장한 것들이 많다는 뜻이다. '가(歌)'자는 제사를 지내며 음악을 연주한다는 뜻이다. '곡(哭)'자는 상례를 치르며 곡을 하고 눈물을 흘린다는 뜻이다. '취국족(聚國族)'은 연회를 하여 국가의 빈객들을 모으고 종족들을 모은다는 뜻이다. '송(頌)'이라는 것은 그 사안을 아름답게

---

4) 『예기』「단궁하」075장 : 君曰: "昔者衛國凶饑, 夫子爲粥與國之餓者, 是不亦惠乎! 昔者衛國有難, 夫子以其死衛寡人, 不亦貞乎! 夫子聽衛國之政, 修其班制, 以與四鄰交. 衛國之社稷不辱, 不亦文乎! 故謂夫子貞惠文子."

꾸며서 복이 내려지기를 축원하는 것이다. '도(禱)'라는 것은 재앙이 내려지지 않도록 기원하는 것이다. 장로의 말은 송에 대해 잘한 것이고, 무자가 대답한 말은 도에 대해 잘한 것이다.

集說 鄭氏曰: 晉卿大夫之墓地在九原.
정현이 말하길, 진나라 경과 대부들의 묘지는 구원에 위치한다.

集說 疏曰: 領, 頸也. 古者罪重腰斬, 罪輕頸刑. 先大夫, 文子父祖也.
소에서 말하길, '영(領)'자는 목[頸]을 뜻한다. 고대에는 죄가 무거운 경우 허리를 잘랐고, 죄가 가벼운 경우 목을 베었다. '선대부(先大夫)'는 문자의 부친 및 조부 등을 뜻한다.

集說 石梁王氏曰: 歌於斯, 謂祭祀歌樂也. 大夫祭無樂, 春秋時或有之.
석량왕씨가 말하길, '가어사(歌於斯)'라는 말은 제사를 지내며 노래를 부르고 음악을 연주한다는 뜻이다. 대부는 본래 제사를 지낼 때 음악을 사용하지 않는데, 춘추시대 때에는 간혹 사용하는 경우도 있었다.

附註 歌於斯, 註謂祭祀作樂. 按: 大夫祭無樂, 春秋時或僭用之, 而此文勢, 但謂有慶則歌, 有哀則哭云爾.
'가어사(歌於斯)'에 대해 주에서는 제사를 지내며 음악을 연주한다는 뜻이라고 했다. 살펴보니, 대부는 제사를 지낼 때 음악을 사용하지 않는데, 춘추시대에는 간혹 참람되게 음악을 사용하는 경우도 있었던 것이고, 이 문장의 흐름은 단지 경사스러운 일이 있으면 노래를 부르고 슬픈 일이 있으면 곡을 한다는 뜻일 따름이다.

【045】

趙文子與叔譽觀乎九原. 文子曰: "死者如可作也, 吾誰爲歸?"〈128〉

[本在"毋失其爲故也"下.]

조문자가 숙예와 함께 진나라 경과 대부들이 장례를 치르는 구원을 바라보고 있었다. 그때 조문자는 이전 시대의 인물들에 대해서 품평을 하고자 "죽은 자가 만약 다시 살아날 수 있다면, 나는 누구에게 정사를 맡겨야 하는가?"라고 말했다. [본래는 "그와의 오래된 정을 버릴 수 없다고 했다."[1]라고 한 문장 뒤에 수록되어 있었다.]

集說 文子, 晉大夫, 名武. 叔譽, 叔向也. 言卿·大夫之死而葬於此者多矣, 假令可以再生而起, 吾於衆大夫誰從乎? 文子蓋設此說, 欲爲叔向共論前人賢否也.

'문자(文子)'는 진나라의 대부로, 이름은 무(武)이다. '숙예(叔譽)'는 숙향을 가리킨다. 즉 "경과 대부였던 자들이 죽었을 때, 대부분 이곳에서 장례를 치르는데, 만일 다시 살아나는 자가 있다면, 나는 여러 대부들 중 누구를 따라야 하느냐?"라고 말한 것이다. 문자는 아마도 이러한 말을 하여, 숙향과 함께 이전 시대의 인물들이 현명했는지의 여부를 논의하고자 한 것이다.

【046】

叔譽曰: "其陽處父乎?" 文子曰: "行幷植[直吏反]於晉國, 不沒其身, 其知[去聲]不足稱也."〈129〉

숙예가 대답을 하며, "그럴만한 자가 있다면, 양처보가 아니겠습니까?"라

---

1) 『예기』「단궁하」127장 : 孔子之故人曰原壤, 其母死, 夫子助之沐槨. 原壤登木曰: "久矣. 予之不託於音也." 歌曰: "貍首之斑然, 執女手之卷然." 夫子爲弗聞也者而過之. 從者曰: "子未可以已乎?" 夫子曰: "丘聞之, 親者毋失其爲親也, 故者<u>毋失其爲故也.</u>"

고 했다. 조문자는 "그의 행실이란 것은 진나라에서 여러 일을 겸직하여 정권을 마음대로 부렸고, 제 스스로만 강권하게 우뚝 섰던['植'자는 '直(직)'자와 '吏(리)'자의 반절음이다.] 인물이므로, 끝내 피살을 당하여 제 자신을 온전히 하지 못했으니, 그의 지혜에['知'자는 거성으로 읽는다.] 대해서는 일컬을 것이 못 된다."라고 평가했다.

集説 處父, 晉襄公之傅. 幷者, 兼衆事於己, 是專權也. 植者, 剛强自立之意. 所行如此, 故爲狐射姑所殺, 不得善終其身, 是不智也.

'처보(處父)'는 진나라 양공의 스승이다. '병(幷)'이라는 말은 여러 일을 자신이 겸직했다는 의미로, 정권을 마음대로 부렸다는 뜻이다. '식(植)'이라는 것은 강권하게 제 스스로 우뚝 섰다는 뜻이다. 그가 시행했던 것이 이와 같았기 때문에, 호역고에게 피살을 당하여,2) 끝내 자신의 몸을 온전히 보전하지 못했으니, 이것은 지혜롭지 못한 경우에 해당한다.

【047】

"其舅犯乎?" 文子曰: "見利不顧其君, 其仁不足稱也."〈130〉

숙예가 다시 대답을 하며, "그렇다면 구범이 아니겠습니까?"라고 했다. 조문자는 "구범은 이로움만을 따지고 군주의 안위는 염두에 두지도 않았다. 따라서 그의 인함에 대해서는 일컬을 것이 못 된다."라고 평가했다.

集説 叔譽又稱子犯可歸, 文子言子犯從文公十九年于外, 及反國危疑之時, 當輔之入以定其事, 乃及河而授璧以辭, 此蓋爲他日高爵重祿之計, 故以此言要君求利也, 豈顧其君之安危哉? 是不仁也.

숙예는 재차 자범에게 정사를 맡길만하다고 말했는데, 문자는 자범은 문공을 따라서 외지에서 19년이나 보냈고, 본국으로 되돌아갔을 때에는 나

---

2) 『춘추공양전』「문공(文公) 6년」: 晉狐射姑出奔狄, 晉殺其大夫陽處父, 則狐射姑曷爲出奔.

라가 혼란스러운 시기였으므로, 이러한 시기에 이르러서는 마땅히 문공을 보좌하여 본국으로 함께 들어가서 그 일들을 안정시켜야 했다. 그러나 황하에 도달하자 벽을 문공에게 건네며, 함께 들어가기를 사양하였으니, 이것은 아마도 다른 때 보다 높은 작위와 많은 녹봉을 받게 되리라는 계책을 새웠기 때문이다. 그래서 이처럼 사양하는 말을 하여, 군주에게 이익을 얻고자 요구하였으니, 어찌 그가 군주의 안위를 살폈다고 하겠는가? 따라서 이러한 경우는 불인에 해당한다.

【048】

"我則隨武子乎! 利其君, 不忘其身; 謀其身, 不遺其友." 晉人謂文子知人.〈131〉

조문자가 계속해서 말하길, "나는 수무자를 꼽겠다! 그는 자신의 군주를 이롭게 하면서도 제 자신의 안존을 잊지 않았고, 자신을 위해 일을 도모하면서도 그의 친구들을 버리지 않았기 때문이다."라고 했다. 그 말이 전해지자 진나라 사람들은 조문자가 사람을 잘 알아본다고 칭찬했다.

集說 文子自言我所願歸者, 惟隨武子乎! 武子, 士會也, 食邑於隨. 左傳言夫子之家事治, 言於晉國無隱情. 蓋不忘其身而謀之, 知也; 利其君不遺其友, 皆仁也.

문자는 제 스스로 "내가 따르고자 하는 자는 오직 수무자를 꼽겠다!"라고 말한 것이다. '무자(武子)'는 사회를 가리키니, 그의 식읍은 수 땅에 있었다. 『좌전』에서는 "그분은 집안일을 잘 다스렸고, 진나라 조정에서 말을 할 때에는 사정을 숨기는 일이 없었다."[3]고 했다. 무릇 제 자신의 안전을 잊지 않고 일을 도모하는 것은 지혜로움에 해당하며, 군주를 이롭게 만들

---

3) 『춘추좌씨전』「양공(襄公) 27년」: 子木問於趙孟曰, "范武子之德何如?" 對曰, "夫子之家事治, 言於晉國無隱情, 其祝史陳信於鬼神無愧辭."

고 자신의 벗을 버리지 않았다는 것은 모두 인자함에 해당한다.

【049】

文子其中退然如不勝[升]衣, 其言呐呐[如劣反]然如不出諸其口. 〈132〉
조문자는 그 몸을 움직임에 자신을 겸손하게 낮추고 연약한 것처럼 행동하
여, 마치 옷의 무게조차 감당하지['勝'자의 음은 '가(승)'이다.] 못하는 것처럼 했
고, 말을 할 때에는 목소리도 낮고 말도 느려서['呐'자는 '如(여)'자와 '劣(렬)'자의
반절음이다.] 마치 말을 하지 못하는 것처럼 했다.

集說 中, 身也, 見儀禮・鄕射記. 退然, 謙卑怯弱之貌. 呐呐, 聲低
而語緩也. 如不出諸其口, 似不能言者.

'중(中)'은 몸을 뜻하니, 『의례』「향사례(鄕射禮)」편의 기문(記文)에 그
용례가 나온다. '퇴연(退然)'은 겸손하게 자신을 낮추는 연약한 모습을
뜻한다. '눌눌(呐呐)'은 목소리가 낮고 말이 느리다는 뜻이다. '여불출제
기구(如不出諸其口)'는 말을 할 수 없는 것처럼 보인다는 뜻이다.

【050】

所擧於晉國管庫之士七十有餘家, 生不交利, 死不屬[燭]其子焉. 〈133〉
조문자는 사람됨을 잘 알아보았으므로, 그가 진나라 조정에 천거했던 자는
창고지기였던 말단 관리로부터 70여 사람에 이르는데, 생전에는 그들을 통
해서 이로움을 추구하지 않았고, 그가 죽을 때에도 자신의 아들에 대해서
부탁하지['屬'자의 음은 '燭(촉)'이다.] 않았다.

集說 管, 鍵也, 卽今之鎖. 庫之藏物, 以管爲開閉之限, 管庫之士,
賤職也, 知其賢而擧之, 卽不遺友之實. 雖有擧用之恩於其人, 而生
則不與之交利, 將死亦不以其子屬託之, 廉潔之至.

'관(管)'자는 건(鍵)자의 뜻이니, 곧 오늘날의 자물쇠를 뜻한다. 창고에

물건을 보관할 때에는 자물쇠를 이용해서 열고 닫는 것을 제한하고, 창고 지기를 맡은 사는 매우 미천한 관직인데, 그의 현명함을 알아보고 천거를 하였으므로, 벗을 버리지 않았다는 실제적인 뜻이 된다. 비록 천거를 통해 등용을 시켜서, 그 사람들에게 은덕을 베풀었지만, 생전에는 그들과 함께 이로움을 나누지 않았고, 그가 죽게 될 때에도 또한 자신의 아들에 대해 부탁을 하지 않았으니, 지극히 청렴하고 결백했다는 뜻이다.

【051】

歲旱, 穆公召縣子而問然, 曰: "天久不雨[去聲], 吾欲暴[步卜反]尫[汪]而 奚若?"〈137〉 [本在"惡乎用吾情"下.]

목공이 통치하던 어느 해에 큰 가뭄이 들었다. 그래서 목공은 현자를 불러서 질문하며, "하늘이 오래도록 비를 내려주지['雨'자는 거성으로 읽는다.] 않으니, 나는 왕병에['尫'자의 음은 '汪(왕)'이다.] 걸린 자를 데려다가 난폭하게['暴'자는 '步(보)'자와 'ト(복)'자의 반절음이다.] 대하여, 비를 내려달라고 기원을 하려고 하는데, 어떻소?"라고 하였다. [본래는 "내 진실된 감정을 나타낼 수 있겠는가?"[4]라고 한 문장 뒤에 수록되어 있었다.]

集說 左傳註云: "尫者, 瘠病之人, 其面上向." 暴之者, 冀天哀之而 雨也.

『좌전』의 주에서 말하길, '왕(尫)'이라는 것은 척추가 기형인 자를 뜻하니, 얼굴이 하늘을 향해 있는 자라고 했다. 그에게 난폭하게 대하는 이유는 하늘이 슬퍼하며 비를 내려주기를 기원하기 때문이다.

---

4) 『예기』「단궁하」 136장: 樂正子春之母死, 五日而不食, 曰: "吾悔之. 自吾母而 不得吾情, 吾惡乎用吾情."

【052】

曰: "天則不雨, 而暴人之疾子[句]. 虐[句], 毋乃不可與[平聲]!"〈138〉

현자가 목공에게 말하길, "하늘이 비를 내리지 않는다고 하여, 병에 걸린 자에게 난폭하게 구는 것은['子'자에서 구문을 끊는다.] 단순히 포악한 일에 지내지 않는데['虐'자에서 구문을 끊는다.] 어떻게 하늘을 감응시키겠습니까? 따라서 이처럼 시행하는 것은 불가한 일이 아니겠습니까!['與'자는 평성으로 읽는다.]"라고 했다.

集說 此言酷虐之事, 非所以感天.

이 문장의 내용은 병에 걸린 자에게 포악하게 구는 일은 하늘을 감응시키는 방법이 아니라는 뜻이다.

【053】

"然則吾欲暴巫而奚若?"〈139〉

목공이 다시 현자에게 묻기를, "그렇다면 병에 걸린 자 대신 나는 무를 데려다가 난폭하게 대하여 비를 내려달라고 기원을 하려고 하는데, 어떻소?"라고 하였다.

集說 巫能接神, 冀神閔之而雨.

무(巫)는 신과 교감할 수 있으니, 신이 그를 가엽게 생각하여 비를 내려주도록 기원하는 것이다.

【054】

曰: "天則不雨, 而望望之愚婦人[句], 於以求之, 毋乃已疏乎?"〈140〉

현자가 목공에게 말하길, "하늘이 비를 내리지 않는다고 하여, 무처럼 어리석은 부인에게 기원을 해서['人'자에서 구문을 끊는다.] 이러한 일을 통해 비를 내려달라고 애원하게 된다면, 너무 우활한 행동이 아니겠습니까?"라고 했다.

集說 於以求之, 猶言於此求之也. 已疏, 言甚迂闊也.

'어이구지(於以求之)'라는 말은 "여기에서 찾는다."는 뜻이다. '이소(已疏)'라는 말은 너무 우활하다는 뜻이다.

【055】

"徙市則奚若?" 曰: "天子崩, 巷市七日, 諸侯薨, 巷市三日. 爲[去聲]之徙市, 不亦可乎?"〈141〉

목공이 다시 현자에게 묻기를, "그렇다고 한다면 국상을 당했을 때처럼, 시장을 마을 안의 거리로 옮기면 어떻겠소?"라고 하였다. 그러자 현자는 "천자가 죽게 되면 7일 동안 시장을 마을로 옮기고, 제후가 죽게 되면 3일 동안 시장을 마을로 옮기게 됩니다. 비를 내려주길 기원하며['爲'자는 거성으로 읽는다.] 시장을 옮기게 된다면, 이것은 군주 스스로 자신을 문책하며 기원을 하는 행위가 되니, 또한 옳은 일이 아니겠습니까?"라고 했다.

集說 徙, 移也. 言徙市又言巷市者, 謂徙交易之物於巷也. 此庶人爲國之大喪, 憂戚罷市, 而日用所須, 又不可缺, 故徙市於巷也. 今旱而欲徙市者, 行喪君之禮以自責也. 縣子以其求之己而不求諸人, 故可其說. 然豈不聞僖公以大旱欲焚巫尪, 聞歲文仲之言而止? 縣子不能擧其說以對穆公, 而謂徙市爲可, 則亦已疏矣.

'사(徙)'자는 "이동시킨다."는 뜻이다. "시장을 이동시킨다."라고 말하고, 또 '항시(巷市)'라고 말한 것은 교역하는 물건들을 마을 안의 거리로 옮긴다는 뜻이다. 이 내용은 서인들은 나라의 대상에 대해서 근심하고 슬퍼하여 시장을 파하게 되지만, 날마다 필요하게 되는 생필품에 대해서는 또한 교역하는 일을 없앨 수 없다. 그렇기 때문에 마을 안에 있는 거리로 시장을 옮긴다는 뜻이다. 현재 가뭄이 들었는데 시장을 옮기려고 하는 것은 군주에 대한 상을 치르는 예법을 시행하여, 스스로를 자책하는 행위가 된다. 현자는 이러한 행위가 자신에게서 찾고 남에게서 찾지 않는 뜻으로 여겼기 때문에, 그 주장을 옳다고 한 것이다. 그러나 희공이 큰 가뭄이 들었을 때, 무와 왕병에 걸린 자를 불태우려고 했다가 장문중의 말을 듣고 멈췄던 일에 대해서5) 어떻게 듣지 못했단 말인가? 현자는 그 내용을 제시하여 목공에게 대답하지 못하고 시장을 옮기는 것이 좋다고 하였으니, 이 또한 매우 우활한 행위이다.

【056】

哀公問子羔曰: "子之食奚當?" 對曰: "文公之下執事也." 〈雜記下-086〉
[雜記. 本在"三采六等"下.]

애공이 자고에게 묻기를 "그대의 집안에서 국가의 녹봉을 받기 시작한 것은 어느 군주부터인가?"라고 했다. 그러자 자고는 "문공 때 선조께서 하집사를 맡은 뒤부터입니다."라고 대답했다. [「잡기」편의 문장이다. 본래는 "3가지 색깔을 넣고 6줄로 만든다."6)라고 한 문장 뒤에 수록되어 있었다.]

集說 問其先人始仕食祿, 當何君時, 文公至哀公七君.

선조 중에 처음으로 벼슬을 하여 녹봉을 받은 것은 어느 군주 시대에 해당하느냐고 물은 것이니, 문공으로부터 애공까지는 7대가 걸린다.

類編 右雜述. [十二章.]

여기까지는 '잡술(雜述)'에 대한 내용이다. [12개 장이다.]

類編 學貴多問, 故次以雜述而終焉.

---

5) 『춘추좌씨전』「희공(僖公) 21년」: 夏, 大旱. 公欲焚巫·尪. 臧文仲曰, "非旱備也. 脩城郭·貶食·省用·務穡·勸分, 此其務也. 巫·尪何爲? 天欲殺之, 則如勿生; 若能爲旱, 焚之滋甚." 公從之. 是歲也, 餓而不害.
6) 『예기』「잡기하」085장: 贊大行曰, "圭, 公九寸, 侯伯七寸, 子男五寸, 博三寸, 厚半寸, 剡上左右各寸半, 玉也. 藻三采六等."

학문에서는 많이 묻는 것을 귀하게 여긴다. 그렇기 때문에 잡술에 대한
내용을 그 다음에 수록하여 마쳤다.

| 저자소개 |

최석정(崔錫鼎, 1646~1715)

· 조선 후기의 문신이자 학자이다.
· 본관은 전주(全州)이고 초명은 석만(錫萬)이며, 자는 여시(汝時) · 여화(汝和)이
  고, 호는 명곡(明谷) · 존와(存窩)이며, 시호는 문정(文貞)이다.

| 역자소개 |

정병섭鄭秉燮

· 1979년 출생
· 2002년 성균관대학교 유교철학과 졸업
· 2004년 성균관대학교 대학원 유학과 석사
· 2013년 성균관대학교 대학원 유학과 철학박사
· 『역주 예기집설대전』 · 『역주 예기보주』 · 『역주 예기천견록』을 완역하였다.
· 『의례』, 『주례』, 『대대례기』 번역과 한국유학자들의 예학 관련 저작들의 번역
  을 계획 중이다.

· 『예기유편대전(禮記類編大全)』의 표점과 원문은 한국유경편찬센터(http://ygc.
  skku.edu)의 자료를 사용하였다.

譯註
禮記類編大全 ⑦

초판 인쇄 2020년 2월 1일
초판 발행 2020년 2월 18일

저   자 | 최 석 정(崔錫鼎)
역   자 | 정 병 섭(鄭秉燮)
펴 낸 이 | 하 운 근
펴 낸 곳 | 學古房

주   소 | 경기도 고양시 덕양구 통일로 140 삼송테크노밸리 A동 B224
전   화 | (02)353-9908 편집부(02)356-9903
팩   스 | (02)6959-8234
홈페이지 | hakgobang.co.kr
전자우편 | hakgobang@naver.com, hakgobang@chol.com
등록번호 | 제311-1994-000001호

ISBN   979-11-6586-139-1 94150
        979-11-6586-132-2 (세트)

값 : 28,000원

※ 파본은 교환해 드립니다.